AL OTRO LADO DEL TÚNEL

AL OTRO LADO DEL TÚNEL

UN CAMINO HACIA LA LUZ EN EL UMBRAL DE LA MUERTE

DR. JOSÉ MIGUEL GAONA CARTOLANO

PRÓLOGO DE RAYMOND MOODY

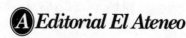

Editorial El Ateneo

la esfera de los libros

Gaona Cartolano, José Miguel

Al otro lado del túnel : un camino hacia la luz en el umbral de la muerte / José Miguel Gaona Cartolano ; con prólogo de Raymond Moody. - 1a ed. - Buenos Aires : El Ateneo; La Esfera de los Libros, 2013.

432 p. ; 23x15 cm.

ISBN 978-950-02-0727-0

1. Testimonio. I. Moody, Raymond , prolog. II. Título
CDD 158.1

Al otro lado del túnel. Un camino hacia la luz en el umbral de la muerte

Derechos exclusivos de edición en castellano para América latina, el Caribe y los EE. UU.
Obra editada en colaboración con La Esfera de los Libros – España
© 2013, Grupo ILHSA S. A. para su sello Editorial El Ateneo
Patagones 2463 - (C1282ACA) Buenos Aires - Argentina
Tel: (54 11) 4943 8200 - Fax: (54 11) 4308 4199
E-mail: editorial@elateneo.com

1ª edición en España: septiembre de 2012
1ª edición en Argentina: julio de 2013

ISBN 978-950-02-0727-0

Impreso en Verlap S.A.,
Comandante Spurr 653, Avellaneda,
provincia de Buenos Aires, en julio de 2013.

Queda hecho el depósito que establece la ley 11.723.
Libro de edición argentina.

Índice

A mi madre Pilar. A mi mujer Lourdes
y a mi hija Piluca. Que son los tres pilares de mi vida.

Agradecimientos

Quiero dar las gracias, en primer lugar, a todas las personas que sufrieron una experiencia cercana a la muerte y gustaron de sincerarse conmigo, conocedoras de que iban a ser escuchadas con todo el respeto que merecen. Tantas experiencias, tan profundas y diversas.

Al doctor Raymond Moody por su tiempo y sus explicaciones detalladas, pero especialmente por su apoyo a la creación de este libro. Es, sinceramente, el padre intelectual de esta obra. Su voz cálida transmite la fuerza suficiente para saberse respaldado por esta primera figura de la literatura mundial.

Al doctor Bruce Greyson, jefe de la Unidad de Estudios Perceptuales de la Universidad de Virginia, alma científica de la comunidad internacional que estudia las ECM que, además de aportar material a esta obra, ha tenido la confianza de contar conmigo para realizar de manera conjunta trabajos de investigación en este campo.

A Eben Alexander, conocido neurocirujano de Harvard y protagonista de una de las ECM más fascinantes que haya conocido, quien me emocionó mientras me detallaba personalmente los matices de la misma. Después de conocerle, los conceptos de vida y muerte ya no son los mismos.

A P. H. M. Atwater, acreditada investigadora y escritora norteamericana, que sufrió varias ECM a lo largo de su vida y que representa al sector más creativo y avanzado en cuanto a bibliografía y reflexión sobre este tipo de temas. Su certeza al transmitir los conocimientos crea fisuras incluso en los científicos más ortodoxos.

Y por último a Ymelda Navajo y Mónica Liberman, de mi editorial, por su infinita paciencia mientras este autor escribía, reflexionaba y se perdía constantemente por medio mundo para su desesperación. Benditas son.

Prólogo

Me alegra poder respaldar este maravilloso nuevo libro en España sobre experiencias cercanas a la muerte. Los investigadores de todo el mundo comienzan a descubrir que las profundas experiencias espirituales de los moribundos resultan difíciles de explicar, por lo que trabajos como los del doctor Gaona cambiarán muy rápidamente la manera en que personas de todo el mundo entienden la muerte y la vida más allá de la misma.

Hasta ahora, nuestros conocimientos tan solo nos han aproximado al túnel, a la luz al final del mismo o a los familiares que se encontraban allí con objeto de acompañar a la persona y ayudarla a pasar por esa transición mientras suele invadirla una sensación de inmenso bienestar.

La persona en el momento de tener su experiencia ya no es ni madre, ni marido, ni hijo, sino que es sencillamente ella. En esos instantes sufre una serie de vivencias que desbordan su capacidad de comprensión y por ende no es capaz de relatar o entender plenamente lo que está sintiendo. Más aún, en muchos casos se producen encuentros con entes de tipo místico que cada una interpreta como propios de su religión.

Sin embargo, dentro de muy poco tiempo nuevos descubrimientos, tanto en Europa como en Estados Unidos y en todo el planeta, cambiarán de manera importante la visión de la humanidad sobre el destino del alma.

Uno de estos recientes descubrimientos es que, aunque durante mucho tiempo hemos creído que las personas que morían vivían estas extraordinarias experiencias de manera exclusiva, ahora también estamos observando que tales experiencias son comunes en personas que se encuentran acompañando a las que mueren. Personas que, literalmente, comparten la vivencia de la muerte. En ocasiones, dicha experiencia llega a extenderse a la visión del túnel o incluso a la revisión vital de la persona que está falleciendo.

Del mismo modo, es muy importante comenzar a pensar de una manera distinta acerca de este tipo de cuestiones. Se trata, en definitiva, de empezar a reflexionar desde otro punto de vista para aproximarnos racionalmente a las grandes preguntas que, hasta ahora, ha eludido la razón.

Les invito a un apasionante viaje, de la mano del doctor Gaona, al otro lado.

Raymond Moody

Unas palabras del autor

La muerte ha sido siempre motivo de fascinación para muchas personas, pero también lo es para quien escribe estas líneas.

El primer fallecimiento que presencié en mi vida fue el de una persona que había caído por accidente desde los tajamares del río Mapocho en Santiago de Chile cuando, durante una otoñal tarde de domingo, se había sentado imprudentemente en su borde, perdiendo el equilibrio y precipitándose de espaldas directamente hacia el lecho fluvial. El río se encontraba a un bajo nivel de agua y el adoquinado del fondo estaba al descubierto, por lo que hizo de duro colchón en su caída. El cuerpo parecía un muñeco retorcido a pocos metros por debajo del nivel de la calle. No presentaba ni una sola herida abierta. Aparentaba estar dormido. Era el mismo cuerpo que pertenecía a una persona hacía tan solo unos momentos, pero algo se había esfumado. Algo había cambiado. Yo debería tener unos siete años y ya comencé a hacerme preguntas acerca de la delgada línea que separa la vida de la muerte.

Años más tarde comencé a estudiar Medicina, y durante los veranos trabajaba de voluntario en Anatomía Patológica en uno de los mejores hospitales de Madrid. Cada mañana bajaban a los fallecidos a ese subsuelo que se encontraba impregnado de olor a formol y fluidos corporales por doquier.

La sensación era extraña. Al realizar la necropsia podía apreciar hasta lo que habían comido la noche anterior. En otras ocasiones descubríamos para nuestra sorpresa que si bien, por ejemplo, la persona había fallecido de un infarto cardiaco masivo, además estaba desarrollando un tumor de riñón que le habría fulminado en pocos meses. Tumor cuya presencia desconocía por completo su propietario. Era como si el destino le hubiera jugado una mala pasada al pobre finado.

En aquella época, el doctor Raymond Moody sacaba a la luz su primera obra, *Vida después de la vida*. También en aquellos años la doctora Elisabeth Kübler-Ross ya era popular entre el gran público con sus teorías sobre el significado de la muerte en los seres humanos.

No es casualidad que ambos autores sean psiquiatras. Después de todo, el término «psiquiatra» posee un bello significado etimológico: «médico del alma», significado que podría ser consecuente con la búsqueda o, al menos, el estudio de lo que tradicionalmente ha sido considerada «el alma», también llamada por otros «consciencia», si bien este último término destila un vapor neurológico que a algunos se les atraganta.

Al acabar la carrera y realizar la especialización, trabajé para una organización internacional en varias guerras, por lo que, una vez más, la cercanía de la muerte era constante. En Mostar fallecían personas por las consecuencias de la guerra: heridas, explosiones, carencias médicas, etc. Sin embargo, advertí algo que me llamó mucho la atención: algunas personas morían sin causa aparente. El estrés continuo parecía hacer mella en su organismo hasta provocarles el fallecimiento. El poder de la mente era tan contundente que me hizo replantearme la complejidad del organismo. Ser consciente de la importancia del influjo de la mente sobre el cuerpo. Un acercamiento al dualismo.

También en aquella época abrí en España el primer centro para diagnosticar a pacientes de sida. Contacté con el que posteriormente sería premió Nobel, Luc Montagnier, en el Instituto Pasteur de París, quien me envió varios lotes del primer test que existía en el mundo para localizar anticuerpos del virus en el plasma de la persona afectada. Los resultados fueron aterradores. Descubrimos que el 75 por ciento de los drogadictos en España eran portadores del virus, pero también fui testigo de algo que me hizo reflexionar: el paciente contagiado podía encontrarse en perfecto estado de salud, ya que la progresión de esta enfermedad es afortunadamente lenta en la mayoría de los casos, pero, al comunicarle que era portador del virus del sida —enfermedad que, además, en la década de los ochenta poseía unas connotaciones sociales y personales propias de un apestado amén de un tratamiento ineficaz—, la persona entraba en un estado psicológico depresivo acompañado de conductas autodestructivas que, paradójicamente, le llevaba directamente a la muerte. Muchas veces sin el menor síntoma de las dolencias asociadas al sida. Una vez más, el poder de la mente.

Muchas de esas personas que consumían drogas, particularmente en aquellos años heroína inyectada, solían padecer sobredosis que les producían paradas cardiorrespiratorias.

Mi interés por las drogas y sus efectos sobre las personas hizo que mi tesis doctoral versara justamente sobre estas cuestiones, por lo que entrevisté a centenares de toxicómanos.

En muchas ocasiones, los servicios de urgencias llegaban a tiempo para devolver a la vida a un individuo que estaba sin pulso, pálido y con los labios amoratados. Las historias que contaban chocaron inicialmente con el muro de mi escepticismo científico: túneles, luces, familiares ya fallecidos... Pensé que podía ser el mero efecto de las drogas sobre el cerebro, pero, en ocasiones, no eran ya muertes por sobredosis, sino *shocks* anafilácticos debidos a que la droga estaba adulterada por cualquier sustancia a la que el sistema inmunológico del adicto reaccionaba violentamente, como quien es alérgico a la picadura de las abejas. Es decir, su organismo contenía de todo menos droga, y, sin embargo, los sufridos toxicómanos presentaban los mismos síntomas que el doctor Moody hacía populares por aquellos años.

Cuando comentaba a mis profesores este tipo de cuestiones tan solo me contestaban: «Será algo del cerebro», pero lo cierto es que nadie investigaba el fenómeno ni ahondaba en él más allá de un comentario simplista.

Algunos pacientes —llegamos a tener más de diez mil historias clínicas— padecieron no una, sino dos ¡y hasta tres experiencias cercanas a la muerte! Una y otra vez eran resucitados hasta que lo que contaban parecía una réplica de lo anterior. Pero lo que más llamaba la atención no era la historia en sí misma. No era el relato ni su secuencia, sino la profundidad y la absoluta certeza de que lo que habían vivido era real. No se podía ni siquiera discutir la cuestión ya que algunos se sentían sinceramente ofendidos cuando alguien mostraba dudas sobre su experiencia.

En otros, la experiencia cercana a la muerte se unía a la percepción de salir fuera del cuerpo y, dentro de ese viaje, observar lugares o situaciones supuestamente distantes que luego, para sorpresa de todos, parecían coincidir con lo ocurrido.

El ir aumentando mis conocimientos de neurología al mismo tiempo que mis investigaciones acerca de este tipo de fenómenos me hizo descubrir que ya existían referencias a las mismas desde hacía muchos siglos. Más aún, comencé a pensar que muchos de los conceptos que prácticamente aparecen en todas las escrituras sagradas de cualquier religión (figuras divinas de luz, ángeles, encuentro con antepasados, infierno, etc.) podrían ser la consecuencia directa del testimonio de personas que sufrieron experiencias cercanas a la muerte debido a enfermedad o accidente y que una vez vueltas a la vida relataron lo vivido en el «más allá». Estos testimonios serían casi con toda seguridad integrados en el imaginario popular y, cómo no, en la estructura de creencias y religión de cada una de las culturas.

Todo tipo de científicos y neurólogos compiten para explicar cada uno de los fenómenos que presentan las ECM. Algunos de ellos son capaces de definir parcialmente uno u otro de manera aislada. Sin embargo, ninguno de ellos es competente para exponer con claridad la rotunda lógica de los mismos: el túnel y posterior encuentro con antepasados, sus reveladores diálogos, el haber sido receptor de algún mensaje o manifestación acerca del pasado o futuro de la persona... Es decir, no parecen ser simples acontecimientos neurológicos que se presentan de una manera aleatoria, sin orden ni concierto, sino que siguen una compleja pauta llena de contenido y de simbolismos.

Si hubiese tenido que escribir un libro acerca de las ECM hace diez años, muy probablemente me habría basado en la pura ciencia, las ecuaciones y la neurología más abstracta. Progresivamente me he dado cuenta de que innumerables cosas no pueden ser cuantificadas con facilidad. Quizá las más importantes. Pero más importante aún es que estas cosas que exceden a los conocimientos actuales de la ciencia son también ciencia.

Siempre ha habido locos que han postulado por primera vez que la Tierra giraba alrededor del Sol o que un aparato más pesado que el aire podría volar.

Estoy seguro de que estamos abriendo una brecha en los conocimientos de la ciencia actual. El mero hecho de hacernos preguntas nos obliga a encontrar respuestas, porque, incluso aunque todo esté en nuestro cerebro y casi todos nosotros sigamos una pauta similar, el motivo u origen de este fenómeno es tan interesante como la experiencia en sí misma. Como decía nuestro Antonio Machado: «Aprende a dudar y acabarás dudando de tu propia duda; de este modo premia Dios al escéptico y al creyente».

Es la última frontera.

Introducción

Retrocediendo hasta los orígenes humanos más primitivos, podemos encontrar historias del más allá llenas de luz, de miedo o de descensos a lugares infernales. Muchas veces se encuentran asociadas con la muerte o con lo que hay después de ella. Dichas historias provienen de todos los puntos del globo terráqueo, como si los humanos se hubiesen puesto de acuerdo: Grecia, Egipto, Mesopotamia, Asia, África, muchos países de Europa, la América precolombina...

Los viajeros que retornan de ese mundo lleno de luz son de muchos tipos. Hay personajes extraídos de los textos sagrados de todas las culturas y otros que aparecen en los escritos de la literatura universal: Jesucristo, Krishna, Perséfone, Hércules, Eneas, Tammuz, Ishtar...

Los que hayan acudido a una conferencia del mundialmente conocido Raymond Moody habrán observado que una de las principales referencias de este escritor e investigador cuando habla de las experiencias cercanas a la muerte es el filósofo clásico Platón. En el décimo libro de *La república* Platón relata el mito de Er, un soldado griego que supuestamente había fallecido junto a otros compatriotas en una batalla. Al recoger los cadáveres, el cuerpo de este soldado fue colocado sobre una pira funeraria para ser incinerado, y entonces volvió a la vida. Er describe en detalle su viaje al más allá. Al principio su alma salió del cuerpo y se unió a un grupo de otros espíritus que se iban desplazando a través de túneles y pasadizos. Paulatinamente esos espíritus eran detenidos y juzgados por entidades divinas por aquellos actos que habían hecho en su vida terrenal. Er, sin embargo, no fue juzgado, ya que estos seres le dijeron que debía regresar a la Tierra para informar a los hombres acerca del otro mundo. Súbitamente Er despertó, encontrándose sobre la pira funeraria.

Mucho antes de Jesucristo, en el siglo VIII a. C., fue escrito el *Bardo Thodol* o *Libro tibetano de los muertos*, que analizaremos en otro capítulo de este libro. Es una recopilación, desde los tiempos más antiguos, de los rituales tibetanos que hay que ejecutar ante los fallecidos o las personas que se encuentran en sus últimos momentos. El propósito de estos ritos es doble. Primero, ayudar a la persona en trance de fallecer para que recordara los fenómenos que iba experimentando. En segundo lugar, se trataba de apoyar a los familiares de los muertos, para que el espíritu del difunto pudiera desprenderse del plano físico, orientando los sentimientos y apoyando las oraciones oportunas. De esta manera el espíritu podía evolucionar y alcanzar el lugar que le correspondía en el más allá según su propia evolución.

A pesar de la importancia de sus protagonistas, así como de la profundidad de estos y otros escritos, la mayor parte de estas obras han sido ignoradas desde el comienzo de la Era Industrial como cosas propias de personas incultas y crédulas. En definitiva, personas que carecen de formación racional. Nuestra sociedad, sumergida en adelantos tecnológicos y sofisticada ciencia, es capaz de reanimar de manera rutinaria a personas que hasta hace poco habrían fallecido sin remedio, lo que nos ha proporcionado, en los tiempos modernos, miles de historias y relatos de experiencias cercanas a la muerte. Otro aspecto llamativo es el de los científicos que, acompañados de muy alta tecnología, realizan esfuerzos ingentes para explicar por medios racionales ciertos fenómenos que hasta el día de hoy escapan a una explicación total.

¿Qué es lo que se puede explicar de estas experiencias? Se ha discutido mucho acerca de los factores precipitantes de las experiencias cercanas a la muerte (ECM). Algunos alegan inducción religiosa o bien filosófica, tanto en sentido metafórico como literal. En cualquier caso, sea cual fuere el catalizador, un lóbulo límbico disfuncional o bien la ingesta de alguna droga enteógena,[1] el precipitante no parece ser la experiencia per se. La experiencia en sí misma se convierte en una memoria viviente. Cualquiera que sea el precipitante, se sufre una destrucción o profunda alteración de patrones, vivencias o escalas de valores que afectarán a la vida cotidiana de quienes las hayan experimentado. Más aún, al igual que en las tradiciones orales prehistóricas, la sociedad sigue mostrando una fascinación por este tipo de historias. Los detalles narrativos de los paisajes y de los encuentros con personas del más allá son el denominador común de los escritores que han hecho referencia a anécdotas de los casos estudiados.

Este tipo de experiencias ha servido para acercar a polos sociales muy separados. En un extremo fundamentalistas religiosos y en el otro ateos consumados, ambos discutiendo a un nivel descriptivo y comparándolo con la realidad física. Los fundamentalistas religiosos asumen que las descripciones de las ECM son literales, que describen objetos, personas y situaciones diversas. Al otro lado, los reduccionistas intentan explicarlo todo desde una visión materialista, ya que los sucesos descritos son manifiestamente imposibles desde los conocimientos científicos actuales, y por tanto increíbles.

A este respecto, quizás una de las cuestiones más llamativas es que lo que los fundadores de las principales religiones del mundo han reivindicado durante siglos mediante sus escrituras sagradas parece ser hoy en día corroborado a través de las personas que sufren experiencias cercanas a la muerte. Hasta el punto de que muchos científicos que otrora despreciaban este tipo de conocimientos milenarios se encuen-

---

[1] Un enteógeno es una sustancia o combinación de sustancias vegetales que, al ingerirse, provoca un estado modificado de consciencia que suele usarse en un contexto principalmente religioso, ritual o chamánico.

tran hoy fascinados y con un interés creciente en este tipo de cuestiones. Un detalle aún más notable cuando esta intriga involucra a sectores sociales a los que resulta difícil explicar las ECM, como es el caso de los niños pequeños, los invidentes de nacimiento y las personas en coma que fueron declaradas cerebralmente muertas.

El éxito de la ciencia moderna comienza con Galileo, con una manera de hacer preguntas científicas de manera que el investigador pueda evitar discutir sobre el significado de las cosas. Pero, claro, ¿cómo podemos discutir de algo sobre lo que no existe un lenguaje apropiado? Cuantificando los fenómenos, es decir, midiéndolos, los científicos crearon un lenguaje normalizado que hace posible la discusión de los hallazgos. Además, los científicos han creado innumerables escalas y unidades como, por ejemplo, los grados o los voltios para poder medir los efectos de sus investigaciones. Ahora bien, en el caso de las ECM la tarea es ardua. Afortunadamente la ciencia es algo más que una simple medición mecánica de las cosas: es una forma de conocimiento. Para poder proyectar ese tipo de conocimiento los científicos y los filósofos de la ciencia han desarrollado vías de discernimiento. A pesar de todo, mientras se construye una ciencia más elevada, el positivismo, lo empírico, el materialismo, el reduccionismo y el determinismo intentan hacerse con parte del pastel del pensamiento.

Los científicos después de Isaac Newton comenzaron a desarrollar elaboradas teorías. No podemos olvidar que una teoría tiene que cumplir tres puntos básicos: lo primero es que debe explicar el fenómeno, es decir, detallar lo que es y sus partes constituyentes. Lo segundo es que debe describir la actividad, es decir, el mecanismo que hay detrás del fenómeno y cómo se integra al mismo. Lo tercero, quizás lo más importante, es que debe ser capaz de predecir el fenómeno que se encuentra bajo investigación. En ocasiones, los científicos suelen ser un tanto flexibles con los dos primeros parámetros. Sin embargo, en lo que respecta al tercer enunciado, si una teoría no puede llegar a predecir, es que algo grave falla en el método de investigación.

Quizás fueron Sigmund Freud y sus discípulos quienes crearon lo que podríamos denominar la ciencia blanda, ciencias en las que la información recogida posee aspectos tanto cuantitativos como cualitativos. La razón principal es que las experiencias que estudian el comportamiento humano son extremadamente flexibles e imprecisas bajo el prisma actual de la ciencia. De alguna manera los humanos son predecibles y siguen las leyes del comportamiento cuando se encuentran en grupo, pero fallan cuando se les intenta estudiar de manera individual. En el campo de la psicología, las creencias de los profesionales parecen ser sinónimos de sus propias teorías y podríamos decir que tenemos tantas escuelas de psicólogos como personas que hayan estudiado psicología, ya que cada una aplica sus conocimientos y su propia experiencia personal al mismo campo.

Años más tarde, Albert Einstein agitó aún más las aguas de la ciencia con su conocida teoría de la relatividad, que dejó al descubierto las limitaciones del determinismo, materialismo, positivismo y reduccionismo como vías infalibles de adquisición del conocimiento científico. En aquellos años Kurt Gödel desarrolló el teorema de incompletitud, en virtud del cual:

1. Si el sistema es consistente, no puede ser completo.
2. La consistencia de los axiomas no puede demostrarse en el interior del sistema.

Gracias a este teorema sabemos que la habilidad para adquirir cualquier conocimiento acerca de nuestra realidad se encuentra limitada.

Respecto a los científicos que reducen las experiencias cercanas a la muerte en fragmentos como, por ejemplo, experiencias extracorpóreas por un lado, el túnel como el resultado de la anoxia, las visiones como significado particular de una alteración neurológica, etc., resultan de interés las ideas del físico Paul Davies, que plantea que si un grupo de científicos tuviera que analizar un cartel luminoso de neón seguramente la mayor parte de ellos despiezaría el anuncio en sus diversos componentes: transformador, cables, gas neón, soporte metálico, etc. Sin embargo, este análisis reduccionista y materialista del objeto estudiado olvidaría algo fundamental: el significado del propio anuncio, la información que transmite, una cosa decididamente no material. Es decir, el propósito del anuncio de neón no es que cada parte ejecute su cometido, sino albergar un significado. A este respecto, John Tomlinson, director del Instituto Americano de Salud y Ciencias, afirma: «Si los investigadores pueden probar científicamente que, en tan solo un caso, las personas abandonan su cuerpo cuando este muere y se dirigen hacia otra realidad donde se encuentran con seres y con capacidades y conocimientos más allá de los propios, entonces el fenómeno ya ha quedado demostrado».

Los científicos reduccionistas tan solo ven los componentes físicos del anuncio pero obvian su mensaje.

Siguiendo el ejemplo del anuncio de neón, su significado excede a cualquier discusión, sin importar lo profundo de la misma cuando nos referimos tan solo a sus componentes electrónicos. Para este mismo autor, Tomlinson, que las ECM puedan ser un encuentro con Dios o alguna entidad semejante sería, en su opinión, un evento tan importante como el ocurrido en Palestina hace más de dos mil años. Asimismo, observando que las ECM son sufridas tanto por los creyentes como por los ateos, la conclusión sería que esa supuesta existencia de Dios se extendería, obviamente, más allá de los límites de cualquier religión en particular.

Al mismo tiempo, para algunos investigadores las ECM no son explicables por la pura química cerebral. Por ejemplo, algunos trabajos de Michael Sabom y Kenneth Ring que manejamos en nuestra bibliografía y que aparentemente demuestran que personas ciegas de nacimiento llegar a ver cosas en su derredor durante su experiencia cercana a la muerte, lo que constituiría, en caso de ser probados, un verdadero terremoto para la ciencia actual.

Así pues, debemos intentar acercarnos a este tipo de experiencias desde tres pilares: el conocimiento científico basado en la replicación sistemática, el conocimiento filosófico basado en la razón y la lógica y, finalmente, el conocimiento teológico basado en la subjetividad introspectiva de Kierkegaard.

Encuadrados en este tipo de posicionamientos religiosos se encuentran las opiniones de que todo ocurre porque culturalmente estamos predispuestos a que así sea. Sin embargo, llama la atención, por ejemplo, que las personas que intentaron suicidarse y que quedan señaladas de forma negativa respecto a su conducta, en vez de tener una experiencia cercana a la muerte negativa, terrorífica o similar, por el contrario suelen tenerlas tan positivas como las que aparecen en los que han sufrido una enfermedad o un traumatismo determinado. Es decir, la hipotética influencia cultural no parece darse en todos los casos.

Lo que resulta fundamental es que si bien muchos científicos construyen su discurso desde la fe, la religión, la espiritualidad o incluso desde el propio terreno de la especulación, es preciso que no confundan sus creencias personales con evidencias cuantificables y que a la hora de comunicarlo a la sociedad sean capaces de transmitir esta diferencia. Asimismo, si atendemos estrictamente a los testimonios de las personas que han sufrido una ECM, podríamos obtener tres conclusiones rápidas: la primera es que aparentemente los humanos tienen algo que les diferencia de otros seres vivos. La segunda es que hay vida después de la muerte y que se nos juzgará por nuestra conducta en la Tierra. La tercera es que existen seres más allá de nuestro reino del tiempo y del espacio que interactúan con nosotros.

El filósofo inglés Alfred Jules Ayer, conocido por sus posicionamientos materialistas, tuvo que pagar un tributo a los mismos cuando él mismo sufrió una experiencia cercana a la muerte que le produjo un fuerte impacto emocional y profundos cambios en su escala de valores, amén de variar sus posicionamientos filosóficos. A. J. Ayer admitió que su experiencia había reblandecido su convicción de que «mi auténtica muerte, que de hecho se encuentra muy cercana [era bastante mayor], será mi final», añadiendo: «Aunque continúo con la esperanza de que así sea».

Para los materialistas una experiencia cercana a la muerte no es otra cosa que la vivencia alucinatoria de un cerebro moribundo. Evidentemente, desde este punto de vista una alucinación no provee evidencias para ningún tipo de creencia ni menos aún para suponer que existe algo después de la muerte.

Uno de los problemas para abordar el estudio científico de las ECM es el reconocimiento explícito de que su principal característica es la inefabilidad, es decir, que carecen de denotación precisa. De manera que al igual que todo lo sagrado poseen muchas imágenes pero se priva de la parte física, por lo que a la ciencia le resulta difícil, por no decir imposible, abordar su estudio desde todas las facetas.

Estamos en una época de predominio de la ciencia sobre la religión y del periodismo sobre la literatura. Las ECM se describen de manera simbólica, se mueven en un mapa de símbolos, pero el mapa no es el territorio, solo apunta hacia el territorio que el lenguaje apenas puede describir y la visión es escasa para poderlo imaginar. Por ello la utilización masiva de símbolos en ocasiones se asemeja a un lenguaje críptico similar al utilizado por los iniciados de ciertas sectas. Sin embargo, los descubrimientos más recientes sobre la mente humana apuntan a que esta, quizá por puros motivos neurológicos, tiende a buscar patrones, al igual que la poesía persigue un orden en el caos circundante. Debido a esto no resulta extraño que las personas que han sufrido una ECM intenten interconectar todo lo que han vivido con elementos culturales tanto propios como extraños.

Después de todo, sobre la cuestión de la vida después de la muerte nuestra actitud debería ser similar a la del filósofo John Hick: «Tener el principio de estar mentalmente abierto a cualquier opción». Imaginemos además las implicaciones de la existencia de una vida después de la muerte para la filosofía, la religión, la identidad personal, la ética a la hora de tratar a los enfermos terminales e incluso la propia biología. De hecho algunas personas que pasan por una ECM la viven como un sueño y prefieren apartarla de su mente. A otros les resulta difícil enfrentarse a este tipo de cambios psicológicos y como consecuencia no integran la experiencia en su vida diaria. Más aún, algunas personas, cuando la relatan a la familia o las amistades más cercanas, se encuentran con el rechazo, ya que los toman por locos. Incluso muchos médicos llegan a reaccionar como si la experiencia fuera el mero producto de una enfermedad mental, de encontrarse drogado, de la falta de oxígeno en el cerebro o incluso de algo realmente diabólico. Este tipo de actitudes, en muchas ocasiones también compartidas por los que sufrieron la ECM, puede conducir a la supresión de la experiencia, a la eliminación de sus memorias o bien a cualquier cambio positivo que podría haberse engendrado a partir de la misma.

Es sumamente interesante hacer notar cómo algunos autores como P. M. H. Atwater establecen paralelismos entre las experiencias cercanas a la muerte y el crecimiento de la cultura a través de los siglos. Los avances tecnológicos han hecho posible esquivar a la muerte en miles de casos documentados. Todos los días. El aumento del número de personas que han adquirido una serie de cualidades derivadas de experiencias espirituales tan profundas tendría un beneficio social y cultural que nos derivaría, en conjunto, a toda la sociedad hacia un mundo mejor. Otros, como Andrew Dell'Olio, sugieren que las ECM no confirman la existencia de vida después de la muerte, pero sí algún tipo de perdurabilidad. Para este mismo autor las ECM no serían otra cosa que un estado de consciencia continuado después de la muerte de nuestro cuerpo.

Por otra parte, algunos profesionales de la salud mental muy bien formados piensan que este tipo de experiencias son propias de personas con algún importante desequilibrio psicológico. Por ello, Bruce Greyson, uno de los autores líderes en este tipo de cuestiones, diseñó un estudio en el que comparó a un grupo de personas que habían sufrido una ECM con otro grupo cuyos miembros, si bien habían estado cerca de la muerte, no habían experimentado una ECM. Valoró ambos grupos con un instrumento (Cuestionario SCL-90-R) diseñado para detectar alteraciones psicológicas. Los resultados fueron concluyentes: los que se habían encontrado en una situación cercana a la muerte, pero que no habían experimentado una ECM, mostraron más alteraciones psicológicas que los que sí habían vivido una ECM.

Para los que crean que el cuadro de las ECM se debe a síntomas dependientes de la pura fisiología, como por ejemplo la experiencia extracorpórea por aislamiento sensorial, la secreción de endorfinas que produce analgesia y sensación de felicidad y paz o bien, la anoxia cerebral galopante que produce sobre el sistema visual una ilusión de túneles y luces, así como alteraciones del lóbulo temporal que hagan revivir las memorias o visiones de personas ya fallecidas en otras dimensiones, las cosas no parecen ser tan sencillas, ya que toda experiencia cercana a la muerte parece perfectamente orquestada y sigue una pauta no caótica en la que algo, similar al antiguo concepto de alma, parece cobrar vida y escapar del cuerpo. Es decir, lo que nos estamos jugando al intentar comprender en qué consisten las ECM no es solo si existe vida más allá de la presente, sino también si podemos entender los complejos modelos de consciencia, incluyendo la percepción sensorial o la memoria, ya que estos procesos podrían estar enfrentados a los conocimientos actuales de la neurofisiología si los intentamos aplicar a este tipo de experiencias.

Todos estos argumentos pueden llevarnos a razonar en círculos, como una pescadilla que se muerde la cola. Para los que son creyentes, las ECM les proveen de argumentos para hacer de sus vidas algo trascendente y de unión con Dios. Para los que no son creyentes, estas experiencias les elevan a un plano metafísico de difícil digestión. Asimismo, las investigaciones que se están realizando poseen un potencial inmenso para millones de personas que se consideran religiosas o espirituales, pero también para los profesionales de la ciencia involucrados en ayudar a los moribundos, a los suicidas y a las familias que se encuentran inmersas en procesos de duelo. Es algo que también llena de esperanza a los enfermos terminales.

En mi caso, a pesar de haber atendido innumerables casos de personas, tanto creyentes como no creyentes, que me han relatado con una similitud excepcional sus experiencias, no me queda más remedio que admitir, quizás con alguna reserva, lo trascendental de este tipo de casos, tomando en consideración, eso sí, algo de escepticismo que, imagino, se aclarará algún día en lo que será mi última experiencia. Me muero por saberlo.

I

EXPERIENCIAS CERCANAS A LA MUERTE A LO LARGO DE LA HISTORIA

Un milagro es comúnmente considerado como un efecto fuera de las leyes que nos rigen. Pero todos los eventos en nuestro precisamente ajustado Universo se ajustan a las leyes y son perfectamente explicables según las mismas.

PARAMAHANSA YOGANANDA

Resulta paradójico que las investigaciones modernas sobre estados alterados de consciencia nos hayan aportado nuevas perspectivas acerca de este fenómeno. El que numerosas personas sean capaces de encontrarse con un amplio espectro de aparentemente extrañas experiencias que incluyen, por ejemplo, túneles de luz, juicios divinos, renacimientos o la llegada a reinos celestiales no parece ser otra cosa que una nueva reproducción de antiguos textos relacionados con los muertos, como en el antiguo Egipto. Es decir, parece que nada ha cambiado y que estos antiguos textos no son otra cosa que verdaderos mapas de los territorios más íntimos de nuestra psique, incluyendo los asociados a la muerte biológica.

En el *Libro del esplendor* (*Zohar*)[2] de la cábala judía podemos leer el siguiente relato con Adán como protagonista. El primer hombre

---

[2] El *Zohar* o *Libro del esplendor* es una obra fundamental de la literatura mística judía también conocida como cábala. Se trata de un grupo de libros que incluyen comentarios místicos de la *Torá* (los cinco libros de Moisés) e inter-

creado por Jehová aparece en casa de un moribundo. Al verle, la persona que está muriendo dice: «Es por ti por lo que debo morir». A lo que Adán replica: «Sí, pequé una vez, un pecado por el que fui severamente castigado. Pero tú, hijo mío, no has pecado una vez, sino muchas veces». Adán procede a enseñarle al hombre una lista de sus faltas y concluye: «No hay muerte sin pecado».

Una de las primeras personas que expandió el concepto de ECM en el mundo occidental y en la época moderna fue el afable escritor, filósofo y médico Raymond Moody, cuando allá por el año 1975, mientras todavía era un estudiante de Medicina, publicó *Vida después de la vida*. Sin embargo, el propio Moody apunta en sus escritos que este tipo de experiencias pueden llegarse a encontrar incluso en textos muy antiguos. Algunos de estos textos son conocidos en el mundo occidental y ya los hemos citado aquí, como el *Libro tibetano de los muertos*, la *Biblia*, etc. Asimismo, las ECM se pueden encontrar prácticamente en todas las culturas, al igual que las experiencias de salida extracorpórea o EEC. Estas últimas fueron estudiadas por Dean Shiels en 1978, y comprobó que el 95 por ciento de 70 culturas no occidentales, de distinta localización geográfica y estructura religiosa, creían en este fenómeno de una manera sorprendentemente uniforme. Este autor concluye que la creencia en las EEC responde, casi con toda seguridad, a acontecimientos demostrables.

Holden, Greyson y James, en su excelente libro *The Handbook of Near Death Experiences*, hacen notar la diversidad de textos donde aparecen las ECM en la literatura mundial, ya sea de forma accidental o como parte del relato. Por ejemplo, la mencionada por el famoso explorador David Livingstone en su libro *Aventuras y descubrimientos en el interior de África*. Uno de los casos más llamativos del siglo XIX, publicado en 1889 en el *Saint Louis Medical and Surgical Journal*,

---

pretaciones también místicas de la cosmogonía y psicología místicas. El *Zohar* contiene discusiones sobre la naturaleza de Dios, el origen y la estructura del universo, la naturaleza de las almas, la redención, la relación del ego con la oscuridad y del yo con la luz de Dios. Este texto apareció en España en el siglo XIII y fue publicado por un escritor judío llamado Moisés de León.

fue el protagonizado por el doctor A. S. Wiltse, del pequeño poblado de Skiddy (Texas). Este médico aparentemente falleció de unas fiebres tifoideas en el verano de 1889. Incluso las campanas de la iglesia se echaron al vuelo para anunciar el deceso del médico del pueblo, pero la cosa no acabó ahí. El propio doctor Wiltse describe lo que ocurrió en unas líneas que merece la pena reproducir: «Descubrí que todavía estaba en mi cuerpo, pero este y yo ya no teníamos intereses en común. Me quedé perplejo y fascinado de alegría mientras me veía a mí mismo desde arriba […]. Con todo el interés que puede tener un médico […] observé el interesante proceso de separación de alma y cuerpo». En el mismo artículo el doctor Wiltse describe cómo desde fuera de su cuerpo puede observar a una persona en la puerta de su habitación del hospital. Se acerca e intenta tocarle pero, como en los relatos de fantasmas, su brazo parece atravesarle sin generar la mínima reacción en la otra persona: «Mi brazo pasó a través de él sin encontrar resistencia aparente […]. Le miré rápidamente a la cara para ver si había advertido mi contacto, pero nada. Él solo miraba hacia el sillón que yo acababa de dejar. Dirigí mi mirada en la misma dirección que la de él y pude ver mi propio cuerpo ya muerto […]. Me impresionó la palidez del rostro […]. Intenté ganar la atención de las demás personas con objeto de reconfortarlas y asegurarles su propia inmortalidad […]. Me paseé entre ellas, pero nadie pareció advertirme. Entonces la situación me pareció muy graciosa y comencé a reírme […]. Qué bien me sentía. Hacía tan solo unos minutos me encontraba terriblemente enfermo y con malestar. Entonces vino ese cambio llamado muerte que tanto temía. Esto ya ha pasado y aquí estoy, todavía un hombre, vivo y pensante. Sí, pensando más claramente que nunca y qué bien me siento. Nunca más volveré a estar enfermo. Nunca más tendré que morir».

El famoso discípulo de Sigmund Freud y también psiquiatra, Carl Jung, describe una ECM tras fracturarse un pie y sufrir un infarto de miocardio muy poco después. Una acompañante, enfermera, cuenta cómo una luz le envolvía durante su agonía, al igual que en las experiencias de muerte compartidas. Algo, al parecer, que ella ya había observado con anterioridad. Pero ahí no acaba la experiencia, ya que el propio Jung describe cómo llega a ver la Tierra desde el espacio bañada en una gloriosa luz azulada. Más aún, describe la profundidad de los océanos y la conformación de los continentes. Debajo de sus pies se encontraba Sri Lanka (Ceilán) y un poco más adelante la India. No llegaba a ver toda la Tierra, pero sí su forma global y su perfil delimitado con una especie de rayo, toda ella llena de la luz azulada. No solo eso: después de mirar la Tierra durante un rato se giró y pudo apreciar un bloque pétreo similar a un meteorito flotando en el espacio, con una especie de entrada donde un ser con apariencia hindú se encontraba sentado en posición de loto. Jung asegura que se encontraba en paz y tranquilo: «Yo tenía todo lo que era y era todo lo que tenía». En ese momento Jung notó que iba a pasar a una habitación donde se encontraba todo lo relacionado con el sentido de su vida, cuando su médico de cabecera llegó. Sumergido en su experiencia, Jung escuchó cómo el médico le comentaba que no tenía derecho a abandonar la Tierra y que debía volver a su lugar de procedencia. Carl Jung se mostró «profundamente decepcionado» y a regañadientes retornó a su cuerpo. Incluso en su libro *Memories, Dreams, Reflections* llega a decir que odió al médico que le devolvió a la vida.

A medida que Jung se recuperaba tuvo más visiones, llegando a afirmar: «Resulta imposible resumir la belleza y la intensidad de las emociones durante estas visiones. Es lo más tremendo que nunca haya experimentado [...]. Nunca imaginé que una experiencia así pudiera acontecerme. No fue producto de mi imaginación. Las visiones y la experiencia fueron totalmente reales. No existió nada subjetivo. Todo poseía la cualidad de absoluta objetividad». Estos comentarios del famoso psiquiatra concuerdan con los que realizan la mayor parte de las personas que experimentan una ECM: claridad y objetividad en su relato.

Prácticamente todas las culturas poseen tradiciones en las que el ser humano prevalece ante la muerte. En las más primitivas los cuerpos eran enterrados acompañados de enseres: arcos y flechas, vasijas con alimentos, objetos personales, etc., como si la muerte tan solo fuese una transición hacia otro estado en el que dichos objetos pudieran ser útiles en el desempeño de la nueva vida.

El principio fundamental de la mayor parte de los científicos es el puro reduccionismo, es decir, que todos los fenómenos, incluidos los mentales, se pueden explicar desde un punto de vista físico. Por este mismo hecho los fenómenos transpersonales, espirituales o los relacionados con la noética[3] parecen no existir para los científicos más ortodoxos.

Sin embargo, un reconocido matemático, Frank Tipler, escritor y profesor de Física Matemática de la Universidad de Tulane en Nueva Orleáns, afirma que mientras el reduccionismo es necesario para el mundo científico, ello no quiere decir que tengamos que negar las dimensiones espirituales de los seres humanos. Este profesor ha demostrado, supuestamente por medio de la física, la existencia de Dios y de otros fenómenos espirituales. De alguna manera este científico intenta encontrar una solución de compromiso entre el mundo de los pensamientos y de las creencias y el mundo estrictamente científico. En su libro *La física de la inmortalidad* (1994) describe lo que él llama teoría del Punto Omega, para explicar matemáticamente y mediante la física una solución para probar la supervivencia de la personalidad después de la muerte.

La mayoría de los filósofos, así como casi todos los científicos, han rechazado las teorías de supervivencia por carecer de una base física. Otros, por el contrario, han asumido con cierta simpleza que dicha física existe, pero que se encuentra lejos de la comprensión humana y que, por lo tanto, no puede ser cuestionada. El propio Ring propuso en su momento la original idea de que la personalidad es el resultado de ondas que interactúan y que se interfieren de forma similar a un holograma y que todo el patrón de códigos podría ser reproducido a partir de una pequeña porción.

James Crumbaugh explica que el Punto Omega tiene tanto de realidad física como de concepto matemático. Desarrolla la idea en

---

[3] Según indica el *DRAE*, noética es la visión intelectual, el pensamiento.

relación al futuro de la raza humana, e incluso de toda la vida del universo. Define de este modo cómo ocurrió el Big Bang hace 15.000 millones de años y cómo todo culminará dentro de otros 85.000 millones en un colosal choque cósmico. Este final representa lo que el filósofo jesuita Pierre Teilhard de Chardin ha descrito como punto final o Punto Omega, siendo el Big Bang el Punto Alfa. La teoría de Tipler solo funcionará en un universo cerrado. Es decir, si el universo alcanza un punto crítico de expansión y entonces se empieza a contraer. Por el contrario, si el universo se expande eternamente, como un universo abierto, entonces no habría esperanza para la vida a largo plazo, ya que todo acabaría enfriándose y moriría.

La correlación entre las experiencias cercanas a la muerte y el Punto Omega consiste en una filosofía común frente a la resurrección. Tipler arguye que el espíritu también pertenece al plano físico. No existe ningún tipo de alma flotando sin medios materiales. De hecho, el espíritu cesaría de existir cuando el cuerpo muere. Sin embargo, en el Punto Omega ocurrirá la resurrección. Para poderlo entender en su magnífica totalidad debemos asimilar que el concepto de tiempo es un constructo meramente humano. Hablamos de trayectos de tiempo que exceden la comprensión de los seres humanos.

Pero ¿qué es lo que va a crear el colapso final del universo? Una vez que se alcance la expansión máxima llegará un momento en que la masa crítica llegará a un equilibrio por las fuerzas gravitacionales de la propia expansión. Una vez que se llega a este Punto Omega, Tipler ha profetizado, basándose en las leyes físicas, que ciertas cosas que podríamos tildar de fantásticas van a ocurrir. Tipler asegura que nuestro futuro pertenece a un nuevo mundo de viajeros cósmicos que van más allá de ser simples astronautas, de la misma manera que nuestro mundo actual pertenece al de Cristóbal Colón. Sus teorías se basan en un fantástico desarrollo de la ciencia, particularmente apoyada en computadoras cuánticas que harán posible la resurrección de todas las personas ya fallecidas mediante mecanismos de simulación. Asimismo, seremos capaces de regenerar de manera aproximada los cuerpos de personas ya fallecidas por emulación.

II

LOS ÚLTIMOS MINUTOS DE VIDA

Vale la pena morirse para darse cuenta de cómo es la vida.

T. S. ELIOT

La muerte es considerada por la mayor parte de las personas como un proceso gradual. El propio rey de Inglaterra, Carlos II, se disculpó ante la corte por su larga agonía: «Lo siento, caballeros, por tomarme tanto tiempo para morir».

La mayor parte de las personas que sufren un proceso en el que perciben la cercanía de la muerte suelen presentar cinco tipos de actitud:

1. *Pedir perdón.* Todos hemos hecho cosas que han herido a terceros. Deseamos curar las heridas emocionales. La mejor manera de hacerlo es pidiendo perdón a quien hemos hecho algún tipo de daño emocional. No suele ser algo fácil porque en la mayor parte de los casos nos hemos justificado en nuestra acción. Sin embargo, para abordar la segunda etapa es fundamental cumplir esta primera.

2. *Ofrecer perdón.* Otra tarea difícil, especialmente con aquellos que no han hecho nada para ganárselo. Perdonar no es excusar su comportamiento, sino liberar nuestro espíritu de rabia y resentimiento. No hay que olvidar perdonarnos a nosotros mismos.

3. *Expresar nuestra gratitud*, particularmente a aquellos que nos han cuidado. En ocasiones asumimos que ellos ya saben que les estamos agradecidos, pero nunca está de más decir: «Gracias».

4. *Ofrecer sentimientos de amor.* Es algo similar a pedir perdón. Muchos tienen miedo a expresarlo pero resulta fundamental hacerlo con aquellas personas que son verdaderamente importantes para nosotros. Si no nos atrevemos a verbalizarlo, una carta puede ser suficiente.

5. *Decir adiós.* De todos es sabido que algunas personas son capaces de alargar su agonía con tal de poder despedirse de algún ser querido. Por ello, no se deben dejar las otras cuatro etapas anteriores para el último minuto. Decir adiós puede ser doloroso, pero no debe ser trágico y es el mejor momento para mirar a los ojos a nuestros seres queridos.

La muerte constituye todo un proceso. Habitualmente comienza con un paro cardiaco y pocos minutos después, cuando el cerebro ya no recibe sangre, se producen lesiones letales e irreversibles en este centro del sistema nervioso. Nuestra consciencia parece seguir funcionando mientras recibimos señales de la vista, el oído y los demás sentidos. Lo que sucede durante ese intervalo parece totalmente crucial, como nos lo demuestran las miles de personas que han sufrido una ECM.

Tan solo algunas etapas de las ECM parecen tener correspondencia con eventos físicos. Por ejemplo, la sensación que acompaña al retorno del ser a nuestro cuerpo durante las experiencias extracorpóreas parece coincidir con el éxito de las maniobras de resucitación cardiaca.

Roger Cook apunta acerca de la importancia de la pérdida irreversible de la capacidad de consciencia como efecto inevitable de la muerte cerebral. Sin embargo, este autor hace una clara distinción entre la *capacidad* de la consciencia, que es una función propia del cerebro, y el *contenido* de la consciencia, que reside en ambos hemisferios cerebrales, y subraya que la supervivencia de la primera es esencial para la activación de la segunda.

Quizás una de las preguntas más apasionantes podría ser si durante las ECM estamos realmente muertos. Después de todo, parece ser que algunas muertes son reversibles y que nuevos descubrimientos científicos aportan nuevas respuestas. De alguna manera podríamos afirmar y subrayar que las ECM son justamente esto, tan solo cercanas y no totales, si por muerte entendemos algo que sea totalmente irreversible, lo que pone en entredicho que la muerte sea un estado del cual ya no se vuelve. Para aclarar este punto sería interesante definir en qué consiste cada uno de los tipos de muerte. En general, cuando hablamos de muerte reversible nos referimos a condiciones extremas de parada cardiorrespiratoria de las que una persona, ya sea de manera espontánea o como resultado del esfuerzo de terceros, resucitará y sobrevivirá. En el lenguaje profesional médico se las conoce como «maniobras de resucitación». Por el contrario, podríamos llamar muerte irreversible a aquella condición en la que el proceso de muerte ha avanzado de tal manera que la resucitación ya no puede ocurrir.

Sin embargo, una de las preguntas con mayor enjundia es: ¿están realmente muertas las personas que sufren una ECM? Greyson y Stevenson analizaron a 78 personas que habían sufrido una ECM y observaron que el 41 por ciento creía, subjetivamente claro está, que habían estado muertos, mientras que el 52 por ciento creyó encontrarse tan solo en un proceso de muerte.

A este respecto, Ian Stevenson, J. E. Cook y Nicholas T. McClean-Rice fueron testigos de cómo el 82,5 por ciento de las personas que habían sufrido una ECM aseguraban haber estado prácticamente muertas. Sin embargo, al analizar la historia clínica tan solo se pudo comprobar en un 45 por ciento de los casos.

En otro estudio realizado por Hubert Knoblauch, en 2001, este autor apreció que entre los que decían haber tenido una ECM al menos un 50 por ciento realmente estuvieron cerca de morir, mientras que solo un 6 por ciento afirmó haberse encontrado clínicamente muertos. Greyson se pregunta: «Si las personas que han sufrido una ECM terrorífica no se corresponden, en todos los casos, sino incluso en una minoría, con una muerte biológica, entonces ¿por qué se producen, en ocasiones, ECM terroríficas?». Carla Wills-Brandon, psicóloga clínica, nos dice: «Saber que existen personas que han vivido una ECM debe tranquilizarme, pero creo que mi miedo no es cruzar al más allá, sino el proceso: veo a tanta gente sufriendo hasta que la muerte viene en busca de ella». Porque la muerte, no solo afecta a la persona protagonista, sino también a los que se encuentran en derredor. Como John Wren-Lewis apuntaba, en 1963, acerca del duelo por la muerte de su mujer: «El sentido básico de mi duelo es de pérdida, como una persona a la que se le hubiese amputado un miembro». Del mismo modo que el amputado aprende a funcionar y desplazarse sin la ayuda del miembro perdido, la persona que pierde a un ser querido cada mañana que se levanta advierte su minusvalía y, de esta manera, el sentimiento de pérdida tiende a perpetuarse.

La muerte es una de las grandes preocupaciones para muchísimas personas, hasta el punto de que el miedo a morir es la fuente más potente y básica de ansiedad. Para algunas personas esta preocupación es tan potente que puede llegar a robar literalmente la vida de una persona por la inmensa preocupación de perderla. Se crea una forma de estar muerto en vida, lo que también podría llamarse muerte psicológica. Por el contrario, las personas que han experimentado una ECM sufren una importante reducción de esta ansiedad y miedo. Para ellos ya no existe la muerte. También parecen existir otros dos factores que pueden contribuir a esta sensación: el primero de ellos consiste en creer que uno ha sido rescatado por una fuerza cósmica o divina con un propósito determinado. Desde este punto de vista la persona se siente continuamente protegida por este supuesto ser sobrenatural. El segundo factor se desarrolla a partir de la sensación de sentirse especial y, por ello, menos vulnerable. Todo esto, a pesar de tener connotaciones positivas, puede conducir a las personas que han experimentado una ECM a formas muy peculiares de psicopatologías.

En un interesante artículo publicado en 1990 en la prestigiosa revista médica *The Lancet*, J. E. Owens, E. W. Cook e Ian Stevenson estudiaron a 58 pacientes que habían reportado alguna experiencia cercana a la muerte. Paradójicamente, encontraron que sus funciones cognitivas mejoraban en los instantes previos a sufrir la muerte. Otro científico investigador, Karl Jansen, escéptico en este tipo de cuestiones, replicó a la susodicha publicación: «Hasta que se realicen análisis objetivos de las funciones cognitivas en personas moribundas por parte de aquellos que afirman que dichas funciones han mejorado, los bien establecidos paradigmas de las ciencias físicas se deben mostrar firmes en contra de las interpretaciones trascendentales».

Resulta de sumo interés la descripción que hace Carl Becker en 1989 describiendo las creencias del budismo tibetano respecto a los últimos momentos de la vida, ocho etapas que conducen a la muerte y van acompañadas de las siguientes experiencias:

1. Encogimiento de los miembros, impresión de hundimiento y visiones de nubes o espejismos.
2. Cesa la audición, la boca se pone seca y se ve un humo azulado.
3. Cesa el olfato, se enfría el cuerpo y aparecen luciérnagas.
4. Cesa el gusto, se deja de respirar y es imposible moverse, mientras se ven las cosas como iluminadas por una lámpara de aceite.
5. Cesan todos los conceptos y la visión se torna blanquecina como la luz de la luna.
6. La energía se mueve desde los órganos sexuales hacia el corazón, se ve un color como de naranja enrojecida.
7. Se pierde la energía del corazón, cesa el dualismo. La visión es un vacío radiante, como una noche de otoño.
8. Salen sangre o flemas por la nariz o los órganos sexuales y aparece una luz clara.

Evidentemente, esto es una interpretación poética no ajustada a la realidad científica. Tampoco es una descripción literal de lo que todas las personas deberían sufrir en cada una de las etapas. Parece ser más bien una interpretación general, abierta a comentarios diversos. Por supuesto, no incluye a los que mueren de manera fulminante en accidentes o explosiones. Con todo, resulta muy interesante que ya desde hace siglos muchos humanos hayan acometido la tarea de realizar una cronología del propio proceso de la muerte. Incluso ciertas descripciones podrían ser observadas por parte de terceros. Por ejemplo, esas luciérnagas podrían guardar relación con hechos comprobables, como las alteraciones visuales en el momento del fallecimiento.

Una experiencia relatada con mucho detalle por Javier podría resumir lo que muy probablemente podría suceder en los últimos momentos vitales y en la posterior y supuesta supervivencia: «El día 8 de diciembre de 2009, creo que tuve una ECM, y si no fue exactamente eso creo que, en cualquier caso, a mí me ha cambiado. Iba dando una vuelta en moto con dos amigos más, tranquilos y ya de vuelta para casa a tomar un café. En una de las avenidas nos encontramos un coche, el del típico "pastillero", que comenzó a realizar maniobras temerarias. Finalmente me embistió por detrás y se dio a la fuga. Yo salí despedido de la moto y mi novia cayó para otro lado. En ese momento, por mi cabeza solo pasaba la idea de orientarme para, en la caída, intentar evitar el guardarraíl y que el coche que me había atropellado no me pasara por encima. Es curioso, pero esto que relato lo viví a cámara lenta. No sé a qué velocidad puede trabajar la mente en estas situaciones.

»Cuando impacté brutalmente contra el suelo, pensé: "¿Me he librado?". Pero mi cuerpo no reaccionaba, no lo sentía, no podía moverme y no podía respirar. Notaba que algo dentro de mí se iba, mientras veía pasar mi vida a toda velocidad. Sin embargo, no sentía dolor ni angustia. Todo lo contrario: sentía paz. Es una sensación muy difícil de explicar.

»Creo que no vi túneles, pero sí una luz muy intensa, blanca, y sentía alguna presencia familiar, aunque en ningún momento la llegué a ver. Notaba cómo estaba abandonando mi cuerpo y creo que cuando estaba a punto de irme por completo algo me golpeó en el pecho y desapareció aquella luz. Me vi devuelto al cuerpo. En ese mismo instante fue cuando empecé a poder mover las articulaciones, pero no podía incorporarme. Estaba contento por estar aquí pero, a la vez, deseaba irme. Quería volver a sentir esa paz, esa tranquilidad. Hay muchas cosas que todavía no comprendo y a otras les he encontrado respuestas, pero lo que puedo asegurar es que lo que pasó ese día me ha cambiado. Ahora, lo único que busco en la vida es paz y amar. Me ha cambiado hasta el carácter».

En contraste a la brusquedad de la vivencia anterior, Katherine nos relata una experiencia plasmada en lo que una tía abuela suya, muy religiosa, relataba mientras fallecía. Es algo que describe con mucha fidelidad la sensación somática de frío, seguramente provocada por una importante caída de la presión arterial y que ella interpreta como la posesión por parte de una entidad divina: «En un momento determinado solo recuerdo que nos dijo que había venido el Espíritu Santo a llevársela. Ella le pidió que esperara un momento hasta que se despidiese de todos nosotros y nos dijo cómo se sentía cuando Él empezó a entrar en su cuerpo. Dijo sentir desde los pies como un frío helado que le iba subiendo. La verdad, cuando nos decía todo esto me daba un poco de miedo, ya que yo era una adolescente y no entendía nada. Finalmente hizo venir a un cura para que la confesara. Mi tía murió en paz y feliz después de todo lo que sufrió con su enfermedad. Su experiencia me marcó, y en ese momento no entendía casi nada».

III

NEUROFISIOLOGÍA DE LA MUERTE
Y COMPRENSIÓN DE LAS ECM

El objetivo de la vida espiritual es aprender a morir antes de morir.

JALALUDDIN RUMI, POETA SUFÍ DEL SIGLO XII

Para algunas personas lo que más se asemeja a la muerte no es otra cosa que el sueño. Quizás de una manera un tanto infantil pensamos que cuando morimos nos vamos a dormir. Semejante al hecho de entrar en otra dimensión o realidad, algunos autores clásicos como Homero llegaron a llamar al sueño «el hermano de la muerte».

En el caso de los niños que han vivido el fallecimiento de algún familiar cercano también les decimos, en muchos casos, que se ha ido «a dormir», sin entrar en mayores detalles. Otras personas quieren asemejar la muerte al descanso y mencionan que «ya descansaré cuando me muera». Obviamente, la muerte no reproduce los sistemas fisiológicos propios del sueño ni del descanso. Si preguntamos a algún científico acerca de la muerte, quizás la analogía más cercana que encuentre sea la de supresión del consciente: recuerdos y pensamientos parecen desaparecer para siempre.

La muerte no es algo que se presente así, de forma brusca, sino que va produciéndose paulatinamente, como una secuencia de fichas de dominó que caen unas detrás de otras. Realmente, el proceso comienza bastante antes de tener lugar la muerte. Los caminos que conducen a ella pueden ser muy variados, pero el destino siempre será el mismo.

A medida que nos acercamos hacia la muerte comienza un viaje desde este mundo hacia el desconocido territorio más allá de la vida. El primer paso de este proceso suele iniciarse cuando la persona comienza a comprender que es mortal y que la muerte, inevitablemente, va a acontecerle. El último paso es el propio fallecimiento.

Existen una serie de hitos por los que la persona tiene que atravesar. Algunos harán el camino a lo largo de varios meses; otros tan solo en pocos días u horas.

LAS SEMANAS ANTERIORES A LA MUERTE

Obviando que la muerte no sea brusca o accidental, la persona que siente su proximidad comienza a experimentar ciertos cambios en su comportamiento, principalmente una actitud de apartarse y aislarse de su entorno. En realidad, ha iniciado el proceso de separarse del mundo real, y en esta fase suele rechazar visitas de amigos, vecinos o incluso de familiares.

Las conversaciones suelen versar sobre hechos pasados de la propia vida y se centran en el repaso de memorias y recuerdos. Se hace balance sobre la vida y se expresan ciertos arrepentimientos. Algunas personas abordan cinco cuestiones fundamentales, que hemos comentado anteriormente.

Generalmente, la persona comienza a comer menos y a perder peso a medida que el metabolismo corporal se lentifica. Se necesita menos energía para vivir. Asimismo, se duerme más tiempo y se abandonan actividades que solían generar placer.

Paradójicamente, se suele experimentar cierta euforia pasajera. No se siente sed ni hambre; sin embargo, apenas se sufre. El viaje ha comenzado.

Los procesos fisiológicos mantenidos por un complejo entramado de soportes vitales van fallando de manera consecutiva. Por ejemplo, cuando el corazón deja de latir el riego sanguíneo y la propia tensión arterial caen casi de inmediato. En un segundo la sangre se estanca y deja de aportar oxígeno a los tejidos. Es de todos sabido que el cerebro es el órgano que más oxígeno (y glucosa) consume. En aproximadamente seis o siete segundos desde el momento de la parada cardiaca comienza el daño cerebral,[4] hecho que se ve reflejado en la actividad del electroencefalógrafo (EEG), cuya lectura comienza a alterarse. Pocos segundos, unos quince, después del comienzo de esta alteración, el EEG muestra una línea recta y plana. Podemos decir que la actividad eléctrica en la corteza cerebral ha desaparecido por completo. Coloquialmente hablando, en ese momento ya no pensamos. Ha desaparecido cualquier proceso intelectual entendido como tal por la medicina moderna. Nos hemos desvanecido.

Otras zonas del cerebro, como el tallo cerebral, también sufren, en esos momentos, la falta de oxígeno y por ello dejan de funcionar. Esta disfunción se puede demostrar con cierta facilidad, ya que el tallo cerebral regula funciones básicas bien conocidas como son la respuesta pupilar y el reflejo de tragar. Acercando una pequeña linterna a la pupila y cerciorándose de que ya no se contrae, o bien observando la extrema facilidad con la que podemos introducir un tubo por la garganta de una persona, se comprueba que el tallo ya no regula sus funciones habituales. Momentos después se detiene el centro de la respiración, y si la persona no es reanimada en un plazo de aproximadamente cinco minutos (dependiendo de otros factores como, por ejemplo, la temperatura corporal), las células del cerebro se van dañando de forma irreversible.

LAS ECM DESDE UN PUNTO DE VISTA NEUROFISIOLÓGICO

Uno de los postulados que algunos científicos, como Robert Basil, han defendido es que a medida que se adquieran mayores conoci-

---

[4] Esto ocurre más tarde si la temperatura corporal es muy baja, hasta el punto de que se han reportado recuperaciones cerebrales totales en personas que han pasado hasta veinte minutos sumergidas en un lago helado.

mientos en neurofisiología acerca de las ECM el interés popular comenzará a decaer, ya que se perderá la interpretación trascendental de este fenómeno que, supuestamente, prueba la existencia de un alma inmaterial. No es menos cierto que la vida después de la vida ha sido siempre un verdadero imán para el interés popular, ya que trasciende múltiples interpretaciones de nuestros deseos culturales más profundos, sueños y miedos. Más aún, la televisión y el cine las han presentado innumerables veces al público a través de sus numerosas creaciones. Esta visión falta de equilibrio ha reforzado la idea del científico frío y sin sentimientos que se empeña en demostrar que las ECM son tan solo una maquinación de unos cuantos soñadores e irresponsables científicos. Esta visión del científico frío y distante la traduce perfectamente la psicóloga Maureen O'Hara: «La imagen del científico tipo que imaginan los militantes del New Age es el de una persona, habitualmente varón y de raza blanca, que no tiene sentimientos ni vida espiritual y que probablemente ignora las oscuras aplicaciones de sus investigaciones a la vez que es inexperto en el desarrollo de las posibilidades de la mente humana. La imagen de la ciencia es completamente racional, reduccionista, ligada tan solo al hemisferio izquierdo y con un predominio de lo que vulgarmente podríamos llamar "cerrado de mente"».

   ¿Qué impacto futuro tendrán las investigaciones sobre las ECM si acaso estas llegan a explicar un gran número de los síntomas asociados a las mismas? Basil critica en particular a Raymond Moody por asegurar este que existen muchos casos de personas con electroencefalograma plano que han experimentado una ECM, cuando supuestamente no existe soporte a esta afirmación en toda la literatura médica. También critica a Moody por decir que, según él, las ECM son «algo específico conectado con el salto hacia la muerte», explicación que según Basil ha sido probada como falsa por muchas personas que han experimentado síntomas similares sin haberse encontrado cerca de perder la vida. Sin embargo, lo cierto es que el propio Moody y otros autores, como Bruce Greyson, en los últimos años y en entrevista personal con el autor de estas líneas (tras coincidir en algún congreso de temática referente a las ECM), reconocen la posibilidad de que estas experiencias pueden darse sin la necesidad absoluta de encontrarse al borde la muerte.

> El comportamiento del cerebro en el momento de la muerte es materia de los neurólogos, mientras que los patrones de la mente consciente deben ser analizados por los psicólogos. Sin embargo, para los individuos pueden ser sus propias respuestas las que les provean de la mejor guía, a ser posible ratificadas por lo que la ciencia pueda afirmar acerca de la última frontera.
>
> Roger Cook, 1989

Entre todas las experiencias que pueden catalogarse como paranormales las ECM parecen únicas. Es una oportunidad para todas las partes científicas, escépticas o creyentes, de demostrar algo que se ha perseguido desde hace siglos: la certificación o negación de la existencia del alma humana.

La posibilidad de que la ciencia falle al negar la existencia de una consciencia o un alma flotando libre de un cuerpo sigue encontrando espacio en la mente de los científicos más avanzados. El experimento sería claro y rotundo: si alguien puede reportar una ECM después de que su electroencefalograma haya sido plano durante un tiempo, entonces los científicos deberán aceptar que algún tipo de consciencia humana es independiente del cerebro. Justamente esta frontera final fue descrita por Charles Tart: «El ser humano tiene un alma etérea que de alguna manera, bajo ciertas condiciones, puede llegar a abandonar el cuerpo físico».

Basil insiste en que una vez que las experiencias cercanas a la muerte hayan sido totalmente explicadas desde el punto de vista de la neurofisiología, habiendo perdido el factor paranormal, entonces podría ser interesante para los que quisiesen practicar la psicoterapia reproduciendo las situaciones en el entorno seguro de un hospital o mediante cierto tipo de drogas. Todo ello sería particularmente valioso para los que tuviesen un miedo patológico a la muerte. Tema que, casi con toda seguridad, plantearía intensos debates éticos en la sociedad.

Quizás uno de los estudios que más controversia ha generado y que más se repite entre los escépticos y partidarios acerca de que las ECM dependen exclusivamente de la neurofisiología sea el de Juan Saavedra-Aguilar y Juan Gómez-Jeria, dos profesores de la Universidad de Chile, que en 1989 sugirieron de una manera contundente que las ECM no tenían nada que ver, según ellos, con la muerte o con las experiencias, si el término «experiencias» se refiere a las que ocurren fuera del sistema nervioso. No es menos cierto que el segundo de estos autores, en un artículo de 1993 titulado «Una experiencia cercana a la muerte en el pueblo mapuche» y que se comenta más ampliamente en el capítulo XIV, afirma, a partir de la lectura de un testimonio impreso en un libro, que el sujeto protagonista de dicha ECM se encontraba en un estado cataléptico potenciado por la falta de agua y alimentos, a pesar de que este autor, escéptico por naturaleza, no se encontraba allí ni menos aún posee ningún tipo de dato clínico como para afirmar tal cosa más allá de emitir una suposición como las que él mismo suele criticar en los autores opuestos a su visión simplista de las ECM.

Para otros autores, como Richard Blacher, el término ECM tendría que implicar otro tipo de situaciones. Por ejemplo, el que una bala pasase a un centímetro de la cabeza debería de producir el mismo tipo de efecto que un infarto cardiaco, ya que estaríamos ante una situación cercana a la muerte. Sin embargo, y como es obvio, el fenómeno cercano a la muerte no se produce en este caso. Para este mismo autor el que una persona muera y vuelva la vida es un deseo muy legítimo, pero que tan solo debería ser contemplado desde el punto de vista religioso y nunca desde un posicionamiento científico. No es menos cierto que muchos estudiosos del tema quieren achacar todos los fenómenos relacionados con las ECM a alteraciones del lóbulo temporal, pero hay que señalar que lo único que podría explicar un asunto tan complejo sería, probablemente, una reacción que implicase numerosas zonas del cerebro humano.

Algunos otros científicos, como Jacob A. Arlow, ya en 1966 creyeron encontrar claves para explicar lo que sucede en este tipo de fenómenos tan complejos, basándose en las reacciones psicológicas de las despersonalizaciones. Sin embargo, tampoco llegó a explicar el fenómeno de una forma completa, problema que sufren la mayor parte de los científicos hasta el día de hoy: tan solo son capaces de explicar retazos de la sintomatología de la ECM. Otros, como Blacher, tomaron como referencia a Arlow en la década de 1980 sugiriendo una mezcla de despersonalización sumada a elementos oníricos, todo ello en un ambiente relacionado con la hipoxia como, por ejemplo, una parada cardiaca o ciertos tipos de anestesia. Este autor sugiere que la persona que está muriendo y siendo resucitada llega a pensar: «Una persona puede morir pero no es mi caso. Yo viviré para siempre».

La mayor parte de los autores que basan sus explicaciones de las ECM en un punto de vista estrictamente neurofisiológico pueden relatar los caminos que detonan dicha experiencia, aceptando que el contenido de las mismas solo podría explicarse desde el punto de vista de la psicología.

¿Y SI FUESE TODO UNA MERA ALUCINACIÓN?

¿Podrían existir argumentos a favor de esta hipótesis? El primero de ellos en contra es que las personas que sufren experiencias cercanas a la muerte raramente esperan experimentarlas, por lo que el factor sorpresa es importante. Una segunda razón para otorgarles veracidad es que la sensación de realidad les parecía aún mayor que durante los estados de vigilia. Es decir, resulta muy difícil aceptar la idea de una posible alucinación con experiencias tan extremadamente vívidas. Asimismo, la mayor parte de las personas que pasan por esta experiencia no se plantean, ni remotamente, que puedan haber sufrido una alucinación, por lo que directamente interpretan el contenido sin ningún tipo de crítica. Veamos a este respecto el caso de Rocío, que no deja la más mínima duda de que para ella fue un caso por completo real: «Hace algunos años tuve un embarazo ectópico. Cuando fui al médico resulta que se había infectado todo y me iban a operar de emergencia. Sin embargo, mientras me hacían las pruebas transcurrieron varias horas. Finalmente, me metieron en el quirófano de emergencia. Todo fue tan rápido que no dio tiempo a que me hiciera efecto la anestesia. Llegué a percibir cómo me abrían y, en el momento de separar los tejidos, noté que me salía de mi cuerpo. Me sentía liviana, libre de dolor e increíblemente bien. Desde el techo podía ver a los doctores correr de un lado para otro diciendo: "¡Se nos va!". No sé cuánto tiempo pasó, porque me pareció que tan solo fue un instante. Lo que más llamó mi atención fue una hermosa y resplandeciente luz a mi lado derecho. Había como sombras o siluetas de gente, pero solo se veían de la cintura para arriba y una luz inmensamente blanca pero que no cegaba, sino que atraía y transmitía paz. Cuando miraba para abajo (estaba en el techo) podía ver mi cuerpo y a los doctores corriendo, pero yo estaba en paz. Como si fuera un imán, la luz me atraía. Súbitamente escuché una voz de hombre que me decía: "Todavía no es tu tiempo". Pero todo esto sucedía sin hablar, como si fuera una comunicación del pensamiento. Le contesté: "¡Me siento muy a gusto, no me duele nada, quiero quedarme!". Él, a su vez, me dice: "¿Y tus hijos?". En ese momento despierto ya en mi cuerpo».

Nancy Evans afirma que durante la propia ECM se comienzan a obtener conclusiones sobre la misma, si bien los razonamientos se realizan más tarde. Sin embargo, la respuesta emocional durante la propia ECM parece indicar que los procesos cognitivos se encuentran en marcha, sea bajo un estado de consciencia o no. En otras palabras, la persona tiene acceso a su memoria y a su lenguaje simbólico para poder denominar, justo en esos momentos, a personajes como Jesucristo, ángeles, jueces o Dios.

No es menos cierto que se han reproducido alucinaciones parcialmente similares a las experimentadas en las ECM por simple anoxia cerebral, como destacó Gerald Woerlee en 2003, hecho que puede incomodar a muchas personas creyentes en las ECM. De hecho, la mayor parte de los humanos no deseamos que una experiencia aparentemente tan profunda pueda, simplemente, definirse con una palabra: alucinación. La persona que vive una ECM quiere algo más. Asimismo, los seguidores de las ciencias paranormales obtienen de este material una batería ideológica que puede saciar la sed de conocimiento de los que, por otro lado, están deseando creer. Es humano escuchar a los que nos escuchan. También es humano no escuchar a los que no atienden a nuestras necesidades emocionales. Y no es menos cierto que la comunidad paranormal, los espiritistas, y muchos otros han sido los que tradicionalmente han escuchado a las personas que han sufrido experiencias cercanas a la muerte.

IV

LOS SONIDOS DE LA MUERTE

Creo que las ECM no deben de interpretarse de una manera simplista. Existe una gran variedad de circunstancias en las que ocurren y también respecto a su contenido. Creo firmemente que un pequeño número de ellas explican el dualismo mente/cuerpo, si bien su interacción no es idéntica durante la vida y muy probablemente la mente sobreviva a la muerte.

IAN STEVENSON

En una de las historias más fascinantes relatadas por Sabom, y que veremos con más detalle el capítulo XXIV, la cantante Pam Reynolds fue intervenida urgentemente de un aneurisma en el cerebro. Ella misma relata que durante la operación, justamente antes de provocarse el paro cardiaco, escuchó sonidos ambientales en Re mayor. Estos sonidos provocaron su salida del cuerpo y, a partir de ese momento, notó que flotaba en el quirófano mientras veía a los médicos ejecutar la operación quirúrgica.

Evangelista, el hijo de una señora que sufrió un atropello, cuenta lo siguiente: «Mi madre fue arrollada por un autobús y estuvo en coma más de cuarenta y ocho horas. Me cuenta que en el momento del golpe solo escuchó un pitido muy fuerte y luego tuvo esa experiencia, donde viajaba por una especie de túnel oscuro a toda velocidad».

Cassandra Musgrave, una investigadora del tema que, a su vez, sufrió una ECM mientras practicaba esquí acuático en un lago donde por poco se ahoga debido a una negligencia del conductor de la lancha, comenzó a escuchar, mientras notaba que era succionada hacia un túnel, una serie de siseos y clics.

Luis comenta, extrañado, la ausencia de sonidos corrientes en la mayoría de las ECM: «¿Alguien que haya tenido una ECM sabe por qué en un sitio tan maravilloso hay silencio total? Excepto los que manteníamos un diálogo con "la voz en *off*", ¿por qué no oye nada más? Sería el complemento ideal. ¿Tiene que ver con la expectativa del cerebro, que está más apasionado por las extrañas imágenes?».

El equipo liderado por Debbie James y Bruce Greyson en 2009 ha observado, no obstante, que un 57 por ciento de las personas que sufren una ECM percibe fenómenos auditivos, como música o sonidos. Raymond Moody aseguraba ya en sus primeras publicaciones que las personas que sufren una ECM suelen escuchar, en ocasiones, sonidos similares a rugidos o golpes en un objeto. En algunas religiones, como la judía, se asegura que el sonido que produce el alma saliendo del cuerpo llega a reverberar por el mundo entero.

Ana, que sufrió una operación de cesárea de urgencia en la que perdió mucha sangre, recuerda: «De repente sonó un golpe seco y se volvió todo negro. Los sueños cesaron totalmente. Pude estar así unos segundos».

En las antiguas escrituras hindúes del *Rig-Veda* se relata cómo las almas bondadosas vivirán una época de felicidad y luz perpetua. En ella habrá «sonidos de cantos y de flautas», hecho que recuerda a lo que muchas personas occidentales relatan respecto a su ECM, en la que habitualmente se presentan sonidos que no parecen propios de la Tierra, sonidos que muchas personas dicen no haber escuchado nunca, llenos de una belleza indescriptible. «Una especie de sinfonía», según Ring.

V

«EL TÚNEL», UNA EXPERIENCIA SINGULAR

> *Es posible que pudiésemos aprender mucho interrogando a las personas que se están muriendo, especialmente cuando despiertan de algún proceso comatoso, en relación a sus sueños o visiones durante ese estado.*
>
> FREDERIC MYERS EN 1892

A pesar de ser la experiencia del túnel una de las más repetidas tanto en los testimonios como en los medios de comunicación y, particularmente, las películas, no se da en todas las ECM. En ocasiones se trata de un gran punto luminoso que comienza a crecer, pudiendo hacernos creer que se avanza por un lugar oscuro para, finalmente, alcanzar «la salida», vista como una luminosidad completa que abarca todo nuestro perímetro visual.

Prácticamente en todas las religiones se hace referencia a algún tipo de túnel en procesos relacionados con el momento de la muerte. Por ejemplo, en la religión judía, y particularmente en las enseñanzas del *Talmud*, se indica que los cuerpos de los judíos que fallecieron durante la diáspora (la dispersión de los judíos fuera de Israel desde el siglo VI a. C. hasta el día de hoy) pasarán por una especie de cuevas o túneles en su camino hacia Israel, donde ocurrirá la resurrección.

Otros testimonios hablan de una luz que inunda el campo visual. Marta nos relata: «Enseguida me vi envuelta en una luz blanca que me guiaba por un túnel. No tenía miedo ni tristeza, solo paz, pero en ese momento me acordé de mis dos hijas y recuerdo haber dicho en voz alta que no me podía quedar allí porque mis hijas se quedarían solas. En ese momento sentí una voz que me habló y me dijo: "No. Aún no es tu hora". Yo creo en Dios y estoy segura, o quiero creer, que esa voz procedía de Él».

Otros, por el contrario, se mueven por el túnel pero también van apareciendo otras cosas en su camino. Isabel cuenta: «No había mucha luz al principio. Estaba oscuro, pero luego fui viendo el monte, con árboles a los lados. Solo oía una voz masculina que me hablaba y me guiaba. Sentía el viento y veía la hierba que se movía. Un perro jugaba conmigo. Una sensación de paz me inundaba. Llegué a pensar: "¿Esto es real?"».

Ring afirma que cuando la consciencia comienza a funcionar de manera independiente al cuerpo físico es entonces cuando somos capaces de percibir otras dimensiones. Durante la mayor parte del tiempo vivimos en un mundo tridimensional, en el que nuestros sentidos observan la supuesta realidad que nos rodea. De acuerdo a este autor, la realidad mundana anclada en la consciencia del cuerpo físico humano cambiaría radicalmente al abandonar dicho cuerpo, ya sea mediante la muerte o de forma voluntaria, como algunos individuos han aprendido a hacer mediante, por ejemplo, la meditación. Este tipo de razonamiento tendría otras consecuencias prácticas, ya que este abandono del cuerpo no sería exclusivo de las ECM, sino que existiría la posibilidad de lograrlo desarrollando técnicas para operar con nuestra consciencia independientemente del cuerpo físico. Podrían ser muchas las situaciones que detonen este tipo de experiencias, si bien, en ocasiones, sería por la cercanía a la muerte. Resumiendo, cualquier situación que libere a la consciencia produciría una pérdida de la realidad tridimensional, adquiriendo plena percepción de la cuarta dimensión.

Ring menciona en 1980 a otro investigador, Itzhak Bentov, en un testimonio personal acerca del efecto túnel: «Es un fenómeno psicológico donde la consciencia experimenta movimiento desde un nivel a otro. Es un proceso de ajuste de la consciencia de un plano de la realidad a otro. Frecuentemente, se siente como un movimiento, pero esto ocurre solo a las personas que lo viven como una novedad. Para las personas que están acostumbradas a viajar en niveles astrales o más elevados, el fenómeno del túnel ya no vuelve a ocurrir».

En ocasiones no todas las experiencias del túnel son positivas. Por ejemplo, Greyson y Bush transcriben lo que un paciente les relata: «Me encontraba volando y fui absorbido directamente hacia el centro del túnel. Al final del mismo había luces que te cegaban y cristales que emitían una luz insoportable. A medida que me aproximaba al final del túnel intentaba acercarme a las paredes para frenar mi caída contra los cristales que emitían la luz».

Los niños que sufren una ECM también describen túneles y estructuras similares. Por ejemplo, Cherry Sutherland describe en 1995 varios casos de niños que se movieron a través de un túnel hacia el otro mundo. Entre ellos una niña de diez años que, durante una neumonía, se encontró en un túnel oscuro que, a su vez, era «suave y agradable». Richard J. Bonenfant describe en 2001 el caso de un niño que sufrió un accidente de automóvil y que pocos momentos después se encontró en «un sitio oscuro, al comienzo de un túnel con aspecto de vórtice, como si fuese un tornado aplanado sobre el suelo». Aunque resulte sorprendente, un caso descrito por Herzog en 1985 refiere la historia de un niño de seis meses que había pasado varias veces por la Unidad de Cuidados Intensivos, quedando en algunas de estas ocasiones a las mismas puertas de la muerte. Lo llamativo del caso es que meses después, al ponerse al niño a gatear y enfrentarle a uno de esos túneles de juguete que se encuentran en muchas tiendas, y donde el niño ya había jugado anteriormente, comenzó a mostrar verdadero pánico al mismo. Sin embargo, jugaba sin problema con las demás cosas que había en la tienda. Tres años más tarde, cuando la madre se encontraba explicándole la inminente y próxima muerte de la abuela, el niño preguntó: «¿La abuela tendrá que pasar por el túnel, como el de la tienda, para ver a Dios?».

Un caso similar de temor al túnel es el relatado por Alba cuando recuerda una ECM que vivió su abuelo: «Cuando yo era pequeña mi abuelo sufrió una trombosis y estuvo muy malito. Los médicos no nos dieron ninguna esperanza, pero salió de la situación y siempre nos contó que vio un túnel con una luz al fondo. Al final del mismo, un grupo de personas le llamaba y tiraban de él hacia la luz. Sin embargo, le dio miedo y retrocedió. En ese momento fue cuando despertó. Él nunca lo oculto e incluso se lo dijo a los médicos, pero le contestaron que tenía la fiebre muy alta y como consecuencia estaba delirando. Mi abuelo decía con cierta ironía: "¿Y no se puede delirar con un campo de flores o con el mar? ¿Tiene que ser un túnel lo que ve toda la gente que está tan cerca de la muerte?"».

Susan Blackmore, doctora de la Universidad de Bristol, se ha preguntado en diversas ocasiones por qué el túnel se presenta con tanta frecuencia en las ECM occidentales y, por el contrario, no suele hacerlo en las asiáticas, en las que la persona suele sumergirse en la oscuridad. También se pregunta acerca de la ausencia de otro tipo de símbolos que podrían estar relacionados con los túneles o los pasadizos, como son, por ejemplo, las puertas. A pesar de que en algunas culturas no se presenten los túneles, no es menos cierto que una particularidad común a este tipo de experiencias es la oscuridad antes de emerger a la luz. Veamos otro testimonio, el que nos contaba Soledad: «Mi abuela, que fue educada en un colegio de monjas, dice que lo que ha aprendido de la religión es mentira y que lo real es lo que ella vivió durante un coma diabético. Se vio en un túnel y al final del mismo una luz indescriptible. Dice que cuando estaba allí notó que no le dolía nada y sentía mucha paz. Realmente no llegó al final del túnel, ya que la reanimaron rápido. No vio seres, sino que se encontraba completamente sola».

Lo cierto es que atribuir el significado de ciertas imágenes a, por ejemplo, un túnel, no deja de ser algo cultural. Es decir, ¿por qué los occidentales escogen la palabra «túnel» para describir su experiencia en la oscuridad? Si tomamos en consideración que una de las características de las ECM es la inefabilidad, es decir, la dificultad para explicarla en términos adecuados, no es de extrañar que resulte complicado explicar de qué se trata esa especie de sensación de desplazamiento a través de la oscuridad. Asimismo, tampoco podemos despreciar el significado simbólico de un túnel. Es decir, la estructura que conecta un lugar con otro. También podría ser que para algunas personas el túnel no fuese otra cosa que la interpretación que se da al momento previo a entrar en la luz. Otro significado simbólico es el de abandonar un momento lleno de dificultades: «Hay luz al final del túnel». Los túneles son, evidentemente, lugares llenos de sorpresas, en los que se entra, no se sabe muy bien qué contienen y a cuya salida nos podemos encontrar con lo imprevisto. Antes del túnel nos encontramos con lo familiar, y a la salida con lo inesperado. Los túneles también simbolizan, al igual que los puentes, la transición de un lugar a otro, y no podemos olvidar que nuestro lenguaje social es sumamente importante a la hora de interpretar este tipo de vivencias. Y tampoco olvidemos que cada cultura tiene un lenguaje distinto y una forma distinta de ver el mundo.

Pero ¿por qué no hay puertas ni entradas? Quizás porque lo que realmente representamos en el túnel es la sensación de movimiento a través de la oscuridad. De esta manera la mejor traducción que tenemos de la experiencia es la de describir la situación mediante la analogía de viajar a través de un túnel. No podemos olvidar, a este respecto, que lo que intentamos comunicar no es un asunto técnico o arquitectónico, sino una experiencia personal.

TÚNELES Y NEUROFISIOLOGÍA

Cuando en la década de 1920 Heinrich Klüver estudiaba los efectos de la mescalina contenida en el peyote, desconocía que iba a definir los cuatro patrones de alucinaciones que el cerebro humano puede llegar a generar, en forma de espiral, rejilla, tela de araña y… túnel. Descubrió que, además de pequeñas variaciones sobre estas cuatro formas básicas, predominaban los patrones geométricos, lo que denominó

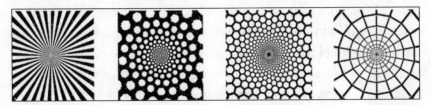

Patrones alucinatorios humanos.

formas constantes. Estas pautas son semejantes en cuanto a su visualización, si bien su detonante puede ser distinto: estrés psicológico, *shock* hipoglucémico, fiebre, epilepsia y una larga lista de situaciones bajo las cuales el cerebro construye su sinfonía de colores y movimientos. Entre estas convendría destacar las ECM. Cualquier situación en la que mantengamos los ojos cerrados favorece la aparición de los denominadas fosfenos, que cualquier persona habrá podido comprobar al recibir algún golpe, ligero o no, sobre el ojo o bien ejerciendo presión con los dedos sobre el globo ocular (no lo haga en casa), hasta observar algunas de las figuras descritas por Klüver.

Las razones por las que aparecen estas figuras se debe a la estructura neurológica de nuestro sistema de visión, sobre todo la estructura de transmisión e interpretación de la corteza visual en el propio cerebro. Los círculos concéntricos de la retina son, literalmente, mapeados en forma de líneas paralelas a la altura de la corteza visual. En definitiva, la aparición de espirales, rejillas, telas de araña y túneles no sería otra cosa que las distintas combinaciones de líneas que, superponiéndose o deformándose, crearían distintas ilusiones ópticas que nosotros conocemos como alucinaciones visuales.

Algunos autores, como Basil, afirman que algunas personas que han experimentado una ECM han sido a su vez influidas por la literatura que se maneja al respecto. Por ejemplo, un caso mencionado por Harris y Bascom en 1990 refleja una persona que, después de sufrir una ECM, intenta buscar nombres y denominaciones para los aspectos de la experiencia que no le han quedado claros: «Nunca había pensado en un túnel hasta que, hace poco, comencé a leer artículos sobre experiencias cercanas a la muerte y pensé que era una buena palabra para definirlo». Este tipo de influencia o inducción cultural también se podría desprender de un caso relatado por Blackmore en 1998. La autora le pregunta a una niña que había estado inconsciente debido a un espasmo del sollozo (crisis cerebrales anóxicas reflejas) si había visto algún túnel o luces. La niña contestó: «Bueno, no, no realmente... Eso es lo que me ha contado mi abuela que sucede cuando te mueres». Y agrega: «Tú no sabes lo que hay al final del túnel a menos que escribas una carta y que los ángeles la traigan de vuelta».

Resulta interesante mencionar que uno de los niños que padecían crisis cerebrales anóxicas reflejas (espasmos del sollozo) descritos por Blackmore relataba que antes de padecer un ataque se solía encontrar mareado y con terribles dolores de cabeza, «como si un martillo me golpease». Una vez desatada la crisis, entraba en un túnel y se dirigía hacia una luz. En una ocasión se encontraba simplemente saliendo del cuarto de baño cuando, de repente, se encontró en el túnel, una luz que se dirigía hacia él. La sensación del túnel solía ser desagradable, «pero la luz blanca es genial, como un árbol de Navidad», comentaba.

Isabel me relató, después de analizar la visión del túnel, algo que me parece de sumo interés para reflexionar sobre la percepción del mismo: «Tengo una explicación lógica del túnel. Creo que realmente no es un túnel. Lo que se ve es la pura oscuridad y, aunque quieras mirar a los lados, no ves nada. Solo enfocas una parte hacia adelante, como una especie de tubo, por eso la sensación del túnel. Lo digo desde mi experiencia. Yo intenté ver lo que había a los lados y solo veía oscuridad. Intenté ver el quirófano. Era consciente de que estaba allí, pero no logré ver nada, solo una sombra en la oscuridad. Algo parecido a un túnel».

VI

VIAJES ASTRALES
Y SALIDAS EXTRACORPÓREAS

*El alma del soñador sale de viaje y vuelve a casa con los
recuerdos de lo que ha visto.*

SIR EDWARD TYLOR

Corría el año 1918, en plena Primera Guerra Mundial, cuando el
joven Ernest Hemingway cayó gravemente herido por una ráfaga de
ametralladora. Años más tarde contaba a un amigo la experiencia de
notar que su alma salía fuera del cuerpo. Hecho que, posteriormente,
plasmó en su novela *Adiós a las armas*, de 1929, en la que el protagonista, Frederick Henry, cae herido: «Trataba de respirar, pero no tenía
aliento», explica el protagonista, y sigue: «Sentía que mi cuerpo salía
impetuosamente fuera de mí, fuera, fuera, fuera... Y todo el tiempo
mi cuerpo flotaba en el viento. Me iba velozmente, todo mi ser se iba
y supe que estaba muerto y que, al mismo tiempo, me equivocaba al
pensar que acababa de morir. Luego flotaba y en lugar de volver en
mí, sentí como si me deslizara hacia atrás. Por fin, respiré hondamen-
te y regresé a la vida».

Resulta llamativo que en las primeras recopilaciones de las ECM
estudiadas desde un punto de vista científico, allá por la década de
1930, autores como Ernesto Bozzano no prestasen especial atención
a los elementos que constituyen cada ECM. Por el contrario, lo que
más les llamaba la atención era la experiencia extracorpórea. Es decir,

en sus estudios se mezclan los elementos propios de las ECM con los de las EEC.

Robert Crookall, treinta años después, listaba numerosas características propias de las ECM en sus primeros trabajos. Entre ellas, encontrarse sumido en una densa niebla cuando se abandona el cuerpo, ocupar una posición horizontal sobre el cuerpo físico tanto al principio como al final la experiencia, la percepción de un cordón de plata que conecta a la entidad etérea con el cuerpo físico, la aparición de un doble más joven que el cuerpo físico y, por último, la reentrada rápida en el cuerpo físico acompañada de un *shock*.

Asimismo, las EEC son para Debbie James y Bruce Greyson una de las características que con mayor frecuencia aparecen en las ECM, ya que hasta un 75 por ciento de personas suelen experimentarlas. Para Harvey Irwin, uno de los mayores investigadores sobre EEC, tienen estas características:

1. La EEC debe estar basada en el contenido de la propia experiencia y no en el presumible modo de inducirla.
2. No debe realizar ninguna referencia discriminatoria a la credibilidad de su contenido.
3. Debe de ser independiente del contenido perceptual de la propia EEC.

En definitiva, la EEC es una experiencia en la que el centro de la consciencia aparece para aquel que la experimenta como ocupando una posición temporal, que es espacialmente remota respecto de su cuerpo. La experiencia extracorpórea se repite en muchos de los testimonios que hemos podido recoger. Evidentemente, se trata de una vivencia involuntaria que aparentemente se produce fuera de nuestro cuerpo. La persona no solo «sale» fuera del cuerpo, sino que es capaz de observarse desde fuera no solo a sí mismo, sino también a los elementos circunstanciales que le rodean como, por ejemplo, familiares o un equipo médico. Lo más llamativo, además de la propia experiencia como tal, es que la persona, en ocasiones, es capaz de relatar detalles que aparentemente se encontraban fuera de su campo visual, como por ejemplo lo que sucedía en una habitación contigua.

Para Robert Brumblay una EEC debe incluir las siguientes características:

1. Cuando una persona sufre una EEC retiene alguna característica de su propio cuerpo físico, al que denomina «cuerpo astral».
2. El cuerpo astral posee la capacidad de percepción a distancia. El concepto de «horizonte» tiene tan solo un sentido funcional en este tipo de percepciones.
3. La percepción del cuerpo astral a través de la distancia posee una capacidad de ver objetos mucho mayor que la del sistema visual normal del individuo.
4. La «forma astral» puede moverse en dimensiones espaciales a las que el sujeto original no está habituado, por lo que presenta ciertas limitaciones en sus procesos mentales a la hora de comprender su situación real.

Si lo que este autor denomina cuerpo astral es lo mismo que podríamos denominar «consciencia» de la persona, entonces las visiones que aparecen durante una ECM serían resultado directo de la percepción de su propia consciencia. Por el contrario, si el cuerpo astral incluye algún tipo de estructura que actúa a modo de interfaz entre la consciencia y el universo que se percibe, entonces el mecanismo de percepción es, obviamente, indirecto. De hecho, algunas religiones afirman que la consciencia no solamente puede separarse del cuerpo, sino también del cuerpo astral y, posiblemente, proseguir con separaciones más avanzadas.

Resulta interesante cómo se hace referencia de manera más o menos directa a las experiencias extracorpóreas en algunos pasajes del cristianismo. Por ejemplo, revisemos este texto de San Pablo en el *Nuevo Testamento*: «Conozco a un hombre en Cristo que hace catorce años (si en el cuerpo, no lo sé; si fuera del cuerpo, no lo sé; Dios lo sabe) fue arrebatado hasta el tercer cielo. Y conozco al tal hombre (si en el cuerpo o fuera del cuerpo, no lo sé; Dios lo sabe) que fue arrebatado al paraíso, donde oyó palabras inefables que no le es dado al hombre expresar» (Corintios 12, 2-10). Muchos estudiosos del Nuevo Testamento afirman que la frase «Conozco a un hombre en Cristo» se refiere al propio San Pablo, que es incapaz de explicar su experiencia extracorpórea. No solo esto: si atendemos cuidadosamente al resto de la frase, observaremos que también San Pablo, al igual que muchas personas que han sufrido una ECM, tuvo visiones celestiales y que, una vez más al igual que las ECM, presenta la característica de inefabilidad. Es decir, una intensa dificultad para explicar lo experimentado por lo complejo de la experiencia, que excede a las sensaciones físicas habituales.

En el islam la idea de un alma con existencia separada del cuerpo es denominador común: «Aquellos que pregunten sobre el espíritu deben decir: el espíritu se encuentra bajo las órdenes de mi Señor; pero de su conocimiento poco nos es dado» (*Corán*, 17, 87).

También llama la atención la asociación de estas experiencias extracorpóreas con visiones de seres celestiales. Por ejemplo, Abelardo nos relata que durante el procedimiento de abordaje quirúrgico de un accidente cerebrovascular llegó a encontrarse con un ser al que identificó con Jesucristo: «Durante ese tiempo de intervención mi cuerpo se elevó hacia el techo. Estaba situado en un ángulo donde veía mi cuerpo y el de los médicos. Me encontraba agarrado a las espaldas de Jesucristo (yo le decía: "Déjame en la Tierra, no me lleves contigo, tengo que ver a mi hija vestida de colegiala, ella me necesita, solo tiene tres añitos"). Permanecí agarrado a Jesús hasta que terminó la intervención y Él me habló: "Ya puedes volver a tu cuerpo". Finalmente desapareció y desperté metido en mi cuerpo. Solo pude comunicarme con Jesús, a los médicos no pude escucharlos, tan solo verlos. Todavía hoy me cuesta creer que me sucediera, siendo tan escéptico como soy».

El «dualismo», es decir, la existencia de un alma que convive junto a nuestro cuerpo de manera más o menos independiente, es un denominador común a muchas religiones, también en la época de Descartes o en la actual New Age. Este dualismo ha sido explotado hasta la saciedad por innumerables chamanes que confunden el efecto disociativo de una droga (por ejemplo la ketamina) o bien rentabilizado por la Iglesia de la Cienciología para subrayar, una vez más, este hipotético dualismo mente-cuerpo. Sin embargo, la sensación de salir del cuerpo también ocurre durante algunos casos de ataques epilépticos. Incluso disociaciones más leves nos ocurren a la mayor parte de los mortales en nuestra vida diaria: por ejemplo, conducir un automóvil mientras pensamos en otra cosa. Parece temerario, pero la mayor parte de las personas no solo piensan en lo que van a hacer, por ejemplo, al llegar al punto de destino, sino que también conducen el vehículo con precisión. Súbitamente pueden llegar al destino casi sin haberse dado cuenta y sorprenderse de lo breve del trayecto. Es como si la mente hubiese ido por un sitio y el cuerpo por otro. Isabel lo expresaba así: «Mientras me encontraba fuera de mi cuerpo choqué con una mesita de metal en el quirófano. Escuché el ruido. Lo que no sé es si lo escucharon los demás. Debería haber preguntado al médico y a las enfermeras».

Este tipo de situaciones relacionadas hipotéticamente con procesos disociativos se puede explicar con una experiencia que Atwater describe al referirse a la agresión sexual que sufrió una mujer conocida suya: «Cuando tenía dieciocho años, Kathleen sufrió un ataque por parte de un desconocido que le puso un cuchillo en el cuello y la violó. En ese momento comenzó a sentir un ataque de histeria al imaginar que probablemente moriría y que nunca volvería a ver a sus padres. Entonces, su mente comenzó a pensar con una claridad prístina y a flotar fuera de su cuerpo hasta el punto de que vio a su atacante desde un punto elevado». Ana, por su parte, presenta una EEC que podría haber sido producida por el intenso temor ante una cesárea de urgencias: «Me dice aquel hombre que ha llegado el momento y que van a comenzar. Me asusté muchísimo y le dije: "¡Espere!, ¿cómo va a empezar, aún estoy despierta?". Comencé a gritar y a removerme pidiendo que esperaran cuando, unos segundos después, me quedé profundamente dormida».

Ahora bien, en teoría, para que se produzca dicha EEC debe existir un estado de consciencia que lo permita. Entonces, ¿cómo es posible que ocurra bajo anestesia? «Podía ver tanto el interior del quirófano como el exterior, todo desde arriba. Vi cómo me estaban reanimando», afirma Ana. Esta es una cuestión, desde mi modesto punto de vista, que deberían aclarar los que insisten en el valor del miedo extremo a la hora de detonar procesos disociativos en las EEC.

Si seguimos el hilo de estas declaraciones, podremos observar el denominador común de cómo ciertas situaciones estresantes podrían desencadenar experiencias extracorpóreas. Parece ser el caso de Rosa: «Mi experiencia ocurrió durante una situación de estrés máximo de la cual dependía mi vida. De manera súbita pude ver todo a mi alrededor y desde arriba de mi cuerpo. No tenía ningún tipo de sentimiento, tan solo tranquilidad. Me veía a mí misma como un objeto inanimado. No fueron más de dos minutos. Luego, repentinamente, regresé a mi cuerpo. Lo que más me llamó la atención fue la ausencia de sentimientos».

Sin embargo, a pesar de la calma con que algunas personas relatan sus experiencias, ¿no es menos cierto que en el momento de sufrirlas pudieron haber sido conscientes del intenso peligro en que se encontraban, lo cual les llevó a vivir, en consecuencia, un proceso disociativo muy brusco? Por ejemplo, Jordi me relata la siguiente experiencia que no tiene que ver con una enfermedad crónica o un proceso lento e insidioso, sino con un acontecimiento súbito: «Conducía por los alrededores de Barcelona a unos noventa kilómetros por hora cuando un coche negro se saltó el disco rojo, y me estampé con él. En ese preciso instante no sentí ningún tipo de dolor por la brutalidad de la colisión. Sin embargo, me vi ascender rápidamente mientras me veía en el suelo, allá abajo. Ves la escena pero no te preocupa. Cuando ya empezaba a estar muy alto, a unos doscientos metros, pude ver una gran mano blanca que me dio un golpecito en la cabeza, como si de una pelota de baloncesto se tratase, al mismo tiempo que decía: "¡Todavía no!". Y volví a bajar rápidamente hasta encajar otra vez en mi cuerpo como un resorte, y al entrar en él aspiré una gran bocanada de aire. Hasta ese momento no había podido percibir que tenía un fémur partido por la mitad, las rodillas rotas, la espalda y también la barbilla, así como una mano y otras cosas más.

Los de la ambulancia no paraban de decirme: "¡Has vuelto a nacer!".
Me llevaron al hospital de San Pablo. Me operaron varias veces y, hoy
por hoy, estoy totalmente restablecido y sin ninguna secuela, excepto
las cicatrices de las operaciones».

En otras ocasiones la supuesta disociación se puede producir sin
apenas presentarse un aparente estímulo desencadenante, como por
ejemplo la sucedida a Elena, que ella misma nos relata: «Imagínate
estar tan tranquilo viendo una película, de manera súbita experimentar un mareo y ver el planeta Tierra moverse a gran velocidad. Menu-
da taquicardia me dio al regresar. La persona que estaba conmigo me
dijo: "Elena, ¿adónde has ido? ¡No has estado aquí!". Yo me asusté
aún más y pensé acerca del desajuste que debería tener en mi mente».
O el caso que cuenta Tomás: «En una ocasión me desperté para ir al
baño y enseguida volví a la cama, en ese estado todavía adormecido.
Al rato noté cómo salía de mi cuerpo y me quedaba pegado al techo,
junto a la lámpara. Estaba algo sorprendido porque era demasiado real
y sentía un poco de ansiedad porque no comprendía lo que estaba
ocurriendo. También me preguntaba cómo iba a volver a mi cuerpo.
Después de un rato así, observándome a mí mismo, cogí confianza y
perdí esa ansiedad, saliendo a pasear por todos los rincones de mi casa
del mismo modo: pegado al techo. Fue tan real que cuando llegué de
aquel viaje y entré de nuevo en mi cuerpo me levanté completamente
aturdido, aunque muy consciente de lo que había vivido».

El aspecto disociativo en relación a traumas o abusos en las edades infantiles ha sido intensamente discutido por diversos autores.
Por ejemplo, Ring observó que las personas que habían sufrido una
ECM mostraban, a su vez, una mayor incidencia, durante la infancia,
de abusos físicos, psicológicos, sexuales o bien una atmósfera negativa en casa. Estas mismas personas puntuaron negativamente en ciertos test que estudiaban la disociación psicológica. Es decir, una forma
de fragmentación psicológica en la que una porción del individuo
parece separarse, como una entidad autónoma del yo consciente,
como respuesta a un trauma determinado.

Varios autores plantearon la posibilidad de que ciertas personas
posean una personalidad que favorezca la aparición de una ECM.

Visto de otra manera, estos sujetos poseerían una capacidad de consciencia que les permitiría el acceso a realidades no ordinarias asociadas a fuertes tendencias de su propia absorción psicológica. Es decir, por un lado facilidad para la disociación y, en segundo lugar, la capacidad de vivirlo como real. Curiosamente Irwin hizo en 1993 una interpretación totalmente contraria de los mismos hallazgos: las personas que habían sufrido una ECM mostraban una mayor tendencia a relatar traumas o abusos en alguna etapa infantil, y, a la vez, no encontró ninguna evidencia de que aquellas personas que habían mostrado una ECM presentarán mayor tendencia a experimentar una disociación. Si bien se ha querido establecer una relación, ya sea positiva o inversa, entre los abusos sufridos en la infancia y la aparición de ECM, no es menos cierto que autores tan reconocidos como Peter Fenwick encontraron que al menos el 50 por ciento de los británicos que había sufrido una ECM describieron su infancia como feliz o muy feliz.

Es una experiencia que se repite en muchas culturas. Por ejemplo, entre los maoríes de Nueva Zelanda, Michael King describe cómo los aborígenes eran capaces de volar hasta el Rerenga Wairua, el lugar desde donde se lanzan los espíritus. Algunos llegaban hasta el mismo borde para, posteriormente, volver a sus cuerpos. En la Melanesia, Dorothy Counts describe el caso de una persona que, supuestamente, estuvo muerta durante varias horas: «Caminé por el haz de luz, a través del bosque, por un camino muy estrecho. Volví a casa, reentré en mi cuerpo y ya estaba vivo otra vez. Me levanté y le conté la experiencia a mi padre que, por supuesto, no se había dado cuenta de nada. Fallecí al mediodía y volví a las seis de la tarde». En Australia, Keith Basterfield observó que de doce pacientes que habían sufrido una ECM, nada menos que diez también habían notado que se separaban de su cuerpo físico. Incluso seis de ellos llegaron a flotar por encima del mismo. En uno de los casos, el paciente describió la existencia de un cordón blanco conectando los dos cuerpos. Asimismo, nueve de los doce describieron la sensación de viajar durante la experiencia y seis de ellos relataron haber llegado a algún tipo de límite o frontera.

Cabo de Rerenga Wairua en Nueva Zelanda, desde cuya cima despegan las almas al encuentro de sus antepasados.

La creencia de que hay vida después de la muerte se incrementa de forma notable después de una experiencia extracorpórea, ya que parece, de esta manera, que el alma sobrevive al cuerpo.

Glen Owens Gabbard, 1981

La experiencia de separación del cuerpo parece que progresa lentamente desde el comienzo de la ECM. Por ejemplo, en un caso descrito por el doctor Henry Abramovitch en 1988, una persona que sufrió un ataque al corazón dice: «Poco a poco comencé a comprender lo que veía en derredor. Parecía que los que me rodeaban se encontraban detrás de una pantalla y sus voces provenían de algún sitio muy lejano. Entendía todo lo que decían, pero no confiaba en ellos». Después de pasar por una zona oscura tuvo la sensación de que cualquier movimiento, incluso el más ligero, servía de impulso para volar. El relato de esta persona es espectacular: «Comencé a mover mis piernas y me elevé rápidamente. La oscuridad cada vez se volvió menos densa y volví a la luz… De repente todo fue familiar. Ahí estaba, en el mismo sitio donde había caído por el fuerte ataque cardiaco. Inmediatamente me di cuenta de que alguien se encontraba en el suelo. Me paré a mirarle. La sorpresa fue mayúscula. ¡Claro que le conocía! Era yo mismo. Me confronté con un enigma, tenía que encontrar quién era quién. Me miré una y otra vez a mí mismo y a la persona que se encontraba en el suelo. No podía salir de mi asombro. Tenía la sensación de que conocía mejor a la persona del suelo que a mí mismo. Me sorprendió descubrir que yo mismo no tenía piernas ni cuerpo ni siquiera forma corporal. Tan solo era una mónada aislada a la que nunca había conocido».

DINÁMICA DE LAS EXPERIENCIAS EXTRACORPÓREAS

La salida del yo frente al cuerpo suele tender a la elevación por encima de su plano físico y mirando hacia abajo, como si de un desdoblamiento se tratase, pero con la visión hacia la tierra. Es decir, quien la experimenta observa su propio cuerpo y todo lo que ocurre en derredor. La sensación es de estar participando como observador silente y pasivo de una escenificación en derredor suyo. Más aún, muchas personas describen esta fase con palabras de asombro, ya que verse desde arriba suele provocar confusión, pues no se suelen reconocer desde dicha perspectiva.

Una vez que se ha salido del cuerpo, la propia persona suele controlar sus ángulos de visión y perspectivas, como si fuera un pequeño dirigible a radiocontrol que fuese capaz de atravesar paredes y objetos sólidos. Esto es así hasta el punto de poder visualizar lo ocurrido durante, por ejemplo, una intervención quirúrgica. Es el caso de Ana, que sufrió una hemorragia durante el parto que la mantuvo a las puertas de la muerte: «Cuando salí de quirófano sabía que algo no había marchado bien. Había visto cosas del quirófano durante la operación y estaba enfadada por lo que sucedió después de despertar, y mientras lo hacía, ya que me habían obligado a volver. A mis familiares y a mi exmarido les dijeron que todo salió bien. Sin embargo, una operación de urgencias, que dijeron duraba de treinta minutos a un máximo de cuarenta y cinco, aunque finalmente duró más de dos horas, no era normal. Yo sabía muy bien el porqué. Días después, cuando ya estaba mejor y en planta, se presentó una de las doctoras que me operó en quirófano y me dijo: "Ya veo que estás bien, nos diste un buen susto". No pude más que sonreír porque sabía a lo que se refería. Mi respuesta fue evidente: "¡Ya!"».

La sensación es que el cuerpo parece perder sus límites. Cuando las personas que lo han percibido narran su experiencia no refieren la existencia de brazos o piernas ni mucho menos su uso para desplazarse, sino que la propia existencia parece concentrarse en un cuerpo etéreo muy próximo a la definición occidental de espíritu o de consciencia. Otras personas, influidas por las tendencias New Age o esotéricas, prefieren denominarlo cuerpo astral.

Sabom se dedicó, durante la década de 1980, a recoger casos de experiencias extracorpóreas hasta recopilar un total de 71 individuos que las habían vivido. Posteriormente las clasificó en:

1. Autoscópicas (29,5 por ciento). Consistente en observar el propio cuerpo físico y el entorno más inmediato desde una perspectiva exterior al propio cuerpo.
2. Trascendental (53,5 por ciento). En este caso las personas que han sufrido una ECM dicen encontrarse en un lugar distinto al mundo físico.
3. Combinadas (17 por ciento). Las personas sufren una mezcla de ambas situaciones.

Una apreciación interesante respecto a este estudio de Sabom es que las personas que sufrieron una ECM de tipo autoscópico, viendo el entorno más inmediato, mostraron una menor tendencia a agregar elementos trascendentales. Es decir, estuvieron más bien exentas de sensaciones místicas.

Aydée, una colaboradora mexicana de Proyecto Túnel que sufrió una parada cardiorrespiratoria grave (revisamos su historia clínica), relata: «Cuando veía a X siempre fue desde fuera de mi cuerpo. Me veía a mí y a ella y solo fue en el cubículo de terapia intensiva, no salí a otros lados. Esos quince días son borrosos, incluso la realidad. Las dos o tres visitas de mi esposo cuando yo aún estaba semiconsciente las recuerdo borrosas. Solo los recuerdos del lugar donde vi a mi mamá y las conversaciones con X es lo más claro que tengo, por eso lo describo como un oasis en el desierto».

A Marta le sucedió una experiencia similar mientras acostaba a sus hijas: «Esto ocurrió una tarde en la que estaba con mis dos hijas mayores. Me acuerdo de qué estaba acomodándolas para que hicieran la siesta. De repente, sentí que mi espíritu salía de mi cuerpo. Me elevé hasta que vi el universo. Flotaba en él y podía ver las estrellas brillando a mi alrededor, pero lo más asombroso fue la paz y la tranquilidad que sentí. Todo lo que podía percibir era muy hermoso».

Casi todas las personas que refieren haber experimentado estas EEC suelen coincidir en su relato con ciertas características:

1. Son capaces de atravesar objetos sólidos: techos, paredes, ventanas (por ejemplo, salir de la habitación y ver lo que sucede en otra dependencia contigua) e incluso atravesar los cuerpos de otras personas presentes en la misma habitación. El cuerpo se encuentra en situación similar a la ingravidez. Durante ese estado se puede ver en derredor sin problemas, incluido lo que sucede a nuestras espaldas.

2. Son capaces de escuchar las conversaciones de terceros, pero la sensación no es de realizarlo con su audición, sino de manera telepática. Es decir, de mente a mente. Se sabe lo que otros dicen más que oírlo propiamente. El plano de comunicación no es bidireccional. Es decir, las otras personas no llegan a conocer el pensamiento de la persona que experimenta la EEC.

3. El tiempo transcurre de manera distinta al habitual. Al volver al plano del propio cuerpo la sensación suele ser de haber estado mucho tiempo en el otro nivel. Algunas personas hablan de minutos cuando, en realidad, no han transcurrido más que pocos segundos.

4. La persona parece desplazarse de forma instantánea a lugares lejanos o, por el contrario, permanece en la misma zona donde está su cuerpo físico, como si de un globo cautivo se tratase. Algunos relatos hablan de cómo fueron capaces de ir

hasta su propia casa y observar, por ejemplo, qué hacía su pareja, de modo que en la posterior visita de ella al hospital le relataban aspectos supuestamente desconocidos, para asombro de su cónyuge.

5. Todos los que la experimentan se encuentran en una situación de extrema comodidad. No hace frío, no duele nada, ni tampoco ninguna otra cosa resulta molesta.

6. Los sentidos se encuentran alterados. Se suelen hacer referencias a la visión o a la audición, pero apenas se hace referencia al tacto, al olfato o al gusto.

7. Las sensaciones emocionales suelen coexistir con las de los sentidos. Es decir, las personas suelen experimentar tranquilidad y serenidad pero, en algunas ocasiones, se puede sentir miedo o terror.

8. Las personas que sufren minusvalías del tipo y grado que sea, desde una simple miopía a una paraplejia, no presentan ninguna de sus taras durante el periodo de EEC. El cuerpo flotante parece haberse desprendido de cualquier minusvalía y, por el contrario, se presenta cercano a la perfección. Resulta interesante reseñar que las personas invidentes, incluso de nacimiento, dicen ver perfectamente. Más aún, algunos autores como Kenneth Ring y Sharon Cooper[5] aseguran que los invidentes pueden ver sin la mediación del sistema de visión. Es lo que ellos denominan *mindsight*, que podríamos traducir como «ver con la mente». Estas experiencias me parecen de una riqueza enorme, ya que homogenizan y, posiblemente, hacen comprender que el mecanismo de visionar las EEC es común tanto para los videntes como para los ciegos.

Es interesante subrayar que algunas personas que involuntariamente abandonan su cuerpo durante una ECM llegan a ver lo que se

---

[5] K. Ring y S. Cooper, *Mindsight: Near-Death and Out-of-Body Experiences in the Blind*, Institute of Transpersonal Psychology, 1ª ed., 1999.

denomina «doble astral». Es decir, no solo pueden llegar a ver su cuerpo abandonado, sino su propia consciencia desde la perspectiva de una tercera persona, que son ellos mismos. Abramovitch, en 1988, recoge el siguiente testimonio: «Sentí una necesidad de volver a mi cuerpo, de pedirle disculpas, de explicarle que ya no teníamos un compromiso, que ya era el momento de separarnos».

KIMBERLY CLARK Y EL EFECTO DE UNAS ZAPATILLAS DE TENIS

Una de las historias que más conmovió al internacionalmente conocido Raymond Moody fue la que vivió la psicóloga Kimberly Clark mientras trabajaba en el Hospital de Harborview (Seattle). Dicha psicóloga se encontraba aconsejando a una paciente, Mary, que había sufrido un ataque al corazón, sobre la manera de volver a integrarse en su vida diaria una vez que se produjese el alta hospitalaria. Sin embargo, la paciente se encontraba más interesada en hacer comprender a la profesional que lo que realmente le había impresionado era su ECM durante dicho ataque cardiaco. Ella había abandonado su cuerpo y deambulado por todo el entorno del hospital mientras los médicos intentaban la reanimación en la misma cama de la habitación donde había sufrido el infarto.

Como es natural, la psicóloga Clark se encontraba escéptica ante dicho relato. A pesar de todo, Mary le dijo: «Escuche, llegué a ver unas zapatillas rojas de tenis en el alféizar de una ventana más allá de mi habitación». Un tanto escéptica, la psicóloga se asomó a la ventana, pero no vio zapatilla alguna. «Más allá», insistió Mary. La doctora Kimberly, con medio cuerpo asomando por la ventana, tampoco veía nada. «Están justamente a la vuelta de la esquina». Despreciando el peligro de asomarse en una quinta planta del hospital, la psicóloga se estiró aún más y retorció su cuerpo para aumentar su ángulo de visión y así descubrir, justamente, unas zapatillas de tenis rojas idénticas a las que Mary había descrito. A partir de ese acontecimiento la doctora Kimberly Clark comenzó a desarrollar numerosas investigaciones en relación a las ECM.

Hospital de Harborview. Nótense los escalonamientos entre los módulos del edificio que dificultan la visión directa de un objeto en alguna ventana contigua.

UNA EXPERIENCIA PERSONAL

Hace ya algunos años, interesado en conocer el funcionamiento de cierta secta que acogía a un reverendo filipino conocido por sus habilidades de psicocirugía, viví una interesante experiencia extracorpórea sin, evidentemente, haber fallecido. El centro se encontraba alojado en un pequeño chalé en los alrededores de Madrid, lugar donde se impartían clases de «sanación pránica» y algunas otras técnicas relacionadas con la salud espiritual. Huelga decir que, desgraciadamente, dichos cursos y disciplinas, encuadradas en un entorno sectario, constituían un imán para personalidades desequilibradas.

En uno de los múltiples fines de semana en que acudí a recibir instrucción, me encontraba tendido en el suelo junto con otros adeptos, tapado con una manta mientras el líder de la secta inducía un trance hipnótico a todos los que estábamos allí con la excusa de enseñar alguna técnica de relajación. Me pareció una idea interesante, así que comencé a regular los ritmos respiratorios mientras pensaba en la hipnosis, que no es otra cosa que centrar la atención de la persona en un objetivo externo a sus intereses y distraerla para adueñarse parcialmente de su voluntad. En ese proceso, inducido verbalmente por el líder-terapeuta, comencé a notar que los chakras del pecho se abrían de manera considerable. Mi fuerte formación científica luchaba para comprender esta sensación como una mera alucinosis.[6] Sin embargo, he de reconocer que la sensación de comenzar a respirar a través de dicho orificio era tan intensa que alcé discretamente la manta para observar la entrada y salida del aire a través de un conducto fisiológicamente inexistente. Me sentí un tanto confundido conmigo mismo al intentar comprobar algo que sabía imposible, pero la sensación era más poderosa que mi intelecto.

El líder de la secta nos indicó que acelerásemos el ritmo de la respiración, con lo que comenzábamos a realizar una respiración holotrópica propia de ciertas técnicas de terapia de grupo encaminadas a familiarizarse con la sensación de muerte, si bien no era ese el propósito de aquel ejercicio. Una sensación creciente de mareo comenzó a invadirme debido a la hiperventilación, pero entonces ¡ocurrió algo de difícil descripción! Comencé a notar como mi yo salía y abandonaba mi propio cuerpo. Podía verme, o mejor dicho ver mi cuerpo, justo debajo de mí, junto al de los demás compañeros que se encontraban cómodamente arropados por sus mantas sobre las colchonetas tendidas sobre el suelo. La sensación duró largos segundos, aunque no puedo decir el tiempo, ya que al igual que las personas que sufren EEC la temporalidad se encuentra sumamente alterada. Lo que sí puedo subrayar es que mi consciencia se encontraba en perfecto estado, registrando todo lo que sucedía —con sorpresa, eso sí— en torno a mi persona.

---

[6] La alucinosis es la percepción de procedencia externa en la que el sujeto posee capacidad crítica y no hay seguridad de que la percepción sea cierta. Por ejemplo, la alucinosis auditiva de los alcohólicos crónicos, que oyen ruidos relacionados con sus delirios a la vez que son conscientes de que esos sonidos no son reales.

Huelga decir que no había ingerido ningún tipo de sustancia, así como que ha sido la única vez en la vida que me ha sucedido algo semejante. En líneas generales, fue una sensación agradable y ciertamente divertida para mis sentidos, particularmente porque tenía la seguridad de que todo era un puro producto de mi mente y que, además, me encontraba en un entorno protegido.

Esta experiencia no tiene necesariamente la misma raíz neurofisiológica que las ECM, pero he decidido relatarla para indicar que ciertas experiencias pueden tener al menos un origen conocido, como es la inducción hipnótica acompañada de respiración holotrópica.

No es menos cierto que otro tipo de situaciones pueden desencadenar experiencias extracorpóreas particularmente encuadradas en el marco de una ECM, como fue el interesante caso de Natividad, que lo experimentó al complicarse un parto, situación, por otro lado, relativamente frecuente. He preferido incluir el relato completo, que comprende nada menos que dos EEC y dos ECM. Al ser íntegro, sin aislar la EEC del resto de la historia, se comprende mejor la evolución de la experiencia. Es un caso excepcional que no he encontrado en ningún otro texto ni de autores nacionales ni extranjeros:

«Tenía contracciones muy a menudo, por lo que se esperaba un parto prematuro y así fue. Rompí aguas quince días antes del final de cuentas, pero los médicos lo esperaban. Ingresé a las seis de la tarde sin contracciones, pero a las nueve de la noche una desgarradora contracción que duró mucho más de lo esperado puso a los médicos en aviso y me llevaron a dilatación. Las contracciones no eran las habituales que se suelen tener. A mí me daban cada minuto y duraban de cuarenta y cinco a cincuenta y cinco segundos. Prácticamente eran contracciones de parto. Me dijeron que la cosa iba a ir rápida, pero no fue así. La noche anterior la había pasado de falsa alarma en Urgencias y había dormido poco y mal. Había comido solo una sopa y estaba muy cansada. Pasaban las horas, muy duras, y para superar el dolor de las contracciones mi mente imaginaba un gran globo rojo que se iba hinchando poco a poco según el dolor subía de intensidad, y luego perdía volumen a la vez que el dolor disminuía. A las siete de la mañana estaba ya agotada y helada de frío, mojada, sedienta, dolorida. Era totalmente consciente de todo a mi alrededor y sufría enormemente. Pero de pronto sentí un bienestar indescriptible... ¡Ah, qué descanso, qué maravilla! ¡Cómo lo necesitaba! Me sentía flotar, inmensamente feliz, segura, calentita y seca... tan bien. Notaba la sensación como muy lejana y me entregué a ella. De pronto, algo me hizo darme cuenta de que eso no era normal. ¡No podía ser! No podía estar ocurriéndome eso. Yo estaba pariendo a mi hija entre dolores y no podía sentirme así. Me asusté, pues creí saber lo que me había pasado. Abrí los ojos y vi la pantalla de la televisión pegada a mí. En ese momento supe que había muerto. Miré la habitación... ¡Estaba en el techo! ¡En lo alto! Me vi muerta en la cama y pude ver a mi marido a mi lado. También vi a mi compañera de habitación y a su marido, que hasta entonces no los había visto, pues yo estaba monitorizada, atada en mi cama y con un biombo que me tapaba la otra cama.

»En ese momento no sentí pena por mí ni por mi marido, pero sí por mi hija. ¡No podía morir ahora! ¡Ahora no! Pensaba: "Deja al menos que vea su cara. Que vea que está bien. Déjame terminar y me iré a la muerte". El dolor desgarrador que sentí al saber que había muerto y que no vería a mi hija, que no la vería crecer, me hizo rebelarme y negarme ante dicha situación y prometí morir, pero cuando terminara. De pronto, sumergida en ese dolor espiritual tremendo volví al dolor físico terrenal, volví al frío, volví a la vida. Los médicos entraron en la habitación, me vieron mirarlos y no me dijeron nada. Yo no podía creer lo que me había pasado. Pensaba que quizás me habría dormido, o desmayado, pero no. No perdí la consciencia, no era un sueño. No dejé de ser yo, totalmente consciente en todo momento.

»Absolutamente impactada por aquello, sabiendo lo que había experimentado, aún buscaba una explicación racional. Me sentía muy afortunada y volví a dar mi palabra de morir cuando terminara el parto. Una hora después volví a sentirme extremadamente cansada, exhausta, y de nuevo regresó aquella sensación placentera. Esta vez me enfrenté a la muerte con los ojos abiertos. Vi cómo empezaba nuevamente a flotar y a elevarme mientras mi cuerpo quedaba en la cama. Nadie parecía darse cuenta de nada, pero yo era consciente de que había vuelto a morir. Acepté resignada, pero una sensación de impotencia se fue apoderando de mí, como cuando alguien te gana injustamente haciendo trampas. Aceptaba, pero no era justo. No había terminado, no había visto la carita de mi hija... Y ese tremendo dolor por separarme de ella sin conocerla me desgarraba. Dentro de mí solo se repetía: "¡Déjame terminar! ¡Déjame ver que está bien! ¡Solo un momento, por favor! ¡Déjame verla!". Y de nuevo volví al dolor físico, extremo, de una contracción, y supe que otra vez había regresado a la vida, al frío... Solo sabía repetir dentro de mí: "Gracias, gracias, gracias".

»Esta segunda experiencia sucedería sobre las ocho de la mañana. Mi hija nació a las once menos doce minutos. Yo no sé de dónde salieron las fuerzas para resistir, pero en cuanto pude verla me sentí feliz y satisfecha. Y me entregué a lo que fuera, porque pensaba que iba a morir y lo hacía feliz. Mi sorpresa es que sigo aquí, entre vosotros, que he podido ver crecer a mi hija, que es un regalo y un milagro para nosotros y que creo que el amor me devolvió a la vida o que vivo porque lo único que me ataba a la vida en aquel momento era dar vida. Dar la vida a mi amor hecho carne, no lo sé. Solo sé lo que viví, lo que sentí, por lo que no quise morir, pues os aseguro que nadie querría volver de allí. Morir es como volver de nuevo a casa. No hay mejor sensación, allí donde eres amado, protegido, donde siempre te esperan... Yo sentí algo así».

POSIBLES EXPLICACIONES NEUROFISIOLÓGICAS

El psiquiatra austriaco Menninger-Lerchenthal tendió un puente para iluminar los puntos oscuros en relación a las EEC que existían entre la parapsicología y la neurofisiología. En una serie de publicaciones entre 1946 y 1961 dedicadas a la heautoscopia, lo que los alemanes han denominado tradicionalmente *doppelgänger*,[7] observó que mu-

---

[7] *Doppelgänger* es un vocablo alemán para definir el doble fantasmagórico de una persona viva. La palabra se compone de *doppel* (doble) y *gänger* (andante). En cuanto a la heautoscopia, es una percepción alucinatoria del propio cuerpo,

chas nociones esotéricas respecto a un segundo cuerpo y los modelos neuropsiquiátricos que provocan la ilusión de separación entre la mente y el cuerpo se encontraban en íntima relación con los conceptos tradicionales de «esquema corporal» así como con los de «miembro fantasma».

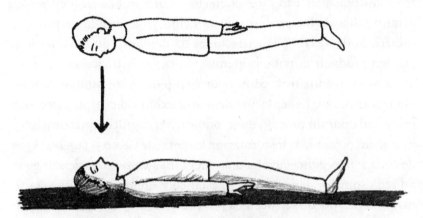

Heautoscopia: la persona se ve a sí misma desde una posición superior.
Por el contrario, en el «viaje astral», la persona tiene la sensación
de «desprenderse» de su cuerpo saliendo hacia arriba
pero mirando hacia el techo.

Para Cook, el que una persona haya experimentado una experiencia heautoscópica y haya podido observar, por ejemplo, las actividades de un equipo médico flotando sobre su cuerpo durante una operación o durante unas maniobras de resucitación supondría que la retina del ojo estuviese activa para grabar dichas imágenes y pasar dicha información al córtex visual del cerebro. Todo ello apoyado por

---

como si se viera desde el exterior, más concretamente desde arriba. El observador es el propio paciente, que se puede contemplar a veces como si se viera en un espejo. Se trata de un desdoblamiento que psicopatológicamente es compatible con una disociación de la consciencia. Si afecta totalmente a la estructura psicosomática, se llama delirio del doble o delirio de Capgras.

los demás sistemas de soporte, como, por ejemplo, venas, arterias, glándulas y un sinfín de estructuras anatómicas. A este autor la sola idea de poder visualizar lo que sucede en derredor sin el correspondiente sistema neurofisiológico le parece simplemente absurda. Afirma, sin tapujo alguno, que las EEC y las ECM son un producto directo de nuestra mente.

Para Irwin las EEC son el efecto de una interacción entre una disminución de los procesos de atención y la pérdida de procesos somáticos de alerta. Las sensaciones de desconexión del cuerpo se pueden producir durante la atenuación de las entradas sensoriales y de las señales somáticas como, por ejemplo, en un tanque de aislamiento sensorial. La sensación de desconexión del cuerpo parece verse afectada por un proceso de recodificación cognitiva preconsciente, ya que involucra la transformación de una idea abstracta y no verbal de consciencia eviscerada en una nueva imagen de consciencia generalizada somatoestética de un yo estático y flotante. Esta imagen somatoestética puede ser afectada por procesos cognitivos más amplios de tipo sinestésico. Este autor define la sinestesia como la transformación de una experiencia (perceptual o imaginaria) desde un sentido a otro. El principal postulado de la teoría de Irwin, de 1985, es que muchas características de las EEC son producto de la transformación sinestésica de la imagen básica somatoestética del yo eviscerado. Para este autor, la forma más común en la que se presenta esta transformación es directamente en una imagen visual. Asimismo, el mismo proceso se aplica en otras sensaciones relacionadas con las EEC en cualquier otra modalidad sensorial. En palabras más simples: las EEC serían experiencias cruzadas de imágenes originales, y durante este proceso se recuperaría información desde la memoria y se modificaría, para construir una perspectiva que implicase a un punto de visualización externo al propio cuerpo.

Algunos autores como Allan Cheyne creen haber demostrado que la estimulación directa del córtex vestibular cerebral genera alucinaciones similares a las experiencias extracorpóreas. Sus resultados parecen apuntar, basándose en evidencias neurofisiológicas, que las experiencias extracorpóreas podrían producirse después de una ruptura en la estructura de sensaciones corporales normales debido a alteraciones vestibulares-motoras y precursoras de experiencias de tipo autoscópico. Es decir, que aunque las experiencias extracorpóreas han sido tradicionalmente atribuidas al mundo espiritual inmerso en un universo dualista relacionado con el espíritu humano de género sobrenatural, podría ser posible, según este autor, que al menos cierta parte de los síntomas relacionados con dicha experiencia se pudiesen explicar desde el punto de vista exclusivamente neurofisiológico. Ahora bien, este tipo de estudios lógicamente no explican cómo es posible que las personas que supuestamente se encuentran fuera de su cuerpo sean capaces de visualizar situaciones u objetos localizados en lugares lejanos.

Este autor defiende que se trata de un proceso igual a las alteraciones, por ejemplo, de la amígdala cerebral, que pueden provocar parálisis del sueño y generar alucinaciones consistentes de índole visual («visitantes de dormitorio»), auditivas o táctiles que, en su conjunto, llevan al paciente a sentir que está siendo objeto de una agresión sexual o de otra naturaleza. Otras alteraciones del córtex vestibular cerebral pueden provocar experiencias extracorpóreas.

En relación a este tipo de alteraciones neurofisiológicas, se ha especulado mucho acerca de la relación entre epilepsia y EEC. Sin embargo, en algunos estudios como el de Orrin Devinsky, en 1989, se apreció que tan solo un 6 por ciento de los pacientes con ataques epilépticos mostraban también experiencias extracorpóreas. No solo esto, sino que en este reducido porcentaje de personas el fenómeno se daba tan solo una vez, lo que sugiere que esta actividad anormal del cerebro o no es necesaria o no es suficiente para producir una EEC. Ya en 1876 Maudsley había apuntado que algunas de las alucinaciones de los insanos tienen su origen en lo que podríamos llamar alucinaciones motoras. «Una alteración en los centros nerviosos de intuiciones motoras genera en la consciencia una falsa ilusión de la condición muscular. De esta manera un individuo que se encuentre postrado en una cama cree que vuela por el aire o imagina sus piernas, brazos o cabeza separados de su cuerpo [...]. Tiene alucinaciones de los sentidos cuando existe una alteración de los centros nerviosos».

A este respecto resulta de interés el testimonio de Cristina, una persona que padece epilepsia: «He tenido varias experiencias extracorpóreas, pues sufro de epilepsia. La que más recuerdo ocurrió una mañana tranquila, aún dormida. Comencé a convulsionar sin apenas tiempo para reaccionar. Cuando me quise dar cuenta, mi madre y mi tía me atendían encima de la cama. Mientras tanto yo las veía desde la puerta de la habitación. Incluso veía cómo mi cuerpo convulsionaba y cómo mi madre me metía una sábana en la boca para que no me mordiese la lengua. Siempre viéndolo desde la puerta, como una proyección de una película. Más tarde, recuerdo ver a uno de mis primos venir corriendo hacia la habitación para ver qué ocurría y atravesar mi cuerpo etéreo hasta llegar a la cama, donde todavía seguían atendiendo mi cuerpo físico».

También parecen existir numerosas variantes de las EEC, como son las experiencias de movimientos ilusorios (IME, *Illusory Movement Experiences*) que podrían terminar de explicar, al menos en parte, las EEC encuadradas dentro de las alteraciones vestibulares y que dan origen a las siguientes sensaciones:

1. Flotar.
2. Volar.
3. Caer.
4. Rotar.
5. Elevarse.

No podemos olvidar que las EEC se caracterizan, a su vez, por presentar tres ejes:

1. Sensación de separación de nuestro propio cuerpo.
2. Ver nuestro propio cuerpo desde el exterior (autoscopia).
3. Situación elevada del observador.

Lo que en definitiva produce esta triada de síntomas no es otra cosa que una sensación de separación espacial del yo observador respecto al cuerpo, tal como afirmó Brugger en 2002.

Asimismo, existen otras EEC que podríamos llamar parciales como, por ejemplo:

1. Experimentar la sensación de salir del cuerpo sin llegar a ver el propio cuerpo desde un punto de vista externo.
2. Ver lo que suponemos es nuestro propio cuerpo desde un punto de vista externo, sin sensación de haberlo abandonado o habernos separado del mismo.
3. Experimentar ambas situaciones.

También deberíamos distinguir entre:

1. La sensación de estar fuera del cuerpo basada en lo que nuestros sentidos nos dictan (OBF, *Out of Body Feelings*).
2. Y la autoscopia fuera del cuerpo basada en la perspectiva visual que poseemos durante la experiencia (OBA, *Out of Body Autoscopy*).

Para otros autores, como Irwin, hay que saber distinguir entre ver el doble de uno mismo y la sensación de estar fuera del cuerpo y ver nuestro cuerpo físico. Es decir, en el primer caso la consciencia se encuentra dentro del cuerpo primigenio y ve un doble, mientras que en el segundo caso la consciencia parece salir del cuerpo y ve el cuerpo físico original.

No son pocos los autores que relacionan las experiencias extracorpóreas con fenómenos derivados de episodios generados por la parálisis del sueño, como Olaf Blanke. Otros, como Taylor, identifican estas experiencias con las personas que preconizan sus habilidades de salir fuera del cuerpo y visitar lugares remotos, casi siempre en decúbito supino y en los momentos intermedios entre la vigilia y el sueño como una habilidad que, simplemente, se puede llegar a desarrollar. Otro autor, llamado Oliver Fox, fue uno de los primeros en describir una técnica más o menos eficaz para mandar el cuerpo a dormir mientras la mente todavía está despierta. Allan Cheyne postula que las experiencias vestibulares-motoras son el resultado de informaciones falsas y conflictivas acerca de la posición, la actitud del propio cuerpo y de algunos de sus movimientos, que a su vez pueden interferir con otras fuentes sensoriales de fondo o quizás con la información de su ausencia.

En definitiva, las experiencias extracorpóreas tienen mucho en común con, por ejemplo, el fenómeno del miembro fantasma, donde existe un fallo de integración de las capacidades táctiles, vestibulares, motoras y visuales del propio cuerpo con implicaciones de regiones cerebrales relevantes como son las parietales, temporales y frontales. En ambas se tiene la certeza de que lo que se está viviendo es totalmente real.

En las experiencias autoscópicas también se tiene la seguridad de que la persona que se está viendo, por ejemplo, justo debajo, es uno mismo, aunque no se corresponda ni la apariencia ni el aspecto físico ni la edad, color o aspecto del cabello. En realidad, lo que la persona parece ver es un cuerpo que posteriormente identifica como «sin alma». A este respecto llama la atención la experiencia sufrida por Maika: «Después de tener a mi niño pude irme para casa en perfecto estado de salud. Sin embargo, a los pocos días comencé a tener fiebres muy altas y tuve que volver al hospital. Me ingresaron para hacerme una serie de pruebas. Mi estado empeoró y me tuvieron que trasladar a la UCI, donde estuve treinta y dos días en coma. Llegué a tener hasta tres paradas cardiacas y me reanimaron otras tantas veces. Durante las paradas llegaba a observar a los médicos desde lo alto mientras me encontraba fuera de mi cuerpo. Era desesperante porque les gritaba que no estaba muerta, pero nadie podía oírme. Fue algo sumamente desagradable. No llegué a ver ni túnel ni luz ni cualquier otra cuestión propia de las ECM».

Si atendemos a los neurólogos más ortodoxos, tendríamos que denominar estas experiencias, coloquialmente, como arrebatos de las intuiciones motoras centrales o alteraciones de representación de la información del estado actual del cuerpo respecto a su postura, movimiento y orientación gravitacional.

También existen EEC parciales. Es decir, una duplicación no solo del cuerpo completo, sino solamente de un brazo o una pierna. Por último, el avance en las investigaciones en este campo de la neurología y de sus mecanismos cognitivos nos procurará una comprensión mayor de las complejas y extrañas distorsiones corporales que se presentan en los pacientes psicóticos.

Algunos autores, como Russell Noyes, han afirmado que los estados de despersonalización que se dan durante las ECM son tan solo un mero mecanismo de protección frente al estrés de enfrentarse a la muerte. Sin embargo, otros autores como Glen Gabbard y Stuart Twemlow realizaron, en 1984, una cuidadosa comparación con las experiencias subjetivas de despersonalización respecto a las experiencias extracorpóreas que caracterizan las ECM. Encontraron diversas diferencias fundamentales, por ejemplo: la experiencia subjetiva de despersonalización suele acarrear una sensación desagradable y de pérdida de contacto con la realidad, mientras que las personas que están sufriendo una ECM suelen encontrarla agradable y la viven con una sensación de intensa realidad.

Asimismo, la despersonalización involucra un desapego del cuerpo que es subjetivamente distinto de la experiencia extracorpórea propia de las ECM, tal y como concluyeron todos estos investigadores.

OTRAS MANERAS DE GENERAR UNA EXPERIENCIA EXTRACORPÓREA

Algunos investigadores han llegado a reproducir, mediante la estimulación por electrodos de ciertas zonas del cerebro, sensaciones que remedan ciertos síntomas vestibulares que ocurren en las EEC, como, por ejemplo, la sensación de dar vueltas o caerse y deslizarse. Otros han identificado qué lesiones en los lóbulos parietales y temporales reproducen el mismo tipo de síntomas. Algunos de los estudios más llamativos son, sin lugar a dudas, los de Olaf Blanke (2002) y Todd Girard (2007), en los que aprecian que algunos pacientes llegan a tener la sensación de desplazarse varios metros desde su posición original y, en algún caso, sentir que se encuentran localizados fuera de la propia habitación. Resulta interesante hacer notar que la mayor parte de las personas que llegan a tener una experiencia extracorpórea suelen encontrarse en la posición de decúbito supino y no en alguna otra como, por ejemplo, mientras están de pie.

Si intentamos interrelacionar todos estos síntomas y su origen neurofisiológico, podríamos construir algún tipo de hipótesis. Por ejemplo, que todo el proceso comience con una experiencia de movimiento ilusoria (IME) que fuese incrementándose y que eso diese lugar a la sensación de estar fuera del cuerpo. Y todo ello podría crear las condiciones idóneas para la corroboración visual de una experiencia autoscópica. Hay que dejar claro que no siempre tiene que producirse la secuencia de esta manera, sino que en ocasiones se altera el orden.

Sin embargo, respecto a esta corroboración de la experiencia extracorpórea por parte de observadores independientes, detalle que sería fundamental para entender la naturaleza excepcional de este tipo de cuestiones, los estudios han sido diversos. Quizá los más importantes sean los realizados por Cook, Greyson y sus colaboradores en 1998, en los que aseguran haber confirmado relatos de personas que habían percibido eventos en la distancia. No parece menos llamativo el estudio realizado por Hornell Hart en 1958. Analizó 288 casos de personas que habían sufrido una experiencia extracorpórea y que, a su vez, habían reportado eventos en la distancia que ellos mismos no podrían haber percibido de manera natural. El autor afirma haber verificado, entre los casos anteriores, 99 relatos en los que la experiencia había sido reportada a una tercera persona, como testigo, antes de producirse dicha verificación.

Una de las historias más curiosas respecto a la percepción de situaciones o eventos a distancia durante las EEC es la del psicólogo de la Universidad de Davis Charles Tart, en 1968. Este psicólogo estudió a una niñera a la que llamó «Miss Z», la cual proclamaba que salía fuera de su cuerpo durante el sueño. Incluso decía ser capaz de darse unas vueltas por la habitación pegada al techo y que, finalmente, volvía a su cuerpo. El psicólogo, movido por la curiosidad, invitó a la niñera a quedarse en su casa mientras dormía, monitorizada con un electroencefalógrafo. Durante este tiempo, Tart colocaba sobre una estantería un papel con un número de cinco cifras escrito. Lo cierto es que las tres primeras noches no ocurrió nada.

Sin embargo, a la cuarta, mientras la niñera era observada muy de cerca por parte del psicólogo, ella despertó y pudo decir el número de cinco cifras que tan celosamente Charles Tart había escondido. Quizás fueron esos tres días los que la niñera necesitó para encontrar un método con el que burlar al psicólogo en cuestión, pero lo cierto es que, según el profesional, tomó todo tipo de precauciones para que esto no ocurriera.

Es interesante hacer notar que su EEC ocurrió acompañada de un patrón fisiológico propio de la etapa I del sueño, que consiste fundamentalmente en ondas de bajo voltaje tipo alfa, lentas y en ausencia de la fase de movimientos rápidos oculares (REM), característicos del momento onírico del sueño.

Un caso ciertamente similar al descrito por Tart es el que me describió Laura, una mujer de mediana edad que decía sufrir viajes astrales con cierta frecuencia: «Tengo viajes astrales cuando duermo. Al comienzo de mis experiencias pasaba tanto miedo que prefería no dormir. Sin embargo, después me empezó a dar mucha paz. También he pasado por ese túnel y he llegado a encontrarme en lugares que no conozco y donde me invade la tranquilidad. No he estado en coma ni tampoco internada, pero asocio todos estos testimonios a los de las personas que han sufrido una ECM. Sé cuándo mi alma se está elevando, ¡es algo inexplicable! Una noche salí de mi cuerpo y anduve deambulando por mi casa. Mi perra me ladraba como una loca porque me veía en el aire. Y al estar en esta situación me sentía incapacitada de poder hablarle y explicarle que no estaba muerta. Al día siguiente me despierto y mi hermano me dice: "¿Oíste cómo ladraba la perra anoche? Me tuve que levantar a ver si había ladrones y no vi nada". Eso me erizó la piel, porque yo bien sabía por qué ladraba».

Otra experiencia que parece aunar lo extracorpóreo con la etérea sensación de realidad es la relatada por Pilar: «Mientras me encontraba en coma en la UVI del hospital, pude ver cosas que ocurrían alrededor. Por ejemplo, cuando recuperé la consciencia pregunté si mi hija se había desmayado al verme entubada, y me lo confirmaron. También pude percibir cómo un enfermero tuvo que someterse a una operación quirúrgica de urgencia, y así había ocurrido».

A menudo suele repetirse ese patrón no solo de EEC, sino de actividades que parecen confirmar acontecimientos que se producen en sitios más o menos lejanos. Este supuesto de hipotético desplazamiento de la consciencia es justamente el propósito del Proyecto AWARE del doctor Sam Parnia, que todavía se encuentra, en el momento de escribir este libro, en pleno proceso de ejecución. Su finalidad es la de probar que las personas que sufren una EEC desplazan sus consciencias hasta el punto de que pueden ver o percibir acontecimientos que suceden fuera de su campo visual. Es el caso de Antonio, que relata cómo, durante un accidente, tuvo una EEC acompañada de un desplazamiento de consciencia que le permitió visualizar otras cuestiones: «Cuando era niño me caí desde una rama de un árbol y me di un fuerte golpe contra el suelo en la ceja. Luego, todo estuvo oscuro. De repente aparezco a metro y medio del suelo, como si fuese un espectador de lo que ocurría. Llego a ver cómo un amigo sale corriendo para avisar a mi madre. Un instante después aparezco en la sala de profesores donde se encontraba mi madre y veo cómo llega mi amigo y se lo comunica a mi madre, y también observo cómo salen todos corriendo hacia donde estaba mi cuerpo. Veo cómo mi madre se mete entre los niños y cómo me levanta. Luego, todo oscuridad otra vez. Desperté varios minutos después, camino al hospital».

Otro estudio realizado por Karlis Osis, en 1980, de ser cierto resultaría auténticamente espectacular, ya que este investigador trabajó con una persona que aseguraba experimentar las EEC a voluntad. El experimento consistió en mantenerle reclinado con los ojos cerrados y pedirle que intentase ver una imagen que se generaba de manera aleatoria en otra habitación, fuera de su campo visual. No solo esto: para evitar cualquier manipulación del experimento la imagen solo era visible justo enfrente de una pequeña ventana. Asimismo se instaló un sensor de campos eléctricos dentro de una cápsula blindada electrónicamente en el único punto en el que visualmente se podía ver la imagen. Se hicieron 197 pruebas, de las que no menos de 114 fueron correctas, y lo más llamativo es que el sensor de campos eléctricos reportaba actividad en aquellos momentos en que la persona acertaba con la imagen, mientras que cuando se equivocaba no existía dicha tensión eléctrica. Esto supuestamente demuestra, según el trabajo de estos autores, que las visiones que experimentan algunas personas en sus experiencias extracorpóreas pudieran ser algo más que subjetivas.

Otro caso llamativo es el descrito por Cook en 1998, en el que un paciente que se encontraba totalmente anestesiado momentos antes de sufrir una intervención cardiaca dijo haber experimentado una experiencia extracorpórea pudiendo observar cómo el cirujano movía los brazos como si intentara volar. Ante la sorpresa de tal comentario, el investigador habló con el cirujano que le operó, quien le aclaró que para evitar cualquier contaminación en las manos ya lavadas las solía apoyar sobre el pecho, antes de comenzar la cirugía, dando instrucciones a su equipo mediante movimientos rápidos de sus codos, con lo que evidentemente producía una sensación visual de aleteo.

Respecto a las visiones durante las EEC es interesante comentar que los individuos sanos entre los que predominó la experiencia visual (un 70 por ciento aproximadamente) también eran proclives a presentar experiencias sinestésicas, en contraposición a aquellos otros cuyo abandono del cuerpo no se acompañaba de impresiones visuales. Esta observación pone en jaque algunas teorías de generación de imagen durante las EEC, y parece más bien sugerir un origen sinestésico de aquello que se ve desde un punto distinto, que podría ser construido en nuestra mente a partir de lo que se siente o escucha.

Según algunos autores, como Cheyne, sería comprensible que las experiencias de movimientos ilusorias fuesen las que provocan alucinaciones como, por ejemplo, alejarse de la cama. Fox, en 1962, describe cómo algunas personas que seguían su técnica podían literalmente llegar a levantarse y salir caminando mientras el cuerpo seguía tendido en la cama.

En otras ocasiones se puede responsabilizar a algún tipo de alteración neurofisiológica como, por ejemplo, la que refiere Leyls Overney en 2009 respecto al caso de un paciente que presentaba EEC prácticamente a diario, debido a una tetraplejia generada por una enfermedad desmielinizante de la médula espinal y cuyo detonante había sido el consumo de cannabis, prescrito para aliviar sus dolores espásticos. Este mismo autor llama la atención sobre la aparente relación que existe entre ciertas pérdidas motoras y la exhibición de EEC, por ejemplo, en la parálisis del sueño o bajo el efecto de ciertos anestésicos.

Resultan llamativas algunas otras alteraciones del esquema corporal, como la aparición de múltiples miembros fantasma relacionados con ciertas enfermedades neurológicas, como por ejemplo la esclerosis múltiple. Así, en ocasiones las múltiples EEC preceden a los primeros signos de acolchamiento sensorial y a las dificultades motoras.

En el contexto de las ECM se ha especulado que las visiones oníricas que la persona experimenta no son otra cosa que una intrusión de fases REM del sueño (Nelson, 2006), acompañadas de otros síntomas propios de la parálisis del sueño, como sensación de inmovilización, consciencia de lo que sucede alrededor, sensación de presencias y de peligro inminente, al igual que, en ocasiones, la sensación de salir fuera del cuerpo. Para estudiar esta posibilidad Nelson reunió a un grupo de personas que habían sufrido ECM y durante la entrevista les hizo cuatro preguntas relacionadas con las intrusiones REM del sueño: alucinaciones visuales hipnagógicas o hipnopómpicas (son las alucinaciones que se tienen con los ojos abiertos al comenzar o al terminar el sueño), alucinaciones auditivas hipnagógicas o hipnopómpicas, parálisis del sueño (la persona se encuentra despierta pero es incapaz de moverse) y cataplexia (pérdida súbita de tono muscular durante la vigilia hasta el punto de caerse al suelo). Las respuestas positivas en al menos tres de estas cuestiones abundaron entre aquellas personas que habían sufrido una ECM.

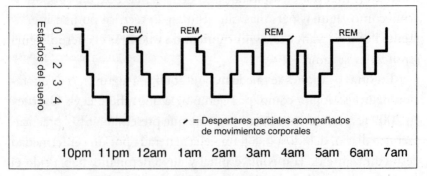

Fases del sueño (REM).

Sin embargo, Greyson critica ciertos aspectos de este estudio, ya que las personas habían sido localizadas a través de internet y podría ser comprensible, hasta cierto punto, que algunas de ellas estuvieran deseosas de generar respuestas que suscitasen interés al entrevistador. Más aún, según Greyson, el grupo control, que fue reclutado entre el personal médico de un hospital, pudo ser poco proclive a expresar la presencia, por ejemplo, de alucinaciones a otro compañero que se encontrase realizando un estudio al respecto. Así, en este grupo control tan solo un 7 por ciento afirmó haber sufrido alucinaciones hipnagógicas en algún momento de su vida, cuando la prevalencia de este tipo de alteración llega a estar presente en la cuarta parte de la población general.

Otros factores por los que se podría rechazar la influencia de las fases REM intrusivas son que, por ejemplo, si bien ambas situaciones presentan síntomas en común, no es menos cierto que las ECM también se presentan cuando el paciente se encuentra sometido a intensa dedicación, como durante una anestesia, que de todos es bien sabido que inhibe totalmente la fase REM del sueño.

Resulta en cualquier caso de sumo interés mencionar que son numerosas las personas que nos consultan a los profesionales de la mente por este tipo de cuestiones, como las alucinaciones vinculadas a estados relacionados con el sueño. Incluso en ciertas ocasiones dando por hecho que este tipo de fenómenos no podría ser otra cosa que algo relacionado con lo paranormal. En muchos casos se hace gala de un importante desconocimiento de estos hechos, como ocurrió con Daniel, que me comentaba: «Hace cosa de dos meses estaba en el cuarto de mis padres, por la tarde, y sin darme cuenta me quedé dormido. Abrí los ojos y estaba tumbado en la cama mirando hacia el techo sin poder moverme y automáticamente quise incorporarme, pero me sentía muy pesado. Sentí cómo algo me tiraba hacia arriba desde el pecho pudiendo así incorporarme muy lentamente en la cama. Era muy consciente de todo lo que veía y me pasaba, y sabía que si miraba hacia atrás vería mi cuerpo tumbado en la cama con los ojos cerrados. Me asusté tanto que me desperté. Lo más raro es que luego no tenía fuerzas para hacer nada, me sentía muy agotado».

El estado fisiológico y psicológico que a menudo acompaña a estos fenómenos suele ser bastante angustioso, ya que la persona puede tener los ojos abiertos y ser consciente de lo que sucede a su alrededor. Sin embargo, la propia intromisión REM en ese estado puede hacerle ver una serie de cosas que, evidentemente, tan solo existen en su imaginación. Dentro de este contexto muchas personas creen haber sido víctimas de abusos sexuales y este mismo hecho ha dado origen a la antigua leyenda de la existencia de íncubos y súcubos, seres propios de la mitología onírica que se aprovechaban sexualmente de sus víctimas mientras las inmovilizaban en la cama, lo que no era otra cosa que la propia parálisis del sueño que se da en estos casos y que llena de angustia a quien la padece, ya que parece que uno queda inmovilizado por estos perversos pero imaginarios seres.

Parálisis del sueño. En ocasiones, estados oníricos se entremezclan con la vigilia dando lugar al «soñar despierto». La aparición de íncubos y súcubos puede hacer acto de presencia.

Sin embargo, otras personas cultivan y recrean este tipo de experiencias a voluntad propia, como es el caso de Hilario: «Lo que voy a contar solo lo saben mi esposa y dos amigos íntimos, aparte de mi madre, que en paz descanse. Era el mes de abril del año 1993 y mi abuela estaba enferma. Mis padres y mis hermanos se habían ido al chalé y yo me había quedado en la casa de la ciudad, para cuidar de mi abuela durante el fin de semana. Era una tarde muy tranquila y silenciosa de fin de semana. Mi abuela estaba durmiendo en su cuarto y serían sobre las cuatro de la tarde. Me dije: "No tengo nada que hacer, así que a meditar". Me fui a mi cuarto y se vino conmigo el perro. Me tumbé en la cama y vi cómo mi perro se tumbaba también en la cama de al lado y se hacía un bolillo. Cerré los ojos e intenté meditar como ya había hecho otras tantas veces. La situación era perfecta: ningún sonido, nadie que me pudiese molestar, la persiana bajada y buena temperatura.

»Tengo que señalar en este punto una cosa, y es que recuerdo que las últimas veces que meditaba, cuando conseguía dejar el cuerpo sin tacto y la mente despejada de cualquier idea, me daba a mí mismo por empujar hacia fuera. Quiero decir, no empujar mi cuerpo, sino que yo mismo hacia fuerza para intentar salir. No sé por qué me dio por esto, pero así es. Quizás porque llegué a un punto que ya controlaba y quería algo más. Ese día medité largamente. Quizás un par de horas y me ocurrió algo que nunca me había sucedido: ¡Me dormí! Al despertar no quise abrir los ojos. De hecho, todavía estaba en la misma postura de meditación y realmente el cuerpo era como si no lo tuviese. Ya no lo sentía después de dos horas. En ese momento decidí de nuevo empujar (siempre que recuerdo esto se me pone la piel de gallina) hacia afuera y me di cuenta de que podía continuar empujando y empujando hasta que me sentí salir del cuerpo con una suavidad como cuando introduces muy suavemente la palma de la mano sobre una superficie calma de agua. Me sentía justo encima de mi cuerpo, pero también en la misma pose, así como un cosquilleo de una intensidad bestial que me circundaba.

»Todo era muy placentero y me llenaba de paz. La intensidad de este cosquilleo aumentaba y solo puedo compararlo a como cuando te emocionas y sientes un cosquilleo que te hace vibrar. Era algo similar, pero de una intensidad increíble y rodeándome por todas partes. Al oír ladrar a mi perro quise terminar con esto, así que fue como si volviese a mi estado y fui abriendo los ojos muy lentamente. La vibración que me rodeaba todavía se producía y notaba cómo se iba apagando poco a poco.

»Me quedé mirando a mi perro, que estaba en la cama en postura de alerta observándome fijamente, como sorprendido. Tengo que decir que, a partir de ese día, ya nunca fui el mismo.

»Mi abuela falleció ese mismo año y ya nunca más pude conseguir llegar a ese estado. Lo intenté unas veces más, pero no salió. Busqué la explicación en diversos libros hasta que en uno encontré la posible respuesta: "Cuando vayas a meditar hazlo como una experiencia personal, sin intentar conseguir nada en concreto, hazlo de forma desinteresada porque si anhelas conseguir algo, tu anhelo y tus prisas por alcanzarlo te harán fracasar"».

Es tal el interés que existe dentro del campo de la neurofisiología respecto a las experiencias extracorpóreas que uno de los principales investigadores a nivel mundial, el profesor Nicholas Wade, apunta que este tipo de fenómenos son un verdadero acicate para progresar en este campo.

Estemos o no de acuerdo con las hipótesis de origen neurofisiológico, no es menos cierto que las EEC nos proveen de un paradigma empírico y de una ilustración respecto a lo que la mayor parte de las personas identifican con la relación entre el cuerpo y el alma. Es decir, que las sensaciones de estar fuera del cuerpo rompen y separan la estructura del yo y del cuerpo para que luego las experiencias autoscópicas acaben rematando, mediante comprobación visual, que se ha producido una separación corporal en el espacio. Si a todos estos síntomas los acompañamos por una sensación de flotación y de ligereza, tenemos en nuestras manos lo que tradicionalmente hemos denominado alma, en la experiencia de una persona que se ha convertido en una especie de espíritu etéreo que habita un cuerpo, pero que no necesariamente se siente identificado con el mismo.

La creencia de que el alma puede existir independientemente del cuerpo nos hace llegar a la conclusión de que puede habitar en otros cuerpos, incluso desplazar a otras almas o compartir el cuerpo con otra. Estas creencias espirituales son prácticamente universales y aparecen en todo tipo de culturas, desde el Ártico hasta los trópicos, y se asocian, muy frecuentemente, con la noche y los sueños. Asimismo, constituyen un material casi infinito para multitud de novelas, películas y obras de teatro donde las almas de los muertos colonizan a los vivos o bien se hacen notar en el mundo terrenal.

Atwater llama la atención, en un estudio de 1992 sobre 277 niños, muchos de los cuales habían padecido una experiencia extracorpórea, que posteriormente, en la edad adulta, presentaban problemas para reintegrar su yo en el cuerpo físico, así como problemas de relación social.

Llama la atención, en otro estudio realizado por Blackmore en 1998, sobre niños que padecen crisis cerebrales anóxicas reflejas (espasmos del sollozo), las cuales provocan falta de irrigación cerebral momentánea sin mayores consecuencias para la salud, dada su brevedad, que el único niño que presentaba un gran número de síntomas (once) compatibles con las ECM tenía una madre que había padecido experiencias extracorpóreas y un par de ECM, una de ellas durante el propio parto del niño, lo que podría llevar a pensar, desde el escepticismo más puro, en la posibilidad de la existencia de alguna carga genética y neurológica que facilitase este tipo de síntomas por línea familiar.

Algunas de estas experiencias extracorpóreas llegan a producirse en individuos de muy corta edad. Blackmore, por ejemplo, relata el caso de un niño de tan solo dos años de edad que al caer por las escaleras pudo verse a sí mismo sobre el suelo mientras flotaba por encima de su cuerpo, que en ese momento convulsionaba. Curiosamente, este mismo niño vivió otra experiencia extracorpórea años más tarde, en el colegio. Me resulta curioso que a Blackmore, que es célebre por su severo escepticismo acerca de este tipo de temas, le llamen la atención, casi de manera anecdótica, dos episodios del mismo niño descrito en el párrafo anterior. En uno de ellos el infante afirmaba que, durante el minuto y medio que había estado sin pulso en otro episodio años más tarde, había podido ver a sus padres y a su hermana mientras se inclinaban sobre su cuerpo inerme sobre el suelo. En otra ocasión, sufrió un ataque mientras le practicaban un análisis de sangre en un entorno hospitalario, por lo que pudo ser monitorizado con un electrocardiógrafo de manera muy rápida. El aparato confirmó la ausencia de latido cardiaco durante varios segundos. Blackmore comenta, como si no quisiera darle importancia, que el niño había visto durante el episodio de inconsciencia cómo le ponían una inyección y cómo la enfermera cambiaba de sitio a su osito de peluche y que, incluso, pudo ver cómo levantaba sus piernas. Lo sorprendente del caso es que Blackmore, a pesar de su escepticismo, llega a decir: «Es bastante posible que *algo* dejara el cuerpo y viese la escena desde arriba o que la experiencia extracorpórea no fuese otra cosa que una reconstrucción de los eventos por parte del cerebro desde una perspectiva de vuelo de pájaro, basándose en las sensaciones de la inyección y de los sonidos en torno a sí mismo». Igual de llamativa es la siguiente reflexión: «Debo decir, en cualquier caso, que mover un osito de peluche no produce mucho ruido. De hecho, la madre del niño comentó cómo la enfermera deslizó el osito sobre el suelo pulido hasta emplazarlo debajo de la cama». También es verdad que Blackmore comenta que sin observadores independientes este hecho tan solo puede ser relegado a la categoría de anécdota.

Ring comparó, en 1984, a dos grupos: uno formado por personas que habían sufrido una ECM y otro que había avistado ovnis en algún momento de su vida. Resulta llamativo que si bien el grupo que ha vivido las ECM es el que más experiencias extracorpóreas presenta, también es cierto que hasta un 61 por ciento de los que dicen haber visto o tenido contacto con naves extraterrestres también han atravesado experiencias extracorpóreas.

OTRAS DIMENSIONES, ESTADOS ALTERADOS DE CONSCIENCIA Y EEC

A principios del siglo XX comenzaron algunos matemáticos avanzados a especular con la existencia de una cuarta dimensión. Estructura que, además, podría explicar la desaparición brusca de objetos desde este mundo. Cada vez es mayor el número de físicos que se inclinan a aceptar la posible existencia de otras dimensiones o hiperespacios análogos al sistema en el que vivimos, aunque sean inaccesibles o invisibles el uno con respecto al otro.

La posible existencia de estas dimensiones invisibles e inaccesibles ha sido caldo de cultivo para filósofos y teólogos a la hora de establecer todo tipo de hipótesis, incluida el que dos de estas dimensiones pudieran estar temporalmente comunicadas una con la otra. El problema parece generarse al intentar descubrir si realmente hay diferentes dimensiones inaccesibles entre sí. Una hipótesis podría considerar que se accede a estas dimensiones durante estados mentales alterados, propios de momentos privilegiados.

Los físicos, hoy en día, han desarrollado teorías acerca de los agujeros negros y la antimateria y de cómo ciertas entidades subatómicas se relacionan con otras dimensiones. El hecho de que pudieran existir otras dimensiones podría dar explicación, entre otras cosas, a la supuesta habilidad para desplazarse fuera del cuerpo y ver cosas que suceden en otras estancias, en ocasiones a kilómetros de donde está ocurriendo la ECM. A este respecto, las recientes teorías de física en relación a las supercuerdas podrían predecir la existencia de otras numerosas dimensiones que comúnmente no podemos percibir. Un ejemplo de las mismas es el de la Teoría M, que se encuentra construida y desarrollada a partir de la teoría de las supercuerdas y que incluye diez dimensiones espaciales, siendo el tiempo la número once.

Realmente, la opinión generalizada de los científicos en los últimos treinta años es que dichas dimensiones verdaderamente existen, pero que no pueden ser percibidas por nosotros. Más recientemente, en el año 2000, Arkani-Hamed ha descrito que estas dimensiones podrían ser de mucho mayor volumen de lo que previamente se consideraba. Esta última idea constituye un alivio para muchos científicos, ya que solucionaría muchos problemas de física teórica que aún se encuentran pendientes de resolver.

La manera más fácil de comprender, desde una perspectiva visual, qué nos podríamos encontrar en cada una de las dimensiones a través de las cuales pudiésemos desplazarnos es comenzar con modelos simples e ir convirtiéndolos, progresivamente, en otros de mayor complejidad. Así, por ejemplo, ¿cómo sería vivir en universo de una sola dimensión? Seguramente sería un tanto incómodo, ya que tan solo tendrían cabida puntos o segmentos de líneas de diversos tamaños. Si el tamaño de un ser fuese finito y limitado solo entonces habría espacio en ese universo lineal para otros seres. Cada ser tendría un solo horizonte que llegaría tan lejos como estuviera el comienzo del siguiente ser en la misma línea. Una pared podría ser tan pequeña como un punto en dicha línea, ya que obstruiría la visión y el movimiento. Ningún ser podría ver o moverse por encima de cualquier punto u otro ser.

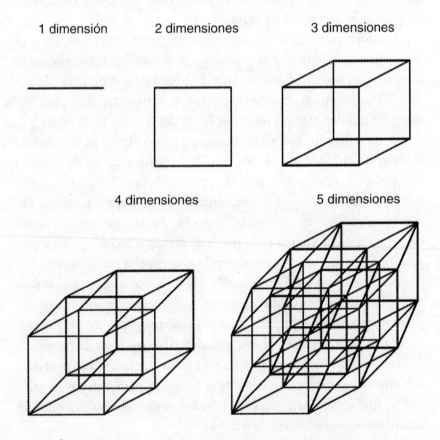

El mismo objeto visto desde universos de varias dimensiones. En el nuestro hay tan solo tres dimensiones ¿Qué ocurre en los demás?

Pensemos también que ningún ser que habitase en ese universo sería capaz de imaginar cualquier dirección que se encontrase fuera de la línea. Es decir, tan solo existirían para él dos sentidos, a un lado u otro de la línea. Ninguno de sus habitantes podría imaginar o visualizar un universo de más de una sola dimensión.

Ahora vamos a movernos hacia un universo de dos dimensiones. En este caso sería un universo plano. Nuestro ser del universo unidimensional tendría ahora la opción de moverse en el plano. Este sería, quizás, su cuerpo astral, cuya estructura se correspondería con la de su cuerpo físico. Una vez elevado a la nueva posición bidimensional su cuerpo astral sería capaz de mirar más allá de la línea. Es decir, ya no tendría la visión limitada de sus dos vecinos más cercanos, sino que podría ver lo que hay a sus lados.

Sin embargo, desde un punto de vista mental tan solo podría visualizar movimientos en dos direcciones, y está claro para él que no se ha movido ni a la derecha ni a la izquierda de la línea. El ser se visualizaría en la misma posición sobre la línea. Para él los vecinos de su universo se habrían vuelto transparentes y tendría la sensación de que está mirando a través de ellos, no alrededor de ellos.

Si se desplazase hacia la derecha o hacia la izquierda, en paralelo a la línea, tendría la sensación de estar moviéndose a través de sus vecinos o atravesando las paredes. Si se alejase de la línea en una dirección perpendicular, los vecinos comenzarían a tornarse borrosos, como si se disolviesen en la realidad. Sin alejarse demasiado de la línea podría ver todo lo que ocurre a izquierda y derecha de la misma. Para que esto ocurriese, su visión astral debería ser capaz de procesar más de la sola dimensión a la que está habituado, ya que la información visual recopilada de esta manera excedería la complejidad del proceso mental corriente. Sin embargo, el sujeto se encontraría mucho más cómodo regresando de nuevo a la línea, ya que podría volver a comprender el universo desde la perspectiva de sus sentidos anteriores: los vecinos y las paredes volverían a sus posiciones familiares y perderían su transparencia.

UN SER TRIDIMENSIONAL EN UN UNIVERSO DE CUATRO O MÁS DIMENSIONES

El mundo en el que vivimos parece tener tan solo tres dimensiones. Es decir, solo podemos ver la superficie más cercana de las cosas que nos rodean y no las lejanas ni tampoco el interior. Nos visualizamos moviéndonos hacia arriba, abajo, derecha, izquierda, adelante o atrás. Podemos imaginar un espacio en tan solo tres dimensiones.

Ahora bien, si pudiésemos mover nuestro cuerpo astral, abandonando nuestro cuerpo físico, hacia una cuarta dimensión, en ese mismo instante se obtendría una visión más allá de las paredes y podríamos ver incluso objetos muy lejanos. Más aún, podríamos ver el interior de objetos aparentemente cerrados para los que viven en tres dimensiones, incluso sin movernos en ninguna de las direcciones familiares. De hecho, no ha habido movimiento alguno, sino que se ha añadido una dimensión más al espacio. Desde esta perspectiva y rotando, las escenas tienen un campo de visión de trescientos sesenta grados, particularmente si estas escenas son visualizadas, por ejemplo, desde un techo como el que puede existir en una sala de reanimación de hospital.

VISIÓN ESFÉRICA

Ring relataba en 1998 un ejemplo de visión esférica durante una ECM: «Me llevaban en una camilla por el hospital. Miré hacia abajo y supe que el cuerpo debajo de las sábanas era el mío y no me importó. La habitación era más interesante que mi propio cuerpo. La perspectiva era fantástica. Podía ver todo... Y me refiero a absolutamente todo. Podía ver la luz en el techo y, al mismo tiempo, la parte de debajo de la camilla. Podía ver los azulejos del techo y también los del suelo. Todo a la vez: trescientos sesenta grados de visión esférica. No solo esférica, sino extremadamente detallada. Podía ver cada cabello y su correspondiente folículo en la cabeza de la enfermera que empujaba la camilla. Sabía exactamente cuántos cabellos existían».

VISIÓN TOTAL DE SUPERFICIE

Betty Eadie describió, en 1992, lo que ella llama visión total de superficie durante su ECM: «Fue como si sintiese un "pop" o algo que se soltase dentro de mí, y mi espíritu salió bruscamente de mi pecho y fue abducido hacia arriba como si de un imán gigante se tratase. Me encontraba encima de la cama, pegada al techo. Me giré y vi un cuerpo sobre la cama. Tuve curiosidad y descendí hasta él. Reconocí que era yo misma. Era mi cuerpo sobre la cama. Me di cuenta de que nunca me había visto en tres dimensiones, tan solo me había visto en un espejo, que es una superficie plana. Pero los ojos del espíritu ven más dimensiones que los ojos del cuerpo mortal. Pude ver mi cuerpo en todas direcciones de una sola vez: de frente, desde detrás y desde ambos lados. Observé características de las que nunca me había dado cuenta».

VISIÓN DEL INTERIOR DE LAS COSAS

Robert J. Brumblay, médico y jefe de los Servicios de Urgencias de la ciudad de Honolulu, relata cómo una mujer mayor que se encontraba en la UCI debido un *shock* séptico dijo salir de su cuerpo mientras su cuerpo físico permanecía en la cama. En ese momento, según contó, dijo ver a su hija en la sala de espera de los familiares e, increíblemente, advierte que está embarazada de muy pocas semanas. Meses más tarde su hija dio a luz un bebé, y cuando la abuela lo tuvo en sus brazos notó la sensación de haberlo conocido antes, durante su ECM.

VER A TRAVÉS DE LAS PAREDES

Brumblay relata, en 2003, el caso de una adolescente que sufrió una parada cardiorrespiratoria como reacción a una crisis anafiláctica tras la administración de un contraste en la sala de rayos X. El autor nos recuerda que las paredes de este tipo de salas se encuentran totalmente forradas de plomo. «Me levanté y me encontré por encima de mi cuerpo. Pude ver a todo el mundo que se encontraba en la habitación para ayudarme, e incluso pude saber lo que pensaban. Al mismo tiempo pude ver a mi madre a través de la pared en la sala de espera. Se encontraba sentada con las manos sobre su regazo y llorando porque le acababan de comunicar lo que me había sucedido. Al mismo tiempo, pude ver a otras personas que se encontraban en habitaciones adyacentes, todas ellas separadas del cuarto de rayos X por paredes. Otra persona, en una habitación al lado de la mía, estaba recibiendo algún tipo de terapia física. Sin embargo, mi atención se dirigía hacia mi madre. Sabía que había paredes, pero podía ver a las demás personas en otras habitaciones».

IMAGEN EN ESPEJO

Robert Monroe, fundador del internacionalmente conocido Instituto Monroe, describe una percepción invertida de su propio cuerpo físico: «Después de salir de mi cuerpo con suma facilidad y quedarme en la misma habitación, tuve el coraje de acercarme a mi cuerpo físico, que se encontraba sobre la cama. Comencé a examinarlo en la semioscuridad. Toqué mi cabeza física y mis manos tocaron los pies. Parecía que todo estaba al revés. El primer dedo de mi pie izquierdo solía tener una uña especialmente gruesa debido a un accidente. Pero ahora esta uña se encontraba en el mismo dedo del pie derecho. Todo estaba invertido, como la imagen de un espejo».

BILOCACIÓN DE CONSCIENCIA: LOS MÚLTIPLES YO

Consiste en la sensación de encontrarse en *dos sitios a la vez*. Por ejemplo, Bonenfant describe, en 2001, el caso de un niño que sufrió un accidente de automóvil, y mientras salía despedido después del impacto pudo ver cómo su cuerpo daba vueltas en el aire desde una perspectiva cercana a los diez metros, junto a un árbol y, al mismo tiempo, verse dentro del cuerpo mientras era impulsado por el choque del vehículo.

En otro caso descrito por Henry Abramovitch, en 1988, acerca de una persona que sufrió un ataque al corazón, el sujeto observa desde una posición elevada cómo su cuerpo yace en la misma posición en la que cayó al suelo, y refiere: «¿Cuál era la diferencia entre nosotros dos? ¿Cuál de nosotros era el yo real? Ahí estaba mi imagen tirada en el suelo, inanimada, pero yo podía moverme. Poseía la voluntad, la sensación y capacidad para pensar. Tal vez me había escapado de mí mismo y yo era el real. Lleno de compasión, le abandoné y, con un gran salto, volé hacia arriba».

Pero no siempre la sensación y las consecuencias de una ECM son halagüeñas o beneficiosas para quien las vive. No siempre constituyen la puerta de entrada para nuevas dimensiones espirituales. Por ejemplo, Ainhoa refiere lo siguiente respecto a una única ECM que experimentó: «Duró casi media hora, aunque en ese estado perdí la noción del tiempo que, por cierto, ni existía. En mi caso podía notar mi cuerpo y al mismo tiempo notarme fuera y sentir que era todo. Después llegué a oír hablar de la conexión con el todo que se puede lograr meditando, pero me pasó de repente, sin meditar y sin buscarlo, delante del ordenador. Mientras lo viví fue genial, pero al intentar racionalizar lo que había experimentado empecé a tener unas crisis de ansiedad tremendas y me costó como cinco años quitarme el miedo, si es que se me ha quitado del todo, que no estoy segura».

EXPERIENCIAS EXTRACORPÓREAS Y LA CONSTRUCCIÓN DE LA REALIDAD

Para entender la construcción de la realidad respecto al esquema corporal, debemos relatar un interesante experimento realizado en el Instituto Karolinska de Suecia, titulado «Out-of-Body Experiences Induced in the Laboratory», publicado en *Press Release* el 23 de agosto de 2007. En este interesante experimento se combinaron estímulos visuales y táctiles para provocar una sensación extracorpórea: «El sujeto que actuaba de conejillo de indias llevaba unas gafas estereoscópicas conectadas a un par de cámaras colocadas justamente detrás de su cabeza. Es decir, veía un espacio como si estuviese sentado detrás de sí mismo».

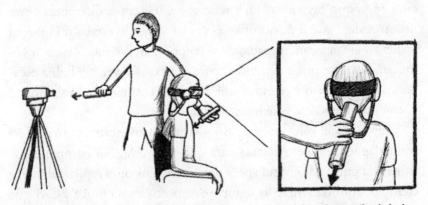

Experimento en el Instituto Karolinska que muestra la relativa facilidad con que se puede desplazar nuestra sensación de corporalidad.

Tras esto, el investigador les tocaba en el pecho, sin que las cámaras lo vieran, y al mismo tiempo simulaba estimular el pecho del observador virtual, justo debajo de las cámaras. Resultado: los sujetos tuvieron una fuerte sensación de estar sentados donde estaban las cámaras, viéndose desde atrás. Y si se simulaba golpear el pecho virtual, varios de los sujetos se agachaban para evitar el golpe.

Además de comprobar el potencial que tiene nuestro cerebro para generar realidades virtuales (de hecho cotidianamente vivimos en una de ellas) a partir de la información que recibe de los sentidos y de sus propias expectativas, quizá esta investigación sea útil para mejorar la tecnología de control remoto. Por ejemplo, para cirugías a distancia. Nada mal para una investigación que roza lo místico.

VII

LA LUZ

La muerte es una ventana, no una pared.

SIMCHA RAPHAEL

La luz aparece al final del túnel, justo antes de encontrar a los familiares fallecidos o a las entidades que nos reciben y aconsejan sobre qué hacer en ese momento. Normalmente va asociada a una gran sensación de paz que va acompañando al sujeto. Obviamente, la sensación de luz es creciente, ya que vamos avanzando a lo largo de un túnel para desembocar en un verdadero fogonazo lumínico que no llega a deslumbrar, pero que se acompaña de una intensa sensación de bienestar.

Casi siempre se presupone que la luz es blanca, pero no es así en todos los casos. Hay personas que refieren haberla visto rosa o de otro color. Más aún, hay personas cuya ECM se ve limitada tan solo al fenómeno de la luz, como el caso que me relata Katherine: «Mi abuela fue intervenida quirúrgicamente con objeto de amputarle una pierna, ya que sufría diabetes. Su cirugía era de bastante riesgo por su enfermedad metabólica. La operación duró muchas horas y se complicó, por lo que dijeron los médicos. Cuando mi abuela se despertó, nos contó que vio una luz muy brillante, pero no vio gente ni nada, tan solo una luz. No recuerda nada más».

La sensación luminosa no es solo luz, sino intensa sensación de paz, tranquilidad y conocimiento. Llegar a la misma coincide con el encuentro con el ser que ordena volver o bien provee de algún consejo referente a nuestra vida anterior. En ocasiones se producen verdaderas revelaciones sobre la propia vida o verdades en forma de respuesta, una experiencia propia del consumo de ciertas drogas enteógenas. De hecho podríamos afirmar que es el clímax de la ECM, el momento de mayor satisfacción personal, y por el que muchas personas dicen haber perdido el miedo a la muerte y que no les importaría repetir.

ELEMENTOS AFECTIVOS				
	Greyson (1983)	Greyson (2003)	Pacciola (1995)	Schwaninger (2002)
Número de personas	74	27	24	11
Sensación de paz (%)	-	77	85	100
Envuelto en luz (%)	43	70	46	63
Felicidad y plenitud (%)	64	67	-	18
Sensación de unidad cósmica (%)	57	52	-	45

Fuente: Greyson (2009).

Debido a que la luz constituye por sí misma una señal de haber llegado a una fase adelantada del túnel, esta no llega a presentarse en todas las personas, ya que algunas abortan la experiencia —involuntariamente— antes de llegar a esta etapa. Por el contrario, los que salen del túnel y se instauran en la propia luz pierden la sensación de deslumbramiento y les invade una inmensa placidez. Es justamente esta etapa la que personas que han sufrido ECM añoran.

A la vez que la luz suele darse la aparición de entidades que, según la orientación religiosa o cultural, pudieran ser interpretadas como Jesús, Mahoma o Buda. La persona que ha sufrido la ECM no se comunica verbalmente con dicha entidad, sino que oye dentro de sí mismo la voz, de manera que por buscar una analogía podríamos decir que resulta similar a un proceso telepático. El bienestar que irradia esta presencia colma de paz a la persona y es la principal razón por la que no se quiere abandonar ese estado.

En la religión hindú, un antiguo texto sagrado, el *Rig-Veda*, dice: «Ponme en ese mundo incorrupto en el que no existe la muerte, donde domina el reino de la luz». En el budismo se habla de que en el momento de la muerte aparece el Buda de la Infinita Luz, cuyo papel consiste en mostrarse justamente en ese momento trascendental. Los budistas creen que la aparición de ese Buda de Luz les sirve como guía hacia la Tierra Pura. Los mazdeístas y sus antiguas escrituras, derivadas de las creencias de Zaratustra, revelan que en el más allá también existe un ser luminoso que solo las almas bondadosas se encontrarán. Es una visión de una divinidad, Ahura-Mazda, descrita como una luz en su estado más puro.

En el caso de los judíos el encuentro con un ser de luz se basa en la literatura que manejan los rabinos: «Mientras que el hombre no puede ver la gloria de Dios durante su vida, la podrá ver en el momento de su muerte». De igual manera para los cristianos la luz y su significado a través de los pasajes bíblicos adquieren especial relevancia: «Y hablóles Jesús otra vez, diciendo: "Yo soy la luz del mundo; el que me sigue, no andará en tinieblas, mas tendrá la lumbre de la vida"» (Juan 8, 12-20). San Pablo, en Corintios 11, 14, apunta a que Satán puede llegar a disfrazarse como un ángel de luz y, aunque pueda resultar sorprendente, no son pocos los cristianos evangelistas que ven a Raymond Moody, el primer autor que popularizó las ECM, como un verdadero emisario de Satán que confunde a las personas con sus libros (Greyson, 2009).

En el caso del islam las cosas no son distintas, ya que el propio *Corán* describe a Alá como la luz: «Dios es la luz de los cielos y de la tierra» (*Corán* 24, 35). Dicha luz no es tan solo una sensación lumínica, sino que se acompaña de revelaciones y de la adquisición de conocimientos.

Kenneth Ring describe cómo el mundo de luz se encuentra después de pasar el túnel. En este punto, afirma el autor, la persona percibe un reino de belleza indescriptible y de esplendor, donde habitualmente se encuentran los espíritus de sus familiares ya fallecidos y amados. Para Ring hemos entrado en un dominio de altas frecuencias, una dimensión creada a partir de la interacción de las estructuras de pensamiento. Estas estructuras se combinarían para formar patrones, una especie de ondas de interferencia similares a una holografía. Y de la misma manera que las imágenes holográficas parecen reales cuando se iluminan con un haz de láser, así las imágenes producidas por la interacción de pensamientos también parecen reales.

En un caso descrito por Henry Abramovitch en 1988, el de una persona que sufrió un ataque al corazón, el paciente nos cuenta: «Me sorprendió el brillo de la luz porque no había fuente de la misma. La luz en sí misma estaba compuesta por miríadas de llamaradas y de auras. Pude tocar aura tras aura, llama tras llama, cada una de ellas revolviéndose, creciendo, cada vez más grandes y, finalmente, separándose. Los sonidos no eran menos que la luz. Una infinidad de tonos, mezclándose entre ellos con una inmensa variedad y movimientos independientes, en una corriente poderosa que subía hacia el cielo. Yo era luz. Me encontraba muy bien por estar ahí, entre todos ellos».

UNA EXPERIENCIA PERSONAL

Cuando alguna persona me ha comentado este extremo, la combinación de luz, revelaciones y visión de entidades sobrenaturales, no he podido por menos que recordar alguna experiencia tenida durante algún ceremonial religioso en el que se empleaba la ayahuasca como droga, bajo cuyos efectos se pretende alcanzar el contacto con los dioses. En la propia ceremonia se divide a los asistentes, completamente vestidos de blanco, en dos grupos según su sexo. Cada uno de los grupos converge en el punto del chamán, que administra pequeñas dosis líquidas de ayahuasca. Desde una ponchera o recipiente amplio extrae con un cazo el turbio líquido que deposita en un único vaso, habitualmente labrado con una iconografía particular, que el iniciado se lleva a la boca. El sabor es profundamente amargo, hasta el punto de que no es extraño que alguna de las personas corra a vomitar. A mí mismo me sucedió en alguna ocasión.

Mientras comienza la ceremonia, una música monótona semejante a un mantra oriental, acompañada de guitarra, corteja a la fila que se desplaza en torno al chamán. Una vez que la última persona ha recibido su dosis de droga, el propio chamán bebe la suya. A partir de ese momento invoca a los espíritus del santo Daime (otro nombre que recibe la ayahuasca) y de la santa María. Esta última denominación se refiere a la toma común y paralela de marihuana, que sirve como antiemético, es decir, para mitigar la tendencia a la náusea que produce la ayahuasca.

Cuando los presentes se encuentran ya sentados en semicírculo alrededor del chamán, cesa la música y un intenso silencio se apodera de la estancia. Se cierran los ojos y, lógicamente, una sensación de oscuridad se apodera de nuestro sentido visual. Sin embargo, y al menos en mi caso, a los pocos minutos una luminosidad puntiforme y central va creciendo y extendiéndose hacia los límites externos del campo visual, lo que provoca justamente la sensación de caída o penetración en un túnel de luz. En pocos instantes todo se ha llenado de luz y es entonces cuando se comienza a sentir la presencia de una entidad. En mi caso no la pude ver, pero notaba que estaba ahí, en la luz. A partir de ese momento ocurren unos fenómenos de sumo interés y que, por su similitud con las ECM, me han animado a escribir estas líneas: las revelaciones.

Una serie de ideas y cuestiones personales comienzan a fluir por nuestra mente, pero lo más llamativo es que, al mismo tiempo, ¡se presentan sus respuestas!, pero sin el proceso lógico y/o deductivo propio del pensamiento racional al que estamos acostumbrados. Las respuestas aparecen como flashes. Son así, contundentes como ladrillos, sin posibilidad alguna de discusión, infalibles. Lo curioso del caso es que tanto las preguntas como las respuestas fluyen a una velocidad de vértigo. Las revelaciones se suceden una detrás de otra, inundándonos de sabiduría y conocimiento. No es de extrañar que los chamanes amazónicos hagan de esta droga su baluarte a la hora de establecer conexiones con los dioses y con el más allá. En mi caso las sensaciones que obtuve podría decir que eran muy similares a las que muchas personas han expresado en relación a ciertos aspectos de las ECM.

> Ella me decía que ya estaba cerca de la luz, y la vimos, a lo lejos. Yo, mirándole a los ojos, le dije: «Te lo mereces, mamá». Luego le pregunté: «Cuando llegues a la luz, ¿vas a poder seguir estando conmigo?».
> Ella me miró triste porque no sabía qué responder.
>
> Carmen

Las personas que han sufrido una ECM las califican de iluminación espiritual o fogonazo de sabiduría. Lo cierto es que las cuestiones que se plantean no son solo de índole personal, sino también en relación a cuestiones universales. Por ejemplo, en mi caso realizaba preguntas relacionadas con la actualidad mundial: guerras, desastres, personajes... De forma ¿telepática? recibía de inmediato respuestas claras como el agua. Respuestas, debo decir, que después de cierto número de años todavía recuerdo por su forma de impactarme, y que resultaron ser ciertas y clarividentes. Esto es exactamente lo que personas que han tenido una ECM dicen haber vivido. Podemos calificarlo de estado alterado de conciencia. Sin embargo, es complejo explicar cómo un tóxico, por ejemplo la ayahuasca, ayuda a resolver cuestiones que suceden, a veces, en un tiempo que todavía no ha llegado y con una asombrosa precisión.

Esta situación podría explicar, desde un punto de vista neurológico, el mecanismo de acción que dispara la sensación de luz, la entidad y las revelaciones que ocupan este estadio de las ECM. Al igual que en estas experiencias con la ayahuasca se recupera a posteriori la consciencia normal, sin aparentes daños o aberraciones en los procesos mentales de la persona, las ECM podrían funcionar de un modo parecido. Ahora bien, como es lógico, este tipo de experiencias tan profundas cambian la actitud y forma de ser, así como ciertos planteamientos vitales de quien las ha sufrido. Nunca nada será lo mismo de nuevo.

Las personas que han logrado llegar a este estadio de la ECM y que luego vuelven a su situación normal de consciencia quizás no logren recordar de manera pormenorizada cada detalle de esos conocimientos adquiridos, pero les quedan como remanente en la memoria las ideas que más les impactaron.

Resulta importante tener las cosas claras respecto a este tipo de situaciones que, si bien no podemos considerar especulativas, no es menos cierto que algunas personas y autores pueden confundirse y crear artificialmente situaciones dramáticas de conocimiento, como la relatada por Ana María: «En alguna parte leí que las personas con demencia tardan más en encontrar su camino hacia la luz y eso, cuando lo recuerdo, me agobia mucho». Realmente no existe estudio alguno que se refiera a esta particular circunstancia, que seguramente es fruto de la mente fantasiosa de algún aprendiz de investigador, que especuló de forma gratuita, sin saber el alcance y daño que sus palabras podrían hacer sobre terceros.

VIII

LA VIDA EN UNA «PELÍCULA»
Y LA VUELTA ATRÁS

*Mandé a mi alma hacia lo invisible. A buscar algo al otro lado
de la vida. Después de muchos días mi alma retornó y me dijo:
«Tranquilo, yo mismo soy cielo e infierno».*

OMAR KHAYYAM

V er pasar toda nuestra vida, llena de detalle, puede parecer algo
imposible. Sin embargo, es un fenómeno que ocurre a numerosas personas que han sufrido algún tipo de accidente como, por
ejemplo, un ahogamiento durante cuyo transcurso se percibe la
inminencia de la muerte. Suele acompañarse de recuerdos vívidos
de experiencias pasadas y, en ocasiones, de una proyección de una
línea biográfica visual. Todo ello cortejado con las impresiones y
emociones que ocurrieron en su día. Es importante señalar que
la revisión vital puede aparecer sin coexistir con el resto de etapas que se reseñan en las ECM. Desde el punto de vista de los
investigadores en el campo de la neurofisiología relacionado con
la memoria, parece poco plausible que una vida completa, reple-
ta de detalles minuciosos, pueda ser recordada en su totalidad o
incluso revisada en pocos segundos. Estas revisiones vitales llegan
a ser menos creíbles si además incluimos las percepciones de las
mismas vivencias a través de las experiencias y sentidos de terceras
personas.

Las personas que experimentan estas vivencias refieren que ocurren fuera del tiempo y del espacio, lo cual es consistente con los conceptos de comunicación instantánea. Por ello algunos autores, como Thomas Beck, han propuesto teorías de tipo cuántico-holográficas para explicar las distintas y peculiares características de estos hechos (teorías que se desarrollan en el capítulo XXX). Hoy por hoy resulta de muy difícil explicación que estas revisiones vitales muestren tal cantidad de información sensorial, y que esta se presentase de forma prácticamente instantánea. Sin embargo, resulta llamativo que la revisión vital parezca estar mediada según la cultura. Por ejemplo, los aborígenes australianos, los africanos y los nativos del pacífico o de Norteamérica no parecen presentarla del mismo modo que los occidentales, aunque las diferencias pueden deberse al escaso número de personas entrevistadas y recopiladas en esas regiones, en comparación con la abundancia de casos documentados en el mundo desarrollado.

Hay autores, como Butler, que afirman que la revisión vital es algo propio de nuestra cultura occidental y de alguna otra, como la china o la india, y que mantiene una conexión con la búsqueda de la propia identidad. Este autor utiliza una metáfora: igual que un espejo refleja nuestra cara, nuestra memoria sería el equivalente interior a un espejo, el cual nos habla de nuestros orígenes y nos dice quiénes somos, justamente lo que se pierde en algunas enfermedades de tipo neurológico como el Alzheimer, en la que perdemos nuestro yo y acabamos desconociendo quién somos. Este sentido interior, de construcción social de nuestra identidad, existe en las principales religiones del mundo, como la cristiana, la islámica o la budista, y revela la existencia de dos mundos, el material y el divino. En alguna de ellas el mundo material es devaluado y existe tan solo como una ilusión que se genera a través del espíritu. Dentro de este contexto el sentimiento de culpa se genera a través de la interiorización de las normas y de las sanciones sociales. Por ello, la revisión vital no dejaría de ser un análisis íntimo de nuestras vidas y un juicio de valor sobre aquellas cosas en las que pudimos haber fallado, ya que nuestras religiones, y, por ende, nuestras culturas, ligan a la muerte con nuestra consciencia y a la consciencia con lo que sucede en el más allá, por lo que no sería extraño entender que este tipo de experiencias se produzcan, justamente, en los momentos previos a nuestra muerte. Cosa que no ocurre, por ejemplo, en otras culturas, como la de los citados aborígenes australianos.

Resulta llamativo cómo en la religión hindú la revisión vital no ocurre por sí misma, sino que los que viven una ECM asisten impertérritos al acto de una tercera persona que les lee los acontecimientos que sucedieron a lo largo de la vida.

> Cuando las creencias en espíritus se llegan a transformar en creer en un dios, entonces las transgresiones en contra de la voluntad de dicho dios se convierten en un pecado ético que carga contra la consciencia más allá de sus resultados más inmediatos.
>
> Max Weber, 1965

Asimismo, la religión cristiana está cargada de referencias en relación a una revisión de la vida al final de nuestros días, similar a las que presentan las personas que se enfrentan a una ECM. Quizás una de las apreciaciones más detalladas respecto este juicio final la describe San Mateo en su Evangelio (25, 31-46): «Cuando el Hijo del Hombre venga en su gloria, con todos sus ángeles, se sentará en su trono glorioso. Todas las naciones se reunirán delante de él y él separará a unos de otros, como separa el pastor las ovejas de las cabras. Pondrá las ovejas a su derecha y las cabras a su izquierda... Aquellos irán al castigo eterno y los justos a la vida eterna». En el islam también se produce una revisión vital pero, a diferencia de las ECM occidentales, los musulmanes suelen vivir un enjuiciamiento de sus actos.

El equipo liderado por Debbie James y Bruce Greyson ha observado, por ejemplo, que un 79 por ciento de las personas que sufren una ECM presenta fenómenos de distorsión del sentido del tiempo, mientras que un 27 por ciento muestra memoria panorámica.

	Greyson (1983)	Greyson (2003)	Pacciola (1995)	Schwaninger (2002)
Número de personas	74	27	24	11
Percepción alterada del tiempo (%)	64	18	-	9
Aceleración del pensamiento (%)	19	44	-	9
Revisión vital (%)	22	30	50	9
Revelaciones (%)	30	30	-	18

Fuente: Greyson (2009).

Algunas características muy particulares de las memorias panorámicas, que las distinguen de las evocaciones de la memoria normal, son:

1. Se mueven por el consciente a una velocidad sorprendente. Algunas personas las comparan con el *flash* de una cámara fotográfica, utilizando la misma palabra para definirlas.
2. Aparecen en bloques, como si fuesen fotogramas de una película. Pueden ser lineales en el tiempo, pero no necesariamente consecutivas (Noyes, 1975). Usualmente ocurren desde el presente hasta las edades más tempranas pero, en ocasiones, ocurre al contrario o bien se atrasan y adelantan de forma aparentemente, caprichosa.
3. Aparecen sin esfuerzo consciente alguno por parte de la persona que está viviendo la experiencia. Cambios similares ocurren en procesos de despersonalización propios de algunas enfermedades mentales como las psicosis, uno de cuyos máximos exponentes es la esquizofrenia. Las personas describen sus recuerdos como acelerados, automáticos e inconexos: «Las escenas pasaban por delante de mis ojos».

4. Ocupan el consciente de la persona de tal manera que los acontecimientos que está viviendo en esos momentos quedan oscurecidos: «Oía el ulular de la sirena de la ambulancia como algo lejano, mientras toda mi vida pasaba por delante de mis ojos».

5. La dimensión temporal desaparece. El tiempo parece quedar eliminado o sufre algo similar a una expansión: «Aunque las imágenes pasaban por delante de mis ojos, el tiempo parecía haberse detenido».

6. Respecto al contenido, parece ser que las memorias ricas en vivencias emocionales son las que tienden a magnificar su presencia. Estas vivencias pueden haber sido positivas o negativas, pero casi siempre emocionales y afectivas. Es importante reseñar que suelen aparecer en color y con sonido, como cualquier evocación normal que deseemos realizar.

7. Algunas personas, según Enrique Vila, pueden llegar a ver situaciones del tiempo venidero, lo que él denomina «destellos del futuro». Es decir, pueden, por ejemplo, visualizar su funeral y las actitudes y presencia de otros miembros de la familia en el mismo.

8. Tristeza y melancolía. Algunos autores, entre ellos Noyes, encontraron que algunas personas experimentaban cierta sensación melancólica mientras sufrían su visión panorámica de la vida: «Las memorias eran placenteras, pero me entristecieron porque evidenciaban la vida que estaba dejando atrás».

9. Manejan una enorme cantidad de información durante el proceso de recuerdo.

10. La presentación de los recuerdos se muestra de manera instantánea en el tiempo: «Era como una explosión. Todo estaba allí, delante de mis ojos. Era como una gran pantalla de televisión. Podía verlo todo entre mi época de bebé hasta el momento actual. Todo, todo al mismo tiempo».

11. En la revisión de la memoria se aprecian percepciones de terceras personas, como si existiese una especie de memoria colectiva: «Volví a experimentar cada cosa que hice y también cómo mis acciones afectaron a los demás, incluso cómo mis

pensamientos afectaban a los que me rodeaban. Me di cuenta de cómo había hecho daño a unos y cómo había ignorado a otros. Llegué incluso a sentir el dolor que los otros habían experimentado. Pude verlo no solo desde mi perspectiva, sino desde la de todos los demás».

Una vez que la persona ha abandonado el túnel y se ha visto expuesto a la luz y a la presencia de familiares o de una entidad determinada, se produce una revisión de la vida. Una especie de película que transcurre delante de nuestros ojos, y donde las escenas más importantes desfilan a velocidad de vértigo. Quizás la definición de película no sea la más adecuada, ya que pudiera parecer que es en dos dimensiones sobre una pantalla, pero quizás tampoco las películas de tres dimensiones, tan en boga hoy en día, dieran la adecuada descripción, ya que las personas involucradas son más bien testigos de escenas que se vuelven a repetir delante de sus ojos con todos los ingredientes de la realidad.

Se ha visto que no es imprescindible que la persona se encuentre literalmente al borde de la muerte. Por ejemplo, Laura relata las consecuencias que un aparente accidente banal llegó a desencadenar: «Estábamos en verano, en un día de playa en una zona cercana a cierto pueblo de Alicante. Me pillé el dedo con la puerta y así, sin más, fui consciente de que iba a desmayarme, pero no tenía sentido porque en realidad no me hice daño, tan solo me quedé mirándolo. Me sentí mal, así que me acerqué a mi vecino y le dije: "Me voy a desmayar", y sucedió. Perdí el conocimiento y fue como si alguien pasara ante mis ojos toda mi vida, hasta el mismo momento en el que me caí al suelo. Finalmente, sentí como si me volviera a meter en mi cuerpo y me levanté como si nada hubiera pasado, ante la cara de espanto de todos los que me estaban atendiendo. Supongo que será que mi mente hizo un recorrido por todos los hechos vividos desde bebé y que no recordaba conscientemente, pero he de decir que fue una experiencia extraña para mí y jamás la he vuelto a experimentar, pues de ese "lugar oscuro" emanó una luz que, en lugar de llevarme a otro sitio, me mostró mi vida desde el principio hasta el momento en que caí».

Respecto a los fragmentos de memoria obtenidos, resulta de sumo interés el estudio realizado por Stevenson, en 1995, analizando aspectos de la memoria panorámica. En dichos estudios, realizados en parte sobre publicaciones anteriores y en parte sobre la propia cosecha de los autores, se observa que entre el 84 y el 88 por ciento de las personas que han sufrido una ECM describen las imágenes como muy vívidas. Según la secuencia en que se han presentado las memorias, las clasifican en:

1. De una sola vez toda la vida. Es decir, panorámicas: 15 al 27 por ciento.
2. Desde la niñez hasta la etapa adulta: 43 al 62 por ciento.
3. Desde el presente hasta la niñez: 11 al 15 por ciento.
4. Sin ninguna secuencia particular: 8 al 18 por ciento.

Asimismo, en el estudio se repitió que hasta un 71 por ciento experimentó la sensación de que el tiempo se paraba, mientras que un 20 por ciento notó que el tiempo iba más rápido. Tan solo un 7 por ciento advirtió que el tiempo fuera más despacio.

Creo importante resaltar una de sus conclusiones: «El hallazgo más importante de este estudio es la evidencia de una gran variedad de revisiones vitales que puede experimentar el sujeto. La idea generalizada de que se revisa absolutamente toda la vida (panorámica) es falsa, ya que tendemos a creer que sucede en todas las experiencias. No es menos cierto que algunos individuos la sufren de esta manera, si bien la mayor parte no lo hace así».

Sin embargo, Elena sufrió un principio de ahogamiento y, según su propio relato, parece que vio correr su vida hasta el último detalle. Es notorio que lo hizo en sentido inverso. Es decir, desde la edad actual hasta la más primitiva infancia: «Creo recordar que tendría unos nueve años. Era verano y estaba con mis primos en la piscina del pueblo, nadando. Yo no sabía nadar bien y llegó el punto en el que quería llegar a la orilla opuesta para agarrarme y descansar. Tan solo me quedarían dos palmos para llegar cuando de repente me empecé a hundir por el cansancio y yo hacía fuerza para salir. En ese momento sentí que se me agotaban las fuerzas, dejé de respirar y ya no pude sacar las manos fuera. Comencé a sentir una tranquilidad extraña, pero bonita a la vez. Vi pasar toda mi vida en fotos, una tras otra desde la edad que tenía hasta que me veía de bebé, una detrás de otra, y a continuación la luz blanca. Recuerdo que para mí el túnel fue ver pasar mi vida en fotos. No recuerdo el túnel negro con la luz blanca al fondo, sino el recuerdo de mi vida en fracciones de segundo, ¡sin escaparse ni un solo año vivido! También recuerdo tener la luz blanca delante de mí. Súbitamente, mi primo que estaba a mi lado me sacó del agua. Dejé de sentir esa paz increíble de explicar. Tuve la sensación de que se para el reloj, pero todo sigue igual de bien. Lo que sí diré es que esta experiencia me marcó de alguna manera. Yo no se lo dije nunca a nadie, hasta que a los doce o trece años de edad se lo conté a mi madre. No sabía muy bien lo que había vivido, pero me gustó, aunque de verdad me estaba ahogando».

Ring observó que las personas que habían sufrido una ECM y que reportaban una experiencia de visión panorámica solían ser en su mayoría sujetos que se habían visto involucrados en accidentes (55 por ciento) más que en otras circunstancias como, por ejemplo, enfermedades o intentos de suicidio (16 por ciento).

Una de las personas que entrevisté fuera de España, inválida a raíz de un accidente automovilístico, me contó lo siguiente: «Me encontraba empujando el coche cuando súbitamente comenzó a retroceder por efecto de la pendiente. Caí al suelo y mi propio coche me atropelló, fracturándome la espina dorsal y produciéndome graves heridas internas. Durante los pocos segundos que duró el accidente me vi de pequeño: estaba desayunando con mis padres. La escena era perfecta, pude ver hasta el plato de cereales y a mi madre sonriendo. Luego muchas otras escenas: una fiesta de adolescente, camino al colegio, de visita con mis abuelos, el primer beso, etc. Pasó toda mi vida y allí estaba yo, protagonista de todo. Sucedió en un periodo no mayor de diez segundos. Durante ese tiempo mi consciencia se expandió hasta el punto de que lo pude comprender todo, lo que produjo un balance positivo de mi vida».

Las experiencias son vívidas, rápidas y desconectadas de los mecanismos habituales de evocación. Asimismo, se producen alteraciones en el tiempo y en el espacio, cierta impresión de irrealidad y una sensación de encontrarse fuera de la realidad. Sin embargo, hay autores que se han dedicado a estudiar la calidad de las visiones que relatan los que han sufrido una ECM. Encuadrada en estas investigaciones tenemos a Janice Holden, autora en 1988 de un estudio sobre 63 sujetos que habían tenido una ECM. De estos, el 79 por ciento experimentó sus visiones como claras; un 76 por ciento como libres de distorsión; un 71 por ciento percibiendo los colores perfectamente; un 77 por ciento con una visión completa del campo visual; y un 61 por ciento decía recordar el entorno visual. Se dio incluso algún tipo de habilidad que puede resultar llamativa para los que no han sufrido una ECM como, por ejemplo, la habilidad de leer algún tipo de manuscrito mientras se está viviendo la experiencia (57 por ciento).

Otra persona, en este caso una paciente mía que había sufrido un grave accidente automovilístico en el que pereció su pareja, me comentaba: «Las cosas eran exactamente como son en realidad excepto por cierta borrosidad en el entorno de las imágenes. Todo estaba desenfocado excepto en la zona central. Si miraba a derechas o a izquierdas la imagen tendía a desaparecer, pero si miraba de frente las imágenes eran totalmente claras y reveladoras». Algunos testimonios resultan tremendamente esclarecedores de lo que significa recordar detalles, como por ejemplo: «Podía saber hasta la temperatura del aire. En ese momento me encontraba en mi etapa de ocho años de edad rodeado de mosquitos. En mi revisión vital podría haber contado hasta los mosquitos que me rodeaban con total exactitud. Todo era más certero de lo que posiblemente podría haber percibido en la realidad del evento original».

Ciertamente, la mayor parte de las imágenes que bombardean a la persona suelen tener, según parece, una importante carga emotiva, o quizás sean esas las que luego se recuerdan con mayor intensidad. No siempre son necesariamente agradables. En ocasiones ocurre una mezcolanza de imágenes que pueden turbar el sosiego: «Muchos recuerdos eran desagradables. Tuve que rememorar cosas que hice a lo largo de mi vida. Una de ellas fue revivir un día en que saqué malas notas y mi padre me armó una buena bronca. Lo reviví como si realmente estuviese allí. Las cosas positivas me parecieron que duraban más tiempo. Parecía como si estuviese haciendo un balance de mi vida, como si estuviese tratando de averiguar si valía la pena seguir viviendo».

Respecto al número de memorias y el entorno en que ocurrían, creo de interés mencionar el siguiente testimonio: «Las memorias acudían a mi memoria en su posición temporal exacta. Ni antes ni después. Es como si toda mi vida volviese a suceder otra vez. Miles de imágenes y escenas se sucedían camino al hospital. Me encontraba, literalmente, en una nube de la que salía y entraba de manera esporádica. Era como si algo tuviese un mando a distancia que controlase la aparición de las imágenes y su velocidad de presentación. El tiempo era irrelevante, podía ir hacia delante o hacia atrás con suma facilidad».

Abelardo, un conductor de ambulancias que sufrió un ictus cerebral doble que le colocó a las puertas de la muerte, y que posteriormente sufrió una prolongada intervención de varias horas, en la que aseguró encontrarse con entidades divinas, dice: «Para los médicos pasaron seis horas; para mí fueron unos minutos». Esta película que se presenta ante nuestros ojos no es necesariamente fiel a lo que ha ocurrido en la realidad. De hecho, algunas personas relatan que no recuerdan ciertos acontecimientos que han presenciado durante la revisión como si hubieran pasado en su realidad. Es como si pertenecieran a otras personas, lo que abre innumerables posibilidades a su interpretación: desde que todo es producto de la imaginación del sujeto, hasta vivencias que pudieron ocurrir pero que nunca llegaron a producirse por distintos avatares del destino.

En Australia, en 1988, Keith Basterfield observó que de doce pacientes que habían sufrido una ECM tan solo dos reportaron haber vivido una revisión vital. Uno de los estudios que más me ha llamado la atención es el realizado por David Rosen, en 1975, en el que encuesta a ocho de un total de diez personas que sobrevivieron a diferentes intentos de suicidio arrojándose desde el mundialmente famoso puente Golden Gate de la ciudad de San Francisco. Rosen planteó cuatro cuestiones relacionadas con su intento de suicidio: ¿por qué escogieron el Golden Gate para suicidarse?, ¿pueden describir su experiencia como suicidas y alguna posible ECM?, ¿pasaron sus memorias por delante de sus ojos?, ¿cómo influyó su experiencia en su vida posterior? El grupo de entrevistados estaba compuesto por siete varones y una mujer, con una edad media de veinticuatro años, y resulta importante reseñar que tres de los ocho se encontraban en tratamiento psiquiátrico previo. Resulta curioso que casi la mitad de ellos afirmara que nunca se habrían intentado suicidar si el puente no hubiera existido. Y también indicaron que el propio nombre, Golden Gate (puerta dorada), influyó en su fatídica decisión. Para entender qué puede suceder durante esa caída conviene conocer algunos datos. Por ejemplo, la altura en la zona central del puente hasta la superficie del agua es de aproximadamente 70 metros. Un cuerpo humano llega a alcanzar los 120 km/h antes de impactar contra el agua. Es decir, que el sujeto cae durante un periodo que oscila entre tres y cuatro segundos, y que este breve tiempo puede ser, según parece, eterno para algunas personas. Más aún, en el estudio de Rosen cinco de las ocho personas afirmaron que la caída pareció durar desde horas, hasta una eternidad.

Resulta llamativo que en otras situaciones similares, como en las caídas por accidentes de montañismo, se den situaciones similares. Albert Heim (1892, citado por Noyes en 1972) contaba que hasta un 75 por ciento de las personas que sufren este tipo de accidente describen cómo el tiempo se les hace eterno. Un aspecto a resaltar es el momento psicológico y nuestras reacciones en el momento del accidente, lo que podría ayudar a comprender cómo, en vez de pánico y embotamiento mental, se viven otros sentimientos más acordes con el tema que estamos tratando. Por ejemplo, una de las personas que entrevista Rosen afirma: «Era una sensación buena, no grité para nada. Fue la sensación más placentera que nunca he tenido. Vi el horizonte y el cielo azul y pensé en lo bello que era todo». Otro superviviente dijo encontrarse muy tranquilo, como si fuera un sueño y que nunca pensó en que se estaba muriendo. Otro sujeto notó una sensación de alivio y paz durante la caída. A algunos parece que la experiencia les haya dejado psicológicamente atrapados en ese momento: «Todavía me encuentro en algún lugar entre el puente y el agua». Sin embargo, es de resaltar que en el estudio de Rosen ninguno de los ocho supervivientes tuvo la sensación de revisión de la vida. Tan solo uno creyó reconocer a su padre en uno de los empleados del puente que se le acercaron para disuadirle del suicidio y otro llegó a pensar, durante la caída, que era inocente, además de tener un pensamiento acerca de la bondad de su madre.

En el caso de los supervivientes de suicidio con una decisión tomada de antemano, que han meditado sobre su acto y, en muchos casos, han realizado un examen de su vida en los días anteriores, no se suele presentar la revisión brusca y rápida que suele ocurrir en las personas que, por ejemplo, padecen un accidente y necesitan una orientación espaciotemporal, quizás comparando el evento momentáneo y traumático con sus memorias y vivencias anteriores.

Es llamativo que la revisión vital se mencione en muchas religiones. Algunas lo encuadran dentro del concepto de juicio vital, que determina las bondades o los errores de nuestras vidas y que catalizan una condena o absolución. En definitiva, un balance de la situación en presencia de una entidad que parece entenderlo todo. Más aún, ese entendimiento de lo que aconteció se ve acompañado de valoraciones propias en las que emociones se van desarrollando paralelas a lo que se desliza delante de nuestros ojos. En el *Libro del esplendor* (en hebreo titulado *Zohar*) de la cábala judía se describen varias tradiciones en relación al destino de la persona y de su propia alma relacionadas con la muerte. En este caso no es la persona moribunda, sino el mismo Dios el que realiza la revisión: «Cuando Dios decide recibir de vuelta un espíritu humano pasa revisión a todos los días de la vida de esta persona mientras se encontraba en este mundo. Radiante el hombre cuyos días pasen delante del Rey sin culpa alguna, sin que Él rechace ni uno solo debido a un simple pecado» (Scholem, 1977).

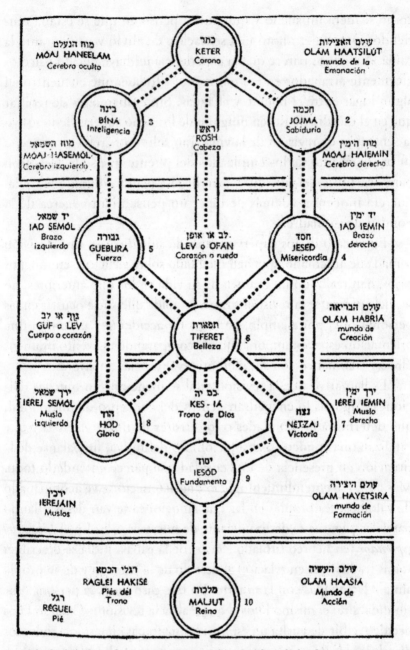

El árbol de la vida se representa en el conocido árbol sefirótico, que se compone de diez emanaciones espirituales por parte de Dios, a través de las cuales dio origen a todo lo existente. Estas diez emanaciones se intercomunican con las veintidós letras del alfabeto hebreo.

Una vez que se ha llevado a cabo la revisión de nuestra vida, se produce la decisión de seguir adelante o, por el contrario, volvernos por donde hemos venido. Esta decisión no parece ser del todo voluntaria, ya que en muchas ocasiones la entidad o el familiar que nos ha recibido nos recomienda u ordena, dependiendo de los casos, dejar nuestro avance (o muerte, según como se mire) para mejor momento.

Algunas personas describen en ese escenario a una entidad vestida de blanco que telepáticamente (o al menos sin palabras) establece ese diálogo, mientras el resto de familiares se posiciona silenciosamente en segundo plano. Más allá de ellos nadie parece ver o vislumbrar qué es lo que hay.

POSIBLE INTERPRETACIÓN NEUROLÓGICA

Una aparición de memorias placenteras en los momentos en que nuestra vida está literalmente en juego podría deberse a algún mecanismo cerebral que utilizase esta artimaña para ayudarnos a escapar de la realidad antes de que sucumbamos. Nuestra mente se inunda de situaciones placenteras que, además, ayudan a la producción de endorfinas, y, por ende, nos hace sentirnos mejor. Asimismo, el consciente no puede escapar a este proceso y, por supuesto, va juzgando moralmente cada uno de los acontecimientos para acabar realizando un juicio general a todo el proceso. Juicio que no siempre es positivo y halagüeño para quien lo pasa. Una de las personas entrevistadas me contaba: «Al final me sentí triste. No había sido todo lo buena persona que debería haber sido y pensé que me iba a condenar».

Aparentemente estas visualizaciones, junto con la despersonalización, podrían ocurrir en el lóbulo temporal. Estructura por otra parte responsable de múltiples experiencias místicas y relacionadas también con procesos patológicos como la epilepsia. Un neurólogo,

Kinnier Wilson, ya postulaba en 1928 cómo las alteraciones del lóbulo temporal relacionadas con la epilepsia pueden producir fenómenos similares a la visión panorámica. Otro neurólogo, llamado Wilder Penfield, fue capaz de reproducir, en 1963, la aparición de recuerdos panorámicos mediante estimulación eléctrica del lóbulo temporal. Y otro, Martin Roth, sugirió que en casos de extrema ansiedad se pueden disparar mecanismos adaptativos neurológicos de despersonalización generados por el propio lóbulo temporal. Es decir, de alguna manera la neurología podría explicar, al menos parcialmente, algunos de los entresijos de esta revisión de nuestras vidas. Una comparación podría ser la de los familiares de algún fallecido que se aferran a sus objetos o recuerdos para mantenerlo vivo en la memoria. De igual manera, una persona que se encuentra en el proceso de fallecer se aferra a sus mejores recuerdos para sentirse vivo.

Otros estudiosos del tema, como Robert Butler, lo compararon, a mediados de la década de 1960, con las dificultades que sufren las personas mayores para integrarse en la temporalidad y en el futuro, que ya les queda escaso, por lo que se refugian en el pasado para dar significado a su vida. Podríamos decir que la visión panorámica sería una situación similar a la que se da en los ancianos, pero más comprimido en el tiempo. Este mismo autor, años más tarde, en 1973, afirmaba que el desarrollo de una nueva imagen de nosotros mismos creada a través de la revisión de la vida conlleva una aceptación de la vida mortal, sensación de serenidad y estar orgulloso de la vida transcurrida. Es decir, que en respuesta al momento de peligro para la vida, la personalidad parece refugiarse en unos momentos en los que el tiempo no parece transcurrir. En ese nido la muerte deja de existir y nos refugiamos en un nirvana de recuerdos que nos abruman por su bondad. Por ese motivo los recuerdos que acuden a nuestra mente suelen ser los infantiles cuando, además, el tiempo parecía correr de forma distinta a la edad adulta.

En el segundo mecanismo el individuo sufre una despersonalización para defenderse de la muerte. Ocurre una escisión entre la persona que participa y la que observa el proceso (que al principio, obviamente, es la misma), de manera que la parte observadora se desembaraza del participante y comienza a observar la situación como si fuese una desinteresada tercera persona. Ambos mecanismos, aunque opuestos, parecen coexistir en algunos momentos del proceso.

LA MEMORIA Y LA REVISIÓN DE NUESTRAS VIDAS

No podemos ni debemos olvidar que la memoria puede hacernos muchas jugarretas y distorsionar lo que dábamos por verídico. Por ejemplo, Elizabeth Loftus asegura que «se han llegado a crear falsas memorias, de manera similar a un implante», en relación a falsos eventos que supuestamente habrían sido traumáticos cuando, en su día, ocurrieron. Por ejemplo, haberse perdido de niño en un centro comercial. Asimismo, algunas experiencias propias de los trastornos por estrés postraumático parecen mostrar unas huellas disociadas de las experiencias de memoria que podríamos calificar de normales.

En la actualidad, son numerosos los investigadores que prestan atención a las áreas cerebrales implicadas en los procesos memorísticos. La utilización de técnicas de imagen, como la resonancia magnética (MRI), permite examinar la correlación neuroanatómica entre las memorias verídicas y las ilusorias, como indicó Isabel Gauthier en 2002. Otras técnicas, como la tomografía de emisión de positrones (PET), llegan a medir cambios en el flujo sanguíneo cerebral que apuntan a una mayor o menor actividad por parte de las neuronas. Increíblemente, esta técnica puede llegar a distinguir entre las memorias verídicas y las ilusorias, ya que las primeras recuperan detalles a nivel neurológico que las segundas no hacen, según indicó Sharon Begley en 1996. Por ejemplo, las memorias verdaderas activan áreas en el lóbulo temporal superior, la región que procesa los sonidos de palabras recientemente escuchadas. Al retomar estas memorias verdaderas se activan áreas cerebrales que originalmente procesaron el estímulo durante la codificación (el córtex auditivo, en este caso). También se ha utilizado otro tipo de técnicas para estudiar los procesos memorísticos, como por ejemplo los potenciales evocados (ERP), descubriéndose también diferencias en sus mediciones entre las memorias verdaderas y las ficticias (Mónica Fabiani, 2000).

No es menos cierto que desde los estudios de Wilder Penfield en la década de 1940 se ha querido creer que el cerebro funciona como una especie de grabadora de vídeo, donde todo va quedando registrado, hasta el punto que se podían recuperar dichos recuerdos palmo a palmo. Tan solo era cuestión de acceder a la zona cerebral donde se encontraban alojados. Años más tarde, en la década de 1970, el mismo autor suavizó sus dogmas llegando a admitir que quizás las memorias no sean más que, en ocasiones, simples reconstrucciones o inferencias y no reproducciones literales de lo que hemos vivido.

Si conocemos todas estas actuaciones, ¿cómo podemos defender que las personas que han presentado visión panorámica están en lo cierto? Algunos autores, como Melvin Morse y Paul Perry, han vinculado las visiones panorámicas a la fisura de Silvio, que se encuentra en el lóbulo temporal derecho. Su hipótesis se basa en una excitación del campo electromagnético cerebral en el momento de la muerte, que provocaría que el lóbulo temporal derecho, habitualmente relacionado con memorias a largo plazo, comenzase a funcionar de manera anormal. Otros científicos, como Nicholas Wade, no están de acuerdo con esta afirmación, ya que dicen que una cosa es que la fisura de Silvio sea capaz de producir ciertas percepciones bajo condiciones especiales durante la vida de una persona, y otra es que justamente esta estructura asuma los deberes de la consciencia en el momento de la muerte y que, además, actúe de la misma manera que las estructuras tradicionalmente asignadas para esta función. Otro autor, Michael Sabom, cardiólogo de profesión, afirma en sus estudios que las ECM no se deben a una simple hipoxia cerebral, cosa que él dice haber comprobado mediante mediciones analíticas durante el proceso de la parada cardiaca. El propio Moody afirma que este tipo de revisión vital tan solo se describe en términos de memoria, ya que es el fenómeno con el que estamos más familiarizados, pero posee características que obligarían a clasificar la lejanía de cualquier tipo de recuerdo.

Asimismo, a Allan Kellehear le llama la atención que en la Melanesia, así como entre los maoríes de Nueva Zelanda, los habitantes que han sufrido, aparentemente, mayor influencia religiosa por parte de los misioneros cristianos son también los que presentan mayor número de revisiones vitales durante las ECM.

Susan Blackmore estudió el caso de los niños que padecían crisis cerebrales anóxicas reflejas (espasmo del llanto). Relata el caso de una niña de trece años de edad que, una vez perdida la consciencia, todavía podía oír lo que sucedía en su derredor y, en ocasiones, comunicarse con su madre mediante un sistema de códigos establecido previamente y basado en el movimiento de los dedos de una mano. La autora del artículo le pregunta si cuando está inconsciente conoce el tiempo que transcurre. La niña contesta que el tiempo le parece mucho más prolongado.

Lo que sí es cierto es que son numerosos los autores, entre ellos Greyson, que afirman la presencia de estas revisiones vitales en el caso de los niños. Algunos llegan a recibir mensajes acerca de su futuro (según indicó Ring en 1984), lo que se llama «personal flashforwards», durante la revisión vital. A algunos les sucede justamente en el momento en que parecen decidir sobre si seguir en la otra vida o volver a la vida terrenal. Pero en otras ocasiones el niño parece recibir una misión, una especie de propósito que se le comunica durante su viaje al más allá y que deberá desarrollar a lo largo de toda su vida. Podemos imaginar, por un momento, lo confuso que puede resultar este tipo de mensajes para el cerebro de un niño.

INTERPRETACIÓN DESDE LA FÍSICA

Robert Brumblay afirma cómo el tiempo y el espacio se encuentran íntimamente relacionados desde que se desarrolló la teoría de la relatividad por parte de Albert Einstein. Si las dimensiones espaciales son percibidas de una manera distinta durante las ECM, también sería de esperar que el tiempo fuese percibido de manera alterada respecto a la normalidad. La mayor parte de las personas que han sufrido una ECM suelen afirmar que se sentían como si estuviesen fuera del tiempo durante el transcurso de su experiencia. Si pudiésemos movernos realmente fuera del tiempo, ¿qué es lo veríamos o sentiríamos?

Si el tiempo se considera una dimensión íntimamente relacionada con las dimensiones espaciales, sería lógico considerar que al encontrarnos en una región hiperdimensional tendríamos una percepción del tiempo semejante a la de los objetos espaciales en esta cuarta dimensión. Es decir, seríamos capaces de percibir acontecimientos que ocurren a lo largo de mucho tiempo y verlos de manera instantánea. O incluso ver acontecimientos que han ocurrido en el pasado o en el futuro como si de una misma cosa se tratase.

Para este autor, mientras que los objetos del pasado aparecerían de una forma fija, los del futuro aparecerían de forma incompleta. El futuro podría incluir un número de diferentes posibilidades que podrían ir cambiando según la posición del observador. Esta percepción del tiempo sería semejante a la siguiente analogía: imaginemos que vemos cómo una hoja es arrastrada por una corriente de agua. Nosotros observamos el proceso desde arriba. La zona principal del río tan solo dispone de un cauce de agua, pero, más abajo, se divide en un delta. A medida que la hoja se acerca al delta no podemos adivinar por dónde se va a deslizar, pero desde nuestra posición ventajosa podemos intervenir para cambiar la dirección de dicha hoja y elegir cuál de los brazos del delta la va a acoger, sea alterando ligeramente el curso de la corriente o de la propia hoja. De la misma manera, algunos aspectos de las ECM parecen ser traducidos de una forma metafórica por los que las han vivido, ya que no pueden explicar con claridad la temporalidad alterada. Por ejemplo, la decisión de volver o no a la vida durante una ECM parece estar asociada con una representación física de unos límites a partir de los cuales ya no se puede volver.

En su primer libro, Raymond Moody relata cómo este límite parece ser un brazo de agua, una niebla gris, una puerta, una reja en un campo o simplemente una línea. Todas parecen ser representaciones metafóricas de un punto de decisión a partir del cual ya no se puede volver a la vida. En definitiva, una metáfora perceptiva del pasado y del futuro.

IX

ENCUENTROS CON FALLECIDOS O ENTIDADES

La muerte no existe en un mundo sin tiempo ni espacio. Ahora Besso (un viejo amigo) se ha ido de este mundo tan solo un poco antes que yo. Eso no significa nada. Personas como nosotros sabemos que la diferencia entre pasado, presente y futuro es tan solo una mera ilusión persistente.

ROBERT KASTENBAUM

Una vez que se ha pasado la fase extracorpórea con sus correspondientes ruidos, el propio túnel y la experiencia extracorpórea, se llega a una fase de intensa luminosidad donde suelen habitar seres o entidades de diversa índole. En ocasiones son personas por nosotros conocidas pero que fallecieron hace tiempo: familiares o amigos. El conocido investigador Kenneth Ring afirma que el 41 por ciento de las personas que han sufrido una ECM se encuentran con alguna presencia, mientras que el 16 por ciento se encuentra con alguna persona, ya fallecida, a la que quiso en vida. Greyson asegura que de 250 casos de su muestra, hasta un 44 por ciento llegó a encontrarse con personas ya fallecidas durante su ECM. En muchos casos se ha atribuido este tipo de experiencias a alucinaciones o a deseos muy íntimos de reunirse con personas muertas. Sin embargo, si observamos estudios de personas más o menos saludables que han sufrido alucinaciones, lo que suelen percibir es la ilusión de personas que todavía están vivas (Osis, 1990).

Asimismo, si fuese todo ello tan solo un problema de meras expectativas, es decir, de desear ver a determinadas personas que ya murieron, no ocurriría, entonces, la visualización de personas, como de hecho ocurre numerosas veces durante la ECM, que uno desconoce o que, por el contrario, aún viven. Más aún, si todo fuera cuestión de expectativas, entonces también sería difícil comprender por qué muchas de las personas que sufren una ECM dicen volver a la vida terrenal porque echan de menos a los que han dejado atrás. Por ejemplo, Pim van Lommel relata el caso de un hombre que durante una parada cardiorrespiratoria se encontró con un desconocido. Pasados varios días después de ser resucitado, este hombre supo, a través de su madre, que su nacimiento había sido fruto de una relación extramatrimonial con una persona que había muerto durante la guerra. Una vez que la madre le enseñó una fotografía de su padre biológico, reconoció de manera inmediata a la persona que había visto durante la ECM.

Otro caso parecido es el que contaba María del Pilar: «Mi madre sufrió un infarto de miocardio y estuvo muerta durante varios interminables minutos. Los médicos la resucitaron, y después de torturas indecibles la llevamos a casa. Nunca le comentamos lo de su muerte. Cuando se pudo comunicar nos hablaba de un hombre de oro que la llevó por un palacio ubicado sobre las montañas y que en los cuadros colgados de las paredes vio, en tres dimensiones, asuntos de la familia que ya habían sucedido».

Un interesante estudio realizado por Emily Kelly, en 2001, describió, al analizar 74 casos, un total de 129 encuentros con espíritus. La mayor parte de estos casos (81 por ciento), relacionados con personas que habían sufrido una ECM, consistió en encuentros con personas ya fallecidas de la generación anterior, en su mayoría de la propia familia. El resto (16 por ciento) fue con personas de la propia generación, como parejas o familiares, e, increíblemente, una parte (2 por ciento) fue con personas de la próxima generación (hijos o sobrinos). Más aún, esta autora fue capaz de clasificar dichos encuentros según su cercanía emocional, de forma que las personas que vivieron estas ECM describieron el encuentro con el espíritu correspondiente como: muy cercano (39 por ciento), cercano (28 por ciento), amistoso (13 por ciento) o pobre (3 por ciento). Un 16 por ciento dijo no conocer a la persona con la que había tenido dicho encuentro. Curiosamente, Kelly encontró una asociación estadísticamente significativa entre conocer a la persona ya fallecida en dicho encuentro y el haber sufrido la ECM en un contexto de accidente o de parada cardiaca antes que en otro tipo de situación límite vital. Asimismo, los encuentros en los que las personas decían haber visto a parientes ya fallecidos también presentaban mayor índice de vivencias relacionadas con el túnel de luz, o bien la alternancia de luz y oscuridad. Otro resultado estadísticamente significativo de este mismo estudio fue la relación de que cuanto más cerca se estuvo de la muerte, mayor era la visión de espíritus de fallecidos.

> Siempre me imaginé la muerte como un aeropuerto en el que, cuando llegas de un largo viaje, van a recibirte tus familiares y alrededor ves a un montón de gente.
>
> Elena

En otros casos, la experiencia resulta aún más impactante, ya que el encuentro se da con personas ya fallecidas a las que apenas se llegó a conocer y que, según los estudios de psicología actuales, no se podrían rememorar en detalle. A este respecto, Isabel nos cuenta: «Tenía unos cinco o seis años de edad cuando tuve una parada cardiaca. Vi a mi madre, que había muerto. Yo no tenía recuerdos de ella porque había fallecido cuando yo solo tenía ocho meses de edad. Me llevaba de la mano y me dijo que no mirara para atrás, pero desobedecí y lo hice: me vi tumbada al lado de mi abuela. Había mucha gente que aparecía por los lados. Había mucha luz. Me puse a gritar porque al volverme me veía allí tirada, al lado de mi abuela. Mi madre me dijo que si volvía nunca me separara de mi abuela. De repente desperté sobresaltada porque mi abuela me estaba zarandeando y gritándome. Lo más terrible del caso es que mi tía me enseñó una foto de mi madre y me dijo que con esa ropa la habían enterrado». Como crítica a la experiencia podríamos decir que su dinámica podría haberse dado a la inversa. Es decir, que la niña hubiese visto previamente la foto de la madre con dicho atuendo, olvidarlo, presentarse durante la ECM como contenido inconsciente, y luego, al volver a verla, identificarla como si fuese algo novedoso cuando, en realidad, la había visto con anterioridad.

En otros casos, la presencia de una entidad adquiere forma casi divina: «No sé con quién hablé. No le conozco: tenía una cara muy feliz y su piel reluciente y el pelo castaño. Recuerdo el color de su piel perfectamente, y el viento y la paz. En fin, fue emocionante. No tengo miedo a volver a sentirlo». A veces el encuentro con un ente divino o al que, por lo menos, se le atribuye esa cualidad, es fácilmente identificable. Es el caso de Antonio: «Con treinta y ocho años, mientras trabajaba conduciendo una ambulancia junto a mis compañeros, un enfermero y un médico, sufrí un ictus que me paralizó la parte izquierda de mi cuerpo. Fui diagnosticado en la misma ambulancia en cuestión de segundos. Me llevaron al hospital y en un principio respondí al tratamiento, que disolvió el coágulo de sangre. Tras ocho horas de evolución, tuve una recaída en la UCI, pero esta vez el doble de fuerte. Me quedé hemipléjico y con un estado de ansiedad bestial. Tras un TAC se dieron cuenta de que tenía una disección de carótida con infarto en la arteria cerebral media. La cosa era grave y me tuvieron que practicar un cateterismo desde el fémur hasta el propio cerebro. No me daban esperanzas y podía morir. Cuando me anestesiaron pude ver en el techo la figura de Jesús, que me decía: "Súbete a mis espaldas y saldrás sano y salvo de todo esto". Le hice caso y me subí a sus espaldas. Durante seis horas de intervención estuve junto a Jesús. Cuando desperté me despegué de Él y alzó su brazo haciéndome el signo de la cruz y enviándome un beso. Fue una experiencia increíble, pues en esos momentos no era creyente, y cuando salí de alta creí en Dios como el que más». El caso de Antonio es llamativo desde distintas perspectivas. Fundamentalmente no parece ser una mera interpretación de la entidad divina, que suele aparecer como un ente rodeado de luz al que se pueden atribuir, a posteriori, distintas personificaciones. Pero en este caso no solo dice haber visto literalmente a Jesucristo, sino que además este le hace una inconfundible señal de la cruz.

No solo fue parecida a esta la percepción de otro paciente, Abelardo, de quien ya hemos hablado, sino que después de sufrir un doble ictus cerebral y de estar al borde de la muerte y sufrir graves daños, no presenta secuelas con posterioridad. Todo ello, unido a la visión de un ente religioso, puede hacernos suponer que se atribuye a dicho encuentro algún factor sobrenatural, como él mismo relata: «Los médicos me dijeron que no andaría correctamente, que me colgaría el brazo y arrastraría la pierna. Pues, a día de hoy, no tengo secuela alguna. Los médicos no se lo explican. Los informes neurológicos no coinciden con mi estado físico. Muchos médicos, al leerlos, no se creen que yo sea el paciente». Casualidad o no, curación espontánea o evolución atípica de un grave cuadro circulatorio-neurológico que parece haberse solucionado de manera milagrosa, es evidente que en estos casos se refuerzan las creencias religiosas o se produce una conversión espiritual. El mismo paciente agrega: «Los neurólogos, cuando ven mi informe, hablan de milagro. Yo soy persona de ciencia: administración de empresas, educación social, técnico de emergencias, etc. Ahora dejo ciertos interrogantes a la ciencia. Cosas que hoy no se pueden explicar, quizás tengan explicación en unos años».

En algunos casos, la persona llega a encontrarse con animales que fueron mascotas suyas. En otros ejemplos no se conoce relación entre la persona que sufre la ECM y el animal. Por ejemplo, Isabel, una persona que ha sufrido en su vida dos ECM debido a su precario estado de salud, nos relata: «La persona de piel dorada me mostró a un espíritu de un perro. Bueno, me hizo recibirlo. Me dijo que en unos días ese animal iba a llegar allí y que tenía que recibirlo. Luego me mostró a alguien y me dijo que ya tenía que irme. Sentí cómo me caía al vacío y ahí desperté, en el quirófano. De lo que me operé no era grave, pero sentía desde hacía tiempo que algo iba a ir mal».

ELEMENTOS TRANSCENDENTALES			
	Greyson (1983)	Greyson (2003)	Schwaninger (2002)
Número de personas	74	27	11
Otros mundos (%)	58	63	54
Encuentros con «seres» (%)	26	52	72
Encuentros con «seres místicos» (%)	47	26	63
Punto de no retorno (%)	26	41	45

Fuente: Greyson (2009).

Enrique Vila, en su libro *Yo vi la luz,* relata un caso de ECM en el que, sorprendentemente, la persona que la sufre se llega a encontrar con personas de su propia familia que siguen vivas. El propio autor dice: «El porqué no tiene respuesta, de momento». Ciertamente es de difícil explicación, excepto que la ECM no fuese tal sino una experiencia alucinatoria, o bien que concluyamos que las alucinaciones desempeñan un importante papel en las ECM. Sin embargo, en este último caso me sorprende que dichas alucinaciones con personas vivas no fuesen mucho más frecuentes e incluso similares en cuanto a contenido respecto a otras experiencias.

En Australia, Basterfield observó, en 1988, que de doce pacientes que habían sufrido una experiencia cercana a la muerte cinco dijeron haberse encontrado con alguna presencia o aparición divina (Dios) y en un solo caso con una bisabuela. Quizá sea como dice Jesús: «Creo que todo ocurre para que los humanos nos hagamos una idea del más allá y creamos en ellos y que existe ese túnel. Allí me encontré con personas felices, y te hablaban por telepatía sin usar la voz. Luego volví a mi cuerpo».

Una de las experiencias más llamativas la describe, Dorothy Counts en 1983, sobre un caso ocurrido en la Melanesia. La persona, habitante de un pueblo llamado Bolo, estuvo aparentemente muerta durante unas seis horas. En ese plazo de tiempo se tropezó en su ECM con una mujer que falleció pocos momentos después que él y cuya muerte, como es lógico, ignoraba completamente. «Me encontré con la mujer que había muerto en el camino hacia aquí [se refiere al camino hacia el lugar donde experimenta la ECM] y vi cómo ella se alejaba. Le grité: "¡Oye, vuelve!", pero no pudo hacerlo». Más tarde, la entidad divina le dice: «La mujer que viste mientras venías… Es su hora y ella debe quedarse, pero tú debes volver».

En un caso descrito por Henry Abramovitch, en 1988, sobre una persona que sufrió un ataque al corazón, leemos: «De repente me di cuenta de que no estaba solo. Muchos como yo comenzaron a aparecer, éramos cada vez más, minuto a minuto, hasta el punto de que ya era imposible contarlos. Todos se encontraban en movimiento, adoptando nuevas formas, emergiendo y penetrando, pasando y alterando el movimiento de los demás. Yo me encontraba entre ellos, enganchado a la gran corriente de movimiento que subía hacia el cielo». Esta misma persona intenta contactar con otros entes que le rodean: «Decidí preguntar al ser más cercano a mí cómo llegar hasta la luz, pero no podía hablar. A pesar de todo, y para mi sorpresa, me entendió perfectamente sin hablar y sin utilizar palabras. Tan solo a través del pensamiento nos pudimos comunicar uno con el otro. Él me explicó que allí no existía el arriba o el abajo, que no había ni espacio ni tiempo ni dimensiones que poder medir».

Aydée, mujer que sufrió una parada cardiorrespiratoria, nos cuenta: «En la ECM vi seres con aspecto de personas, pero muy hermosas. Había hombres y mujeres y todos tenían, además de una expresión de mucha alegría, una imagen física verdaderamente hermosa, luminosos, brillantes, con una piel que parecía de porcelana, sin defectos, sin arrugas. ¡Perfectos!».

El contacto y la comunicación tanto con los familiares como con las entidades es, una vez más, telepático. No hay diálogos que resuenen en nuestros oídos. De manera sencilla pero eficaz, nuestras mentes captan como si fuesen verdaderas revelaciones las ideas que nos quieren transmitir y, a diferencia de lo que ocurre en las experiencias extracorpóreas, en las que tan solo podemos oír lo que ocurre fuera, aquí sí hay comunicación bidireccional. Es el caso que me relató Álex, enfermero de un gran hospital, en referencia a un paciente: «El paciente tenía las dos piernas amputadas a causa de un proceso crónico de diabetes. En la segunda operación le seccionaron una arteria accidentalmente y tuvo una gran hemorragia. Me contó que de repente se vio en un prado maravilloso. A lo lejos veía una luz intensa. Él caminaba hacia esa luz que se iba agrandando en intensidad, si bien, antes de llegar a la luz, apareció un ser con pelo y barba blanca que telepáticamente le comunicó que volviera, que no era su tiempo. Y claro que volvió: cuando despertó ya estaba en planta».

Ring afirma que los objetos o personas con los que nos encontramos en ese más allá no son otra cosa, desde el punto de vista holográfico, que la interacción de patrones mentales. Lo mismo ocurre con los encuentros de personas o espíritus. Estas entidades serían el producto de distintas interacciones mentales sobre un dominio holográfico en el que se viste la realidad.

El hecho de que la comunicación entre el superviviente a la ECM y la forma espiritual sea telepática apunta en la dirección de un universo donde el pensamiento reina sobre todo lo demás. Isabel nos sigue relatando: «Sentí una voz que me hablaba y me vi en un monte donde había un árbol. Me dijo que era el árbol de la vida. Hablaba con un hombre de piel dorada Sentía tanta felicidad. Este hombre me dijo un montón de cosas. No las recuerdo todas, pero otras las reservo para mí. Perdonad que lo haga. Sé que sentía mucha fe, esperanza y felicidad. Con todo lo que me dijo llegué a sentir mucha paz».

En la mayoría de los casos, los familiares, o la entidad, piden al sujeto que vuelva a la vida terrenal. Cosa obvia porque, en caso contrario, habría sido imposible entrevistarles. ¿Deberíamos pensar que los que no han vuelto con nosotros fueron, por el contrario, invitados a seguir adelante? Si atendemos a la lógica con la que estamos desarrollando este tema, deberíamos concluir que muy probablemente sea así. Sin embargo, también me llama la atención la posibilidad de un tercer supuesto: por ejemplo, que a alguna persona la hubiesen invitado a seguir y que, sin embargo, se hubiese despertado en la cama del hospital o en el lugar donde sufrió un accidente. Esto último no ha ocurrido, al menos, en los cientos de casos que he revisado.

¿Cuál es el papel de estos familiares o entidades? Desde mi punto de vista parece claro: actuar de mediadores entre este mundo y el más allá. Quieren protegernos y explicarnos lo que está sucediendo durante nuestro proceso. En el caso de los familiares fallecidos, obviamente ya pasaron por esto y poseen la experiencia necesaria para tranquilizarnos.

En uno de los casos estudiados, José Luis, conocido periodista que no deseaba que reveláramos su apellido para dejar su ECM en la mayor de las intimidades, nos contó que la experiencia había sido aterradora debido a encuentros con entidades negativas. Sin embargo, no es menos cierto que esta persona, de complicada psicología y creciente alcoholismo, se encontraba de continuo en un mundo tortuoso, lo que por causa o por efecto podría explicar el tono de aquella experiencia. Desgraciadamente, no pude tener una segunda entrevista con esta persona, porque falleció durante la elaboración de este libro, a una edad muy joven, de un fulminante infarto de miocardio. Esperemos que su transición definitiva no haya sido similar al primer intento.

LAS ENTIDADES HACEN REVELACIONES

Resulta también frecuente que dichas entidades, sean de aspecto divino o familiares, hagan confidencias en forma de revelaciones a la persona que padece la ECM. No siempre se recuerdan y, en otras ocasiones, dado que afectan a personas de su entorno, muchos no quieren desvelarlas. Isabel relata: «Ya quisiera acordarme de lo que me contó, pero fue como cuando bajas la voz de la radio. Asentía con la cabeza, pero no recuerdo. Sin embargo, recuerdo que con lo que me decía yo estaba feliz, muy feliz. Me llenó de fe, esperanzas y mucha felicidad [...]. Lo que más miedo me da es que pronto estaría allí con Él. Me dijo que ese iba a ser mi lugar y también me contó cosas que van a sucederme. Que había que estar preparados. Tuve una charla muy larga. No recuerdo todos los detalles de lo que me contó, pero no debían de ser malas noticias, porque yo sonreía. Me daba muchas esperanzas, mucha felicidad, y me mostró el rostro de una persona a la que yo amo. Me dijo que iba a estar allí conmigo. En ese momento me hizo caer al vacío con su voz de fondo diciéndome: "Ahora tienes que irte"».

ENTIDADES DIVINAS

Henry Abramovitch nos describe el caso de un paciente que después del túnel se encuentra con un ente divino, con quien establece un diálogo: «El padre me miró con sus ojos penetrantes y expresión seria y en silencio me preguntó: "¿Qué haces aquí?". Ignoré su pregunta y le dije: "Por favor, padre, ayúdeme, alargue su mano y sáqueme de aquí". Él me volvió a preguntar: "¿Qué haces aquí?". Yo contesté: "He traído las herramientas conmigo. Pinturas negras y brochas. Quiero pintar y grabar en la roca de esta colina el siguiente verso: 'Recuerda: amarás al extranjero, al huérfano y a la viuda'". "Eso no tiene sentido —contestó—. Esas palabras han estado escritas en el Libro desde hace miles de años"».

Resulta llamativo que en culturas tan apartadas de la occidental como la melanesia se tengan visiones tan similares a las occidentales y a las de otros puntos del planeta. Dorothy Counts relata la ECM de un miembro del Parlamento de Kaliai (Melanesia) en la década de 1980: «Vi un grupo de *aulu* [espíritus de los ancestros] que me enseñaron un camino. Lo seguí y vi a un hombre de piel blanca y hábitos largos y también blancos con barba y cabellos largos. Estaba lleno de luz, como si un foco le fuese dirigido, si bien no había luz en torno a él. A la vez, su luz parecía estar dirigida directamente a mí. Tenía manos grandes que sostenía hacia arriba y con las palmas hacia mí, bloqueando el camino. Movió sus dedos como indicando que me detuviese. Me miró y me indicó que volviese por donde había venido».

Bonenfant describe el caso de un niño que sufrió un accidente de automóvil y, tras este suceso, vivió una serie de encuentros con entes conocidos entre los que estaba un tío suyo ya fallecido. Lo llamativo del caso es que el familiar vestía un traje gris, hecho muy significativo, pues no solía ponerse trajes y el niño nunca lo había visto vestido con ellos. La madre comentó a la vuelta a la vida del niño que, justamente, su tío había sido enterrado con un traje similar al descrito en el encuentro del túnel.

Las entidades también se presentan justo después de la luz. Por lo general, si lo hacen, no se presentan los familiares, y viceversa. El aspecto es idealizado: túnicas blancas, volátiles, infunden tranquilidad al que está pasando por el vértigo del túnel para aflorar en la luz cegadora y encontrarse con el personaje. Muchos podrían argüir que la influencia cultural, por ejemplo las películas, tendrían un importante papel a la hora de mediar sobre nuestra psique y, por ende, nuestras fantasías. No podemos negarlo en algún hipotético caso. Sin embargo, estas referencias ocupan un lugar primordial en prácticamente todas las culturas y todas las religiones del mundo. En la nuestra, cristiana y occidental, podríamos denominarlos ángeles por su peculiar aspecto.

En religiones tan antiguas como la de los mazdeístas también se describe el encuentro con familiares ya fallecidos. Más aún, en unos textos denominados *Datastan-i-Denik* se afirma que las almas recién llegadas al más allá son prevenidas por amigos o por familiares ya fallecidos, que les informan de todas las bondades de su nueva estancia en ese reino extraterrenal.

Atwater (1999) observa sobre un estudio de 277 niños que han sufrido ECM que más del 70 por ciento reportaron encontrarse con entidades angelicales, así como con parientes y amigos ya fallecidos. Muchos niños también se encontraron con mascotas y animales ya fallecidos, según esta autora. También es notable que estos niños vieran a esas entidades divinas, particularmente a Dios, siempre pertenecientes al sexo masculino, nunca al femenino ni tampoco a uno neutro. Otros, por el contrario, los vieron como esferas de luz. Para los niños, estos seres de luz parecen ser guías que les acompañan a través de las etapas del aprendizaje. Esta misma autora revela que los niños reportan menos encuentros, en comparación con los adultos, con seres o entidades del más allá, y cuando ocurren son de contenido distinto al de los adultos. Es curioso cómo la mayor parte de los niños, a diferencia de los adultos, afirman que los seres visualizados no son de otros mundos, sino de otras dimensiones.

Autores como Greyson aseguran que los encuentros con estas entidades pueden ser, en muchas ocasiones, más bien escuchados que vistos. Es decir, puede llegar a verse una especie de formas que emiten mensajes y voces, sobre todo cuando ya han alcanzado el reino de la luz. Los niños, según este autor, suelen encontrarse, por orden de frecuencia, con ángeles o seres de luz, familiares ya fallecidos o amistades, Jesucristo, la Luz o Dios.

Brad Steiger relata el caso de un niño de nueve años de edad que se encontró con varios familiares ya fallecidos durante su ECM, incluyendo a su hermana Teresa que, supuestamente, se encontraba viva en esos momentos. Sin embargo, al día siguiente la familia descubrió que Teresa había fallecido en un accidente de automóvil tan solo tres horas antes del intenso ataque febril del niño.

Sutherland también describe otro caso en el que una mujer que había padecido una ECM se encontró con dos niñas pequeñas, una de las cuales dijo llamarse Olivia. Al recuperar la consciencia y contarle el suceso a su madre observó una intensa reacción emocional, hasta que ella le contó que Olivia era una hermana mayor que había fallecido antes de su nacimiento. Otro testimonio interesante es el de Rosa: «Tenía tan solo ocho años cuando a raíz de un ataque de asma me encontré tumbada en una mesa de comedor enorme con el médico mirándome y mis padres alrededor. Recuerdo la enorme lámpara encima de mí. De repente, las voces empezaron a ser más lejanas y la luz más intensa. Mi sensación de malestar por no respirar pasó a ser bienestar, era como si sintiera que flotaba. Tan solo veía una intensa luz blanca. En la parte izquierda de esa luz vi una imagen de una mujer guapísima. Nadie me habló, solo sé que me sentía bien.

Respiraba perfectamente y no me dolía nada. No sé cuánto tiempo pasó, tan solo sé que, poco a poco, volví a ir escuchando las voz del médico y vi a mis padres llorar, hasta que todo fue normal y volví a ver la lámpara encima de mí».

Los encuentros con Dios tampoco resultan extraños a los niños. Por ejemplo, Fenwick apunta el caso de un niño que sufrió una ECM debido a una meningitis y que súbitamente se encontró en otro mundo lleno de belleza. El chico relata: «Y entonces se supone que me encontraba en presencia de Dios, a pesar de que no podía verle. Me cubrió con una fuerza invisible que me hizo sentir cálidamente seguro».

UNA EXPERIENCIA PERSONAL: EL CURIOSO Y EXTRAÑO CASO DEL DOCTOR EBEN ALEXANDER

Mis motivos para viajar a Estados Unidos y conocer al doctor Eben Alexander parecían estar claros desde el principio. Este médico, neurocirujano desde hace más de veinticinco años, ha trabajado en instituciones tan prestigiosas como la Facultad de Medicina de Harvard y ha lidiado con cientos o quizás miles de pacientes que sufrían tumores cerebrales, aneurismas, infecciones o accidentes cerebrovasculares, muchos de ellos rendidos a estados comatosos.

Paradójicamente, el día 10 de noviembre del año 2008 el propio Alexander sufrió un coma debido a una infección de meninges provocada por una bacteria. Pocas horas después se encontraba en la Unidad de Cuidados Intensivos bajo ventilación asistida, atendido por sus propios compañeros. Después de varios días de ser tratado con cantidades ingentes de antibióticos sin responder a los mismos, los médicos comenzaron a perder las esperanzas respecto a su vida y más aún en referencia a su recuperación.

Sin embargo, siete días después le fue retirada la ventilación asistida, y, poco a poco, el doctor Alexander comenzó a recuperar la consciencia o, quizás, como veremos a continuación, nunca la había perdido. Los recuerdos del coma se encontraban inmersos en una inmensa niebla donde las memorias aparecían fragmentadas. El médico había perdido el habla, así como multitud de funciones cognitivas. Le resultaba difícil comprender no solo lo que había sucedido, sino en qué entorno se encontraba, pero poco a poco fue organizando todos los recuerdos de lo que había ocurrido.

Mientras tomábamos un frugal desayuno, el doctor Alexander hilvanaba sus ideas como si de un encaje de bolillos se tratase. Durante el coma dijo encontrarse en una situación prácticamente idílica, con la consciencia totalmente alerta y despierta. Tuvo la experiencia de ser transportado por bellos paisajes en una especie de mariposa gigante. El doctor, al igual que en los mejores relatos de fantasía, iba sentado en una de sus alas mientras recorría inmensas extensiones de terreno durante un tiempo que, bajo ese estado comatoso, le resultaba imposible de precisar. Pero quizás no sea eso lo más llamativo, ya que durante esos viajes le acompañaba otra persona: una chica de unos diecinueve años que le protegía y consolaba durante su estancia en esa especie de más allá. En muchas ocasiones, según el doctor Alexander, la chica que actuaba de acompañante iba sentada en la otra ala de la misma mariposa. Mientras, telepáticamente, se comunicaban e intercambiaban información. La bella muchacha le consolaba y le fortalecía, asegurándole que su recuperación se encontraba cercana.

Una vez que el doctor Alexander se recuperó del coma, comentó esta historia a sus padres, intentando encontrar algún tipo de significado que pudiera orientarle. Para su sorpresa, los padres le comunicaron que él había sido adoptado siendo muy niño. El pobre Alexander no salía de una sorpresa para caer rápidamente en otra. A estas alturas de la conversación comencé a notar que sus ojos se humedecieron y que el tono de voz había adquirido otro timbre.

No satisfecho con la explicación que le habían otorgado sus padres respecto a su adopción, comenzó a buscar, a través de los Servicios Sociales del Estado de Virginia, quiénes eran sus padres biológicos. Una vez que logró dar con sus nombres y dirección tuvo la valentía de ir a visitarles. Huelga decir que el encuentro fue de lo más emotivo, más aún conociendo la sensible personalidad del doctor Alexander.

Durante esta entrevista con los padres biológicos, el médico relató la situación límite que había experimentado unos meses antes y, lógicamente, hizo hincapié en la aparición de esa figura femenina, de aproximadamente diecinueve años, que le había escoltado y protegido durante el tiempo de la enfermedad. Los padres biológicos se abrazaron y comenzaron a sollozar, para sorpresa del neurocirujano. Había ocurrido algo impensable: el personaje al que se refería Alexander en sus minuciosas descripciones no era otro que una hermana biológica que había fallecido años antes, cuando tenía la misma edad que el personaje que había acompañado al médico en su ECM.

La madre salió del cuarto donde se habían reunido y regresó pocos momentos después con una fotografía (que yo también he visto), cuyo rostro era precisamente el de la mujer joven que vio el doctor durante la ECM. En este momento de la narración la voz del doctor Alexander se quebró ya casi por completo, y he de reconocer que yo mismo, después de ese final de historia tan inesperado, me encontré casi tan emocionado como el propio neurocirujano. A pesar de todo, acabamos el desayuno y pude tener el placer, posteriormente, de conocer a sus padres biológicos, con los que mantiene en la actualidad una excelente relación.

El doctor Alexander, al igual que muchas otras personas que han sufrido ECM, atravesó un intenso y positivo cambio de personalidad que ha hecho que, en la actualidad, sea una persona más proclive a centrarse en las cuestiones no materiales.

X

EL ENTORNO

En una de mis visitas a la luz me fue revelado que la frecuencia de aparición de las ECM irían incrementándose entre los humanos y que, una vez alcanzada una masa crítica, se produciría un enorme efecto sobre la humanidad. Toda esta gente que vuelve de la muerte te está diciendo que hay mucho más allá de lo que pensamos.

TESTIMONIO DE UNA PERSONA QUE SUFRIÓ UNA ECM

Dorothy Counts describe el caso de un habitante de la Melanesia que durante su ECM paseaba por campos de flores y de luces, incluso por caminos en los que debía escoger su sendero. Al llegar a una casa vio niños, sobre plataformas, encima de las ventanas y de las puertas. La casa parecía rotar sobre un eje mientras la persona, inmóvil, tan solo veía su exterior. Una vez dentro, la cosa pareció cambiar: «Había todo tipo de cosas dentro de esta casa y yo quería verlas todas. Algunos hombres trabajaban con acero, otros construían barcos y otro grupo construía automóviles».

Estos entornos que se presentan durante las ECM positivas suelen ser realmente espectaculares. Por ejemplo, los budistas llegan a encontrarse en paraísos llenos de lagos, joyas, bellas fuentes y flores, y se escuchan constantemente los textos sagrados. Es un reino donde no existe ningún tipo de necesidad ni sufrimiento. Las personas que han alcanzado este paraíso se sientan sobre lotos en el centro de un lago cristalino.

En el caso de los musulmanes el *Corán* afirma que el paraíso está constituido por aguas cristalinas, especialmente atractivas para los árabes que viven en el desierto. Asimismo, el paraíso está plagado de los más exquisitos metales y piedras preciosas. Sin embargo, la mayor alegría que está esperando a los creyentes en el paraíso no son los bienes materiales, sino los espirituales y la alegría de poder ver a Alá. Al mismo tiempo, el infierno de los musulmanes se parece mucho al cristiano, en el que el elemento fuego es el principal.

Respecto a estos entornos, creo que vale la pena plasmar la experiencia que tuvo Ana durante una cesárea de urgencias que se complicó debido a una intensa hemorragia: «Fue en septiembre de 1994. Me introducen en la sala de quirófano, ya que me van a practicar una cesárea. Los enfermeros me atan con unas cintas de cuero y hay gran movimiento de gente vestida de verde. Me están preparando para la intervención. Un señor con mascarilla me coloca una transparente. El aire que respiro parecía solo eso, aire, no olía a nada. Me dice aquel hombre que ha llegado el momento y que van a comenzar. Me asusté muchísimo y le dije: "¡Espere, cómo va a empezar, aún estoy despierta!". Comencé a gritar y removerme pidiendo que esperaran, cuando unos segundos después me quedé profundamente dormida. Al principio eran sueños de lo más vulgares, los típicos. De repente sonó un golpe seco y se volvió todo negro. Los sueños cesaron totalmente. Pude estar así unos segundos. Entonces aparecí volando. Era un vuelo rápido y rasante, sobre un espectacular campo de girasoles de unos colores especiales. No se veía cielo, solo una luz de fondo preciosa que cada vez se fue haciendo más y más amplia, hasta que las flores desaparecieron y todo fue inundado por esa luz. Una luz preciosa, brillante, como azulada. En poco tiempo sentí como si me empujaran hacia abajo y me vi en el exterior del hospital. Podía ver tanto el interior del quirófano como el exterior, todo desde arriba. Vi cómo me estaban reanimando. Había tres hombres y dos mujeres, por las voces y los ojos lo intuí. Sentí una paz inmensa. Era maravilloso, no había sensación de dolor, ni prisas, era una felicidad indescriptible. No sé cómo describirlo bien, la verdad. Oí una voz que no era ni de hombre ni de mujer, más bien parecía una mezcla, que me dijo que no era mi hora: "Tienes que volver". Me enfadé y le dije que no, que no quería volver. Era como si en mi interior algo me dijera que abajo todo estaría bien y que todo saldría adelante sin mí. Perdí totalmente el apego por lo que tenía. Entonces sentí que alguien me empujaba fuertemente hacia abajo, me volví a elevar y me volvieron a empujar aún más fuerte. De sopetón abrí los ojos y me vi rodeada de gente en el quirófano, y la enfermera pellizcándome con mucha fuerza diciendo: "Madre mía, que no se despierta esta hija de pu..."».

Cassandra Musgrave, mientras se estaba ahogando debido a un accidente de esquí acuático, cuenta que viajó a través de un túnel, a un lugar donde había flores de todos los colores. De repente se vio rodeada por todo el universo, en una galaxia con estrellas por doquier. Aunque no podía sentir nada bajo sus pies, sabía que se encontraba en un lugar sólido. En ese lugar se encontró con un ser que le dio la opción de quedarse, cosa que a ella le produjo una inmensa reacción de pánico ya que, entre otras cosas, su hijo de tres años se encontraba en la orilla del lago. Este ser de luz le mostró en la distancia una especie de entrada a una cueva que irradiaba luz desde su interior y que parecía pertenecer a otra dimensión. Dentro de ella habitaban personas que se encontraban estudiando y adquiriendo una sabiduría infinita. En la otra dirección, a su derecha, vio una serie de edificios construidos en un material parecido al cristal con ribetes dorados, semejantes a templos. El ser le mostró lo que sucedería si ella decidía no volver a la Tierra: su hijo y su pareja llorando, el intento de resucitación boca a boca, su propio funeral. Después de ver estas desgraciadas escenas, Cassandra decidió abandonar ese maravilloso entorno y volver del más allá.

Natividad nos ofrece también su testimonio: «Estoy totalmente segura de que jamás me habría negado a morir en cualquier otro momento de mi vida. Nadie quiere volver de allí. Jamás he vuelto a sentir algo así y nada tiene que ver con anestesias ni fármacos. No es nada parecido. No es un bienestar físico, es un bienestar moral y sensorial».

XI

EL REGRESO

Las ECM nos sorprenden sobremanera porque son la prueba
más tangible que se puede encontrar de la existencia de la vida
espiritual. Son verdaderamente la luz al final del túnel.

RAYMOND MOODY

El regreso no es asunto fácil, ya que la persona se encuentra embriagada de luz y satisfacción y, encima, rodeada de familiares ya fallecidos a los que apreciaba. Entonces, ¿por qué vuelve? En uno de los capítulos anteriores describíamos cómo una entidad o un familiar ya fallecido parecía adoptar el papel de embajador de la muerte y recomendar a la persona que sufre la ECM volver a la vida. Una de las ideas más repetidas en las ECM es que la entidad les recomendaba regresar para completar su ciclo vital o los proyectos que todavía no había acabado. Marta nos cuenta: «Enseguida empecé a bajar a mucha velocidad y sentí perfectamente cómo mi espíritu encajó en mi cuerpo. Al principio no podía reaccionar y me quedé como paralizada, pero una vez que me tranquilicé pude darme cuenta de lo que había pasado». Este regreso coincide con las maniobras de resucitación en las que, muchas veces de manera brusca, el sujeto vuelve a su cuerpo despertando casi de inmediato.

Esta vivencia me recuerda a ciertas experiencias profesionales de mi época en la Escuela de Psiquiatría de la Universidad Complutense. En aquellos años (década de 1980), una epidemia de consumo de heroína hacía mella en un gran número de jóvenes españoles. Prácticamente a diario llegaban las ambulancias con alguna persona agonizante debido a una sobredosis. Mientras se le suministraba el medicamento antagonista de la heroína que les salvaba la vida —naloxona—, llamábamos a un guardia de seguridad del hospital para que estuviese a nuestro lado y nos protegiese del resucitado. La vuelta a la vida, o al menos la reversión de la profunda intoxicación, venía muchas veces acompañada de una parada cardiorrespiratoria que solía ser muy brusca.

El paciente, como si de una película de terror se tratase, abría los ojos y tomaba una fuerte bocanada de aire para después, y de manera súbita, darse cuenta de dónde se encontraba. Muchos mostraban su agresividad después de haberles hecho abandonar la placidez, la luz y la entidad, y quizás también por haberles cortado la infinita sensación de bienestar que produce la droga.

Sin embargo, solo los que salían de una profunda intoxicación se referían a su frustración por haber abandonado su ECM y volver al mundanal y sórdido mundo de los toxicómanos. Por el contrario, los que presentaban intoxicaciones más ligeras tan solo protestaban por la anulación de los efectos opiáceos y, lógicamente, porque a partir de ese mismo momento iban a tener que emprender otra nueva loca carrera para conseguir el dinero de una nueva dosis.

Aunque a los lectores pueda parecerles sorprendente, en alguna ocasión llegamos a ver al mismo paciente intoxicado y salvado ¡dos veces en el mismo día! La repetición en muchos de ellos de una ECM fue uno de los resortes que despertaron mi interés por este tema.

Kenneth Ring afirma que el 57 por ciento de las personas que han sufrido una ECM deciden retornar a la vida de forma más o menos voluntaria, ya sea por encontrarse con seres que les aconsejan tomar esa decisión o por cualquier otra razón. Si bien la mayoría de las personas que han sufrido una ECM desearían volver a tenerla e incluso ya no temen a la muerte, no es menos cierto que en los primeros estadios el deseo de volver al cuerpo, durante el trayecto del túnel, suele ser bastante fuerte, entre otras cosas por el natural temor ante lo que nos vamos a encontrar más adelante, lo desconocido.

Habitualmente, pasar la zona más oscura del principio y llegar hasta los seres queridos o hasta el ser luminoso produce tal satisfacción que el deseo de volver queda descartado prácticamente de inmediato.

En otras personas aparecen sentimientos ambivalentes ya que, por ejemplo, poseen una familia y, a pesar de encontrarse fenomenalmente en la nueva situación, desean volver a la vida normal. Otros, por el contrario, no echaban de menos a la familia, pero se encontraban desarrollando algún proyecto que no querían dejar a medias bajo ningún concepto, como una carrera universitaria o algún plan que se encontraba en su momento más importante.

¿CÓMO SE TOMA LA DECISIÓN DE REGRESAR?

Para algunos parece ser el resultado de una mera decisión personal. Es decir, de un breve pero conciso balance de la vida y de la situación personal que les impele a, si existe la posibilidad, tomar el tren de vuelta por el mismo túnel por donde han venido.

Otro grupo, particularmente los que se encuentran con la figura divina o ser de luz, parece dejar en sus manos la decisión. Este personaje, al que muchos identifican con Dios, les indica con claridad que no es el momento adecuado para abandonar la vida terrenal y, en ocasiones, arguye distintos motivos para convencerles de que deben volver. Abramovitch describe, en 1988, el caso de un paciente judío que durante un ataque cardíaco se encontró con una figura a la que identificó con Dios: «"Ya se te ha hecho muy tarde. Vuelve, hijo mío, antes de que sea demasiado tarde". Me levanté y estiré todo mi cuerpo. Llegué a ponerme de puntillas. Elevé mis dos manos y grité: "Padre, déme la mano, ayúdeme". Él no respondió. Perdí el equilibrio, resbalé y caí. Un dolor lacerante paralizó mis pies. Me volví y miré al Padre. Una agradable sonrisa cruzaba sus labios al mismo tiempo que su imagen comenzaba a disolverse y a desaparecer. Ya no podía volar, ni siquiera caminar, así que comencé a gatear.

»El arrastrarme por el suelo me causaba gran dolor, pero iba avanzando. De repente vi mi cuerpo abandonado. Sostuve sus brazos, sus manos sobre las mías, sus ojos sobre los míos. No dije una sola palabra. En mis oídos todavía escuchaba el eco del Padre: "Vuelve antes de que sea demasiado tarde". Mis sentidos se apagaron y volví a perderme en la oscuridad». Poco después, despertó en el hospital.

Un tercer grupo es el que se encuentra, para gozo del potencial difunto, a un grupo de familiares o amistades que, asemejándose a la entidad divina o ser de luz, recomiendan a la persona volver a su vida terrenal. Es llamativo cómo algunas personas no obedecen dócilmente las indicaciones, sino que entablan cierta discusión no violenta acerca de su continuación hacia adelante o, por el contrario, respecto a su vuelta.

Un grupo de personas que han sufrido ECM que no es especialmente abundante es el que refiere que su vuelta no ha sido debida ni a ellos mismos, ni tampoco a influencias por parte de familiares o entidades divinas después del túnel, sino, paradójicamente, debido a los ruegos y plegarias de las personas que todavía se encontraban en esta vida o de ciertas «entidades divinas» que actuaron a modo de ancla para evitar la escapatoria de esa alma escurridiza. Por ejemplo, Roberto, un paciente que sufrió una caída desde un segundo piso mientras trabajaba en la construcción, me relató lo sucedido durante su ECM: «Mi madre fue la primera en saludarme envuelta en una luz que me deslumbraba. A su lado estaba mi abuelo, que tan solo me sonreía. Ella me acogió con ternura pero me regañó por estar ahí. Simplemente me dijo que no era el momento, que mis hijos me necesitaban más que ellos y que no había ninguna prisa en encontrarnos. No intercambiábamos palabra alguna. Todo era como leyéndonos la mente. Yo no llegué ni siquiera a responder. Ella sonrió y de repente dejé de verla. Una fuerza invisible me hacía caer de espaldas. No tenía vértigo, pero caía sin cesar. Era consciente de todo lo que sucedía en cada momento. Desconozco cuánto tiempo transcurrió pero de repente me encontré dentro de una ambulancia. Me dolía todo, pero no dejaba de pensar en lo que acababa de vivir».

En otras ocasiones, como describe Counts en 1983, sobre un caso ocurrido en la Melanesia, las situaciones que conducen a la vuelta pueden ser un tanto peculiares: «Cuando fallecí todo estaba oscuro, pero finalmente llegué a un prado lleno de flores y repleto de luz. Caminé por el sendero hasta una bifurcación donde había dos hombres esperándome, uno a cada lado del camino. Cada uno de ellos me invitó a seguir por su particular camino. No tuve tiempo de pensar, así que me decidí por uno de ellos. El hombre tomó mi mano y me llevó a través del pueblo. Una larga escalerilla subía hacia una casa. Subí por la escalerilla y cuando ya me encontraba en la parte superior oí una voz: "No es tiempo para que vengas. ¡Quédate ahí! Te voy a enviar un grupo de personas que te ayuden a volver". Pude oír su voz pero no pude ver su cara o su cuerpo». Más tarde se produce una situación en la que la persona parece poder elegir: «Iba a volver, pero no había ningún camino, así que la voz dijo: "Dejadle ir". Entonces surgió un rayo de luz y pude caminar sobre él. Fui bajando por el mismo, y cuando me di la vuelta para mirar ya no había nada, tan solo un bosque. Me quedé pensando: "Sí, ya ha comenzado el duelo. Por mí no seguiré adelante, porque la voz me dijo: 'Quédate ahí y escucha. Si no hay duelo y los perros no aúllan, puedes volver a la vida. Pero si hay duelo te vienes hacia aquí'"».

Resulta de interés comentar que no todos salieron de la zona oscura del túnel para llegar a la luz y retroceder, sino que algunos no llegaron a dicha luz, a pesar de la inmensa atracción: en alguna parte del túnel retrocedieron, dejando atrás la luz y volviendo hacia el punto de partida. En ocasiones, incluso, volvía a reproducirse el sonido, zumbido o siseo inicial que se había escuchado al comienzo de la ECM.

¿CÓMO NOS SENTIMOS AL REGRESAR?

Las personas que regresan de las ECM presentan sentimientos ambivalentes: una sensación de tristeza por volver unida a una alegría y paz interior indescriptibles por saberse conocedores de lo que hay más allá, además, como es lógico, de haber disfrutado de la experiencia per se.

Hay que entender que una ECM puede ser el suceso más intenso de cualquier vida. Las personas a las que he entrevistado la recuerdan, y son capaces, incluso, de evocar las sensaciones muchos años después de haber ocurrido. Es decir, no solo se echa de menos la experiencia, sino las maravillosas sensaciones que suceden durante su transcurso. Sutherland, en 1992, describe lo que llama una «trayectoria de integración». Se refiere a que la integración comienza justamente después de una ECM y continúa hasta pasar a formar parte de la vida diaria de la persona. Según esta autora, es un proceso tanto interno como externo y que acabará teniendo cierta aceptación social.

Asimismo, el camino por el que transcurre esta integración depende de varios factores: la elección u obligatoriedad de volver a la vida, la aceptación o no del regreso, la actitud misma hacia la experiencia, las actitudes sociales, el hablar abiertamente de la ECM con los demás y, por último, la información que posee la persona sobre las ECM.

En las experiencias que nos relata podemos observar una serie de factores comunes, como los siguientes:

1. Bloqueo. Se da en aquellos que no encuentran interés en la propia experiencia. Esta actitud se ve reforzada cuando salen de la luz.
2. Freno. Es frecuente entre personas que no saben cómo orientar su experiencia, tienen miedo de hacerla pública o les falta soporte social.
3. Estabilidad. En general se desarrolla de manera progresiva.
4. Rapidez. Como su nombre indica, se trata de una evolución de mayor celeridad relacionada casi siempre con ECM de gran calado y profundidad.

Otra autora, Regina Hoffman identificó cinco etapas en el proceso de integración: *shock* o sorpresa, necesidad de validación, implicación interpersonal, exploración activa y, finalmente, integración. Uno de los denominadores comunes de estas etapas consiste en comunicar los sentimientos y las sensaciones a personas que sepan escuchar en cada una de las fases. Durante la etapa de validación, por ejemplo, resulta devastador el rechazo de la experiencia por parte de algún familiar, ya que bloquearía la progresión e integración de la experiencia en la persona que la ha sufrido.

La finalidad de comunicar la experiencia tiene varios motivos: buscar validación de la misma por parte de las personas queridas; compartir una experiencia que subjetivamente ha resultado positiva; explicar y negociar los cambios con las personas del entorno, ayudar a otros, reexperimentar el evento... Así lo explica Natividad: «Cambias la forma de ver la vida, sabes que se te ha concedido una segunda oportunidad y sabes que lo único que te llevas contigo es el amor. Intentas hacer felices a los demás y te sensibilizas ante el sufrimiento ajeno. Eres más humano. Pierdes el miedo a la muerte, pues en realidad no se muere, se despierta, se vuelve a casa».

La experiencia puede ser positiva para muchas personas, pero no podemos negar que son numerosos los que la han experimentado y se han visto incomprendidos por la familia, los amigos o los compañeros de trabajo.

Hay que darse cuenta de que las personas que han pasado por una ECM sufren importantes cambios en sus escalas de valores, pierden interés en las posesiones materiales y refuerzan las relaciones personales hasta el punto de que muchos les ridiculizan por sus cambios de comportamiento.

Algunos psiquiatras y psicólogos, desconocedores en profundidad del tema de las ECM, han llegado a insinuar que los síntomas podrían ser encuadrados dentro de alguna enfermedad mental o desorden psiquiátrico candidato a recibir tratamiento.

Un autor, Rex Christian, observó, en 2005, que hasta un 65 por ciento de las personas que habían sufrido una ECM se divorció durante los primeros años posteriores, en comparación con solo el 19 por ciento de las personas que habían tenido una experiencia de alguna otra índole. Una de las razones principales era una profunda y brusca divergencia en los valores de pareja que originalmente les habían unido. El florecimiento de nuevas actitudes y valores hacen de la pareja, según Atwater, un verdadero extraño, mientras que lo extraño se llega a convertir en familiar. Esta fase, según la autora, puede durar horas, días, meses o años.

Para Atwater, además, la alteración en las percepciones produce beneficios, pero también problemas. En una entrevista personal que mantuvimos pocos meses antes de escribir este libro advertí en su discurso la sensación de que ella, al ser una persona que también ha sufrido una ECM, además de investigadora de estos temas, mantiene un sentido de unidad con lo cósmico. Es como una desaparición de fronteras entre lo animado y lo inanimado, entre uno mismo y los demás. Asimismo, la sensación de que el tiempo transcurre de manera distinta en comparación a los demás, así como en su intensidad, suele producir la impresión de estar atrapado en el presente a costa de hipotecar el futuro.

Si bien la mayoría de las personas presenta una actitud positiva después de una ECM, no es menos cierto que en el periodo más cercano al acontecimiento se suele vivir un torbellino de emociones y casi de enajenación mental. Según Morris, los pacientes advierten que algo muy poderoso e importante les ha sucedido. Sin embargo, saben cómo interpretarlo. Poseen un intenso deseo de conocer el significado de su experiencia, pero les resulta vergonzoso ir haciendo preguntas sobre la misma. Por este motivo, la comprensión y el soporte emocional de la familia son de suma importancia durante este peculiar periodo de vulnerabilidad. Asimismo, el apoyo y validación de la ECM por parte de los médicos y demás personal sanitario resultan de suma importancia para el que la ha sufrido.

En el caso de los niños, Greyson afirma que algunos de ellos, al igual que los adultos, deciden volver, mientras que otros son forzados a hacerlo. Para los que recuerdan que han sido obligados a volver el sentido de rechazo puede ser, en ocasiones, incómodo de resolver. Tanto niños como adolescentes pueden llegar a preguntarse qué es lo que han hecho de malo como para ser obligados a volver a la vida terrenal, como si fuera una forma de castigo.

LA INEFABILIDAD

La inefabilidad es quizás la característica más marcada e inmediata de los regresos de las ECM: a la persona le resulta casi imposible explicar lo que ha sucedido. Es decir, se encuentra tan sorprendida y sobrepasada por las sensaciones y emociones que no encuentra las palabras adecuadas para transmitir oralmente la experiencia.

Es muy probable que una de las características que más llaman la atención al observador en la persona protagonista del relato sea la verosimilitud del mismo. La persona no duda de lo que ha ocurrido. He entrevistado a personas que no eran creyentes en ningún tipo de religión y que tampoco gustaban de temas esotéricos, por lo que, inicialmente, descarto que fuesen proclives no solo a inventar una historia descriptiva de las ECM, sino que esperaba que su autocrítica les llevase a dudar de lo ocurrido, o, por lo menos, a ponerlo en tela de juicio. Sin embargo, es sorprendente la claridad del discurso. Para ellos no es algo que haya transcurrido entre sueños, algo propio de un estado onírico o, al menos, perteneciente a alguna situación borrosa, difícil de clarificar. De hecho, la sensación que transmiten es absolutamente cristalina. No es que crean que les ha sucedido, es que no tienen la menor duda acerca de la verosimilitud de lo ocurrido.

Más aún, en ocasiones resulta delicado interrogar a una persona que ha sufrido una ECM porque se encuentra muy sensible ante la incredulidad ajena, pues hay temor a ser considerada como una enajenada mental. Justamente por este motivo resulta muy terapéutico que las personas que han vivido una ECM se comuniquen entre sí. Aydée, de quien ya hemos hablado, afirma: «Es agradable compartir esta experiencia con personas que saben de lo que hablo y me siento afortunada de haberla tenido».

Nancy Evans refiere, en 2002, cómo al escuchar a las personas que han vivido una ECM le parece que emplean un lenguaje propio de poetas y sumamente metafórico. Sus historias, como denota la lingüista Regina Hoffman en un trabajo de 1995, son relatadas como a capas, ya que no existen elementos descriptivos suficientemente fieles para poder describir lo que cada uno ha visto, oído o sentido.

Normalmente somos más partidarios de la realidad que de la imaginación, tanto en el arte como, por ejemplo, en las películas. Creemos más en lo que vemos de manera directa delante de nosotros, pero esto nos lleva a ignorar, equivocadamente, lo que sucede en torno a nosotros.

XII

SENSACIÓN DE PRESENCIAS. ¿EL ÁNGEL PROTECTOR?

*Me parece / que legiones de ángeles, / en caballos celestes /
—como cuando, en la alta noche escuchamos, sin aliento / y el oído
en la tierra, / trotes distantes que no llegan nunca—, / que legiones
de ángeles, / vienen por ti, de lejos / —como los Reyes Magos / al
nacimiento eterno / de nuestro amor—, / vienen por ti, de lejos, /
a traerme, en tu ensueño, / el secreto del centro /del cielo.*

JUAN RAMÓN JIMÉNEZ

Los ángeles han desempeñado un papel importante en numerosas religiones. Su nombre deriva del vocablo griego *angelos*, que significa «mensajero». Tradicionalmente, han sido considerados seres espirituales, superiores a los humanos en poder e inteligencia, que actúan en nombre de Dios. Los ángeles han sido descritos con aspecto humano, incluso con largas y blancas alas, ataviados de túnicas blancas y, en ocasiones, con un halo luminoso sobre la cabeza.

Craig Lundhal ha discutido cuál es la función psicológica de la aparición de estos seres durante las ECM, concluyendo que su presencia se deriva de su finalidad informativa y protectora: guían a la persona y le dan seguridad en el camino hacia la otra vida.

La literatura, incluida la científica, de los que estudian las ECM se encuentra salpicada con mucha frecuencia de descripciones de supuestos seres luminosos, lo que habitualmente denominamos ángeles.

La figura del ángel aparece en numerosas religiones: en el *Talmud* judío, en la *Biblia* cristiana y en el *Corán* islámico. Hay más de doscientas referencias a ángeles en la *Biblia*. Asimismo, su presencia ha sido reportada frecuentemente en las visiones de místicos y santos. Uno de los ejemplos más llamativos es el del científico y místico del siglo XVIII Emanuel Swedenborg, que describe en sus trabajos teológicos los encuentros personales con estas entidades angelicales. Los veintitantos volúmenes de su obra teológica son un arcano. Los hombres de su época no lo entendieron y nosotros no hemos sabido qué pensar de un hombre que afirmaba vivir al mismo tiempo en este mundo y en el otro. Este tipo de presencias, mensajeros o ángeles, son también descritos en la mitología hindú, que los denomina *yamdoots*. También tienen la función de guiar, informar y proteger a la persona.

Isabel nos cuenta: «Al morir una tía mía de un infarto, esa misma tarde la pequeña Sara, que tendría como unos cinco años o quizás menos, contó a su madre que vio llegar a dos ángeles que venían a buscar a mi tía y la alzaron, llevándosela para el cielo. Dicen que los niños pueden ver espíritus más fácilmente que una persona adulta».

Un importante resurgimiento en el interés sobre los ángeles ha acontecido en la última década por la aparición de numerosos libros que versan sobre este tema. Asimismo, varias películas de Hollywood han tratado el tema de los ángeles guardianes que cuidan de sus protegidos terrestres.

Una encuesta realizada en 1993 por la conocida revista *Time* reveló que el 69 por ciento de una muestra de 500 individuos encuestados creía en la existencia de ángeles; el 46 por ciento creía en la existencia de ángeles guardianes personales; y, sorprendentemente, el 32 por ciento reportó haber tenido algún tipo de contacto con los susodichos ángeles.

Las experiencias con ángeles ocurren tanto a niños como a adultos, a hombres y a mujeres. Sin embargo, Pierre Jovanovic realizó, en 1993, una revisión histórica de los textos relacionados con estos temas, tanto místicos como religiosos, y observó que el 70 por ciento de dichas apariciones les ocurrían a mujeres.

También podríamos objetar que este tipo de presencias parecen darse, como era de esperar, en momentos críticos de la vida, en los que cualquier mortal necesita de algún tipo de protección especial. Por ejemplo, cuando nos exponemos a una enfermedad potencialmente mortal. Tal parece el caso que relata María Luisa respecto a su marido: «Hace escasos quince días mi marido fue ingresado de urgencias con un problema pancreático grave. Una vez que pasaron las primeras cuarenta y ocho horas en Urgencias, lo subieron a planta y allí todo parecía ir bien hasta que llegó la noche. De repente, empezó a encontrarse mal y a sufrir temor por su estado. Yo también le vi con la cara demacrada. En el momento en que empezó a notar un dolor fuerte en el vientre se metió en la cama y me dijo que pudo ver una imagen blanca que se metía bajo las sábanas antes que él. Me dijo que notaba la presencia de una mujer a la que llegó a identificar como a su abuela».

Los autores científicos más conocidos en relación a las ECM, como, por ejemplo, Raymond Moody, Kenneth Ring, George Gallup y William Proctor, siempre hacen referencias a encuentros entre las personas que han sufrido una ECM y ángeles. Sin embargo, Bonenfant, después de revisar multitud de estudios acerca de las ECM, tan solo encontró una incidencia aproximada del 4 por ciento para este fenómeno, aclarando, en cualquier caso, que esta cifra podría ser mayor en las ECM producidas en niños. Bonenfant describe en otro artículo el caso de un niño que sufrió un accidente de automóvil y que una vez pasado el túnel se encontró con una luz brillante que no llegaba a dañar sus ojos. El niño se sentía seguro en el entorno de la luz y ante una presencia que él interpretaba como la de Dios. Al final de este encuentro una luz pareció separarse de la figura divina. El chico interpretó que esa luz menor no podía ser otra cosa que un ángel, si bien no podía distinguir claramente la forma o el sexo de este ser luminoso o ángel. Simplemente recordaba que la luz se asemejaba a una estrella de un árbol de Navidad. El ángel escoltó al niño a través de sitios oscuros y abiertos donde, a pesar de todo, podía ver algunas cosas. En una de las últimas escenas que recuerda de su ECM se vio acompañado por dicho ángel a una especie de sótano, un sitio aparentemente seguro donde podía protegerse del diablo, ya que no tenía ni puertas ni ventanas y, al mismo tiempo, podía sentir la presencia del ángel protector junto a él. Esta imagen de santuario protector fue la última cosa que el chico recordó antes de recobrar la consciencia en el hospital.

Brad Steiger refleja en una publicación de 1994 cómo una mujer llamada Gloria era guiada por un ángel en dirección hacia la luz durante una ECM. Después de escuchar una serie de campanillas, observó cómo un ángel guardián descendía desde el techo para llevársela con él: «Era la luz más bella que nunca había visto. Al ver que me encontraba asustada, el ángel me invitó a acercarme. "Sí —dijo—, ahora debemos ser solo Uno con la Luz, así que debemos seguir ascendiendo"».

Maurice Rawling, por su parte, describía en 1979 a una persona cuyos pensamientos fueron examinados por un ángel luminoso: «Sabía que me estaba muriendo. Me acababan de llevar al hospital y comencé a sentir un dolor en mi cabeza cuando, súbitamente, me envolvió una fuerte luz y todo comenzó a dar vueltas alrededor de mí. Entonces empecé a encontrarme en paz y con una buena sensación de bienestar. Miré hacia abajo y vi a los médicos trabajando sobre mí, realmente no me importó [...]. Pasé por un túnel y salí al otro lado luminoso [...]. Allí estaba mi hermano, que había fallecido hacía ya tres años. Intenté pasar por una puerta, pero mi hermano bloqueaba la visión y no podía ver más allá de él [...]. Súbitamente pude ver lo que había detrás de mi hermano. Era un ángel lleno de luz [...]. Noté que me estaba examinando y buscando mis pensamientos más íntimos [...]. También noté la presencia de espíritus de algunas personas que amaba y que ya habían fallecido. Entonces, todo mi cuerpo se convulsionó. Los médicos me habían aplicado una descarga eléctrica para resucitarme. Ya estaba de vuelta a la Tierra. El miedo a morir desapareció desde aquel momento».

Uno de los casos más sorprendentes es el relatado por Richard Bonenfant en el año 2000. El comienzo de la historia tiene lugar en el hogar de la protagonista durante el verano de 1981. Una mujer joven, que gustaba de la natación, se arrojó al agua de una piscina durante la celebración de una fiesta. Mientras se encontraba bajo el agua, conteniendo la respiración, uno de los invitados decidió, seguramente influido por el alcohol, saltar a la piscina y gastarle la broma de sujetarla debajo de la superficie. Como la joven mujer ya no tenía reservas de aire, perdió la consciencia con mucha rapidez. Lo que sucedió a continuación fue lo característico de una ECM. La chica se encontró rodeada de oscuridad y, aunque sentía desorientación y estaba un tanto confusa, perdió el miedo y el pánico a ahogarse. La sensación, según sus palabras, «fue la de subir por una escalera invisible». Inmediatamente después ocurrió el fenómeno de visión panorámica, escenas de su niñez, jugando con un gato, todo encuadrado en un formato colorido y prácticamente televisivo. Ningún sonido. Entonces observó una luz por encima de ella, en un ángulo oblicuo. Poco a poco se fue acercando a la misma, primero lentamente y después a mucha velocidad. A medida que subía una sensación de paz y amor se fue apoderando de ella. Encuadrada al final del túnel vio la figura de una mujer, bella y luminosa, que parecía darle la bienvenida, pero cuando se encontró a corta distancia la soltó de las manos y le dijo con la mirada que no era su momento y que tenía que volver. Casi de inmediato se encontró dentro de su cuerpo, luchando para respirar, al borde de la piscina. Alguien la había rescatado. Solo habían transcurrido un par de minutos bajo el agua. No necesitó ningún tipo de tratamiento médico y se recuperó en pocas horas.

Quince años más tarde la hija de la protagonista de esta historia sufrió un percance bastante grave debido a la mordedura de un perro en plena cara, cuando era una niña. Fueron necesarias varias operaciones de reconstrucción estética, incluyendo implantes de piel. Después de una de las operaciones, la niña comenzó a tener pesadillas por lo que la madre, en ocasiones, la tomaba entre sus brazos a pie de cama. En uno de esos momentos, la madre notó una tenue luz por encima de su hombro izquierdo. De inmediato se volvió para buscar la fuente de dicha luminosidad. Su sorpresa fue mayúscula cuando, a menos de un metro, vio a la misma bella mujer que se le apareció durante el accidente de la piscina. Telepáticamente la inesperada visita le comunicó que no se preocupase, ya que su hija se recuperaría sin ningún problema. Al volver a pestañear, la presencia había desaparecido. Siguiendo el patrón cultural del entorno, la madre lo interpretó como un ángel de la guarda.

Es llamativo que, a pesar de lo que podríamos imaginar, la mayor parte de las personas que presentan este tipo de vivencias no se encuentran afiliadas a ningún tipo de religión. Algunas ni siquiera son simpatizantes de las mismas. Otras, por el contrario, son declaradamente ateas. Las que son creyentes viven las ECM como refuerzo de sus creencias. De alguna manera, las ECM confirman sus creencias preexistentes acerca de Dios y de la vida después de la muerte, pero, curiosamente, no se produce ningún aumento en sus comportamientos religiosos, aunque sí en su espiritualidad. Además, a partir del momento en que una persona experimenta una ECM, aumenta la entrega a los demás, incluso en el terreno profesional, excediendo cualquier límite anterior a dicha experiencia.

Si acaso hay alguna distinción entre niños y adultos a la hora de sufrir una ECM es la de encontrarse acompañados en los diversos trayectos que tienen que recorrer, particularmente en el túnel. En ocasiones los niños refieren figuras angelicales y en otras seres que, a su vez, también parecen niños. Algunos de ellos, como bien describe Melvin Morse en 1986, pueden encontrarse incluso en la propia adolescencia. Por ejemplo, uno de los casos es el de un chico de dieciséis años que relata: «Me encontraba viajando muy rápido a través de un túnel oscuro y vi un ser alto, con cabellos largos y ropa blanca».

Estas apariciones no son siempre descritas como verdaderos ángeles, sino que se habla de seres o, como en un caso descrito por William J. Serdahely en 1990, sobre una chica que había sufrido abusos sexuales, que vio como una bella señora la escoltaba durante su peregrinación al más allá. Este mismo autor relata cómo otros niños y adolescentes se llegan a encontrar con seres de luz. No solo realizan una descripción visual de cómo son, sino que también aprecian que sus manos son cálidas a la hora de apoyarlas sobre sus hombros y que sus voces eran reconfortantes cuando les advertían que todavía no era su hora y que debían volver a su vida terrenal. También es llamativo el caso, descrito por este mismo autor, de algunos niños que no solamente son recibidos por ángeles o seres de luz, sino incluso por animales, como el caso de un niño que vio a dos mascotas que habían fallecido cuatro años antes de la ECM.

Atwater afirma que más de un 70 por ciento de los niños que han sufrido una ECM llegar a vivir experiencias relacionadas con los ángeles. No queda claro en sus escritos si con ángeles y seres de luz se refiere a lo mismo. Lo que sí es cierto es que este tipo de presencias que acompañan al niño a través del túnel irradian un sentimiento de protección así como de amor.

Álex, un español de treinta y cinco años, nos cuenta: «Mi madre, que tiene una sensibilidad distinta a la mía, sí que ha visto a una mujer caminando detrás de mí. Sucedió hace varios años, cuando yo tenía unos quince, y fue en nuestra casa familiar. Ella volvió de trabajar y yo me encontraba solo en casa, en mi habitación. Yo no la escuché llegar pero oí que llamaron a la puerta. Era mi hermana que volvía del colegio y había olvidado las llaves de casa. En ese momento salí de mi habitación para abrir la puerta a mi hermana y mi madre, desde su habitación, me vio salir y recorrer todo el pasillo hacia el salón. Entonces vio a una mujer que caminaba detrás de mí. En ese momento pensó que era una compañera de clases o una amiga que iba a despedir. Cuando volví de abrir la puerta a mi hermana, me encontré con mi madre en medio del pasillo —que de paso me dio un susto de muerte, porque no sabía que estaba en casa— echándome la bronca porque había llevado a alguien a casa sin avisarle. Yo pensaba que estaba loca, porque huelga decir que estuve solo en todo momento, no había nadie conmigo. Ella me aseguró haber visto a la mujer caminando detrás de mí, tan viva y coleando como podría verte yo a ti o tú a mí.

»Más de diez años después de esta experiencia conocí a una persona que posteriormente me comentó que el primer día que habíamos quedado yo no venía solo, que venía una mujer conmigo. Luego me enteré de que esta persona se dedicaba a la videncia. Me describió a la mujer y era la misma. Yo, sencillamente, aluciné, porque esta persona no me conocía de nada y la experiencia de la mujer que vio mi madre no es que vaya contándosela a la gente. Me dijo que son personas que están ahí para protegernos, de por vida. Desde entonces tengo muy asumido que no estoy solo».

Resulta llamativo que una autora tan escéptica como Susan Blackmore, al postular que una de las fuentes principales de las ECM es la falta de oxígeno a nivel cerebral, estudiando para ello a niños que padecen crisis cerebrales anóxicas reflejas, llega a encontrar hasta once síntomas similares a los que se presentan en las ECM. Sin embargo, ella misma admite que ni uno solo de los 122 niños estudiados por crisis anóxicas describe seres de luz, ángeles, amigos, mascotas ya fallecidas o cualquiera de las escenas tan bellas que las personas que han sufrido una verdadera ECM suelen describir.

XIII

ENFRENTÁNDOSE CON LAS PERSONAS DEL ENTORNO

No te preocupes de ti. Tú estarás bien. Ayuda a los demás.
CONSEJO DE UN SER DE LUZ A UNA PERSONA QUE SUFRIÓ UNA ECM

Quizás uno de los mayores problemas que experimentan las personas que han sufrido una ECM es qué hacer a la vuelta a la vida. Se preguntan: ¿debo contarlo? ¿Me tomarán por loco? Curiosamente, quizás por mi condición de psiquiatra o por investigar el fenómeno de las ECM son numerosas las personas que se sinceran cuando las entrevisto. Más aún, no es extraño que en ocasiones ni sus propias familias o parejas tengan conocimiento de la profunda experiencia que han sufrido en un momento determinado de su vida. Me he encontrado con personas que, estando casadas, habían sufrido una ECM y que con gran angustia, por los factores ya referidos, nunca habían hecho la menor mención del suceso a su pareja, incluso al cabo de varias décadas. Natividad cuenta: «La psicóloga que me trató un año después del parto [en el curso del cual tuvo una ECM], con la que estuve casi tres años y a la que no tuve valor de contar lo que me había ocurrido, me dijo tan solo que yo había quedado traumatizada por el dolor y las consecuencias del parto».

Quizás el factor determinante es que, al contrario de lo que ocurre en una alucinación, la sensación de veracidad es tan aplastante que va contra el propio sentido común de la persona que la ha experimentado. En otras palabras, «algo tan real es prácticamente imposible, y menos aún para que lo comprendan las personas de mi entorno».

Raúl, por ejemplo, recuerda: «Pasé mucho tiempo sin decir nada a nadie. En el hospital comencé a contárselo a mi médico, y este sonrió y cambió de tema. Poco tiempo después también comencé a relatárselo a mi mujer. Ella no se rio, pero atribuyó mi experiencia a una alucinación durante mi hospitalización. Hoy en día ya no se lo cuento a nadie».

Lourdes, una mujer de treinta años que sufrió un *shock* hipovolémico[8] durante un parto, comenzó a contárselo a todo el mundo nada más recuperarse en el propio hospital, para acabar descubriendo que el relato había sido contraproducente: «Muchas amistades que me iban a dar la enhorabuena por el niño recién nacido escuchaban atentamente mi historia, e incluso afirmaban que ellos también creían en las ECM. Sin embargo, descubrí tiempo más tarde que a mis espaldas me tildaban de desequilibrada. A partir de ese momento noté un cambio de actitud de muchas de ellas en mi lugar de trabajo».

Esta incomprensión que lleva a la soledad hace pensar a la persona que ha experimentado una ECM que su caso es único y que muy difícilmente va a poder encontrar a otro ser humano que haya pasado por lo mismo.

Resulta interesante reseñar que en el último congreso realizado sobre ECM celebrado en Durham (Carolina del Norte, Estados Unidos), al cual acudí personalmente, se citaron más de un centenar de personas que habían sufrido dicha experiencia. Más llamativo aún es que muchas de ellas habían sufrido más de una, debido seguramente a condiciones médicas crónicas que favorecían estados límites de salud. Para identificar a los asistentes, los organizadores habían ideado un sistema de escarapelas similares a las usadas en el ejército, con distintos colores que distinguían, entre otras cosas, a los que habían

---

[8] Un *shock* hipovolémico es una afección de urgencia que produce una pérdida severa de sangre, con lo que el corazón es incapaz de bombear suficiente oxígeno al cuerpo. Este tipo de *shock* puede hacer que muchos órganos dejen de funcionar.

sufrido una o más ECM. Algunos de los más veteranos llegaban a mostrar hasta tres bandas relacionadas con las ECM.

Puede que, llegados a este punto, algunas personas que nunca hayan sufrido una ECM puedan considerar exagerados, o quizás poco veraces, a los que dicen haber experimentado más de una. Sin embargo, el autor de este libro ha llegado a conocer a varias personas que han vivido múltiples ECM debido a su estado de salud.

Quizás la propia inefabilidad, la dificultad para explicar las ECM, impida la transmisión verbal de la experiencia. La persona se encuentra aturdida y sin orden consciente para interpretar lo que ha vivido. No sabe en qué contexto localizarla, ya que no es comparable a ninguna otra situación de su vida. La persona intenta utilizar palabras terrenales de uso común para describir cosas inusuales.

María Ángeles dice: «Sobrevolaba el techo del quirófano pero realmente no volaba, sino que mi consciencia lo abarcaba todo. Es decir, estaba en todos lados, no solo en un punto, desde donde miraba como una persona normal».

La idea de haber vivido algo que nadie más ha sufrido produce una sensación de aislamiento respecto a los demás, similar a la de un veterano de guerra que regresa a su ciudad después de haber experimentado vivencias traumáticas que, por su dureza y particularidad, no es capaz de compartir con nadie y por ello no logra ser comprendido. Por este motivo, como médico, es muy importante transmitir a la persona que la ECM es un fenómeno comprensible y que no padece ningún tipo de enfermedad mental.

Aydée, una mujer que sufrió una parada cardiorrespiratoria, nos cuenta: «Yo soy un poco introvertida y tengo algunos problemas para socializar con facilidad, pero estaba muy impresionada con esta experiencia. Incluso te podría decir que un poco en *shock*, así que lo empecé a contar a todo el que me visitaba, porque necesitaba una respuesta. Esperaba que me dijeran que era efecto de los medicamentos o de mi estado de coma, pero todos se asombraban y se maravillaban con lo que les contaba».

Dejando de lado cualquier explicación más o menos sobrenatural de las ECM, hay que entender que su propia existencia es indudable. Quizás se pudiera discutir su origen o lo que hay después, pero no la propia experiencia que, obviamente, es compartida por cientos de miles de seres humanos en todo el mundo.

El caso de Antonio, al que ya nos hemos referido, presenta unas características particulares, ya que este conductor de ambulancias sufrió una fuerte y brusca conversión religiosa después de tener un encuentro con una entidad a la que identificó como el mismo Jesucristo: «Cuando terminó todo volví al cuerpo con ayuda de Jesús. Nada más despertar lo conté a todos los familiares. Estuve un año entero contándolo, necesitaba contarlo a los cuatro vientos, sin importarme ser creído». Su transformación vital y religiosa fue de tal envergadura que necesitaba compartirla con otras personas del entorno. No le importaba siquiera ser tomado por un desequilibrado mental. Evidentemente, el impacto emocional de la experiencia resulta, como en este caso y muchos otros, desbordante para los sentidos y excede nuestra natural capacidad de comprensión.

El caso de María Teresa también llama la atención. Después de sufrir una ECM desagradable, concluye: «No tengamos miedo a contarlo, todo el mundo tiene derecho a creernos o no. Desconozco si así es la muerte, pero todos lo sabremos y no podremos contarlo».

El caso de los niños que pasan por una ECM presenta una serie de características especiales. Muchos de ellos, nada más recobrar la consciencia, intentan contar cómo ha sido su experiencia. Según Greyson, la manera en que los adultos elaboran sus respuestas influye sobremanera en la forma de pensar de estos niños respecto a la propia experiencia. Si se cree en ellos, este reconocimiento puede ayudarles al proceso de integración de la experiencia en su vida, proveyéndolos de una serie de valores para su crecimiento personal.

Sin embargo, muchos niños, ante la incredulidad de sus mayores, que no aceptan el hecho, prefieren encerrarse sí mismos, lo que les produce un sentimiento de aislamiento y soledad. Atwater dice, a este respecto, que los niños muestran una gran frecuencia a la hora de olvidar la experiencia debido a la poca comprensión que muestran las personas de su entorno. De todas formas, aunque a nivel consciente la experiencia haya podido desaparecer, los efectos a nivel inconsciente podrán perdurar toda la vida.

XIV

OTRAS CULTURAS Y RELIGIONES FRENTE A LA MUERTE

Porque ahora vemos por un espejo, veladamente, pero enton-
ces veremos cara a cara; ahora conozco en parte, pero entonces
conoceré plenamente, como he sido conocido.

PRIMERA CARTA DE SAN PABLO A LOS CORINTIOS 13, 12

Casi todas las encuestas reflejan que la mayor parte de las personas creen que existe una vida posterior a la presente. En uno de los países con mayor número de estudios estadísticos de todo tipo, Estados Unidos, George Gallup, referencia en el mundillo de las encuestas, publicó en 1989 una serie de datos relacionados con las tendencias del pueblo estadounidense con respecto a sus creencias religiosas. En esta encuesta llama la atención que en los últimos cincuenta y cuatro años de estudios sociales sobre el tema la religiosidad se haya mantenido estable, tanto en términos de práctica como de creencias, a pesar de haberse incrementado el nivel cultural, lo que contradice el postulado de Karl Marx, dicho sea de paso, sobre la relación inversa entre educación y religiosidad.

El pueblo americano es uno de los más creyentes en la vida después de la muerte (55 por ciento). Dos veces más, por ejemplo, que los holandeses o que los británicos, cinco veces más que los húngaros y ¡nueve veces más que los alemanes de la antigua RDA! Esta gran proporción de creyentes en una vida posterior se eleva a un 75 por ciento si se les pregunta de manera directa: «¿Cree usted en la vida después de la muerte?».

Las distintas religiones han provisto estructuras de creencias a numerosas culturas. En casi todas ellas, tanto en sus escrituras sagradas como en sus rituales, se toma en consideración el hecho de una vida después de la muerte. Llama mucho la atención que, independientemente de la religión que estudiemos, existen innumerables similitudes entre ellas a la hora de abordar la vida extraterrenal, sobre todo en dos conceptos: la propia creencia en una vida después de la muerte; y la idea de justicia divina, que genera la presencia de dos lugares totalmente opuestos: el cielo, donde van los justos, y el infierno, adonde se dirigen aquellos cuya vida fue moralmente cuestionable. Cabe señalar que para algunas personas que viven experiencias místicas, el infierno no es como lo imaginamos el resto de los mortales, sino una separación de Dios, lo que algunos denominan «noches oscuras del alma».

También es verdad que las escrituras religiosas no deben tomarse al pie de la letra. Se podría, por ejemplo, criticar el Génesis si lo interpretamos de manera literal, pero no tiene objeto, ya que se encuentra cargado de una simbología que debe ser interpretada en el contexto adecuado. Lo mismo ocurre con las mitologías tibetanas, y ello sin contar las dificultades para comprender sus metáforas por parte de una mentalidad occidental. Por ejemplo, la mente es continuamente comparada con un jinete y los vientos, que azotan el cuerpo, serían la montura. Yendo aún más lejos, existen conceptos que desbordan la comprensión occidental como, por ejemplo, los distintos tipos de vacío: vacío, muy vacío, gran vacío, todo vacío.

En una ocasión me sedaron, y al despertar tuve una sensación maravillosa de no existencia, de no tener consciencia. Era magnífico. Si la muerte es eso, qué maravilla dejar de existir.

Soledad

Respecto a las supuestas diferencias de cada una de las religiones, que supondrían riscos insalvables a la hora de ponernos de acuerdo, creo que es de sumo interés el comentario de Ring en 1984: «He tenido la libertad de investigar muchas religiones y la única cosa que he llegado a ser capaz de comprender es que cada religión, la religión pura en sí misma, es exactamente la misma respecto a las demás. No existen diferencias». Quizás esta esencia única en todas las religiones es lo que produce que las personas que han sufrido una ECM se acerquen en mucha más medida al pensamiento universal de las mismas que a la diferenciación sectaria que las separa. Es importante resaltar que son numerosos los estudiosos sobre este tipo de temas, como Ring, Sabom o Van Lommel, que no han encontrado una relación particularmente importante entre sufrir una ECM y la orientación religiosa, incluidas las personas agnósticas o ateas.

El conocido psicoterapeuta Stanislav Grof afirma que los estados paradisíacos o infernales también suceden durante las sesiones con sustancias psicodélicas (por ejemplo, LSD) o durante ciertos tipos de psicoterapia. Dichos estados se presentan de manera muy abstracta, pero, en ocasiones, con imágenes muy concretas. Grof insiste: «Es fascinante encontrar, de manera ocasional, que el simbolismo escatológico parece provenir de un marco cultural completamente distinto al del sujeto». Este mismo autor afirma que muchas de estas referencias se toman literalmente al pie de la letra, incluso por los clérigos, cuando, en realidad, no son más que diversos estados de consciencia. Más aún, para Grof imbuirse en estas creencias no pertenece a la categoría de una patología severa, sino a creencias ancestrales propias de los hombres primitivos. De hecho, a medida que progresaron los experimentos con LSD con posterioridad a la Segunda Guerra Mundial, se apreció que también podían presentarse en sujetos totalmente normales, en los que la droga tan solo hacía aflorar un estado mental diferente.

Son también numerosos los autores que hacen énfasis en la importancia de las expectativas culturales respecto a las interpretaciones de las ECM. Por ejemplo, Dorothy Counts, que afirma que es justamente la formación cultural más que la experiencia específica de cada persona la que modula la comprensión de cada una de las ECM que puede vivir un ser humano. Esta misma autora postula que la falta de un modelo cultural que ayude a comprender la experiencia que ha sufrido el individuo se va a traducir, posteriormente, en un sentimiento de confusión y aislamiento. De hecho, la habilidad para asimilar estas experiencias respecto al modelo cultural ayudará no solo a su comprensión, sino a la posibilidad de comunicarlas y explicarlas a terceros de manera conveniente.

Aunque también puede ocurrir lo contrario, como en un caso descrito por el doctor Henry Abramovitch, de la Facultad de Medicina de Tel-Aviv, en 1988: una persona judía practicante sufre una ECM y se genera una crisis religiosa al observar que sus creencias no han sido correspondidas con los observados en la experiencia. El protagonista de esta historia, llamado Ralbag, habitante de un pequeño pueblo de Israel, sufrió un infarto de corazón. Era una persona que desconocía la literatura referente a las ECM. Las cosas ocurrieron de la siguiente manera: después de varios días de frenético trabajo preparando un homenaje a una de las víctimas de las múltiples guerras que ha sufrido el país, comenzó a sentirse mal, con un fuerte dolor en el pecho. Cerró los ojos, se sujetó al marco de una puerta y cayó inconsciente al suelo. Había sufrido un ataque cardiaco. Comenzó a sentir que se alejaba de su cuerpo y entraba en otra dimensión. Una fuerte sensación de caída empezó a invadirle y la oscuridad a rodearle. Paulatinamente, la velocidad de la caída fue disminuyendo hasta llegar a un lugar desconocido para él: «Comencé a alargar la mano para intentar tocar algo, pero no había nada». Posteriormente se encontró con una figura celestial que le espetó: «¿Qué haces aquí?». Lo llamativo del caso es que Ralbag vivió una ECM completa, pero su educación religiosa, muy particular, provenía de una facción judía ultraortodoxa que niega este tipo de fenómenos. Una vez recuperado, el protagonista tuvo que recibir tratamiento espiritual y psicológico para poder elaborar dicha experiencia y entroncarla con sus más profundas creencias religiosas. Una prueba más de la universalidad de la experiencia.

La idea de la inmortalidad del espíritu es un denominador común en la mayoría de las religiones, y uno de los conceptos más antiguos de la historia humana. Tanto los egipcios como los tibetanos disponían de su *Libro de los muertos*, que no son otra cosa que instrucciones para que el alma se dirija hasta su destino final. En la Europa medieval, asolada por enfermedades y pestes, se publicó el *Ars moriendi* (*Arte de morir*), que explicaba, entre otras cosas, la interferencia del diablo a la hora de raptar el alma. Probar la inmortalidad del alma ha sido el objetivo de numerosos filósofos, teólogos y científicos. El propio psiquiatra Sigmund Freud postulaba que no es posible imaginar nuestra propia muerte y que cada vez que lo intentamos siempre percibimos que la podemos superar como espectadores. Es decir, desde el punto de vista psicoanalítico podríamos decir que nadie cree en su propia muerte y que la inmortalidad forma parte de cada uno de nosotros. Sin embargo, Moody alertaba ya en 1980 de que los estudios médicos y los consecuentes hallazgos no deberían utilizarse como una excusa para la contaminación del pensamiento científico por parte del espiritismo, ni tampoco para su utilización por parte de ciertos falsos chamanes que tratan de ponernos en contacto con los espíritus que ya han partido.

Ars moriendi (Arte de morir) *es el nombre de dos textos que versan sobre consejos en los protocolos y procedimientos para una buena muerte y sobre cómo «morir bien», de acuerdo con los preceptos cristianos de finales de la Edad Media. Al parecer existe un ejemplar en la biblioteca de El Escorial.*

Ciertamente, las ECM y las historias de vida después de la muerte se encuentran en sujetos de prácticamente todas las religiones: budistas, judíos, cristianos, hinduistas, musulmanes, etc. Lo llamativo del caso es que los agnósticos y los ateos también presentan ECM a pesar de su falta de creencias religiosas. Uno de los elementos que podrían resultar llamativos de las culturas no occidentales es su similitud, en las ECM, respecto a las que suceden en nuestro entorno cultural más familiar. Quizá haya algunas expresiones que no son especialmente coincidentes como, por ejemplo, «tierra de los muertos» o «isla de los muertos», que se usan en ciertas culturas asiáticas, pero esto parece un simple problema de interpretación de cada cultura para, en definitiva, denominar a la misma cosa. Alguno de estos pueblos carece de elementos de las ECM propios de Occidente, como pudieran ser la sensación del túnel o las experiencias extracorpóreas, que se encuentran ausentes en muchos sitios de Asia y entre los aborígenes de Australia. Sin embargo, a la hora de valorar otro tipo de semejanzas no podemos tampoco despreciar la influencia cultural de algunas religiones, particularmente las que ejercen una labor misionera sobre su entorno. De esta manera resulta en ocasiones difícil apreciar si, por ejemplo, la idea de revisión vital acompañada de un juicio por parte de seres sobrenaturales no es otra cosa que una contaminación cultural.

Asimismo, las tradiciones que se basan en la transmisión oral sufren, con el paso del tiempo, un proceso de degradación que se puede ver influenciado, una vez más, por las culturas que vienen del exterior. Este podría ser el caso, por ejemplo, de los conocimientos astronómicos de los pueblos dogón en Mali, a los que visité hace muy poco tiempo intentando encontrar claves de contaminación cultural. Por ejemplo, hay autores que explican el sofisticado conocimiento del sistema de la estrella Sirio por parte de este pueblo, que carece de los elementos más rudimentarios de astronomía, como resultado de la transmisión de conocimientos por parte de misioneros de finales del siglo xix o principios del xx, y no, en absoluto, como resultado de alguna extraña conexión con seres extraterrestres muchos siglos antes.

Para profundizar en todos estos detalles, vamos a revisar en los próximos apartados la relación existente entre religiones y creencias religiosas frente a la muerte.

CRISTIANISMO

La cristiandad tiene sus raíces en el judaísmo y fundamentalmente se basa en la vida, enseñanzas y la resurrección de Jesucristo, que nació hace unos dos mil años en Palestina. Los cristianos son monoteístas y creen en el bautismo como la iniciación al cristianismo y en la comunión, llamada Eucaristía. La religión cristiana cree fehacientemente que Jesucristo es el hijo de Dios y que existe una vida después de la presente. También comparte la idea de que todos compareceremos delante de Dios y que seremos juzgados por nuestros actos. Los fundamentalistas cristianos interpretan literalmente las Sagradas Escrituras, hasta el punto de opinar que tan solo los cristianos pueden ser admitidos en el cielo, mientras que el resto será enviado directamente al infierno. Para los cristianos moderados el lenguaje de la *Biblia* es más bien simbólico, interpretándolo según el contexto temporal e histórico en el que la obra fue escrita. Es decir, que el cielo o el infierno son considerados más bien un estado determinado, como podrían ser la alegría o la tristeza, más que un lugar. Sin embargo, cualquiera que sea su categorización, ambos grupos coinciden en que una vez ocurrido el fallecimiento existe un juicio sobre nuestros actos vitales y luego una vida eterna que transcurre dentro de los dominios de lo sobrenatural.

El cristianismo afirma que hay dos realidades, cuerpo y alma, hasta el punto de que después de la muerte del cuerpo el alma del individuo será recompensada o castigada según haya vivido durante su vida terrenal. El cielo es entendido por los cristianos, o al menos en su expresión artística, como un lugar lleno de luz, alegría y ángeles que esperan al alma bondadosa. Mientras que el infierno es representado como un lugar lleno de fuego, humo y sufrimiento. Asimismo, existe un sitio intermedio llamado purgatorio. Los cristianos, al igual que otras religiones, creen en la resurrección y en el juicio al final de los tiempos.

Según Greyson, los valores cristianos y los de las personas que han sufrido una ECM son muy semejantes, ya que incluyen amor, compasión, vida posterior y entrega hacia los demás. De hecho, observamos que muchos cristianos que han padecido una ECM sufren verdaderas transformaciones en su carácter que les acercan a los ideales de Cristo: compasión por los enfermos, los pobres y los oprimidos. Greyson, en un artículo del año 2000, comenta este extremo y explica cómo algunas personas cambian incluso de profesión para ayudar a los demás, por ejemplo en los servicios sociales. Greyson y Stevenson observaron que un 58 por ciento de las personas que han sufrido una ECM comentan que durante su experiencia se sintieron como si estuviesen en un nuevo cuerpo. Más aún, algunas de estas personas describieron este cuerpo como su hábitat espiritual, un concepto que se asemeja al siguiente pasaje de San Pablo en la primera carta a los Corintios: «Y hay cuerpos celestiales y cuerpos terrenales; pero una es la gloria de los celestiales y otra la de los terrenales [...]. Si siembra cuerpo animal, resucitará cuerpo espiritual. Hay cuerpo animal y hay cuerpo espiritual [...]. Pero esto digo, hermanos: que la carne y la sangre no pueden heredar el reino de Dios, ni la corrupción hereda la incorrupción».

Las ECM parecen ser familiares a los cristianos. Por ejemplo, uno de los investigadores en estos temas, como es Lori Bechtel, encontró que un 98 por ciento de los sacerdotes estaban familiarizados con experiencias de ECM de sus parroquianos, y la mitad de ellos había proporcionado largas charlas de asesoramiento a los que habían sufrido una ECM. Sin embargo, en otro estudio realizado por Bechtel en 1992 sobre 320 clérigos norteamericanos, estos obtuvieron una puntuación en un cuestionario sobre conocimientos generales de las ECM de 7,9 puntos sobre un total de 15. Otra autora, Linda Barnett, en 1991, pasó el mismo cuestionario a 60 enfermeras de residencias de la tercera edad obteniendo una puntuación de 10,6 puntos, cosa que, personalmente, me llama la atención dada la importancia de la muerte y de ciertos sacramentos relacionados con la misma y que forman un eje ideológico muy importante en la religión cristiana.

Ahora bien, en otro estudio de Linda Moore, de 1994, en el que se aplicó la misma herramienta de medición (Cuestionario de Thornburg) a 170 médicos, estos obtuvieron tan solo 7,4 puntos, es decir, el menor puntaje de los tres grupos.

Al igual que ocurre con otras interpretaciones religiosas de las ECM, los resultados dependerán de qué religión estemos estudiando. Por ejemplo, Kenneth Ring explica cómo muchas personas de religión cristiana tenían encuentros con la Virgen María, Jesucristo o diversas figuras angelicales. Sin embargo, está claro que las personas que pasan por una ECM interpretan a su vuelta a los personajes que han visto. Es decir, por ejemplo, un cristiano interpretará que esa figura varonil rodeada de luz es Jesucristo, pero un budista lo reinterpretará como Buda.

Moody afirma que la existencia, para los cristianos, del proceso de experiencia extracorpórea, el reconocimiento de entes espirituales o la visión de un túnel lleno de luz, así como la presencia de amor incondicional y el acontecimiento de un juicio sobre los actos cometidos en vida, además de la visión panorámica, son compatibles con los valores de su religión. Resulta igualmente llamativo que para algunos cristianos las ECM y toda su filosofía adjunta no sean más que un truco diabólico que ocupa nuestra mente y que deja a la religión cristiana de lado. Sin embargo, otros cristianos interpretan que las ECM no son otra cosa que un destello previo del juicio que pasaremos un poco más tarde.

> Y de la manera que está establecido para los hombres que mueran una sola vez, y después de esto, el juicio.
>
> Hebreos 9, 27

Las Sagradas Escrituras relatan visiones de luces, revisiones de vida, presencia de amor divino incondicional así como imágenes del paraíso y del infierno. Uno de los estudios más interesantes a este respecto es el publicado por el doctor Michael Sabom, en el que exploró la supuesta relación entre creencias espirituales, sus prácticas y las ECM.

Comparó a 47 sujetos que habían sufrido una ECM con otros dos grupos de control (uno de ellos de cirugía cardiaca y otro con diversas patologías). Observó tres grupos a los que, según la intensidad de sus creencias, clasificó en: cristianos conservadores, cristianos liberales, creyentes en Dios o ateos. No encontró diferencias significativas entre los resultados, excepto que los espíritus vistos en las ECM eran más frecuentemente identificados por los cristianos como Jesús y por parte de los creyentes como Dios. Contrariamente a lo esperado, la creencia en la reencarnación no se vio incrementada después de sufrir la ECM. Este resultado corrobora el encontrado por Wells en 1993, cuando postulaba que creer en la reencarnación era el resultado directo de lecturas, discusiones con terceros y reflexiones personales, no fruto de la ECM por sí misma. También es llamativo, en el estudio de Sabom, que las ECM no causaron cambios importantes en la afiliación a una iglesia determinada ni variaciones importantes de tipo doctrinal. Lo que sí se incrementó fue la frecuencia con la que se atendían servicios religiosos en todos los grupos de cristianos.

Resulta llamativo que autores como Kellehear piensen que las ECM poseen un fuerte componente social y psicológico, modelado por la cosmología religiosa del momento en que se sufrió dicha experiencia. Este autor arguye que las ECM no son un simple producto de interferencias culturales, sino que estas son cruciales a la hora de entenderlas. De esta manera, las influencias culturales nos proveen de una base para interpretar su contenido y amoldarlo a la hora de contarlo a terceros dentro de la propia cultura.

Ring postula que las ECM en cristianos les conducen a una orientación espiritual universal de sus experiencias de mayor trascendencia que el cristianismo más ortodoxo. Resulta llamativo que, por ejemplo, Cherry Sutherland encuentre una tendencia similar en 50 casos de personas que habían vivido una ECM en Australia: no importaba su afiliación religiosa, ya fuese judía o cristiana; su tendencia después de la ECM era la de no seguir afiliada a su orden religiosa y, por el contrario, abrazar una serie de prácticas espirituales como oración, meditación o búsqueda de valores espirituales, además de haber desarrollado la sensación de encontrarse espiritualmente guiados.

Por el contrario, Sabom observó en 1992 una tendencia bastante fuerte en las personas que habían sufrido una ECM a involucrarse aún más en sus creencias anteriores. Es muy probable que este tipo de diferencias se deba simplemente a la disparidad cultural de los grupos estudiados en ambos casos y a diferencias metodológicas de recogida de información, que podrían influir sobre los resultados obtenidos, ya que sin lugar a dudas una ECM parece actuar como un verdadero torbellino sobre las creencias espirituales: acentuándolas mediante la profundización en las creencias anteriores o bien desarrollando otras nuevas sobre las bases espirituales previas.

ISLAM

El término «islam» quiere decir literalmente «sumisión», es decir, la sumisión a la voluntad de Dios. Es una religión monoteísta que posee raíces tanto en el judaísmo como en el cristianismo. Su libro sagrado es el *Corán*, que recoge la revelación de la palabra divina al profeta Muhammad (Mahoma), nacido en el año 570 d. C. en La Meca.

La muerte es considerada en el islam como el cese de la vida biológica y el descanso en la tumba hasta el día del juicio final. Desde el momento de la muerte hasta dicho día del juicio, los musulmanes creen que el espíritu se encuentra en un estado durmiente, con ciertas excepciones y visiones de eternidad. Los musulmanes creen en la inmortalidad del alma humana y el propio *Corán* enseña que en el momento de la muerte el alma se separa del cuerpo gracias al ángel de la muerte. Las nociones de resurrección, paraíso e infierno han existido en el islam desde los tiempos del profeta Muhammad. Tanto el *Corán* como los hadices (citas del profeta) se refieren a la vida después de la muerte.

El ser humano, creado a imagen de Dios, está formado de una capa exterior, compuesta de barro, y un soplo divino que se comunica con el Creador y que se localiza en el centro del organismo. Es el reflejo microcósmico del islam macrocósmico, que se ve como un universo de infinitos reinos cuyo centro está lleno de luz, la creación más pura de Dios. El exterior de la persona, compuesto de barro, representa la oscuridad. El alma humana, para el islam, reside en algún sitio entre estos dos polos: luz y oscuridad. Cuando fallece un ser humano, el alma se decanta en un mundo intermedio (*barzakh*), un reino localizado en el centro cósmico luminoso hasta el día de la resurrección. En este mundo intermedio que se parece a las ensoñaciones el alma liberada de las capas de su cuerpo puede despertar y apercibirse de su verdadera naturaleza. Este mundo intermedio es muy importante para prepararse hasta el día de la resurrección (*yaum al-qiyamah*) que ocurrirá al final de los tiempos, cuando las posibilidades humanas y su potencial se hayan agotado. Ese día las almas se unirán nuevamente a los cuerpos y comenzará la vida eterna, ya sea en el paraíso o en el infierno, dependiendo de sus méritos.

Respecto a estos méritos y de acuerdo a los hadices, el día de la resurrección Dios vendrá a la Tierra con los ángeles. En ese momento, los ángeles y las personas tendrán que presentarse ante Dios y cada persona llevará su propio libro donde vienen escritas sus obras. Estas obras son vertidas en los tributos gracias a dos ángeles conocidos como «los escribas honorables». Utilizando estos libros individuales donde vienen descritas nuestras obras, algo realmente muy parecido a las visiones panorámicas que sufren las personas durante la ECM, Dios pondrá a prueba a cada persona y pesará sus actos con una balanza especial, el *mizan*. Ya se vuelque en un sentido u otro, ese será el destino de la persona. Una vez juzgada, el alma deberá cruzar un puente llamado *sirat*. Este puente es amplio para las almas bondadosas, que podrán cruzarlo con facilidad y alcanzar el paraíso. Sin embargo, las almas pecadoras encontrarán el puente afilado como una hoja de afeitar, de manera que cuando posen su pie caigan directamente al infierno. El día de la resurrección el espíritu será juzgado por sus acciones durante la vida terrenal y será dirigido hacia el paraíso, para encontrarse con Dios, o bien hacia el infierno, para pasar un purgatorio y purificarse o, por el contrario, ser condenado al fuego eterno. La mayor parte de los musulmanes creen que los no musulmanes o infieles pueden llegar al paraíso tan solo pasando por el purgatorio.

Mizan *(balanza del islam), donde se contrastan las obras en vida del alma al ser juzgada.*

Si bien no existen estudios fiables sobre ECM en países musulmanes, algunos autores han estudiado casos de musulmanes en países occidentales. Por ejemplo, Morse relata el caso de una chica musulmana de treinta y cuatro años residente en Nueva York, que casi pierde la vida mientras nadaba en el Mediterráneo cuando tenía veinte años: «Las olas me sumergieron y ya no sentía nada... En ese momento tan solo veía una intensa luz blanca que a medida que la observaba me producía mucha calma. En mi religión existen los ángeles de luz, quizás es eso lo que vi».

Otros autores, como Maurice Rawlings, describen casos de personas que llegaron a encontrarse con espíritus que pudieron reconocer. Esto sintoniza con la idea musulmana de que los nuevos espíritus son recibidos por otros conocidos que se fueron hace ya tiempo, cosa que numerosos autores mencionan continuamente en sus estudios y encuestas sobre personas que han sufrido una ECM. Obviamente, el ser de luz es reconocido como Alá.

Algunos musulmanes, dice Ring, interpretan las visiones de las ECM comparándolas con las del profeta Muhammad y sus expectativas de vida después de la muerte. Otro mito islámico es el de la noche oscura, propio de muchas religiones y de su misticismo, que abre paso al reino del más allá, donde quien la experimenta se encuentra con los espíritus de seres que ya han muerto, además de visiones del paraíso y del infierno en la comunión con Alá.

La visión del alma y de la muerte difiere entre chiitas y sunitas. Los primeros afirman que el ser humano es espíritu (*ruh*, el aliento inmortal) que utiliza el cuerpo como un instrumento. Una vez que ocurre la muerte, el espíritu liberado del cuerpo encuentra su verdadera naturaleza. Los sunitas, por contraste, consideran al ser humano una mezcla de cuerpo y alma. Para ellos después de la muerte tanto el cuerpo como el alma sufren la muerte y permanecen en la tumba, donde pasan un juicio ante dos ángeles y un juez. A este juicio le sigue una segunda muerte que evitan aquellos que murieron en nombre de Dios. Posteriormente, las almas se desvanecen y vuelven a aparecer el día del juicio final, donde se reintegran a sus cuerpos originales.

Una mención especial merece el sufismo. Esta secta islámica nacida en el siglo XVIII se caracteriza por su intenso misticismo proveniente de las tradiciones griegas, hindúes y budistas que se funden con las creencias musulmanas tradicionales. Ciertos conceptos propios de las ECM pueden encontrarse entre las creencias sufistas. Los maestros del sufismo enseñan que después de la muerte la persona se juzga a sí misma y se conduce hacia el paraíso o hacia el infierno. El sufismo es conocido como «el camino de los puros». En definitiva, se trata de una ascensión desde niveles inferiores hasta la luz divina que penetra en el universo entero. Este concepto de luz es común en casi todas las religiones así como en las ECM. De acuerdo a las tradiciones sufíes existen muchas maneras de ascender, pero en esencia el camino hacia Dios es encontrarse a uno mismo. Como dicen los sufíes: «Conócete a ti mismo, conoce a Dios».

AGNÓSTICOS Y ATEOS

Los agnósticos creen que es imposible saber si existe un dios o si hay vida después de la muerte. Los ateos creen que no existen los dioses ni la vida después de la muerte. Sin embargo, tanto agnósticos como ateos han vivido ECM similares a las de otras personas con creencias espirituales previas, tal como indican numerosos autores, entre ellos Moody, Rawlings y Ring. Lo llamativo del caso es que tanto los agnósticos como los ateos no creían en la vida después de la muerte antes de su experiencia, pero como resultado de esta muchos agnósticos suelen desarrollar una vida espiritual y, por supuesto, mayores creencias sobre la vida después de la muerte.

Rawlings relata en sus estudios que nunca llegó a conocer a ningún ateo ni agnóstico que hubiese vivido una ECM y que siguiera pensando que no existe algún dios, que no hay vida después de la muerte o que no hay nada más que exclusivamente un mundo material.

BUDISMO

El budismo surge en la India en el siglo VI a. C. Desde este país asiático se extiende por muchos otros continentes hasta el día de hoy. Después de una larga meditación para encontrar las raíces del sufrimiento humano, Gautama concluyó que la solución se encuentra en las cuatro verdades y los ocho pasos nobles, que establecen una relación entre el sufrimiento y el sentimiento de desear todo tipo de cosas. Los budistas creen que después de la muerte existe un renacimiento a otra vida. La muerte es aceptada como inevitable y es poco temida. Las acciones del sujeto durante su vida determinarán su nivel de reencarnación.

Para los budistas, el karma es la fuerza generada por las acciones del individuo. El buen karma se alcanza a través de buenas acciones a lo largo de la vida, lo que provoca una mejor existencia en la siguiente reencarnación. El nirvana se alcanza llegando a comprender la naturaleza de la realidad. Esto último debe ser descubierto a través de otras dimensiones de la consciencia humana.

De acuerdo a la cosmología budista existen diversos niveles o cielos, junto con ocho infiernos calientes y otros tantos helados. El espíritu del individuo existe en uno de estos reinos dependiendo del karma creado en la anterior vida, hasta que renace en la siguiente. Este ciclo continúa hasta alcanzar el propio nirvana.

Algunos autores como Allan Kellehear, Patrick Heaven o Jia Gao han sugerido que las ECM han sido las principales responsables del desarrollo del budismo en China. Estos investigadores estudiaron a 197 personas en Beijing. De ellos, 26 llegaron a presentar una ECM con características semejantes a las occidentales. Respecto a China, llama la atención la investigación realizada por el doctor Zhi-ying, que entrevistó a 81 personas supervivientes del terremoto de Tangshan, ocurrido en 1976. Encontró que nada menos que 32 de ellas habían pasado por una ECM. Asimismo, descubrió que prácticamente toda la fenomenología propia de las ECM se presentó en estas personas, incluyendo la entrada en el túnel, la sensación de paz, la revisión vital, el encuentro con personas ya fallecidas, etc.

En otro país asiático, Tailandia, Todd Murphy estudió diez casos de ECM. Los resultados son similares a los obtenidos en China o la India, ya que es un país también muy influenciado por las creencias budistas. Durante estas visiones los tailandeses llegan a ver a los *yamatoots*, que no son otra cosa que la mano derecha de Yama, el señor del más allá, que podría compararse a las visiones occidentales de los seres de luz que sirven de guía y de acompañamiento a la hora, por ejemplo, de realizar una revisión vital. También llama la atención que estas revisiones vitales no suelan abarcar aspectos generales de toda la vida del individuo, sino tan solo acontecimientos particulares que son puestos en tela de juicio. Al igual que ocurre en otros países asiáticos, llama mucho la atención la ausencia de túneles durante las ECM.

El libro tibetano de los muertos, el *Bardo Thodol*,[9] que al parecer fue escrito en el siglo VIII d. C. por el fundador del budismo tibetano,

---

[9] *Bardo Thodol*, nombre original del libro, significa liberación mediante la audición en el plano posterior a la muerte. El nombre pomposo de *Libro tibetano de los muertos* se le puso en Occidente para asociarlo con otro libro famoso sobre la muerte, *El libro de los muertos* egipcio, y de esa manera ayudar a popularizarlo.

El libro tibetano de los muertos.

Padmasambhava, es de gran interés para los investigadores relacionados con las ECM, ya que se aprecia cómo hace más de doce siglos se conocían elementos relacionados con estos fenómenos que hoy en día seguimos estudiando. Por ejemplo, se describen tres estados transitorios posteriores a la muerte: en el primero, cuando el alma sale fuera del cuerpo, la persona tiene visiones de una luz clara de pura realidad. En la segunda etapa, la persona se encuentra con una sucesión de deidades. En el tercer tramo, se juzga el alma según las acciones de la vida pasada por parte de Dharma Raja, el juez de los muertos. En esta última etapa, el alma se desplaza por la Tierra de manera instantánea y sin ningún tipo de esfuerzo. Puede ver su casa y a su familia, que se encuentra pasando por el proceso de duelo, e intentar, inútilmente, convencerles de que sigue vivo para, al final, darse cuenta de que tan solo está muerto para el resto de los humanos. En el siguiente paso, el alma debe enfrentarse a la presencia de Yama, quien pesa las acciones buenas y malas que ha realizado el muerto durante su vida. Esta última situación recuerda sobremanera las experiencias extracorpóreas relatadas en Occidente: ver el propio cuerpo o a la familia que se encuentra sufriendo la muerte del observador. Más aún, en este libro tibetano el autor aclara que cuando la consciencia abandona el cuerpo, la persona puede ver y escuchar a los amigos y a la familia que se encuentran alrededor del cadáver, pero no puede comunicarse con ellos. Respecto a los seres de luz que muchos occidentales dicen haber visto, el *Libro tibetano de los muertos* los denomina luz clara o Buda Amida. Esencialmente, *El libro tibetano de los muertos* es una guía para que las personas en trance de muerte puedan llegar al nirvana o, por lo menos, optar a una mejor reencarnación en su próxima vida.

HINDUISMO

En la religión hindú la muerte no es otra cosa que una ruptura en los eventos continuados de la vida, un cambio en la forma en que el espíritu reside dentro de nosotros. Los hindúes creen que la vida después de la muerte es tan solo un fragmento de tiempo en el paraíso o en el infierno, dependiendo del karma construido durante las vidas pasadas. El renacimiento del espíritu en la siguiente vida se determina por el karma adquirido en la vida anterior. En definitiva, la búsqueda de la propia inmortalidad y felicidad hace que el alma vaya renaciendo en distintos cuerpos hasta que el espíritu aprende que la felicidad y la inmortalidad no son el resultado de dejarse seducir por los deseos, sino que se obtienen cuando, justamente, todos los deseos y necesidades ya no son importantes. De acuerdo con muchos hindúes, las diversas religiones tan solo son distintos caminos para alcanzar un solo objetivo, la unión con Dios como una realidad última (Johnson, 1998).

> La mente toma posesión de todas las cosas, no solo de las terrenales, sino también de las celestiales, y la inmortalidad es su valor más seguro.
>
> Buda

Otros autores, como James Mauro, relatan en sus estudios que los hindúes han llegado a ver en sus visiones extraterrenales complejos sistemas de burocracia e, irónicamente, han sido devueltos a la vida terrenal por problemas de simple papeleo. Este mismo autor relata cómo, por ejemplo, las ECM de los japoneses están plagadas de imágenes simbólicas como, por ejemplo, largos ríos oscuros y bellas flores. Mientras que los budistas suelen ver la imagen de Buda, los hindúes suelen estar en presencia de Krishna. Las diferencias entre las experiencias de budistas e hindúes se reducen a un problema de interpretación de los personajes visualizados, proceso que tiene lugar con posterioridad a las ECM.

Budistas e hindúes pueden reportar diferentes interpretaciones de sus experiencias específicas, pero siempre son consistentes tanto en su desarrollo como en la enumeración de los síntomas, que son similares a los occidentales. Algunos autores, como Carl Becker, afirman que las antiguas visiones tanto japonesas como budistas describen los mismos elementos que las modernas que se producen en Norteamérica.

Quizás uno de los estudios científicos más relevantes a este respecto es el publicado por Satwant Pasricha e Ian Stevenson en 1986,

Experiencias cercanas a la muerte en la India. ¿Quién mejor que la jefa del Departamento de Psicología Clínica del Instituto Nacional de Salud Mental y Neurociencias de Bangalore en colaboración con el, en aquel entonces, también jefe del Departamento de Estudios Perceptuales de la Universidad de Virginia, para tratar este tema? Ambos investigadores documentaron 16 casos de hindúes que habían sufrido ECM. El resultado fue que la experiencia se asemejaba en algunas características a las occidentales, pero difería en otras. Por ejemplo, los hindúes no llegaban a ver su propio cuerpo desde fuera, mientras que los occidentales suelen hacerlo. Asimismo, los hindúes reportaban que en ocasiones eran llevados por error al reino del más allá por seres que parecían funcionarios y que, una vez descubierta su equivocación, eran devueltos a la vida terrenal. Los occidentales, por el contrario, mencionan encuentros con miembros de la familia ya fallecidos que les ordenan volver a la vida. Una de las verdades de las ECM es que cada persona las integra en su propio sistema de creencias.

Según los trabajos de Pasricha y Stevenson, en 1986, los datos obtenidos de las personas que han sufrido una ECM en la India no parecen mostrar la visión del túnel ni tampoco las experiencias extracorpóreas. Ahora bien, una vez más la muestra era realmente reducida, tratándose tan solo de 8 casos. Pasricha afirma que las personas a las que entrevistó no hablaban de túneles ni tampoco de experiencias extracorpóreas. Por el contrario, la hoy en día escéptica Susan Blackmore afirma, en uno de sus estudios, que existen personas que notan la sensación de atravesar un túnel. Sin embargo, el número de casos descrito por esta autora es de tan solo tres personas, y Allan Kellehear la critica en relación a que las personas que ella entrevista parecen aceptar la existencia del supuesto túnel tan solo después de ser inducidos a esta idea por parte de la autora. En todo caso, la revisión vital y la llegada a otro tipo de mundos o reinos trascendentes sí que parecen corresponderse con lo que ocurre en Occidente. Resulta llamativo que en estos mundos encontrados no parecen hallarse figuras de familiares ya fallecidos, sino, por el contrario, deidades o entidades propias de la cultura circundante.

Este último extremo llama la atención y podría pensarse, por comparación, que en Occidente la aparición de figuras propias de nuestra familia podría no ser otra cosa que una proyección de nuestros deseos. Es decir, una interpretación de aquello que ocurre en nuestra mente y que luego, al volver al mundo terrenal, necesitamos darle una interpretación adecuada. En el caso que nos ocupa, los orientales tenderían a ver a aquellas deidades que desean inconscientemente.

Paramahansa Yogananda describe tres entidades relacionadas con el alma. La inferior es la física, a la que sigue el nivel astral, en el que las emociones encuentran su máxima expresión. La siguiente es la causal, propia de un nivel mental o intelectual que culmina la unidad cósmica con el infinito. Resulta llamativo que este último nivel se asemeje mucho a la unión con la luz que Kenneth Ring preconiza.

JUDAÍSMO

El judaísmo comenzó a gestarse aproximadamente hace unos cuatro mil años en Oriente Próximo entre tribus nómadas y, posteriormente, pueblos agricultores conocidos como hebreos. Entre ellos son muchos los protagonistas de sus creencias: Abraham, Isaac, Jacob y Moisés, por ejemplo. Es una religión monoteísta con un Creador que se relaciona con el mundo terrenal. Su documento esencial es un conjunto de escrituras que se divide en tres partes: la *Torá* o ley, los libros de los *Profetas* y las *Escrituras*. Además, algunos judíos también creen en el *Talmud*, que es una recopilación de tradiciones orales judías.

La religión judía hace énfasis en la vida actual y no en la vida después de la muerte. Sin embargo, el judaísmo reconoce que la vida del espíritu no acaba en el momento de la muerte del cuerpo. Es responsabilidad del judío desarrollar una vida llena de sentido y no especular con la vida después de la muerte. Más aún, los textos sagrados de los judíos afirman que las acciones de la vida presente tendrán recompensa en la siguiente. No especifican en detalle el concepto de una vida después de la vida, si bien los judíos tradicionales creen que a la resurrección del cuerpo y del alma seguirá el juicio de sus vidas por el mismísimo Dios. Los judíos reformados creen que la resurrección es tan solo del alma, mientras que otros creen que se vive y se muere tan solo una vez.

En las citas más antiguas, el concepto de paraíso y resurrección apenas están presentes. Por el contrario, sí que se menciona un reino donde descansan las almas llamado Sheol, otro donde se juzga a las almas que han tenido un comportamiento positivo, el Gan Eden, y el infierno, llamado Gehenna. Todo ello dentro del contexto de la resurrección universal o del mundo por venir u Olam Ha-Ba, donde el Mesías unirá al alma y el cuerpo de los creyentes.

El valle de Gehenna, en la puerta de salida de Jerusalén.

Al igual que en el *Libro tibetano de los muertos*, se describe la muerte con periodos de posibles tormentos tras un juicio celebrado por las cuatro esquinas de la Tierra. Son los cuatro elementos, aire, agua, tierra y fuego, que disuelven el cuerpo y dejan que la persona lo abandone. Para el buen judío, preparado ante la muerte, la transición puede ser tan suave «como sacar un cabello de una taza de leche», permitiendo a la persona morir conscientemente y sin ningún tipo de temor. Simcha Paul Raphael explica cómo en el siglo xx, y particularmente después del Holocausto, todas las creencias que podrían parecer sobrenaturales fueron censuradas de las traducciones de los textos sagrados en inglés, idioma que habla la mayor parte de los judíos en el mundo.

No existen muchas encuestas acerca de la creencia de la vida después de la muerte por parte del pueblo judío, pero en una realizada en 1965 por Gallup se indicaba que tan solo un 17 por ciento de los judíos americanos creían en la vida después de la muerte, comparados con un 78 por ciento de los protestantes y un 83 por ciento de los católicos. Según Johnson, ya que no existe discusión alguna en las escrituras judías acerca de la vida después de la muerte, tampoco existen discusiones oficiales de las diversas autoridades religiosas judías respecto a este tema. Muchos judíos creen que sus almas deberán enfrentarse al juicio de Dios por sus hechos terrenales. Asimismo, muchos otros creen que se reunirán con los miembros de su familia en el cielo. Paradójicamente, la creencia judía en un Dios benevolente evita la idea de un castigo sádico en el infierno. De esta manera la entrada en el paraíso se acompaña de una vida ejemplar y de arrepentimiento. El paraíso es considerado como un lugar donde desaparece el dolor.

Existen numerosas ECM entre la comunidad judía. Una de sus máximas representantes es la escritora Barbara Harris, judía practicante que ha padecido varias ECM desde 1975 y que describe con detalle en su libro *El círculo completo: las experiencias cercanas a la muerte y más allá*. Una vez más, las personas de religión judía relatan experiencias y observaciones similares a los creyentes de otras religiones. Durante las ECM las personas judías narran encuentros con un ser de luz y un juicio sobre sus propias vidas. Esta experiencia se corresponde con la creencia judía de ser consecuente en la propia vida y darle sentido a la misma de manera que sea productiva. Una vez más, la reunificación con miembros de la familia se produce después de la muerte.

Según Greyson, la *Torá* y las ECM vistas desde Occidente poseen varios puntos en común. Por ejemplo, la experiencia del túnel es muy similar a la que aparece en las prescripciones de la *Torá* respecto a la vida del más allá cuando se llega las profundidades de la Tierra para alcanzar el Sheol: «Aquellos que buscan destruir mi vida deberán descender a las profundidades de la Tierra» (Salmos 63, 9). También aparecen los conceptos de entidades llenas de luz: «El Señor es mi luz y mi salvación. ¿A quién debo temer?» (Salmos 27, 1). La similitud de las tradiciones judías respecto a la muerte con las ECM son notables: la persona que fallece se encuentra con guías familiares ancestrales y con Adán. Asimismo es recibido por ángeles protectores. Una vez juzgados sus pecados terrenales pasa a través de la cueva de Machpelah en la tumba de los patriarcas y es recibido por un ente llamado Shekhinah, que es una materialización de Dios. No tiene forma y está vestido de luz pura, exactamente igual que los seres que describen las personas de todas las demás religiones. La atracción de este ser trascendente resulta irresistible para aquellos a los que se les ha acabado la vida. Según dicen las escrituras, ninguna persona muere antes de ver a Shekhinah, y debido al profundo anhelo por Shekhinah el alma parte directamente a su encuentro.

Podemos ver la correspondencia con muchos elementos que aparecen en la literatura de las ECM occidentales: visión de personas ya fallecidas, un túnel oscuro, una entrada, ángeles, seres de luz y una revisión vital. Además, la literatura mística judía expresa que los sentimientos que suelen acompañar a las personas inmersas en este proceso denotan profunda alegría y éxtasis en esta reunión con los seres divinos; o bien narran casos de horror y dolor al tener que enfrentarse a los pecados y errores de su conducta durante la vida terrenal.

Paul Raphael describe cómo las visiones en el lecho de muerte o en los días previos a la misma constituyen la primera parte de nuestra despedida. El siguiente paso es la separación del cuerpo físico, llamado *hibbut ha-kever*, que traducido al castellano sería «dolores de la tumba». Esta parte del proceso podría equipararse a las experiencias extracorpóreas, si bien es más extensa en cuanto a lugares y tiempo. Incluiría un periodo de tres a siete días *post mortem*, durante los cuales el alma visitaría a las personas y los lugares que solía frecuentar durante la vida. Por este motivo sería algo común para las personas que se encuentran pasando el duelo ver o sentir apariciones de aquellos a quienes querían. La segunda parada después de la muerte es un lugar denominado Gehenna, similar al purgatorio más que al infierno. Su propósito es el de eliminar sentimientos negativos provenientes de la vida que acabamos de abandonar y comenzar una purificación emocional. La estancia en este lugar no es, supuestamente, mayor de un año. La literatura judía menciona la ejecución de torturas del tipo «ojo por ojo» con objeto de expiar los pecados terrenales. Este proceso acaba de limpiar el alma de todas sus impurezas. El siguiente paso es la ascensión al reino de los cielos con dos niveles: el bajo y alto, el Gan Eden o Jardín del Edén. Son numerosas las historias medievales sobre el Gan Eden, que llegan a describir hasta siete tipos distintos de paraísos guardados por miríadas de ángeles, algunos bellísimos, que rodean a todos los seres prendidos por el amor y la verdad de Dios. El rabino Joshua ben Levi lo describe así: «El Gan Eden posee dos puertas para entrar que son resguardadas por sesenta miríadas de ángeles. Cada uno de estos ángeles brilla como el cielo. Cuando una persona pura de espíritu se acerca, los ángeles le quitan la ropa con la que ha sido amortajado y le cubren con nubes de gloria… En cada esquina hay sesenta miríadas de ángeles cantando con sus dulces voces, mientras el árbol de la vida y sus ramas en flor crece en medio del paraíso dando sombra a todos. Tiene más de cincuenta mil sabores, cada uno de ellos único».

Esta estancia en el paraíso no constituye todavía el final de la purificación. Más allá del Edén existe el cuarto y último nivel, el mundo espiritual de *Tzror ha-hayyim* también llamado «almacén de almas». Es el estado más elevado y más cercano a la perfección. Es lo que los ortodoxos denominan ver a Dios. Este cuarto y aparentemente último paso de purificación dentro de los procesos de la muerte puede dar lugar, en ciertos casos, a la reencarnación, también llamada *gilgul*. Aquellos que pueden reencarnarse son seleccionados de entre las almas de este cuarto nivel.

Estos cuatro niveles de perfeccionamiento después de la muerte se corresponden a los cuatro tipos de ECM descritos por Atwater en

1994, y a las tres etapas enumeradas por Stanislav Grof, en 1993, sobre cartografía espiritual. Atwater las denomina iniciales, infernales, paradisíacas y, por último, trascendentales. Mientras que Grof las clasifica en felicidad fetal prenatal, agonías del parto y liberación trascendental después del tormento posparto. Este mismo autor, Grof, habla de matrices perinatales básicas (BPM): BPM I es el éxtasis y la unidad; BPM II es la expulsión del paraíso; BPM III es la lucha entre nacer y la muerte; BPM IV es la experiencia muerte-renacimiento en la que se disuelve el ego y se recupera la felicidad original. Es llamativo que en las escrituras hindúes también existen cuatro niveles, si bien tan solo tres cuerpos para el alma.

Simcha Paul Raphael describe tres niveles básicos para el alma y la tradición mística judía que se corresponden con los tres cuerpos hindúes: Nefesh o vegetativo, que sufre la tumba; Ruah o emocional, que entra en la Gehenna y el Bajo Gan Eden; Yl Neshamah o alta consciencia, que entra directamente en el Alto Gan Eden. La esencia espiritual o Hayyah vuelve a su fuente, mientras que un quinto nivel intermedio, el Yehidah, entra en el útero donde, presumiblemente, pasa por los cuatro estados de parto que describe Grof.

En el *Libro del esplendor* (*Zohar*) el misterio de la muerte desempeña un papel importante. De hecho, en el texto se describen varias tradiciones en relación al destino de la persona y de su propia alma. A este respecto, Abramovitch relata el caso de un judío ortodoxo que sufrió una ECM y cuya experiencia no se correspondía exactamente con el estricto aprendizaje de las escrituras sagradas que había realizado desde su más tierna infancia, por lo que tuvo que ser asesorado por rabinos y psiquiatras para comprender lo sucedido, integrarlo en su estructura cultural-religiosa y evitar la sensación de angustia que sentía.

En este sentido, podríamos decir que las tradiciones religiosas pueden servir incluso de guía, ya que cuando la experiencia personal se desvía significativamente de sus normas culturales o religiosas parece que el individuo posee un mapa de un país en el que no se encuentra. Uno puede persistir en utilizar el mapa incorrecto a pesar de que el terreno no se corresponda o, por el contrario, lo sano es arrojar el mapa, cambiarlo y comenzar a explorar el terreno por uno mismo. No es menos cierto que entre estos dos postulados puede existir un momento de pánico cuando nos damos cuenta de que nuestras tradiciones religiosas ya aprendidas no se corresponden con la experiencia de la ECM.

MORMONES

La muerte en la religión mormona no es considerada el fin de la existencia del individuo, sino el comienzo de una nueva vida. Los mormones creen que siempre han vivido y que siempre vivirán en el mismo individuo, nunca como otra persona o transformándose en alguna otra forma de vida, según Johnson. Los miembros de la Iglesia de Jesucristo de los Santos de los Últimos Días por supuesto que se entristecen cuando algún miembro de la familia fallece, pero son reconfortados en la creencia de que después de la muerte el alma se une a Dios en un mundo espiritual, continuando con el progreso de conocimiento y a la espera de reunirse con otros miembros de la familia tras la resurrección del cuerpo físico y el juicio final. Es decir, la vida después de la vida es uno de los pilares fundamentales de esta religión.

Entre los mormones hay hijos perdidos, es decir, antiguos creyentes que traicionaron a la Iglesia y que por ello son destinados al castigo eterno. A todos los demás se les garantiza la entrada en algún tipo de paraíso. En el paraíso de calidad inferior no se está en contacto directo con Dios, mientras que los que han realizado una vida conforme a sus creencias pasarán el resto de su existencia en comunión con el Creador. Más aún, los mejores de este último grupo pueden llegar a ser, ellos mismos, deidades y poblar nuevos universos con sus espíritus. De hecho, la Iglesia mormona es la única que posee una verdadera red de seguridad, ya que a cualquier persona que no haya atendido a la palabra divina le será otorgada una oportunidad en el paraíso de poder escucharla, y si el espíritu es receptivo y acepta las enseñanzas recibirá las bendiciones de Dios.

El juicio que relatan los mormones respecto a sus ECM es, esencialmente, un juicio a sí mismos. Es similar a los descritos por personas de otras religiones en relación a la visión panorámica de su vida completa y el juicio propio respecto a las acciones individuales al enfrentarse al ser de luz. Una vez realizado este juicio, el espíritu se agrupa con otros de las mismas características. Asimismo, los mormones, al igual que las personas pertenecientes a otras religiones, también llegan a encontrarse con miembros de su propia familia, que podrían haber muerto mucho tiempo antes.

Sin embargo, quizás haya dos características que diferencian a las personas mormonas que han sufrido una ECM. La primera de ellas es que, al recuperarse de la muerte, relatan que en el más allá les pidieron realizar alguna cuestión particular al volver a la vida como, por ejemplo, cuidar de alguna persona a la que no habían prestado atención, estudiar alguna materia específica o cualquier otra cuestión que hubiese quedado pendiente. La segunda es que muchas personas que han sufrido una ECM cuentan cómo en el más allá recibieron instrucciones de tipo religioso o de alguna otra índole de seres con los que se encontraron, según revela Craig R. Lundhal, médico e investigador de la Universidad de Nuevo México.

Es llamativa la elevada frecuencia de ECM entre personas de religión mormona. La explicación podría deberse a los valores sociales de sus integrantes, que alientan a los individuos a compartir sus ECM de manera mucho más abierta que en otros grupos sociales, ya que los mormones interpretan este tipo de experiencias como parte de las creencias religiosas y como un atisbo real del más allá.

Los mormones han llegado a describir las vivencias más allá de la muerte con sumo detalle: un mundo sumamente organizado y basado en un orden moral y estratificado en el que la unidad básica social es la familia, pero integrada en un complejo sistema social. Más aún, los mormones sugieren que ese otro mundo es vasto y que se encuentra cercano al mismo planeta Tierra. Hay edificios por doquier, de mejor diseño y construcción que los aquí presentes, rodeados de una vegetación indescriptiblemente bella. Asimismo, las personas disponen de nuevas capacidades y poderes mentales que pueden ejercitar, amén de diversas y atractivas vestimentas.

Caroline Schorer describe un par de casos de experiencias cercanas a la muerte que sucedieron a principios del siglo XIX en el valle del Mississippi y que, a su vez, vienen recogidos en una publicación de la época. En estos relatos las personas sufren experiencias extracorpóreas y se encuentran con otros reinos y con seres ya fallecidos. No se mencionan ni la experiencia del túnel ni la de la revisión vital. Los relatos volcados en dicha publicación tampoco muestran excesivos detalles, ya que tan solo constituyen un relato simple de una serie de acontecimientos que sucedieron a unas pocas personas cuando supuestamente se encontraban fallecidas. De mayor interés, por el contrario, parece ser el relato recogido por el investigador chileno Juan Gómez-Jeria, que explicamos a continuación.

A raíz de una interesante ECM sufrida por un mapuche en el sur de Chile y grabada en su audio en 1968, Gómez-Jeria relata sus impresiones sobre este caso, que se encuentran reflejadas en el libro *El hombre que murió y se fue al volcán*, publicado en 1992. Los mapuches (gente de la tierra) habitan el sur de Chile y ciertas zonas del sur de Argentina. Cada comunidad se identifica a sí misma como mapuche, mientras que denomina a las otras de distinta manera: huilliches (gente del sur), puelches (gente del este), ranculches (gente del pasto rojo), etc.

Los mapuches creen que la vida continúa después de la muerte en un cuerpo que es un doble exacto del que poseen en esta realidad. Este otro cuerpo presenta las mismas necesidades y sentimientos y no solo eso, sino que también preserva todas sus características, las que estaban presentes en el momento de la muerte. Cuando llega el momento final, este doble se separa del cuerpo físico y entra en la fase *am*, desde donde sigue relacionándose con los lugares y las personas que conocía. Sin embargo, un año más tarde el *am* se desplaza a una región espiritual y se convierte en un *pulli* que, a su vez, sigue cuidando desde esa dimensión a su familia y amistades. Los mapuches incorporan al *pulli* en el *pillán*, una entidad que no se corresponde con un dios o con un demonio, sino más bien con un ancestro. Cada clan y cada tribu tienen su propio *pillán*, que puede ser femenino o masculino.

Volcán Llaima, en el sur de Chile, en plena erupción.
Los dioses locales (pillanes) viven en los volcanes.

El relato del viaje al más allá presenta muchas similitudes a las ECM tanto de Occidente como de otras culturas:

«Había un señor alemán que leía y escribía en grandes libros. Cuando el alemán le vio, le preguntó qué es lo que quería:

»—Estoy siguiendo a mi hijo —contestó el viejo hombre.

»—¿Cuál es su nombre? —preguntó el señor alemán.

»—Francisco Leufuhue.

»Llamó al guarda y le ordenó informar a Francisco. El guarda subió por una escalera y gritó: "¿Dónde está Francisco?". Una voz lejana pareció contestar, pero era imposible comprender qué es lo que decía. Entonces pasó a través de puertas de madera que hacían mucho ruido al abrirse. Luego otra puerta que también hacía ruido. Así, hasta cuatro. Finalmente llegó Francisco hasta la mesa del señor alemán, que le dijo: "Tu padre te está buscando". El viejo Fermín se aproximó a su hijo y le abrazó diciéndole:

»—Recíbeme, porque ya no quiero vivir más donde estoy ahora. Ya no quiero seguir en la Tierra.

»—No, padre —dijo Francisco—, no es el momento de que llegues aquí por tu propia voluntad. Cuando llegue el momento ya iré yo a tu casa para buscarte. Entonces vendrás. Ahora vuélvete.

»En ese momento don Fermín se levantó y abrió sus ojos, encontrándose con su mujer llorando, a la que preguntó el porqué de su llanto.

»—Porque te habías muerto. Llevas muerto dos días.

»—Estoy vivo —contestó Fermín—. Estuve en el volcán y vi a toda la gente que se encuentra allí. Estuve con mi hijo y con mis abuelos. Están todos juntos y son muy felices. Me esperan, pero todavía no es el momento».

De acuerdo con el testimonio, el individuo llevaba dos días muerto, cosa que Gómez-Jeria achaca a un posible estado de tipo cataléptico que, agravado por la falta de agua y alimento durante esos dos días, justificaría, siempre según este autor, una ECM debida a una disfunción cerebral, y no a un fenómeno generado por algún otro tipo de proceso. El mismo autor interpreta la aparición de un personaje de origen alemán en su ECM como resultado de la influencia cultural de esta nacionalidad sobre el sur de Chile desde finales del siglo XIX. Sin embargo, no es menos cierto que el autor evita realizar el razonamiento contrario. Es decir, atribuir dicha nacionalidad alemana a un personaje que ha aparecido en sus visiones y que, posteriormente, el mapuche podría interpretar como perteneciente a dicha raza.

POLINESIA-PACÍFICO

Allan Kellehear (2001) relata un caso de ECM que aparece en un libro sobre el folclore hawaiano de principios del siglo XX.[10] El autor titula a ese capítulo del libro «Una visita a la tierra de los espíritus o la extraña experiencia de una mujer en Kona, Hawaii». Kalima se encontraba enferma durante varias semanas hasta que, finalmente,

---

[10] Thomas Thrum, *Hawaiian Folk Tales: A Collection of Native Legends*, AC McClurg, Chicago, 1907.

falleció. Su muerte fue tan convincente que su familia y amigos prepararon su tumba y comenzaron con su funeral. Cuando se encontraban practicando estos ritos los testigos vieron cómo comenzaba a respirar y abría los ojos. Naturalmente, los presentes se llevaron un susto, nunca mejor dicho, mortal. Tantos días de enfermedad habían servido para debilitarla, pero cuando comenzó a recuperarse una increíble historia fluyó de sus labios: «Yo morí, como todos sabéis. Abandoné mi cuerpo y me quedé a su lado mirando hacia abajo, a aquello que había sido yo [...]. Miré mi cuerpo durante unos minutos, me di la vuelta y me alejé caminando. Dejé atrás la casa y el pueblo y llegué hasta la siguiente villa, donde encontré a muchísima gente [...]. Había miles de hombres, mujeres y niños. Algunos de ellos me eran conocidos y habían muerto hacía muchos años, pero casi todos eran extraños para mí. Todos se encontraban muy contentos. Nada les preocupaba. La alegría estaba dibujada en todas sus caras y la risa y las palabras amables en cada una de sus bocas. Dejé el pueblo y me fui al siguiente. No estaba cansada, así que no me importó caminar. Otra vez me encontré con lo mismo: miles de personas y todas muy alegres y felices. Nuevamente conocía a algunas, hablé con unas pocas y seguí mi camino».

Llama la atención el hecho de que la mujer se dirigía, como manda la tradición hawaiana, hacia su destino final: el volcán. De hecho, cuando se aproximaba al cráter ocurrió lo siguiente: «Y me dijeron: "Debes volver a tu cuerpo. Todavía no debes morir". Yo no quería volver. Supliqué y recé para que me dejaran estar con ellos, pero los seres insistieron: "¡No! Debes volver y si no lo quieres hacer voluntariamente, te obligaremos a ello". Me puse a llorar e intenté quedarme, pero me empujaron, incluso me pegaron cada vez que me paraba y no seguía mi camino de vuelta. Volví a encontrarme en los pueblos que ya había recorrido con la gente llena de felicidad. Cuando les conté que no me habían dejado quedarme, me ayudaron a volver».

Impresiona que esta mujer no describa ni la sensación del túnel ni tampoco las experiencias de luz y oscuridad que suelen aparecer en los relatos occidentales. Quizás estas experiencias lumínicas podrían haberse dado si la persona hubiese alcanzado, por ejemplo, el cráter del volcán. Tampoco encontramos la revisión vital que sí aparece en otros relatos de distintas islas de la Melanesia. El autor se pregunta si la influencia cultural de los misioneros cristianos puede tener algo que ver con este último punto.

Deidad hawaiana.

En la isla de Guam, el psicólogo Timothy Green llegó a recopilar 4 casos de ECM entre los habitantes denominados chamorros. Al igual que ocurre en otras ECM, tanto en Occidente como en Asia, las personas se encuentran con seres que ya han fallecido, algunos de los cuales son familiares. Sin embargo, a diferencia de los casos propios de la India o China, los chamorros sí que hablan de experiencias extracorpóreas, incluso de volar a través de las nubes. Unos pocos pueden llegar a visitar a familiares situados a miles de kilómetros de distancia, por ejemplo en América. La muestra no es muy abundante, cuatro casos, por lo que no se pueden obtener extensas conclusiones, pero en este estudio no podemos pasar por alto que en ninguna de estas cuatro personas aparecen la revisión vital ni la experiencia del túnel.

Otra autora, Dorothy Counts, describe cómo el concepto de espíritu como unidad no existía entre los melanesios hasta la llegada de los misioneros cristianos. Previamente a esta visita, los kaliai asumían que el espíritu humano tenía dos caras: el *tautau* o esencia espiritual y el *anunu* o imagen (también se puede traducir por sombra). La enfermedad ocurría cuando los componentes espirituales se separaban del cuerpo y no se volvían a reunir. Si la separación era permanente, se producía la muerte.

Los animales no tenían componente espiritual, que quedaba reservado para los humanos, incluidos los fetos y los discapacitados mentales. Muchos nativos pensaban que el espíritu permanecía junto al cuerpo mientras este se descomponía, hasta el punto de que en casos de asesinato los habitantes del pueblo intentaban ponerse en contacto con el espíritu para conocer la autoría. En segundo lugar, es interesante subrayar que los kaliai consideraban la muerte como un proceso más que como un evento único. Un proceso que podría comenzar mucho antes de que se manifestaran signos físicos y, hasta cierto punto, podría ser reversible. El proceso de la muerte comenzaría con la pérdida de consciencia, llamada «muerte parcial» y, desde este punto, se evolucionaría hasta la «muerte verdadera». Una persona podría volver a la vida en cualquier momento, siempre que no hubiera comenzado la descomposición de su cuerpo.

Según esta autora, los kaliai vivirían una ECM que incluiría la visita a otras realidades donde se encontrarían con familiares y amistades ya fallecidos. Es decir, las experiencias de los habitantes de estos lugares del mundo, una vez más, se parecen a las occidentales o viceversa. Los casos descritos por esta autora tampoco son muy abundantes, tan solo tres personas, en las que se apreció que solo en un caso se dio la revisión vital. La segunda particularidad observada, si bien insistimos en lo escaso de la muestra, es la ausencia de experiencias extracorpóreas y de túnel.

Por el contrario, los melanesios parecen presentar otro tipo de particularidades, como por ejemplo ver un lugar en el que se somete a las personas a una especie de juicio. El lugar es descrito de manera muy particular: la persona permanece de pie y queda atrapada en una especie de campo magnético, de manera que otras personas deben ayudarle para liberarse. En ese momento se le llama para presentarse al tribunal. Si sus explicaciones sobre los hechos cometidos en la vida terrenal no son satisfactorias, comienzan los castigos, que suelen acabar con la quema del sujeto en el fuego. Lo que llama mucho la atención en esta historia es que ninguna cultura propia de la Melanesia posee entre sus elementos nociones de juicio final a los muertos. Una explicación a este factor es, sencillamente, que la colonización y las misiones cristianas, que se suceden desde 1949, hayan influido a los habitantes y este tipo de experiencias sean, en realidad, un problema de contaminación cultural.

MAORÍES EN NUEVA ZELANDA

Michael King relata el encuentro con la muerte de una mujer maorí de noventa y dos años de edad: «Me puse realmente enferma por primera vez en mi vida. Estaba tan enferma que mi espíritu salió de mi cuerpo. Mi familia creyó que estaba muerta, ya que mi respiración cesó. Me llevaron al cementerio, prepararon mi cuerpo y llamaron a la gente para el *tangi*. Mientras tanto, mi espíritu se encontraba sobre mi cabeza, dejé la habitación y viajé hacia el norte, en dirección a la Cola del Pescado. Pasé por encima del río Waikato, también sobre el Manukau [...], hasta que finalmente llegué al Te Rerenga Wairua, el lugar de los espíritus».

En este lugar sagrado comenzó a realizar los rituales propios de las personas que van a dejar esta vida. Miró hacia abajo, a la entrada del mundo del más allá. Después de realizar una danza tradicional descendió por el pasaje subterráneo (¿el túnel?) que llevaba al reino de los espíritus. En ese momento, al igual que suele ocurrirle a muchas personas en Occidente, una voz la invitó a parar y le avisó de que todavía no era el momento de ir más allá. Debía volver al reino terrenal. Súbitamente, regresó a su cuerpo y se despertó, hablando a sus sorprendidos familiares.

En este relato llama la atención que si bien no existen túneles sí hay pasajes subterráneos equiparables. También es notable la existencia de experiencias extracorpóreas en el momento en que ella sale volando por encima de su cabeza y visita partes de la isla. Uno de los elementos que podríamos echar en falta, sin lugar a dudas, es el de la revisión vital y el posible juicio asociado.

ABORÍGENES AUSTRALIANOS

Al igual que en muchas otras culturas, la muerte, así como la existencia posterior, es de suma importancia en la cultura aborigen australiana. Tanto es así que se encuentra recogida en una antiquísima tradición oral: «Yawalngura se encontraba comiendo huevos de tortuga con sus dos esposas. Comió alguno de los huevos y se acostó, creciendo durante el sueño. Le encontraron muerto, así que llevaron su cuerpo con ayuda de algunos lugareños y construyeron una plataforma mortuoria para el cadáver. Justamente cuando le estaban emplazando en ese sitio, Yawalngura revivió y despertó lleno de curiosidad hacia la tierra de los muertos. Así que decidió construir una canoa para viajar hasta la misma. Viajó durante varios días con sus correspondientes noches y, finalmente, llegó a una isla donde se encontró con los espíritus tradicionales, como el del hombre tortuga, y con otros familiares que ya habían fallecido, quienes le advirtieron de que todavía se encontraba vivo y que debía volver a su vida terrenal». Al parecer estos espíritus bailaron para él y le dieron una diversidad de regalos así como víveres para su viaje de vuelta, diciéndole: «Todavía no estás bien muerto, ya que tienes huesos. Podrás volver cuando hayas muerto adecuadamente». De esta manera, Yawalngura volvió y contó a todas las personas de la aldea su fantástico viaje. Sin embargo, Yawalngura murió dos días después. Esta vez de una manera adecuada y definitiva.

Podemos apreciar en esta experiencia la llegada a un reino donde el protagonista se encuentra con personas ya fallecidas. Hay aquí elementos propios de las ECM tanto occidentales como de otros lugares del mundo, pero también podemos echar en falta detalles como el túnel o la experiencia extracorpórea.

ÁFRICA

Uno de los sitios que el autor de este libro ha visitado con mayor frecuencia, a menudo en viajes de corte antropológico, es Mali. Partiendo hacia el este por una estrecha carretera desde su capital, Bamako, podemos viajar más de ochocientos kilómetros hasta llegar a una región muy apartada: el país Dogón.

La población que vive en esta zona, deprimida económicamente y salpicada por aldeas de chozas de barro, parece poseer una serie de conocimientos astronómicos que entran en colisión directa con lo que cualquier visitante, como yo, puede esperar encontrar. ¿Cómo es posible que posean conocimientos astronómicos más o menos elevados si los instrumentos de mayor tecnología que pude encontrar en doscientos kilómetros a lo largo de la falla de Bandiagará fueron, como mucho, un destornillador o un simple martillo? Esta población se encuentra establecida a lo largo de un importante acantilado de un par de cientos de kilómetros, que separan la sabana de la planicie del río Níger. A los pies de dicho acantilado se suelen localizar la mayor parte de sus poblaciones, que reciben las aguas de la meseta y del propio acantilado a través de torrentes y pequeñas cataratas cuyo calado ha probado quien escribe estas líneas en sus duchas matinales.

Supuestamente, toda esta zona se encuentra poblada desde por lo menos tres mil años antes de Jesucristo. Se sabe, por ejemplo, que los pigmeos (pequeña gente roja) habitaron esta región antes de la migración de los dogón a este acantilado hacia el siglo XIV. Finalmente, los pigmeos desaparecieron de la región, y, aunque resulte sorprendente, todavía existe la creencia en Mali de que eran capaces de volar. Los dogón, uno de los pueblos más misteriosos y antiguos del África subsahariana, poseen un acervo cultural que fascina a los antropólogos europeos desde hace ya por lo menos un siglo. Gracias al antropólogo francés Marcel Griaule disponemos de un legado sorprendente de publicaciones desde las décadas de 1920 y 1930. Así sabemos que, como la mayoría de los pueblos africanos, su cultura religiosa es el animismo. Es decir, los dogón honran la tierra que les da la vida y que los alimenta y que también los acoge después de la muerte.

Lo realmente llamativo respecto a los mencionados conocimientos astronómicos es que, en el caso de ciertas estrellas muy brillantes, como Sirio, conocen además una serie de cuerpos que la orbitan, que son absolutamente invisibles a simple vista y que no fueron descubiertos hasta finales del siglo XIX. Sin embargo, existen documentos que prueban el conocimiento de estos objetos celestes por parte de los dogón con varios siglos de anterioridad al mundo occidental. Más aún, tienen una fiesta, llamada del Sigui, que se celebra cada sesenta años coincidiendo con determinada posición de la estrella Sirio y en la que se exhiben diversas máscaras tradicionales. Este autor, después de una larguísima caminata de varios kilómetros, pudo apreciar estas máscaras centenarias, que se encuentran protegidas en una cueva de un remoto poblado del país Dogón. Asimismo, existe otra fiesta denominada «de la Dama», que permitiría a los muertos partir y unirse a sus antepasados.

El culto a los muertos es un elemento esencial en la religión dogón. Durante las ceremonias fúnebres, en las que se produce un duelo entre el bien y el mal, las personas que danzan arropadas por estas impresionantes máscaras de madera representan la lucha entre el bien y el mal y el juicio al que se tiene que exponer la persona antes de entrar en el más allá. Entre los dogón, en entrevistas personales realizadas en diversas aldeas a lo largo de la falla de Bandiagará, los habitantes insisten en la existencia de un viaje que comienza una vez muertos, hacia el reino del más allá. Sin embargo, deberíamos diferenciar este tipo de expresiones de corte místico de lo que denominamos una experiencia cercana a la muerte.

Morse habla de ECM en África, principalmente en Zambia. Sin embargo, no parece quedarle claro si lo que recoge en sus artículos procede de las tradiciones y experiencias de los africanos o, por el contrario, es algo muy influenciado por la colonización cultural occidental.

Los relatos que recoge este autor incluyen, como en los dogón y otros pueblos, largos viajes hacia el más allá, oscuridad, encuentros con personas muertas, algunas vestidas con túnicas blancas, y seres sobrenaturales. Greyson critica los trabajos de este autor, ya que dice que interpreta elementos que sus entrevistados parecen no haber dicho. Por ejemplo, algunos hablan de oscuridad y Morse lo interpreta y comienza a hablar de túnel, cambiando el sentido del término original. Asimismo, en estas experiencias africanas parecen encontrarse ausentes en todos los casos un par de elementos: la revisión vital y las experiencias extracorpóreas.

XV

¿MUERTE O REENCARNACIÓN?

El espíritu nunca tuvo la necesidad de nacer. El espíritu nunca cesará. Nunca existió en el tiempo ni dejó de existir. El principio y el final son simples sueños.

BHAGAVAD GITA

Llama mucho la atención que la posible existencia de una «cuna cósmica» sea algo más que una simple teoría para 18 tradiciones religiosas, 25 culturas desde los tiempos más antiguos hasta los modernos, 53 tribus americanas, 28 pueblos australianos, 20 tribus africanas y muchos otros pueblos a través de todo el globo terráqueo. Más de 165 culturas y religiones postulan que las almas se encuentran en otro estado fuera de la dimensión actual esperando a llegar a este mundo, y que incluso puede darse la existencia de comunicación entre ellos y los que van a ser sus padres.

Lo que está claro para mucha gente es que las personas, meses o años antes de ser concebidos, son espíritus que ya mantienen relación afectiva y personal con sus futuros progenitores. Neil J. Carman relata cómo una niña de siete años llamada Katie se despertó del coma después de un accidente por ahogamiento diciendo: «¿Dónde están Mark y Andy?», refiriéndose a sus futuros hermanos a los que se había encontrado y que aún no habían nacido.

Los padres que se involucran en este tipo de dinámica son, por supuesto, tan extraordinarios como sus potenciales hijos: abiertos, curiosos, interesados en todo lo que les rodea. Algunos de estos niños parecen recordar cosas desde antes de ser concebidos, el propio embarazo y hasta el nacimiento. Los autores que gustan de estudiar estos temas lo llaman «memoria privilegiada».

Las conversaciones entre estos niños y sus padres son tan espontáneas y satisfactorias como el encuentro de queridos amigos después de una larga ausencia, lleno de sincero afecto. Entre estos padres y sus hijos se pueden dar largas negociaciones antes de que desaparezcan todos los obstáculos y la madre se encuentre preparada para el embarazo. En ese momento, una concepción consciente es una de las sensaciones más satisfactorias e inolvidables para los que se encuentran en esa reunión mística.

Algunos autores, como Myriam Szejer, hablan abiertamente de telepatía para explicar la efectiva comunicación perinatal entre los bebés y sus padres. David Chamberlain, un conocido psicólogo de la Universidad de Santa Bárbara y presidente de la Asociación de Psicología y Salud Prenatal y Perinatal, cree que existen similitudes en las capacidades cognitivas de aquellas personas que han sufrido una ECM y lo que él mismo ha observado, bajo hipnosis, en personas respecto a lo que recordaban de su época de recién nacidos e incluso dentro del propio útero materno.

Hoy por hoy, la mayor parte de la información que existe al respecto se considera dentro del mundo de la ciencia como «evidencias anecdóticas» y no es especialmente bien valorada, al contrario que otros estudios repletos de cifras y estadísticas. Sin embargo, no es menos cierto que todas estas realidades pueden ser el punto de partida de futuras investigaciones en el ámbito científico más ortodoxo, al igual que ocurre, en la actualidad, con las ECM, algo impensable hasta hace pocos años.

Todas estas teorías chocan frontalmente en un punto crítico: ¿acaso no depende la memoria de la materia cerebral? El campo común manejado por los pioneros en la investigación de las ECM, cognición del recién nacido, inteligencia prenatal, etc., es que la memoria, su localización y estatus resultan independientes de su espacio físico en el cerebro. Más aún si nos acercamos al momento del nacimiento, cuando la memoria es progresivamente deprivada de su materia física, cosa que parece inexplicable desde el punto de vista de algunos importantes descubrimientos del último siglo. De alguna manera es como si la memoria utilizarse el cerebro como base de funcionamiento, pero, a su vez, pudiera tener una existencia independiente similar a la existencia que puede tener el *software* del ordenador respecto al *hardware*.

Quizás los estudios científicos más significativos son los publicados por Satwant Pasricha y Ian Stevenson a lo largo de varios años. Cabe destacar que el doctor Stevenson llegó a recopilar más de tres mil casos durante cuarenta años. En sus publicaciones reúne mucha evidencia científica por medio de un método de trabajo que consiste en la recogida de testimonios seguida de la identificación de la persona en la cual el niño cree haberse reencarnado. Más tarde se realiza la verificación biográfica de la vida de la persona ya fallecida en consonancia con las memorias del niño. El doctor Stevenson llegó incluso a cotejar defectos de nacimiento del niño estudiado, como marcas o cicatrices de la persona difunta, todo ello verificado mediante su historia clínica. Atwater llega mucho más allá en sus especulaciones, afirmando que la memoria de otras vidas ocurre usualmente hacia el sexto o séptimo mes de embarazo y, en ocasiones, incluso antes. En algunos casos, según Atwater, los fetos de tan solo tres meses de vida ya pueden tener una consciencia desarrollada.

Para Paul Raphael, experto en tradiciones religiosas judías, existen hasta cuatro etapas en la purificación de las almas. En la última etapa se encuentra el mundo espiritual o *Tzror ha-hayyim*, también llamado «almacén de almas». Es el estado más elevado y más cercano a la perfección, lo que los ortodoxos denominan ver a Dios. Este cuarto y aparentemente último paso de purificación dentro de los procesos de la muerte puede dar lugar, en ciertos casos, a la reencarnación, también llamada *gilgul*. Los que pueden reencarnarse son seleccionados de entre las almas de este cuarto nivel para desarrollarse en plena sabiduría y compasión y de esta manera alcanzar un estado de plena purificación.

La doctrina de la transmigración de las almas, que era acogida tanto por los cristianos como por los judíos, fue declarada herejía en el II Concilio de Constantinopla, en el año 553. Por el contrario, la creencia judía de la reencarnación comenzó a volverse popular a partir del siglo XII y todavía persiste hasta el día de hoy en ciertos círculos religiosos, como los lubavitchers ortodoxos. Este tipo de ideas han estado fuera de circulación durante tanto tiempo que el judío moderno ni siquiera pierde tiempo renegando de ellas.

Uno de los ritos más interesantes a este respecto es el de «la muerte consciente», practicado desde el siglo XIX por los rabinos jasídicos, en virtud del cual la muerte constituye más bien un tiempo de felicidad y reunión con otros antes que un momento a temer: «Este mundo es como un vestíbulo antes del Mundo que viene y la muerte es tan solo la puerta entre los dos mundos, la puerta hacia esferas celestiales», dijo Raphael en 1991.

Los textos tradicionales judíos aseguran que los ángeles avanzan información a todas las almas sobre lo que les espera en esta nueva vida reencarnada, incluyendo las recompensas y los castigos por el comportamiento de cada uno, así como la transmisión del conocimiento de todas las cosas. Sin embargo, justo antes del nacimiento, uno de los ángeles toca al bebé en la nariz, borrando todas sus memorias.

XVI

MUERTES VIOLENTAS Y SUICIDIO

*El suicidio es una manera de desafiar a la muerte y de obtener
ventaja sobre su incertidumbre y control sobre su impredictibilidad.*

PHILIP TRAVER

Uno de los autores que más ha estudiado las ECM y su relación
con el suicidio, particularmente con casos de personas que se arroja-
ron desde el conocido puente Golden Gate de San Francisco, ha sido
el doctor Rosen, del que ya hemos hablado en el capítulo VIII. Los
estudios de este y otros autores sobre supervivientes de suicidios han
cambiado la perspectiva que muchos psiquiatras y psicólogos tenían
sobre este tema.

Una de las conclusiones más sorprendentes cuando se lee el estudio de Rosen es la aparente calma que suele acompañar al protagonista del suicidio. Uno de los entrevistados refiere: «Me sentía como
un pájaro, totalmente aliviado. En mi mente salía de este reino para
entrar en otro. No luché para evitarlo. Me dejé llevar. Me propuse
mirar hacia lo que venía. Incluso ahora lo que espero es un mundo
mejor».

También llama la atención la creencia, en algunos de los entrevistados, de que iban a sobrevivir a su intento de suicidio: «Nunca
creí que me iba morir. Escuché una voz que así me lo decía. Incluso
que un bote de pesca me iba a rescatar, como efectivamente sucedió».

Otro de los supervivientes del estudio de Rosen llegó a dejar una nota muy explícita: «¿Por qué yo? ¿Es que puedo comprender qué hay más allá de la muerte? ¿Acaso existe algo más allá del reino de la comprensión como para ser comprendido?».

Es interesante notar en el estudio del doctor Rosen cómo casi todos los suicidas no recuerdan el momento justo del impacto contra el agua, salvo uno, que al ver cómo iba a chocar contra uno de los pilares del puente dijo que volteó su cuerpo para evitarlo.

Otra de las personas relata: «Al principio todo estaba oscuro, luego gris y, finalmente, mucha luz. Eso abrió mi mente como si despertase. Una sensación muy relajante. Cuando salí a flote me di cuenta de que estaba vivo, que había vuelto a nacer. Comencé a chapotear y a cantar. Era una ocasión gozosa. Afirmó en mí mismo la creencia de un mundo espiritual. Experimenté la trascendencia de vivir y me llené de ganas de vida». Esta experiencia de trascendencia y de renacimiento es vivida de esta manera por casi todos los supervivientes a los suicidios, hasta el punto de ser relativamente común que algunos sufran conversiones religiosas con posterioridad a su intento. También se producen cambios en su actitud hacia los demás, particularmente en una ampliación del amor fraternal que se experimenta hacia el prójimo.

Según un estudio de Russell Noyes de 1972, las personas que se encuentran a punto de morir pasan por tres fases:

1. Resistencia. Reconocimiento del peligro, miedo, lucha y, finalmente, aceptación de la muerte.
2. Revisión vital. Vista rápida y clarificadora de escenas y vivencias de nuestra vida.
3. Transcendencia. Estado de consciencia mística o éxtasis acompañado de un fenómeno de renacimiento espiritual.

El hecho de que los pacientes que intentaron suicidarse no presentaran la primera etapa ni la segunda se podría deber a la intencionalidad de su acción, ya que los estudiados por Noyes no eran suicidas, sino personas que habían sufrido accidentes. La persona que ha decidido quitarse la vida pasa por unos estados volitivos de consciencia en los que ha vencido, obviamente, la mayor parte de las resistencias.

Sin embargo, la mayoría de las personas que intentaron suicidarse sí experimentaron la tercera etapa, la de la trascendencia. Esto, seguramente, ocurrió debido a que las personas esperaban fallecer en su intento, pero no fue así. Del mismo modo es llamativa la sensación de abandono de sí mismos durante el momento del suicidio, como ellos mismos dicen guiados por Dios o alguna fuerza sobrenatural, como en los casos descritas por Stanislav Grof en 1972 o por William James en su libro de 1958, *Variedades de la experiencia religiosa*.

Daniela nos relata: «No tenía ganas de vivir debido a una depresión. Me daba igual morirme en el quirófano, pero la charla que tuve con este hombre me ha hecho ver las cosas de otra manera. Ahora tengo fe y esperanza de que algo bueno va a pasar y no le temo a la muerte porque sé dónde estará mi lugar».

Resulta de interés apuntar cómo el prestigioso psiquiatra Stanislav Grof afirma la desaparición de tendencias suicidas después de que la persona haya sufrido la muerte del yo o ego. Después de esa muerte virtual el individuo vive envuelto en una sensación de espiritualidad donde el suicidio pierde toda razón de ser.

Para algunos autores, como James Weiss, el suicidio no es otra cosa que un «juego con la muerte» para aquellos que lo practican, una especie de provocación al destino o al propio Dios, quien tendría que decidir si está a favor o en contra del que lo intenta. El propio Weiss describe cómo los que sobrevivieron a un intento de suicidio suelen presentar, en muchas ocasiones, una sensación de sentirse importantes.

Este es el testimonio de Marga: «Hace algunos años intenté quitarme la vida, suicidarme. Mientras los médicos luchaban por recuperarme, yo simplemente estaba encerrada en la nada, en un espacio en el que me encontraba privada de todo contacto con los sentidos: no oía, no veía, no sentía nada. Mi alma estaba aislada totalmente. Sin embargo, tenía la sensación de estar esperando que me dieran paso a otro lugar diferente. Fue una mala experiencia con un resultado positivo. Creo interpretar que se me aisló para que supiera que no era mi hora, que estaba en una sala de espera, y la parte positiva es que no pienso volver a repetirlo. Se puede decir que cambió mi visión de la vida. Esta es mi experiencia».

Es de sumo interés apuntar que Bruce Greyson encontró, en 1985, una relación entre ciertos factores precondicionantes y el tipo de ECM. Por ejemplo, observó que los individuos que anticipaban su muerte, como los suicidas, solían tener experiencias más bien de tipo trascendental (visión de seres místicos) y afectivas (experiencia de paz) que de tipo cognitivas. Este mismo autor, en otra de sus publicaciones, en 1980, observa cómo los que intentaron suicidarse y, sin lograr su objetivo, sufrieron una ECM, adoptan una actitud negativa hacia la autodestrucción. Incluso disminuyó en ellos la ideación suicida con posterioridad al hecho.

Greyson, en un estudio de 1991, observó que de 61 personas que habían intentado suicidarse, 16 (26 por ciento) reportaron una ECM. Al comparar a los que habían sufrido la ECM respecto a los que no, este autor no encontró ningún tipo de evidencias entre ambos grupos respecto a su afiliación religiosa previa o su religiosidad actual.

Ring también trató de encontrar patrones que pudieran diferenciar a las personas que hubieran sufrido una ECM, buscando cualquier posible motivo. Por ejemplo, parece ser que las personas que intentaron suicidarse no llegaron más allá de la tercera etapa de la ECM, siendo la primera la sensación de paz, la segunda la separación del cuerpo y la tercera la entrada en la oscuridad y el túnel. Es decir, ninguna llegó a terminar el trayecto del túnel ni vio la luz.

XVII

PSICOMANTEUM

> *La cuestión espiritual es peligrosa tal cual lo dicen los libros.*
> *Buscar la verdad significa experimentar el dolor y la oscuridad, así*
> *como la luz blanca y cristalina.*
>
> WILLIAM CARL EICHMANN

Uno de los métodos más llamativos para el tratamiento del duelo causado por la muerte de un ser querido es el llamado *psicomanteum*. Fue desarrollado por el psiquiatra Raymond Moody, en la década de 1970, para facilitar supuestos encuentros con personas ya fallecidas. El propio Moody, en su libro *Reunions*, afirma que hasta la mitad de las personas que participaron en este tipo de sesiones pudieron experimentar un presunto encuentro con la persona amada. El *psicomanteum* es, en definitiva, un antiguo método de exploración de la consciencia humana que, debido a su puesta en escena, elimina los estímulos visuales y auditivos para crear un ambiente próximo a la privación sensorial. Moody se ha dedicado, de esta manera, a investigar los lugares y los tiempos donde se facilita el contacto interdimensional.

Moody, que además de médico y psiquiatra es licenciado en Filosofía y gran amante de la cultura griega, se inspiró en el oráculo de los muertos de la antigua Grecia y en otras culturas donde se sugestionaban, por ejemplo, mirando la superficie de un estanque, una esfera de cristal o un espejo. Sin embargo, no se contentó con los relatos de los clásicos griegos como Plutarco, Herodoto y su siempre favorito Platón. El mismo Moody visitó el templo de Epidauro, uno de los santuarios de la Antigüedad en honor a Esculapio, donde las personas se dirigían a buscar la sanación a través de los sueños. También visitó el oráculo de los muertos de Éfira, al que se acudía para establecer contactos con los muertos.

A medida que recopilaba información, el doctor Moody fue generando, a través de sus observaciones, una serie de pautas: rituales, laberintos y cavernas que provocaban un aislamiento sensorial. La leyenda afirmaba que las personas deambulaban durante casi veintinueve días antes de llegar a la cámara de las visiones, donde un enorme caldero de bronce brillante, ungido de agua y aceite para facilitar los reflejos, servía de pasaporte para las visiones de sus visitantes. Este tipo de espejos para contactar con el más allá son un denominador común en diversas culturas: en África se usan recipientes con agua; en Siberia espejos de cobre. Incluso en el Antiguo Testamento, José, el hijo de Jacob, tiene visiones proféticas en una copa de plata.

El *psicomanteum* diseñado por el doctor Moody, lo que él llama sin engaños, «teatro de la mente», consiste básicamente en una habitación poco iluminada donde se coloca un espejo de tal forma que la persona, sentada en un ángulo determinado, no puede ver su propio reflejo. La habitación suele tener las paredes y el techo pintados de negro, así como una iluminación habitualmente dispuesta por detrás de la persona que trata de experimentar el contacto. El psicoterapeuta también suele colocarse en un ángulo fuera de la visión de la persona que contempla el espejo, para no distraerle en su objetivo.

La persona suele sentarse en un sillón lo más cómodo posible, para relajarse mejor. El terapeuta induce un proceso de rememorar imágenes, anécdotas y hechos relacionados con la persona que se desea contactar. Asimismo, se realizan ejercicios de relajación profunda mientras la persona observa fijamente el espejo, que es donde quiere ver a la persona ya fallecida.

Así, en silencio y casi oscuridad, comienza a germinar todo un escenario de imágenes visuales, auditivas y táctiles, que parecen emanar del espejo, como si este fuese un verdadero proyector de imágenes. El cuerpo, en estado de extrema relajación, parece desprenderse de la consciencia que, a su vez, sale a por aquello que desea: el encuentro.

En general, el motivo principal por el que la persona desea contactar con su ser querido suele ser el de disculparse por algo o bien despedirse, ya que el momento de la muerte sucedió de manera brusca. Muchos participantes reportan la sensación de presencia. Es decir, no llegan a ver a la persona, pero notan que hay algo en el ambiente que les recuerda a la persona fallecida. Otros, por el contrario, refieren haber mantenido un diálogo telepático con la persona del más allá.

Otras personas, cuando prolongan su estancia en el *psicomanteum*, llegan a tener verdaderas visiones en las que el espejo parece transformarse en una ventana a través de la cual se mantienen contactos extremadamente vívidos. En otras ocasiones, las visiones del otro lado del espejo pueden llegar a proyectarse en la propia sala, de una forma tridimensional que muchas personas describen como «totalmente real».

Este tipo de terapia, dejando de lado cualquier paradigma paranormal o sobrenatural, puede ser interesante para personas que se encuentren profundamente interesadas en establecer contacto con un ser querido fallecido. Asimismo, este tipo de experiencias requiere un serio compromiso emocional. Además, como es lógico, realizar este tipo de terapia no garantiza tener un encuentro con la persona ya fallecida. Obviamente, todo el proceso es dirigido y controlado por el psicoterapeuta.

Parece evidente —¿cómo iba a ser de otra manera?— que el proceso se genera en nuestro subconsciente, hasta el punto de que algunas personas han desarrollado sus propios métodos de proyección, quizás menos sofisticados que el *psicomanteum*, pero bastante eficaces, como es el caso de Isabel, que asegura: «A mí, más que el espejo, me funciona mejor el televisor apagado e impresiona menos que el espejo. Concentraos un tiempo delante del televisor apagado y ya veréis cómo alguien contacta con vosotros o, al menos, se van viendo formas».

Para algunos, este tipo de terapia no deja de ser una variante de las prácticas de los médium del siglo XIX. Sin embargo, el hecho de ser dirigida por un psicoterapeuta facilita la proyección de la angustia, y la catarsis subsiguiente puede ser sumamente útil en ciertos duelos, sobre todo los prolongados, y también sirve como preparación para la propia muerte. Algunos terapeutas lo recomiendan a los artistas, con el fin de que tengan visiones o imágenes que les inspiren.

En definitiva, no deja de ser una especie de pantalla de protección del inconsciente personal, similar a algunos tests proyectivos (Test de Rorschach, comúnmente conocido como «el de las manchas de tinta») que facilitan la comunicación con el inconsciente del individuo y promueven estados modificados de la consciencia.

A partir de la experiencia desarrollada por Moody, otros investigadores han desarrollado terapias alternativas como, por ejemplo, «la comunicación inducida después de la muerte» (IADC, *Induced After Death Communication*), desarrollada por el psicólogo Allan Botkin en 1995, quien asegura que hasta un 75 por ciento de los pacientes que la realizan puede tener éxito en el manejo de su duelo o en perder el miedo a la muerte. De alguna manera, las personas que realizan esta terapia sanan de la extrema tristeza por haber perdido a una persona querida. Los resultados positivos, según este psicólogo, son perdurables y estables a lo largo del tiempo. Asimismo, los autores de este tipo de terapia dicen no estar suscritos a ningún tipo de religión o implicación espiritual.

RIESGOS, PROS Y CONTRAS DE ESTA PECULIAR TERAPIA

Ya en 1998, Beverly Brodsky alertaba acerca de los peligros de esta terapia. Pensaba que era un método, literalmente, terrorífico. Más aún, un par de amigos se decidieron a probar la experiencia, que no acabó de manera especialmente exitosa. Brodsky llega a culpar a esta terapia hasta del divorcio de uno de sus amigos. Incluso refiere que la experiencia de un tercer participante fue peor que la de los dos primeros. Se refiere a una persona que ya había tenido una ECM previamente y que después del *psicomanteum*, estando saludable con anterioridad, se acabó divorciando, mientras que una hija, gemela de otra hija que había sido visitada durante el *psicomanteum*, sufrió un fuerte desequilibrio mental durante dicha experiencia y acabó escapándose con un hombre que había sido encarcelado por haberla violado previamente.

Carla Wills-Brandon, si bien defiende el *psicomanteum*, no es menos cierto que advierte acerca de los riesgos de experimentar o forzar ECM, experiencias extracorpóreas, meditación kundalini, regresiones a vidas pasadas, hipnosis, comunicaciones con personas que han muerto y cualquier otra técnica basada en técnicas psicológicas o espirituales en las que participen personas que se encuentren desarrollando conflictos emocionales, duelos no cerrados, conflictos internos o cualquier otro tipo de experiencia traumática.

Bajo la presión psicológica de este tipo de experiencias hay que tomar en consideración que traumas o tensiones que se encuentren en el inconsciente pueden aflorar con cierta facilidad al consciente, lo que puede detonar comportamientos adictivos, conductas autodestructivas y muchas otras disfunciones. Es decir, el *psicomanteum* no actúa como un factor generador de estos problemas, sino como catalizador de situaciones ya instaladas en el individuo y que tan solo florecen negativamente bajo esta experiencia, de igual manera que una persona que albergue conflictos interiores empeorará, por ejemplo, al ver una película o leer un libro cuyos contenidos le sensibilicen en particular.

A este respecto, Brodsky responde tiempo más tarde, en una serie de artículos de 2001, en la revista oficial de *IANDS*, que si bien no se puede probar en todos los casos el factor causa-efecto, no es menos cierto que no recomienda la actitud, según él, que expresa Raymond Moody en algunas de sus publicaciones, como *Reunions*, en la que, siempre según Brodsky, la aproximación de algunas personas a las técnicas del *psicomanteum* no dejan de ser pueriles, tomadas como un mero juego y evitando pensar en los peligros psicológicos que este tipo de actividades pueden desencadenar en algunas personas. Por ello recomienda que el *psicomanteum* se utilice siempre en un contexto pleno de responsabilidad, con un propósito terapéutico y curativo como el que, posteriormente, desarrolló Raymond Moody en su «teatro de la mente».

Este tipo de técnicas podrían alterar el curso normal de un duelo que, dependiendo de los textos estudiados, puede oscilar entre seis meses y un año. Sin embargo, no existe un límite fijo, ya que algunas personas los arrastran durante el resto de su vida, y otros, por el contrario, los resuelven con cierta rapidez. Imaginemos a una persona que sufre encuentros periódicos con sus familiares fallecidos: ¿sería capaz de cerrar su duelo con facilidad o, por el contrario, permanecería abierto mucho más tiempo?

XVIII

QUÉ SON LAS ECM Y SUS CAUSAS

No todo el mundo puede tener una ECM o necesidad de vivirla, pero todo el mundo puede aprender a asimilar las lecciones de estas experiencias cercanas a la muerte en su propia vida.

KENNETH RING

Podríamos definir las ECM como experiencias relatadas por personas que se han encontrado clínicamente muertas, es decir, en un estado de ausencia de cualquier señal vital durante un periodo de tiempo y luego revividas. Sin embargo, autores como Robert Crookall han denominado a los protagonistas de estas experiencias como «pseudo-muertos». Asimismo, Greyson, uno de los mayores expertos a nivel mundial, distingue claramente dos cuestiones:

1. *Episodio cercano a la muerte:* es una situación física en la que la persona sobrevive a un encuentro real con la muerte debida a una enfermedad o traumatismo.
2. *Experiencia cercana a la muerte:* experiencia subjetiva de la consciencia que funciona independientemente del cuerpo físico durante un episodio cercano a la muerte.

Respecto al aspecto más prosaico, la persona que sufre una ECM percibe fenómenos en el mundo material, la mayor parte de las veces en el área vecina a su propio cuerpo, incluyendo, en muchas ocasiones, el mismo, si bien esto no ocurre necesariamente todas las veces. Por el contrario, en el aspecto espiritual o transmaterial, la persona percibe fenómenos que van más allá de las dimensiones habituales. Un ejemplo de este último concepto serían las experiencias extracorpóreas, en las que la persona nota que su consciencia se encuentra temporalmente situada fuera de su cuerpo físico.

Algunos autores creen, equivocadamente, que el término ECM se refiere a situaciones como, por ejemplo, el que una bala pase rozando a una persona. Sin embargo, una ECM se refiere más bien al estado de «estar temporalmente muerto». Si buscamos una analogía, podríamos decir que una parálisis temporal podría proveernos de experiencia suficiente como para conocer en qué consiste una parálisis completa.

Otros autores, como Gary Habermas, afirman que aunque las ECM constituyesen un soporte racional para creer que hay vida después de la muerte, todavía existe un sinnúmero de factores sin resolver. En primer lugar, habría que cuestionarse si las ECM constituyen el primer paso para una vida maximizada después de la muerte, es decir, la vida eterna o inmortalidad, o por el contrario sería una vida minimizada, que tan solo mostraría la existencia de la consciencia durante un corto periodo de tiempo después de la muerte, ya que la experiencia parece durar solo unos cuantos minutos. Es decir, la experiencia fenomenológica o evidencial tan solo sugiere una vida mínima después de la muerte. Por otro lado, las personas que sufren una ECM suelen experimentar una pérdida del sentido del tiempo (atemporalidad) que podría coincidir con las definiciones filosóficas de eternidad. Podríamos afirmar, de alguna forma, que si la vida eterna debe comprenderse en términos de existencia atemporal en vez de duración temporal infinita, entonces, en este caso particular, las ECM sí que podrían considerarse como el primer paso para esa vida eterna.

Este tipo de creencias, una vez que pensamos haber resuelto alguna de las cuestiones, parece abrir nuevas interrogantes. Por ejemplo, si existiese dicha vida después de la muerte tendríamos que plantearnos la cuestión de la identidad personal en la misma, ya que somos seres temporales cuyo ego está ligado a memorias de nuestro pasado y a anticipaciones de nuestro futuro. Si la inmortalidad se asocia a una existencia atemporal es razonable pensar si la identidad personal se puede retener después de la muerte. Las preguntas son: ¿quién o qué sobrevive a la muerte? ¿Cuánto tiempo sobrevive la consciencia después de la muerte? ¿Tienen sentido estas preguntas en el contexto de una existencia atemporal?

En los últimos treinta años se ha comenzado a discutir, desde un punto de vista científico, la otrora inimaginable posibilidad de que ocurra algo, hoy por hoy no muy bien aclarado, durante el proceso de muerte o quizás incluso más allá de la propia muerte. De hecho, la existencia de las ECM no es algo nuevo. Ya se mencionan en la obra de Platón *La República*. Asimismo existen otras referencias, como la de Salvius en el siglo VI, quien relata viajes escalofriantes hasta el otro mundo. Beda el Venerable, en el siglo VIII, también narró la ECM de uno de sus personajes, Drythelm, en su obra *Historia eclesiástica del pueblo inglés*. No es menos cierto que son historias polarizadas por los conceptos religiosos imperantes en el tiempo en que fueron escritas, pero describen, en muchos casos con lujo de detalles, este tipo de experiencias.

El pensamiento verdaderamente científico y clínico acerca de estas cuestiones se podría decir que comenzó a finales del siglo XIX con el profesor Albert Heim (citado por Noyes en 1972), cuando este famoso geólogo y escalador suizo tuvo un accidente en 1871 y sufrió una ECM que relató en un artículo denominado «Notas sobre muertes en las caídas». Este tema fue también objeto de discusión en los comienzos de la Sociedad para Investigaciones Psíquicas, que nació en la Inglaterra de finales de ese mismo siglo.

Más tarde, a principios del siglo XX, se dieron nuevas referencias acerca de las ECM. Por ejemplo, Louis Tucker, un religioso norteamericano, escribió un libro denominado *Errores clericales*, donde describía la experiencia de su propia muerte, allá por el año 1909, después de sufrir un proceso de envenenamiento y una vez que el médico que le atendía le había declarado muerto. El religioso narra cómo pasaba través de un túnel acompañado de mucho ruido, para llegar a un lugar donde fue recibido por varios amigos y por su padre, todos ya fallecidos. Resulta llamativa la comunicación a través del pensamiento, podríamos decir que telepática, que mantuvo con su padre. Este último le ordenó volver, otra vez, hacia donde había partido. Una vez que entró en la oscuridad nuevamente, volvió a ver a su médico de cabecera y le comentó: «No quería volver […], y me encuentro muy disgustado por no haber podido permanecer en ese otro mundo».

Pasaron varias décadas para que este tipo de cuestiones volviera a adquirir la importancia que merecen mediante los estudios de la psiquiatra suizo-americana Elisabeth Kübler-Ross, autora de una serie de publicaciones sobre este tema al principio de los años setenta del siglo xx. Sin embargo, para el público en general, incluso para la comunidad científica y religiosa del mundo actual, el interés comenzó de una manera intensa y explosiva después de la publicación, en 1975, del libro *Vida después de la vida*. Su autor, Raymond Moody, un psiquiatra estadounidense licenciado también en Filosofía, se sintió motivado a investigar las ECM después de que un colega, el doctor George Ritchie, le hiciese referencia a estos fenómenos, que conocía por su experiencia personal en la Segunda Guerra Mundial. De hecho, es a esta persona a quien le dedica este excelente libro en sus primeras ediciones. Pero no fue solamente este colega médico quien le dio referencia de las ECM, sino también un sinnúmero de estudiantes y de personas de su entorno que comenzaron a contarle experiencias similares. Su primer libro se podría catalogar como una recopilación de experiencias guiadas por un eje común de clasificación, dejando claras las diversas etapas que se sufren al experimentar esta transformación desde el mundo de los vivos al universo de los muertos. La propia doctora Kübler-Ross leyó los manuscritos originales, encontrando que los hallazgos de Raymond Moody coincidían con los suyos.

A partir de ese momento fueron muchos los autores que comenzaron a abrir cada vez más las puertas del conocimiento. Algunos de alto nivel científico, como el profesor Kenneth Ring, de la Universidad de Connecticut, quien en 1977 fundó la Asociación de Estudios

Cercanos a la Muerte (IANDS, por sus siglas en inglés), a la que también pertenece el autor que escribe estas líneas. En su libro *Vida después de la muerte*, publicado en 1980, llegó a proponer de una manera tremendamente audaz que la consciencia podría llegar a funcionar de forma independiente al cuerpo físico. Otro autor, como el doctor Melvin Morse, un pediatra de Washington que estudiaba ECM en niños, llegó a afirmar algo similar en su libro *Más cerca de la luz*, aparecido en 1991, hasta el punto que postuló por qué no podría tomarse en consideración la hipótesis de que la muerte no fuese otra cosa que un viaje hacia otro reino.

Muchos otros médicos y científicos, como el cardiólogo Michael Sabom, de la Universidad de Emory, eran sumamente escépticos y comenzaron sus propias investigaciones. Sin embargo, sus resultados fueron muy similares a los obtenidos por Moody. Otro de los especialistas médicos que han realizado una enorme contribución al estudio de las ECM ha sido el doctor Fred Schoonmaker, un cardiólogo de Denver que llegó a encuestar a más de dos mil pacientes que habían sufrido algún tipo de paro cardiaco, muchos de los cuales reportaron ECM. Este médico sugiere que hasta un 60 por ciento de las personas que sufren un paro cardiaco experimentan algún tipo de síntoma relacionado con las ECM.

Son muchos los especialistas médicos que reconocen, en la actualidad, que las ECM resultan un fenómeno relativamente corriente en el mundo clínico y hospitalario, hasta el punto de que este hecho fue confirmado por una encuesta a nivel nacional en Estados Unidos realizada por el prestigioso grupo de investigación sociológico Gallup, uno de cuyos miembros, George Gallup, quedó tan impresionado con la encuesta que llegó a escribir su propio libro acerca del tema: *Aventuras en la inmortalidad*, publicado en 1982.

Otros estudios no son tan optimistas a la hora de encontrar personas que hayan sufrido una ECM. Por ejemplo, en uno realizado por Pim van Lommel en 2001, en pacientes que habían vivido una parada cardiorrespiratoria, tan solo un 12 por ciento habían presentado una ECM. Sam Parnia encontró, en 2001, que el dato se reducía a un 6 por ciento, y Greyson, en 2003, lo situó en torno al 10 por ciento.

La primera pregunta que nos viene a la mente es por qué no existe un mayor número de personas a los que les sobrevenga este tipo de experiencias cuando tienen que enfrentarse a la muerte. El propio Greyson postula que no son pocas las personas que después de una parada cardiorrespiratoria presentan problemas de memoria, siendo esta una de las hipótesis que se podrían manejar. Otra hipotética respuesta, después de revisar el estudio de Pim van Lommel, en el que afirmaba que los procedimientos de resucitación y tratamiento de los pacientes eran prácticamente los mismos tanto en el grupo que había sufrido ECM como en el que no, es que hubiese otro tipo de factores no solamente fisiológicos, sino también psicológicos, que ayudaran a la generación de este tipo de experiencias.

Un último misterio, sin lugar a dudas, es la experimentación de las ECM cuando la actividad electroencefalográfica prácticamente ha desaparecido, no solo en los casos en los que la persona se encuentra realmente al borde la muerte, sino en aquellos en los que, por ejemplo, una profunda anestesia debería evitar, si atendemos a los conocimientos médicos actuales, todo tipo de vivencias, experiencias, pensamientos y procesos lógicos propios de los estados más brillantes de vigilia.

Respecto al tema de la patología cardiaca y su relación con las ECM, resulta de sumo interés el comentario realizado por una de las eminencias, a nivel mundial, en relación a las ECM, Pim van Lommel: «Los pacientes admitidos en Urgencias con un paro cardiaco reportarán muchas más ECM que aquellos con otro tipo de patología también cardiaca. Las ECM fueron hasta diez veces más frecuentes en los que sobrevivieron a una parada cardiaca respecto a aquellos con cualquier otro tipo de patología en este mismo órgano».

Pero no son solamente los problemas de tipo cardiaco los que desatan las ECM. Por ejemplo, en uno de los pocos estudios realizados en Asia sobre este tema, en concreto en Taiwán, se observó que 45 de 710 pacientes que realizaban diálisis renal llegaron a presentar ECM, según señalaban Lai y su equipo en 2007.

Resulta llamativo y curioso que el término «experiencia cercana a la muerte» o ECM haya sido tan difundido en todos los niveles sociales, hasta el punto de que en Estados Unidos se han producido demandas judiciales contra algún médico debido a que el paciente había sufrido una de estas experiencias. En consecuencia, había interpretado que su vida se había encontrado en un peligro extremo para el que no estaba preparado ni tampoco informado y que, seguramente, se debía a alguna mala praxis del médico. Evans cuenta cómo un paciente relata, al recuperarse de una ECM, lo siguiente: «El doctor dijo que todo había ido bien, pero no es así, porque yo tuve una ECM que me quieren ocultar. Debía de estar realmente enfermo y el médico intenta ocultar que algo fue mal».

La pregunta es: ¿si el paciente no estuvo cercano a la muerte, fue realmente una ECM? El término ECM podría ser adecuado para el primer grupo de pacientes que Raymond Moody describía en sus libros iniciales. Otros autores, como Kenneth Ring, tan solo admiten que encontrarse cerca de la muerte ayuda a desencadenar una ECM.

En un estudio realizado por IANDS (Evans, 1991) se advierte de que tan solo un 10 por ciento de las personas que decían haber vivido una ECM se habían encontrado clínicamente muertas. Por el contrario, el resto no había presentado cese de signos vitales ni menos aún se encontraba en una situación que pudiese comprometer la vida. Así que, ¿fueron realmente ECM? Semánticamente no lo son, pero por otro lado no parecen existir otras definiciones para encuadrarlas. Por lo tanto parece, en algunos casos, que el grupo de síntomas constituye per se la experiencia. Lo que varía es la forma de precipitarse, que puede ser multifactorial: un parto problemático, traumatismos, sobredosis de drogas, estados alterados de consciencia bajo meditación y otro tipo de desencadenantes.

A este respecto, las ECM poseen una serie de características que las hacen únicas, si bien existen algunas variaciones en su presentación, aunque la estructura más básica ya fue descrita por Moody:

1. Reconocer que uno ha muerto.
2. Sensación de paz (aunque se pueden escuchar sonidos).
3. Separación del cuerpo y observación del mismo desde el exterior. Asimismo, se pueden ver otros sucesos en derredor, como por ejemplo las maniobras de resucitación.

4. Entrada a la oscuridad o desplazamiento a través de un túnel.
5. Encuentros con seres de luz, familiares o amistades fallecidos.
6. Visualizar una luz que cada vez es más intensa. Experimentar una luz. Amor radiante. En ocasiones, bellas visiones y paisajes.
7. Revisión vital o visión panorámica.
8. Alcanzar algún tipo de límite o barrera como, por ejemplo, una puerta, una reja, un río, etc., de manera que la persona se da cuenta de que si la atraviesa ya no será capaz de volver a su vida física anterior.
9. Vuelta al cuerpo seguida por una sensación de malestar y frustración.
10. Transformación positiva de la personalidad, de los valores y creencias. Mayor respeto hacia los demás y hacia la vida en general. Mayor interés por los valores más elevados, como la verdad, belleza y bondad.

En realidad no tienen que alcanzarse todas estas etapas. En ocasiones, tan solo se viven las primeras o algunas de ellas sin seguir este orden concreto. También es interesante subrayar que las ECM son extraordinariamente subjetivas, confirmando la idea de que la consciencia es la que determina mucho de lo que sucede en estos casos.

Hay autores, como Horacek, que critican a los investigadores que afirman que se puede demostrar una ECM cuando la frecuencia de presentación de eventos cambie o no se presenten todos los elementos. Como este investigador asegura, «un petirrojo no hace una primavera». Es decir, si una característica de una presunta ECM es salir del cuerpo y nada más, debemos llamar a esto experiencia extracorpórea y no ECM, ya que experimentar unos pocos elementos no cualificaría a la persona que los ha vivido como sujeto de una ECM. Por este motivo, en el mundo anglosajón se habla de las *NDE-related* o *NDE-like*, para hablar de sucesos semejantes o relacionados con las ECM.

Resulta también lógico pensar que los escépticos propongan diversas explicaciones a este fenómeno, algunas de ellas tan imaginativas como las que defienden otros tantos autores que apoyan las ECM y, en ocasiones, verdaderamente irracionales. Uno de los puntos de discusión más frecuentes suele ser que no importa lo cerca que la persona estuviera de la muerte. Ya que fue resucitado, nunca llegó a estar realmente muerto. Sin embargo, si tomamos en consideración los parámetros actuales para considerar quién está muerto como, por ejemplo, un electroencefalograma plano, entonces no se cumple la regla de los escépticos, ya que no son pocos los casos en los que dicha línea vital se encontraba plana por completo. Quizás aún más fascinante sea el hecho de que numerosas personas llegan a relatar lo que sucedía en torno a ellas con todo lujo de detalles, y eso en el mismo momento en que clínicamente se encontraban muertas.

En *Más allá de la luz*, el doctor Moody relata algunas de estas particulares experiencias como, por ejemplo, la de una mujer anciana, invidente desde los dieciocho años, que fue capaz de describir los detalles de su resucitación, incluyendo los instrumentos así como su color e incluso la vestimenta de su médico. En el caso de los instrumentos resulta llamativo que muchos ni siquiera existían en la época en que ella perdió la visión. Otros pacientes llegaron a describir incluso situaciones que ocurrían en sitios lejanos al lugar en el que estaban siendo intervenidos.

Otra explicación, por parte de los escépticos, es que las ECM ocurren debido a un proceso de despersonalización. Es decir, se podría explicar como un mecanismo de autoprotección cuando se confronta a la persona con su no existencia. Sin embargo, esto choca con la sensación de identidad muy bien estructurada, lógicamente subjetiva, que se produce durante las ECM. Más aún, para algunos esto es solo una especie de variante de algún extraño proceso onírico, pero las ECM se manifiestan, paradójicamente, con una claridad cristalina, cosa que no ocurre durante los sueños.

Algunos autores postulan que las ECM se producen a causa de los fármacos que se utilizan durante los procesos de reanimación o los propios del tratamiento que sigue el paciente. Sin embargo, esta afirmación contradice el hecho de que si las ECM se producen en el cerebro, y este se encuentra intoxicado, entonces no podría darse la tremenda claridad de procesos cognoscitivos que se presentan en las personas que sufren las susodichas ECM. Más aún, el profesor Ian Stevenson, de la Universidad de Virginia, postulaba que en las ECM se produce el efecto contrario: alerta, en vez de la esperada alteración cognoscitiva debida a los estados metabólicos alterados en los momentos previos al fallecimiento.

La doctora Susan Blackmore, de la Universidad de Bristol, ha postulado que la experiencia del túnel y de la luz intensa que se experimenta al final del mismo podría deberse a la excitación de ciertas áreas del cerebro, que literalmente se disparan debido a una falta de oxígeno. Sin embargo, el efecto túnel también se da en las experiencias fuera del cuerpo, donde no existe aproximación alguna a la muerte y menos aún falta de oxígeno. Esta misma profesional formula la hipótesis según la cual ciertas sustancias liberadas durante el estrés de la muerte podrían ser responsables de todo el proceso o, al menos, de una parte importante del mismo. A pesar de todo, son numerosas las partes de la experiencia que siguen sin explicación plausible desde el punto de vista neurofisiológico, particularmente las relacionadas con la visión panorámica o revisión vital.

En el caso de que las ECM pudieran ser generadas por fármacos, el doctor Melvin Morse se encargó de aclarar parcialmente esta cuestión. Morse realizó un estudio con un grupo de 121 niños que se encontraban gravemente enfermos y bajo fuerte medicación y pudo observar que ninguno de ellos vivió una ECM y que tampoco presentaron ninguno de sus síntomas, ni siquiera de manera aislada. Posteriormente, el mismo autor hizo otro estudio con 37 niños a los que se habían administrado medicamentos con un fuerte efecto psicotrópico y obtuvo los mismos resultados. Es decir, ni ECM ni tampoco sus síntomas. Sin embargo, en otro grupo de 12 niños que habían sufrido una parada cardiaca, 8 llegaron a presentar ECM. Existen numerosos artículos que nos permiten afirmar que las ECM no son ni provocadas ni inducidas por la administración de fármacos. Un hecho curioso, que diferencia a las ECM de los niños de las de los adultos, es que mientras que los segundos son aguardados por figuras luminosas o familiares al final del túnel, en los primeros, los niños, estos personajes suelen acompañarles también a lo largo del mismo trayecto por el túnel.

Otra explicación a la que los escépticos atribuyen las ECM es algo tan simple como el mero deseo, consciente o inconsciente, de que exista un más allá, lo cual produciría toda una cadena de pensamientos dirigidos a, literalmente, fabricar esta sintomatología. Esto podría ser cierto en algunos casos, pero no podemos olvidar que durante la revisión vital un número de personas no desdeñable presenta experiencias desagradables, dolorosas o al menos poco confortables. Más aún, si todo fuese fruto del individualismo y de características meramente personales, las ECM serían, en sus características más intrínsecas, muy distintas de una persona a otra. Por el contrario, si bien existen ciertas variaciones entre unos casos y otros, no es menos cierto que las ECM siguen un patrón muy bien establecido entre todos los humanos, independientemente de la presencia o ausencia de valores religiosos. Incluso si tomamos en consideración la forma en que la persona se ha enfrentado a la muerte (enfermedad, intento de suicidio, accidente, etc.), la experiencia vuelve a repetirse de idéntica manera.

Como es lógico, no podemos asegurar que las ECM se encuentren necesariamente vinculadas a procesos paranormales, sobrenaturales o del más allá fuera de nuestra comprensión, pero lo que sí podemos afirmar con rotundidad es que se trata de un fenómeno que no puede ser encuadrado dentro de los conocimientos actuales de psiquiatría o psicología.

Algunos investigadores, como Saavedra-Aguilar y Gómez-Jeria, han llegado a apuntar que encontrarse cerca de la muerte no parece ser una condición imprescindible para experimentar una ECM. Como conclusión de este llamativo artículo los autores rechazan frontalmente cualquier modelo religioso o trascendental a la luz de los conocimientos presentes. «Recientes análisis neurológicos de algunos eventos religiosos [...] parecen correlacionarse bien con cierta fenomenología de tipo epiléptico, sugiriendo que nos encontramos en el camino correcto para poder separar los elementos físicos y aquellos que parecen metafísicos».

En un interesante artículo publicado en 1990 en *The Lancet*, Owens, Cook y Stevenson estudiaron a 58 pacientes que habían experimentado una ECM. Sin embargo, en este grupo tan solo 28 se habían encontrado realmente en una situación cercana a la muerte.

Respecto a los seres de luz existe también cierta controversia. En ocasiones parece presentarse una entidad desconocida pero llena de luz a la persona que ya ha atravesado el túnel. Esta situación parece darse tan solo en aquellas ECM en las que no se han presentado familiares ya fallecidos o conocidos de la persona que ha emprendido el último viaje de su vida. Como bien apunta Moody en su libro *Vida después de la vida*, las creencias religiosas de la persona que sufre la ECM modelan la interpretación del ser de luz que ha visto. Es decir, los cristianos ven a Cristo, los musulmanes ven a Mahoma, los judíos a un ser angelical y los que no tienen creencias religiosas simplemente hablan de un ser de luz. Es importante destacar que los cristianos no ven a un Cristo crucificado ni con una corona de espinas, ni tampoco los musulmanes dicen ver a un ser tocado con turbante: todos acaban viendo a un ser lleno de luz cuya imagen reinterpretan según las creencias personales una vez superado el proceso que desencadenó la ECM. Podríamos llegar a la conclusión de que este encuentro con el ser luminoso no es otra cosa que una conversación entre una parte y el todo. Es decir, la persona se enfrenta «como es» a «como debería ser». En otras palabras, es una referencia de evolución personal, una meta que alcanzar.

Es interesante resaltar que la mayor parte de las personas que han sufrido ECM han cambiado su actitud ante su propia espiritualidad y ante la religión que profesaban. Tanto católicos como musulmanes o judíos llegan a convencerse de que los principios de todas las religiones son prácticamente idénticos, aumentando más bien su espiritualidad que su adhesión a alguna corriente doctrinal determinada.

Podemos afirmar, sin apenas riesgo de equivocarnos, que las ECM son totalmente armónicas con las principales creencias religiosas. Excepto en el caso de los suicidas, que resultan «malditos» para la mayor parte de las religiones y que, sin embargo, experimentan las mismas etapas y los mismos encuentros con seres de luz sin que, aparentemente, esta «mala acción» según desde el punto de vista religioso les haya afectado en su ulterior vida, hasta el punto de que la mayor parte de ellos rechazan volver a cometer intentos de suicidio.

Uno de los capítulos más fascinantes que ocurren respecto a las ECM no es solo la transformación espiritual de la persona, sino la adquisición de cualidades y percepciones extrasensoriales: telepatía, precognición, influencia sobre aparatos eléctricos, capacidades curativas sobre terceros, escritura automática, etc. Características, por otro lado, que se corresponden con las teorías espirituales que dicen que aquellos que han rozado el más allá adquieren algunas de sus cualidades y poderes, que pueden traer de vuelta a este mundo.

Linz Audain estudió, en 1999, las publicaciones de diversos investigadores (Moody, Morse, Sabom, etc.) y halló cifras semejantes de hombres y mujeres (hombres, 259; mujeres, 269), sin diferencias estadísticamente significativas a la hora de presentar ECM.

LAS ECM Y LOS ESCÉPTICOS

En 1772 la que era en aquel entonces la academia científica más prestigiosa del mundo occidental, es decir, la francesa, constituyó un comité para investigar lo que ahora llamamos meteoritos. Después de largas deliberaciones y examinar muchísimas pruebas, el sabio comité acabó afirmando con rotundidad: «No pueden existir rocas calientes que caigan del cielo porque no existen rocas en el cielo que puedan caer. El que algunas personas hayan visto estos fenómenos se deberá a otras explicaciones o alucinaciones, bien a rocas que hayan sido dañadas por el impacto de un rayo o erupciones volcánicas, a cualquier fenómeno no extraño a lo conocido». Tan grande era el prestigio del comité y tan convincentes sus argumentos que, aunque parezca mentira, la mayor parte de los museos de Europa occidental tiraron a la basura todos sus ejemplares de meteoritos. En definitiva, los meteoritos se convirtieron en un objeto de superstición ligado a los tiempos en los que Jehová fulminaba a los mortales mediante cuerpos celestiales. Pocos años después, en 1803, después de otro informe de la academia, finalmente se admitió la existencia de los meteoritos, pero los científicos no aprendieron nada de humildad. Simplemente se congratularon por corregir los errores de sus predecesores. No obstante, personas de la talla de Thomas Jefferson, uno de los fundadores de la patria estadounidense, tercer presidente de Estados Unidos y presidente de la Sociedad Americana de Filosofía, reaccionó de la siguiente manera cuando dos astrónomos de Nueva Inglaterra encontraron un meteorito en Connecticut y postularon que era de origen extraterrestre: «Creería más fácilmente que dos profesores *yankees* mintiesen a que las rocas pudieran caer del cielo».

Pocos años después, en 1831, la misma academia francesa constituyó otro comité, esta vez para investigar lo que en aquel entonces se llamaba clarividencia. Es decir, la percepción de objetos o eventos que no se encuentran accesibles a los órganos sensoriales en el momento de su percepción. Para sorpresa de muchos miembros de la academia, el comité informó de que la clarividencia había sido satisfactoriamente demostrada, pero, al contrario que en el caso de los meteoritos, la academia acabó sentenciando que «la clarividencia no era otra cosa que una estúpida superstición». La ciencia mecanicista de Galileo y Newton no era capaz de acomodarse a ese fenómeno, así que el informe fue apartado y olvidado.

ORÍGENES DE LOS ESCÉPTICOS

Hasta el siglo XVIII la mayor parte de los científicos y filósofos interpretaba y apoyaba la existencia de prácticamente todos los fenómenos en relación a un mundo espiritual. Estos fenómenos ocurrían por voluntad divina o, por el contrario, por un diabólico plan de Lucifer. Cuando algunas personas, de manera individual, exhibían estos fenómenos, por ejemplo, para curar enfermos o para ver el futuro, se les llamaba santos. Por el contrario, cuando se utilizaba el conocimiento de estos fenómenos para obtener resultados del lado oscuro, el destino final podía ser la hoguera, bajo acusación de brujería.

Todo esto comenzó a cambiar desde el nacimiento de Galileo en 1564 y sobre todo después de la muerte de Newton en 1727. Los avances científicos durante este periodo tuvieron gran impacto no solo sobre la vida diaria del ciudadano, sino también sobre su manera de pensar. Fue justamente en este periodo cuando la distinción entre natural y sobrenatural, entre normal y paranormal, se fue construyendo.

El universo comenzó a verse como un gigante mecanismo de relojería. Un mecanismo con una regularidad totalmente predecible. Ya no quedaba espacio en el universo para la magia ni para aquellas cosas que no pudiesen ser comprendidas con la metodología conocida del momento.

Durante el siglo de oro de los conocimientos y de la luz, otros personajes como Diderot y Voltaire desarrollaron una visión moderna del mundo determinista que no dejaba lugar a ningún fenómeno divino. No podemos olvidar que, en el siglo anterior, el propio Descartes había afirmado que los cuerpos de los animales y de los seres humanos eran simples máquinas gobernadas totalmente por las leyes de la física. Más aún, los animales no eran otra cosa que autómatas sin mente, pero los hombres, por el contrario, poseían un alma y eran la única excepción en el universo. Sus sucesores acabaron el debate pensando que ni siquiera los seres humanos poseían alma, sino que eran tan solo máquinas autorreguladas.

Uno de los mayores críticos de esa época fue David Hume, filósofo escocés, que convirtió en blanco de sus críticas especialmente a la Iglesia, a la que consideraba, quizás no muy equivocadamente, responsable de siglos de oscurantismo y supersticiones. Los milagros no existen, argüía Hume en 1748, ya que son contrarios a la naturaleza y a la experiencia uniforme humana. Hoy en día, sus seguidores todavía aplican este tipo de pensamiento y dejan aparte de la ciencia todo un grupo de asuntos, los llamados paranormales. Paradójicamente, hasta unos pocos años antes de los postulados de Hume, el argumento habría sido equivocado, ya que si bien los milagros, ciertamente, no son comunes, sí que han sido observados con tal frecuencia que se podría concluir, de forma inversa, que la experiencia humana no es uniforme. La conclusión, quizás un poco prepotente de los científicos de aquella época, es la de una realidad mecanicista, asumiendo que las leyes de la naturaleza no se pueden romper. Una vez que el ser humano conoce dichas leyes, los milagros ya no tienen cabida en la nueva percepción científica del mundo.

A pesar de este tipo de concepción de la realidad, los milagros siguieron sucediéndose: sanaciones espirituales, visiones, telepatía, etc., hasta el día de hoy. Para la ciencia de Newton, Galileo y Kepler no existía la posibilidad de acomodar la realidad de estos fenómenos. El escepticismo basado en el modelo de Hume se había apoderado de la interpretación científica de todo. De esta manera, cuando ha ocurrido un hecho que no puede ser interpretado desde este punto de vista, simplemente se deshecha como increíble, como un legado de la irracional y supersticiosa época precientífica.

En ocasiones, cuando algún científico ortodoxo intenta, aunque sea tímidamente, explorar el terreno de lo paranormal, le puede ocurrir lo mismo que al premio Nobel de Física de 1973, Brian Josephson, que tuvo la osadía de escribir: «La teoría cuántica es ahora fértilmente combinada con teorías de la información y de la computación. Estos desarrollos podrían llevarnos a explicaciones de procesos todavía no bien comprendidos por la ciencia convencional como, por ejemplo, la telepatía, en la que Gran Bretaña se encuentra en la vanguardia de las investigaciones». La inquisición científica no tardó en poner en marcha los mismos mecanismos que otrora negaban la existencia de los meteoritos. David Deutsch, otro físico especialista en mecánica cuántica de la Universidad de Oxford, declaraba: «Estas ideas son una basura», refiriéndose a la hipotética relación entre la física cuántica y la telepatía. Algunos otros escritores, como el editor científico de *The Observer*, llegaban a insinuar que al premio Nobel «se le había soltado un tornillo» (McKie, 2001). El escándalo adquirió tintes internacionales. El profesor Herbert Kroemer, de la Universidad de Santa Bárbara en California, llegó a declarar: «Soy totalmente escéptico. Pocas personas creen que la telepatía exista ni menos aún que los físicos podamos explicarla».

Paradójicamente, el propio Deutsch, aplicando un doble rasero acerca de las evidencias científicas, es uno de los principales propulsores de teorías aventuradas. Por ejemplo, la existencia de billones de universos paralelos que nos rodean o viajar libremente en el tiempo. Cosas de las que no existen evidencias, o, al menos, no existen en mayor medida que la telepatía desde el punto de vista científico. Ha llegado a escribir, en su libro *The Fabric of Reality*: «Nuestras mejores teorías no son solo mejores que el sentido común, sino que tienen más sentido que el propio sentido común». Aseveraciones sobre temas no demostrados que, si hubiesen sido expresadas por parte de investigadores del clásicamente denominado mundo paranormal, él habría sido, probablemente, el primero en censurar.

La controversia no acabó ahí. Otros importantes científicos comenzaron a apoyar los postulados de Josephson. Bernard Carr, cosmólogo de la Universidad de Londres, arguyó que «aunque la posibilidad de percepción extrasensorial fuese realmente escasa, su existencia sería de tal importancia que, seguramente, vale la pena realizar esfuerzos en su estudio».

Josephson, por su parte, aseguró que la negación de los fenómenos paranormales tampoco era la norma entre todos los científicos, contrariamente a lo que la mayor parte de los escépticos podría pensar. Si parece lo contrario es porque muchos científicos guardan sabiamente su opinión en público; cosa que, en mi modesta experiencia personal, suele suceder también con las ECM. Las ECM son un hecho, si bien sus evidencias por propia naturaleza no se pueden someter a un exhaustivo estudio científico. «Hoy por hoy es imposible verificar cualquier teoría que explique el proceso completo de la muerte», dijo Cook en 1989.

Para autores como Linz Audain se podría ir más allá de las explicaciones de las ECM que solo distinguen entre lo sobrenatural y las teorías materialistas. Este autor postula la posibilidad de que las ECM sean eventos reales sobrenaturales que no pueden ser explicados desde los confines tecnológicos de la ciencia actual. Según Audain, la ciencia está plagada de ejemplos similares donde las explicaciones científicas fueron previas a su posterior comprobación mediante la tecnología, que en un primer momento no existía.

Nancy Evans ironiza acerca de la distancia, en ocasiones tan grande, entre las personas que creen en las ECM y los totalmente escépticos: «Unos parecen tan etéreos que flotarían si no se atasen, y otros, los científicos ortodoxos, no son capaces ni de mirar hacia arriba ni de flotar aunque lo intentasen».

Uno de los casos más llamativos en relación a esta lucha entre creyentes y escépticos es el de la psicóloga británica Susan Blackmore. Ella comenzó sus estudios en el campo de la parapsicología en la década de 1970, supuestamente con la dedicada intención de encontrar algún fenómeno que no conjugara con la ciencia ortodoxa. Sin embargo, en 1987, declaró: «Cuando inicialmente decidí ser parapsicóloga no tenía ni idea de que después de veinte años no iba a encontrar ni un solo hecho paranormal». A través de varias publicaciones, Blackmore se fue mostrando cada vez más escéptica, hasta el punto de que algún otro investigador, como Rick Berger, comenzó a examinar detalladamente los experimentos de Blackmore, descubriendo que los supuestos «numerosos años de intensa investigación» constituían tan solo una serie de estudios muy deficientes que únicamente habían durado un par de años y que habían servido para su disertación doctoral. Berger también descubrió que si bien solo 7 experimentos sobre 21 resultaron exitosos, la posibilidad de que esto hubiese ocurrido solo por azar era de 1 entre 20.000. Berger afirma que Blackmore aplica un doble rasero a sus experimentos: cuando alguno de ellos parece mostrar alguna evidencia, los resultados se desechan por aparentes fallos en su diseño. Por el contrario, cuando alguno de sus experimentos no muestra evidencia alguna, la investigadora simplemente ignora la calidad del diseño. Para Susan Blackmore solo existen dos puntos de vista que expliquen las ECM:

1. Hipótesis de vida después de la vida. La ECM sería una experiencia real con el alma viajando hacia un mundo no material más allá de los límites del tiempo y el espacio.
2. Hipótesis del cerebro moribundo. Todos los fenómenos de las ECM se deben a resultados del proceso de muerte cerebral.

Para Cook las ECM no serían otra cosa que el canto del cisne de nuestra conciencia, la floración final, el éxtasis de los sueños y la resolución de todos los problemas. Para este autor, el punto crucial es que el tiempo presente, pasado y futuro deja de existir. La lógica que sustenta esta afirmación parece ser clara: para todo ser viviente el momento próximo es uno de los más importantes. Por ejemplo, ¿qué voy a comer? Sin embargo, en la muerte el único parámetro es el presente. El tiempo pasado y el venidero son inexistentes. La mente se encuentra aislada en sus últimos momentos de muerte y la recreación de un paraíso personal sería una idea plausible. Asimismo, este investigador encuentra lógico que una mente aislada pero cargada de recuerdos y memorias encuentre, en momentos tan críticos, las figuras de todos los que le quisieron pero que ya han fallecido. Para Cook existen tres parámetros que podrían constituir los pilares de una ECM:

1. Nada abandona el cuerpo en el momento de la muerte. Todo ocurre en el cerebro de la persona que está falleciendo.
2. En los momentos finales de muerte, cuando el cerebro sucumbe a la falta de combustible, nuestra consciencia emprende un viaje único y vívido de experiencias saturadas de felicidad y faltas de estrés, tensiones, culpas y remordimientos.
3. A medida que desaparece la vida, esta experiencia queda indeleble en la consciencia de la persona que la está experimentando. Dura para siempre en los parámetros temporales de la persona agonizante.

Para este autor, el primer supuesto resulta difícil de negar mientras que los otros dos son imposibles de confirmar.

POSIBLES CAUSAS DE LAS ECM

Desde que en 1975 Raymond Moody publicó su libro *Vida después de la vida*, afirmando que cientos, por no decir miles de personas han sufrido ECM, son numerosos los científicos que nunca habían prestado la menor atención a este fenómeno y que comenzaron a estudiar este tipo de experiencias. En pocas palabras, Moody observó que estas personas abandonaban sus cuerpos y veían cómo intentaban resucitar desde más arriba de su cuerpo. También hablaban del túnel oscuro dirigiéndoles hacia una luz brillante, el encuentro con el ser de luz que les ayuda para evaluar y juzgar sus vidas y, finalmente, la decisión de volver a la vida. Paradójicamente, si bien era de esperar que este tipo de experiencias arraigase de una manera profunda entre cierto perfil de personas, como por ejemplo las que presentan cierto desarrollo religioso, no es menos cierto que numerosos científicos de muy alto nivel también se han visto seducidos por esta idea y han intentado buscar explicaciones, no solo desde el punto de vista neurofisiológico, sino también desde una visión cosmológica, filosófica y, en los últimos años, desde una perspectiva del universo cuántico.

Más de treinta años después del libro de Raymond Moody prácticamente ya nadie se cuestiona si las ECM existen o, por el contrario, son un simple fruto de la imaginación y la invención de unos cuantos desequilibrados. Más aún, los científicos más ortodoxos admiten su existencia, si bien, lógicamente, discuten los mecanismos que generan dichas experiencias, ya que son comunes a casi todas las culturas, al margen de sus creencias religiosas.

Algunas historias modernas relacionadas con las ECM pueden ser falsas o exageradas debido al inmenso cúmulo de información que satura a las personas que muestran interés, particularmente en internet. La cuestión es: ¿por qué existe un patrón similar entre todas las personas? Las teorías comúnmente esgrimidas podríamos agruparlas en siete grupos generales:

1. Expectativas.
2. Administración de drogas.
3. Endorfinas.
4. Anoxia (falta de oxígeno) o hipercapnia (exceso de dióxido de carbono).
5. Despersonalización.

6. Estimulación del lóbulo temporal.
7. Que hubiese realmente vida después de la muerte.

Quizás fue Oskar Pfister, allá por la década de 1930, quien ofreció la primera interpretación psicodinámica de las ECM describiéndolas como una defensa frente al temor a morir. Parece indudable que las expectativas culturales influyen sobre el desarrollo de la ECM. De esta manera, en algunas culturas se experimenta, por ejemplo, la sensación de entrar en un túnel o bien la revisión vital y en otras, por el contrario, no sucede nada de esto. Sin embargo, si atendemos a la experiencia como un conjunto sí parece que todas presentan un eje común. Esto podría aclarar nuestros conceptos respecto al hecho de que niños que apenas han sufrido influencia cultural alguna presenten, sin embargo, procesos similares durante su ECM a los de los adultos. Esto lo he visto tanto en la literatura científica como en mi propia experiencia profesional con niños a los que he entrevistado.

Las expectativas parecen tener un efecto bastante determinante sobre las ECM. Sin embargo, podríamos hablar de dos aspectos diferentes relacionados con este factor. El primero de ellos es que las ECM suelen ocurrir a personas que creen que están muriendo cuando, de hecho, no tiene que darse una situación clínica de emergencia grave. La conclusión es que no necesitamos encontrarnos cerca de la muerte física para vivir una ECM. Sin embargo, Owens, Cook y Stevenson revisaron, en 1990, las historias clínicas de varias personas que habían sufrido una ECM y observaron que los que se encontraron realmente en peligro experimentaron una mayor visión de luces y una mejora de sus funciones cognitivas que aquellos otros que no cumplieron los criterios médicos de encontrarse realmente cerca de la muerte. Más aún, algunos aspectos de las ECM, como las experiencias extracorpóreas, pueden ocurrir en cualquier momento y a personas perfectamente sanas (Blackmore, 1982). Es decir, las diferencias entre las personas que viven una ECM estando en verdadero riesgo de morir y los que no se encuentran tan cerca de la muerte son escasas si las comparamos con las similitudes de todas las experiencias. Así, este tipo de fenómenos han sido relatados por una gran diversidad de personas que se encontraban, a su vez, bajo diferentes situaciones vitales como, por ejemplo, mineros atrapados, náufragos en alta mar, iniciados en ritos chamánicos, e incluso personas que padecían intensas depresiones o alteraciones neurológicas de tipo epiléptico.

En la Antigüedad este tipo de experiencias eran asociadas sin ningún tipo de complejo al mundo místico. Sin embargo, el mundo moderno parece no encontrarse cómodo con asociaciones que tengan que ver con alguna religión determinada, e incluso muchas personas llegan a avergonzarse de este tipo de situación, por lo que prefieren simplemente rechazar la existencia de este tipo de fenómenos sin entrar en mayores análisis del mismo. Posicionamiento, desde mi punto de vista, que han adoptado muchos científicos pertenecientes al grupo de los escépticos, humanistas, ateos y otros amigos del materialismo y del positivismo empírico, propio de muchos académicos ortodoxos que parecen anclarse en un pasado darwinista del siglo xix más que en una ciencia holística que intente comprender lo que nos sucede de una manera global. Por este motivo, la mayor parte de los investigadores que bucean en las ECM prefieren ceñir sus estudios en el entorno hospitalario y frío de la medicina más que en otros ámbitos donde también se produce este tipo de sucesos.

Resulta llamativo que las personas que se encontraron cerca de la muerte afirmaron, de manera significativa, haber visto en mayor medida túneles, espíritus, luces y eventos que sucedían en torno a su cuerpo que aquellos que no estuvieron tan cerca de la muerte, según observó Sabom en 1982. En segundo lugar, los detalles de la ECM pueden variar según las expectativas que tengamos acerca de la muerte. En cualquier caso parece existir un patrón general entre todas las culturas, hecho que sugiere que las expectativas religiosas no son responsables para la experiencia o, al menos, para la mayor parte de sus características. Justamente por este motivo podríamos esperar que los que intentan suicidarse presenten experiencias de tipo infernal, pero no es así, como demostraron Greyson y Stevenson. No solo eso, sino que sus ECM son similares a las de los demás e incluso reducen futuros intentos de suicidio.

CIRCUNSTANCIAS DETONANTES DE UNA ECM					
	Enfermedad	Trauma	Cirugía	Parto	Drogas	Suicidio (%)
Greyson (1980)	40	37	13	7	4	-
Ring (1980)	60	23	-	-	-	17
Green y Friedman (1983)	48	44	-	-	-	8

Fuente: Greyson (2009), modificado y ampliado por el autor.

Todo ello sugiere que si bien las expectativas pueden cambiar los detalles de cada ECM por su posterior interpretación cultural, no parecen ser la razón principal de su génesis dada la similitud entre todas las culturas independientemente de la edad o sexo del individuo. Es decir, la interpretación cultural posterior a la ECM parece ser una de las claves fundamentales a la hora de entender este proceso.

Además de lo anteriormente descrito, Greyson observó, en 1983, que de 69 casos de ECM un 33 por ciento fue debido a complicaciones de la cirugía o el parto; un 23 por ciento al empeoramiento de una enfermedad o problemas del embarazo; y un 22 por ciento a un accidente. En menor medida hubo paro cardiaco (10 por ciento), pérdida de la consciencia por causas desconocidas (6 por ciento) o intento de suicidio (6 por ciento). Este mismo autor, en otro estudio publicado en 1991, observó, por ejemplo, que de 61 personas que habían intentado suicidarse, 16 vivieron una ECM, y de estos el 88 por ciento reportó tener conocimientos previos de lo que supone una ECM. En otro estudio realizado por Stevenson entre 1989 y 1990 se observó que la mayor parte de los casos de ECM, un 72,5 por ciento, se debieron a enfermedades, cirugía y partos. El resto sucedió debido a accidentes (22,5 por ciento) y sobredosis de drogas (5 por ciento).

Llama la atención la posible influencia cultural sobre la aparición de las ECM. Por ejemplo, en un amplio estudio realizado en China

(Zhi-ying, 1992) sobre personas que habían sobrevivido a un gran terremoto, se observó que nada menos que el 40 por ciento de los que se habían encontrado en auténtico riesgo de morir habían experimentado una ECM. Es decir, un porcentaje sensiblemente mayor que el observado en Occidente, que oscila entre el 10 y el 20. También resulta de interés en este estudio chino que tanto la edad como el sexo, estado civil o nivel educativo, así como los detalles sobre personalidad, traumatismos cerebrales, conocimiento previo de las ECM o creencias en espíritus, fantasmas, dioses, ideas particulares sobre el destino no alteraron el contenido de las ECM. Asimismo, estos investigadores encontraron que los contenidos presentados durante la ECM no guardaban relación con alteraciones en el estado de consciencia, duración de la pérdida de consciencia o visiones previas de la muerte.

ADMINISTRACIÓN DE DROGAS

Son muchas las personas, incluso científicos, que piensan que todo es un simple producto de la administración de ciertas drogas utilizadas, por ejemplo, en el ámbito clínico, particularmente relacionadas con la anestesia u otro tipo de fármacos. Sin embargo, Greyson afirma que solo 127 casos (22 por ciento) sobre 578 personas que habían sufrido una ECM ocurrieron bajo anestesia general, incluyendo su correspondiente experiencia extracorpórea.

Roy John y colaboradores estudiaron en 2001 los registros electroencefalográficos de pacientes antes y durante la anestesia, observando que la pérdida de consciencia se asocia con un aumento de frecuencias bajas en el rango de las ondas delta y theta, mientras que las ondas de alta frecuencia tipo gamma pierden potencia. Estos cambios revirtieron con la vuelta de la conciencia, una vez que cesaba la anestesia, lo que subraya la muy probable imposibilidad de actividad mental suficientemente estructurada como para experimentar una ECM desde el constructo meramente fisiológico. En otras palabras, un cerebro bajo anestesia no parece ser el mejor sustrato para reproducir la parafernalia sensorial que suele ocurrir en las ECM. En otros estudios se ha llegado a ver que una persona bajo anestesia puede recibir estimulación auditiva en las áreas cerebrales más primitivas, pero las comunicaciones con el resto de la corteza cerebral parecen estar sumamente disminuidas, por lo que dichos estímulos no llegarían a formar parte de la consciencia del individuo.

Sin embargo, la mayor parte de los científicos, incluidos los escépticos, descartan que sea este el motivo de las ECM, ya que existen numerosos estudios en los que se observa que personas a las que no se ha administrado el menor fármaco presentan, a pesar de todo, ECM. Asimismo, personas que han sufrido accidentes, por ejemplo caídas haciendo montañismo, también presentan ECM. Más aún, las personas que han recibido sustancias anestésicas o analgésicos presentan menos ECM o son menos floridas en su sintomatología. Parece ser, en caso de que alguna droga tuviese algo que ver con la aparición de este tipo de experiencias, que dicha sustancia tendría más que ver con una producción del propio cerebro que con un aporte externo.

Greyson advierte que si bien alguna de estas experiencias que presentan elementos propios de las ECM podrían ser inducidas por ciertas drogas, no es menos cierto que los efectos propios de estas sustancias, ya sea heroína, cannabis, ketamina o cualquier otra, se encuentran fuertemente mediadas por la psicología del individuo que las toma. Es decir, que si bien cada droga presenta síntomas propios, no es menos cierto que muchos de los efectos dependen de la estructura mental del individuo que se las administra. De esta manera, como el propio autor explica, un aumento, por ejemplo, de la adrenalina producirá efectos distintos en una persona que se encuentre enfrentándose a un examen o bien durante un combate en Afganistán. Esto explica que ni la fisiología ni la situación social momentánea pueden traducir por sí solas el efecto de dicha droga, sino que tenemos que examinar ambas dimensiones para entender su efecto. Esta importante conclusión es la que nos debería llevar a meditar sobre la importancia que tienen las ECM a la hora de comprender los mecanismos de percepción humana respecto a la realidad que nos rodea.

La ketamina, un anestésico que ocupa los receptores NMDA,[11] ha sido considerada responsable de parte de estos efectos, como viajar a través de un túnel oscuro hacia la luz, creer que uno mismo ha muerto o comunicarse con Dios. Albert Hoffman, el científico que sintetizó por primera vez el ácido lisérgico, relató como la peor experiencia de su vida una intoxicación con ketamina. El autor de este libro, que se ha dedicado durante muchos años a estudiar y tratar los efectos de las drogas sobre el cerebro y el comportamiento humano, da fe de que las intoxicaciones con esta sustancia pueden llegar a provocar estados psicológicos rayanos en la locura. Uno de mis pacientes, que tomó ketamina de forma lúdica para experimentar durante una noche de fin de semana, acabó en la sala de Urgencias del hospital psiquiátrico después de comenzar a tener fuertes alucinaciones en las que el suelo de la Gran Vía de Madrid le pareció que comenzaba a convertirse en una especie de jalea negra que se hundía bajo sus pies poniendo en peligro su vida. Las experiencias con ketamina suelen ser, de hecho, tan desagradables que son pocas las personas que desean repetirlas, cosa que no ocurre, casi bajo ningún concepto, con las ECM.

ENDORFINAS

Daniel Carr y el autor de este libro han descrito el posible papel de las endorfinas en el momento de la muerte y, posiblemente, en las ECM. Las endorfinas que se segregan en los momentos de estrés, ya sea por trauma físico o por el miedo a morir, tienen la función de bloquear el dolor e inducir sensaciones de bienestar, incluso placer. Esto podría explicar la actitud positiva de los que experimentan ECM. No existe mucha bibliografía al respecto, pero podrían tener algo que ver estas sustancias, las endorfinas, con las sensaciones pla-

---

[11] Los NMDA son receptores ionotrópicos de glutamato, un neurotransmisor, que actúan como componentes prioritarios en la plasticidad neuronal y la memoria. El acrónimo NMDA procede de N-metil D-aspartato.

centeras en las ECM; y su ausencia con las experiencias infernales. I. Judson y E. Wiltshaw describen, en 1983, el caso de una persona enferma de cáncer, de setenta y dos años de edad, a la que se administró naloxona, un antagonista de los opiáceos. Es decir, una sustancia contraria a la acción de las endorfinas. Lo que estaba siendo, al parecer, una ECM placentera, se convirtió en pocos momentos en una experiencia horrible y desesperanzadora. Este hecho sugiere que la naloxona había bloqueado las endorfinas, lo que tuvo consecuencias desagradables.

Morse afirma que las endorfinas no son responsables y que, sin embargo, otros neurotransmisores como la serotonina desempeñan un papel mucho más importante. Por ejemplo, de 11 niños que habían sobrevivido a una enfermedad grave, incluyendo el coma y la parada cardiaca, 7 reportaron ECM, mientras que 29 que habían sufrido un tratamiento similar, incluyendo el uso de narcóticos, no experimentaron ninguna ECM. No es menos cierto que podría ser cuestionable si los efectos de las medicaciones administradas durante su enfermedad podrían compararse a las endorfinas. Jansen cree que la capacidad alucinatoria de las endorfinas no es suficientemente potente, pero, en cambio, los receptores NMDA podrían estar involucrados en las sensaciones de la experiencia.

ANOXIA O HIPERCAPNIA

Si bien la falta de oxígeno ha sido descrita en algunas publicaciones como la causa principal de las ECM, no es menos cierto que muchas ECM ocurren en condiciones óptimas de oxigenación. Por ejemplo, cuando la persona simplemente cree que va a morir.

Otros arguyen que la desinhibición cortical asociada con la falta de oxígeno podría ser la responsable de la experiencia de la luz y del túnel. Ya que el córtex visual está organizado con numerosas células dedicadas al centro del campo visual y muchas menos al periférico, resulta comprensible que cuando comienza una excitación aleatoria de todas estas células aparezca una luz brillante en el centro que se va diluyendo en un aparente entorno de oscuridad. En otras palabras, el famoso efecto túnel. Blackmore sugiere que es más bien la desinhibición cortical, y no la anoxia, la responsable de las ECM.

Es bien conocido que la anoxia en situaciones vitalmente no comprometidas puede causar extrañas experiencias, por ejemplo, visiones o experiencias extracorpóreas como las que relatan los pilotos sometidos a pérdidas de consciencia en máquinas de centrifugación. Sin embargo, los pilotos presentan síntomas añadidos que no se parecen en nada a las ECM, como temblor de las piernas, alteración de la memoria, confusión y desorientación al despertar y cierto tipo de parálisis transitoria. Más aún, si leemos atentamente los trabajos de esta autora, veremos cómo los pilotos si bien presentan visiones de personas durante su inconsciencia, son siempre sobre personas vivas y nunca sobre gente ya fallecida. También se puede observar que no existe ningún tipo de revisión vital ni menos aún experiencias extracorpóreas tan fieles como las que se describen en las ECM.

A este respecto, falta de oxigenación, podría corresponder la experiencia relatada por Ada: «Padezco asma y hace unos cinco años tuve algunas crisis un tanto seguidas que me obligaron a ir al hospital y estar ingresada unos días. Pues bien, en una ocasión, después de comer, me quedé relajada, ya que me habían puesto una máquina para mejorar mi respiración. Mientras veía la televisión mi madre se fue al pasillo a estirar las piernas. Momentos después me quedé dormida, y sin darme cuenta comencé a ver una luz que se acercaba poco a poco. Para mi sorpresa, al llegar a un cierto punto empezó a alejarse. Al despertarme pude observar que me estaban reanimando, ya que estaba dejando de respirar. Esa experiencia nunca se me olvidará. Puedo decir y doy fe de que la luz sí existe, y a mí me quedó poco para ir hasta ella».

Una situación típica de falta de oxígeno en el cerebro es la que podría darse de forma posterior a una parada cardiorrespiratoria en la que, una vez que el corazón comienza a cesar su actividad o bien entra en fibrilación ventricular, ocurre una parada instantánea de tipo circulatorio. En ese instante los niveles de oxígeno, particularmente los del cerebro, que es uno de los órganos que más consume este preciado gas, comienzan a caer a niveles próximos al cero. La repercusión sobre la actividad cerebral puede detectarse a los seis u ocho segundos mediante electroencefalograma, y tan rápidamente como en diez o veinte segundos se obtiene una línea plana en la gráfica de este aparato. Es decir, la parada cardiorrespiratoria genera muy rápidamente los tres signos fundamentales de muerte: ausencia de función cardiaca, de respiración y de reflejos.

Existen cientos de casos en los que bajo las tres premisas anteriores han ocurrido muy floridas ECM. No es menos cierto que una hipótesis plausible podría ser que el aparato que realiza el electroencefalograma y sus técnicas circundantes no fuesen lo bastante sensibles como para detectar actividad cerebral subyacente. Sin embargo, tampoco es esta la cuestión, ya que no se trata de saber si existe una actividad cerebral mínima o primitiva, sino una actividad y una dinámica cerebral lo suficientemente rica como para poder construir todos los síntomas y experiencias relacionadas con las ECM. Ya que, si para tener consciencia necesitamos una actividad cortical intensa y esta, a su vez, se suprime, por ejemplo mediante la anestesia, resulta incomprensible que se produzcan las ECM bajo esta situación límite. Más aún cuando el cerebro para producir estas ECM debe procesar y almacenar información sumamente compleja. Este es quizás uno de los pilares que no ha sido resuelto, entre otros tantos, a día de hoy, de este tipo de fenómenos: ¿cómo es posible tal claridad mental y memoria de la experiencia, así como la sensación de realidad de la misma, bajo una situación neurológica tan deprimida? Por este motivo Sam Parnia y Peter Fenwick afirmaban, en 2002: «Cualquier alteración sobre la fisiología cerebral, como las que ocurren durante la hipoxia, la hipercapnia, alteraciones metabólicas, drogas o convulsiones, produce una desorganización de las funciones cerebrales y de la atención [...]. Mientras que durante las paradas cardiorrespiratorias no parecen producirse estos estados de confusión, sino que incluso se acentúan la sensación de alerta y la atención, así como la consciencia y la memoria de una manera totalmente inesperada».

En contra de este tipo de razonamientos son muchos los investigadores que afirman que la anoxia es incompatible con la claridad mental de las personas que sufren una ECM. Esto también es discutible, pues tanto el grado como la velocidad en que se produce la falta de oxígeno presentan distintos síntomas. Más aún, existe un caso recogido en la literatura científica en el que, aparentemente, los niveles de oxígeno llegaron a medirse y se encontraban dentro de la normalidad (Sabom, 1982). Ahora bien, otros autores critican este caso registrado, ya que la sangre se obtuvo de la arteria femoral. Es decir, de un lugar periférico alejado del cerebro y quizá no significativo respecto al problema que estamos tratando (Gliksman y Kellehear, 1990).

También hemos analizado a autores que ven incompatibles estos procesos metabólicos con una estructuración coherente de dichas vivencias. Por ejemplo, Evangelista, a quien ya hice alusión en el capítulo IV, describe el episodio que su madre pasó a relatarle después de una ECM provocada por un accidente de tráfico: «... y lo que le resultó más extraño es que estaba totalmente consciente y con los sentidos normales (oía, veía, sentía, etc.). Incluso me contó que hablaba en voz alta diciendo: "¿Dónde estoy?". Luego llegó al final del túnel y comenzó a ver una luz que cada vez se hacía más grande. Ella le preguntó a esa luz: "¿Qué será de mi hijo? ¿Qué sucederá con él si yo me voy?". Luego la luz brilló aún más fuerte, envolviéndola en el resplandor, y despertó del coma sin saber lo que ocurría. Posteriormente perdió el conocimiento, pero cuando fui a visitarla me reconoció. Tendría yo entonces unos cuatro años. Lo que resalto de esta experiencia es el hecho de que no creo que sea una simple reacción cerebral, puesto que los sucesos narrados tanto por mi madre como por otras personas reflejan una serie de eventos concretos con secuencias y patrones definidos, no son imágenes aleatorias que sucederían en una reacción cerebral. Como dije antes, es algo que trasciende los límites de lo físico y lo mental, es algo que solo podré explicar el día de mi muerte».

Para complicar aún más las cosas respecto al tema de los gases y su relación con las ECM, se sabe que el aumento de dióxido de carbono (hipercapnia) en la sangre también produce extrañas experiencias, como visión de luces, experiencias extracorpóreas y experiencias místicas, entre ellas encontrarse con seres del más allá, como testimonió Ladislas J. Meduna en 1958. Sin embargo, este autor no halló otras características típicas de las ECM, como el encuentro con personas ya fallecidas o una revisión vital.

DESPERSONALIZACIÓN

Este es uno de los factores que algunos autores como Noyes tratan en profundidad, sugiriendo que las ECM podrían ser un tipo de despersonalización en la que los sentimientos de desprendimiento del cuerpo, extrañeza y falta de contacto con la realidad, nos protegerían del temor a la muerte. Sin embargo, este mismo autor reconoce que tal explicación podría servir para los que se encontrasen psicológicamente cerca de la muerte, pero no serviría para los que tan solo se encontrasen fisiológicamente cercanos a la muerte y que ignoraran, desde el punto de vista psicológico, tal situación.

Asimismo, en las despersonalizaciones la sensación de realidad propia llega a perderse, mientras que las personas que sufren una ECM suelen describir su vivencia como real e incluso hiperreal. No es menos cierto que subjetivamente la despersonalización en gran parte genera sensaciones desagradables para el individuo, mientras que las ECM suelen ser vividas como intensamente placenteras.

ESTIMULACIÓN DEL LÓBULO TEMPORAL

El lóbulo temporal podría explicar alguno de los síntomas de las ECM. Asimismo es una estructura muy sensible a la falta de oxígeno y es conocido que su estimulación puede producir alucinaciones, distorsiones corporales, *flashbacks* de memoria y experiencias extracorpóreas. No son pocos los autores que, a este respecto, suelen citar a Wilder Penfield, un investigador que construye sus hipótesis en relación a algún tipo de alteración neurológica que él mismo ha podido reproducir, supuestamente, mediante la aplicación de electrodos en el cerebro. Sin embargo, la estimulación eléctrica del córtex no consiste simplemente en activar una región en particular. De hecho, el mismo Penfield reconoce que lo que hacen sus electrodos es provocar una alteración de la actividad eléctrica en la zona vecina al electrodo, lo que produce una serie de patrones de disrupción en el córtex de la zona más próxima. Evidentemente no parece ser un patrón lo bastante sólido como para explicar todos los síntomas relacionados con las ECM. Los resultados relacionados con el tema que tratamos y que logró este científico es que las personas que se encontraban bajo estimulación eléctrica pudieron escuchar fragmentos de música o escenas repetitivas de tipo familiar, pero sus visiones eran descritas como sueños y no como reales, a diferencia de las ECM.

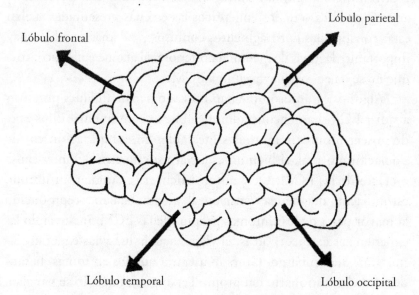

Lóbulo temporal. Estructura neurológica que algunos autores han definido como «la antena de Dios» por sus implicaciones en las experiencias místicas.

El sistema límbico también es muy sensible a la falta de oxígeno y se encuentra relacionado con la organización de las emociones y la memoria, lo que podría sugerir algún vínculo con la revisión vital que sucede en algunas ECM. Un aspecto interesante de las endorfinas es que disminuyen el umbral de excitación del lóbulo temporal y del sistema límbico (Frenk, McCarthy y Liebeskind, 1978). Otros investigadores del tema, como Saavedra-Aguilar y Gómez-Jeria, en 1989, basan su explicación de las ECM en situaciones anormales del lóbulo temporal y otras zonas asociadas del cerebro, ya sean detonadas por la hipoxia o por el estrés psicológico que podría resultar en analgesia, euforia y otro tipo de sensaciones.

Tampoco podemos olvidar que si estamos hablando de estimulación del lóbulo temporal, uno de los mayores ejemplos serían las personas que sufren de epilepsia en esta misma estructura cerebral y cuya alteración se ha asociado con síntomas similares a los de las ECM. Sin embargo, hay un factor determinante que diferencia a ambos: en el caso de los epilépticos las escenas presentadas suelen estar constituidas por fragmentos confusos y, además, también hay importantes lagunas de memoria posteriores al ataque epiléptico, cosa que no se da en los que viven una ECM.

Algunos estudiosos que han buscado personalidades proclives a sufrir ECM han encontrado que el nexo común entre ellos es el de poseer lóbulos temporales inestables en comparación con la población normal, si bien no está claro si esta asociación es causa o efecto de las ECM. Otro autor, Michael Persinguer, utilizando estimulación magnética transcraneal, aseguraba haber reproducido la mayor parte de los síntomas propios de las ECM, incluyendo las experiencias extracorpóreas, el viaje hacia la luz y las experiencias místicas. Sin embargo, Greyson asegura que los síntomas, basándose en el cuestionario del propio Persinguer, tan solo se parecían a los que ocurren en las ECM, ya que los sujetos sometidos a dicho experimento repetían machaconamente que «todo se parecía a» pero que «realmente no era». Es decir, una sensación en la que, subjetivamente, el sujeto, al contrario que en las ECM, conoce lo ficticio de la experiencia. Otros autores, según Greyson, han sido incapaces de repetir los resultados de Persinguer, por lo que cuestionan su validez.

Lógicamente no podemos despreciar una de las teorías más populares entre los seguidores de este tipo de temas, es decir, que las ECM se deben a que realmente existe vida después de esta que actualmente vivimos. Quizá uno de los mayores problemas con el que se enfrenta la ciencia es que todas las presunciones de posibles causas que generan las ECM no pueden explicar por sí solas el proceso completo.

Para muchas personas la ECM no es otra cosa que el instante fronterizo en que «algo» abandona el cuerpo y se dirige hacia «el después». Obviamente, hasta el día de hoy no se ha podido obtener la más mínima evidencia al respecto. Sin embargo, son numerosas las personas y los autores que describen este tipo de experiencias y sus síntomas habituales, como ver cosas del quirófano o del entorno del hospital o incluso presenciar escenas que ocurrían en su casa, a kilómetros de distancia, mientras el protagonista se debatía entre la vida la muerte. Para los científicos más ortodoxos este tipo de testimonios no constituyen prueba alguna, sino más bien una pura anécdota imposible de corroborar.

A este respecto, uno de los casos más famosos, del que se ha hablado en el capítulo VI, descritos por Clark y también mencionado por Raymond Moody, es el de una paciente, en un hospital de Seattle, que supuestamente llegó a ver una zapatilla que se encontraba en una ventana de dicho hospital, fuera de su alcance de visión, mientras sufría una ECM en el quirófano del hospital. Algunos investigadores intentaron localizar a la susodicha paciente sin llegar a encontrarla. A este respecto se han generado algunos experimentos, como el Proyecto AWARE, del doctor Sam Parnia. Consiste en esconder cierto tipo de dibujos simples en distintas áreas de la habitación donde una persona puede sufrir una ECM y, posteriormente, preguntarle si ha podido verlos.

También las transformaciones vitales que algunos individuos sufren después que una ECM han sido consideradas como de origen sobrenatural o divino. Sin embargo, la mera exposición a la muerte suele provocar cambios en los valores personales y algunos autores como Greyson debaten si es realmente necesaria una ECM para sufrir ese cambio vital.

Morse afirma que este tipo de ECM nos puede ayudar a restaurar la dignidad y el control del proceso de muerte, ya que reducen el miedo a la muerte en las personas que sufren la vivencia, y eso ayuda a la mayoría de la población, incluso a los que no han pasado por el trance, a aceptar la muerte como un posible aspecto positivo de la vida. Más aún, el estudio de la vida hasta sus últimas fronteras nos dice mucho más acerca de nosotros mismos y de nuestras vidas que de la propia muerte.

VARIABLES DEMOGRÁFICAS

Curiosamente, una de las preguntas que se nos presentan con mayor frecuencia a los que estudiamos los fenómenos relacionados con las ECM es si, por ejemplo, las mujeres las sufren más que los hombres, los ricos más que los pobres, etc.

Respecto al sexo, algunos autores han encontrado que las mujeres presentan con mayor frecuencia experiencias en las que abundan las luces y los colores, así como los túneles. Respecto a las féminas, Sabom observó que estas, si eran empleadas o trabajaban en el sector servicios, tenían un mayor número de encuentros con espíritus que los varones englobados en la categoría de profesionales. Greyson y Stevenson también observaron una mayor tendencia de las mujeres a mostrar experiencias en reinos extraterrenales. Asimismo, estos autores observaron que las personas que sufrían una ECM en casa o en el exterior también hablaron de encuentros con personajes con mayor frecuencia que los que las vivieron en un entorno hospitalario.

Respecto a la orientación sexual, homosexual, lesbiana, bisexual o transexual, parecería lógico que no existiesen diferencias respecto a la población heterosexual y así es. El único estudio que se ha realizado en este aspecto es el de Liz Dale, en 2001, y en él no se observan diferencias ni en el contenido, ni en la forma de aparición de las ECM. Asimismo, sea cual fuere la orientación sexual de la persona que ha padecido una ECM, existe la misma transformación espiritual que se da en la población heterosexual. Es decir, la orientación sexual no es una variable a ser tomada, hoy por hoy, en especial consideración. Uno de los estudios más amplios de tipo estadístico es el realizado por Liuz Audain en 1999. Después de analizar doce publicaciones entre 1975 y 1996, que acumulaban más de 500 casos de personas que habían sufrido ECM, llegó a la conclusión de que el sexo de la persona no era un factor relevante.

En relación al consumo de alcohol o drogas, sustancias a las que muchas personas responsabilizan, en ocasiones, de la ECM, se observa que los que sufrieron una ralentización del tiempo durante la ECM eran los que menos habían consumido alcohol o drogas.

Greyson comenta, en un estudio del año 2000, cómo en otros trabajos se ha observado una ligera tendencia a indicar que las personas que pasan una ECM habían sufrido abusos sexuales cuando niños. El científico teoriza que quizás este abuso en la niñez podría facilitar que su personalidad desarrollase tendencias disociativas, así como un aumento de su capacidad de manejo de realidades alternativas. Sin embargo, él mismo reconoce que «es una posibilidad atractiva, si bien no probada».

Respecto a la edad, quizás uno de los estudios más amplios (62 casos) es el realizado por Pim van Lommel en 2001, en el que se aprecia que la media es de 58,8 años en el momento de sufrir una ECM. Otro estudio, con algo menos de muestra (27 casos), es el realizado por Greyson en 2003, en el que observa una media de cincuenta y seis años de edad. Asimismo se pueden contemplar estudios en los que se hace referencia a niños de prácticamente todas las edades. En otros casos, como uno relatado por la Fundación de Investigaciones de las Experiencias Cercanas a la Muerte, el sujeto tiene nada menos que noventa y siete años.

La veracidad de los relatos contados por adultos que dicen haber tenido una ECM cuando su edad era menor a un año puede ser puesta en entredicho. Más aún cuando hay autores como Pim van Lommel, quien insiste en la importancia de la memoria a corto plazo a la hora de relatar una ECM. Sin embargo, no es menos importante saber que la muerte en niños de menos de un año de edad es, según estadísticas norteamericanas, hasta tres veces y media mayor que a partir de esa edad, lo que explicaría una abundancia de este tipo de experiencias en niños de tan corta edad.

Son también diversos los autores que afirman que ser niño es un factor que facilita, no solamente contar la experiencia, sino también llegar a sufrirla. Por ejemplo, Atwater asegura que los niños que se han encontrado en alguna situación cercana a la muerte, o bien que han sido diagnosticados como clínicamente muertos pero luego revividos, presentan una mayor incidencia de ECM que los adultos. En esta misma línea se expresa Greyson, que construye la siguiente hipótesis: «Muy probablemente gran parte de las personas que experimentan una ECM son de una edad temprana debido a que las personas mayores tienen un menor flujo de sangre en el cerebro durante un paro cardiaco y, consecuentemente, se producen menos síntomas en relación a este hecho».

Otra posibilidad podría ser que los jóvenes presentan un menor temor a ser tildados de mentalmente inestables por relatar una ECM. Por el contrario, las personas mayores serían más reticentes, como de hecho puedo comprobar en la práctica clínica diaria.

Como es lógico, el que niños de muy corta edad, incluso bebés, lleguen a tener ECM y se les queden grabadas en la memoria parece ir en contra de todos los conocimientos modernos de desarrollo neurobiológico, ya que el cerebro, a esa edad, no debería ser capaz de registrar y luego recuperar en la edad adulta dichas memorias. Greyson postula algún tipo de mecanismo no biológico que podría originar estas experiencias.

El estatus socioeconómico es una variable que no ha sido incluida en la mayor parte de los estudios. Uno de los pocos autores que lo ha estudiado es Sabom, que en 1982 dividió su muestra según ocupación: servicio laboral, clero y profesionales diversos. El número de personas no fue especialmente elevado, 78 supervivientes, y no encontró diferencias significativas respecto al perfil profesional. Sabom estudio diez variables de presentación en las ECM y tan solo encontró una excepción: un mayor número de trabajadores del sector servicios respondió que se había encontrado con un mayor número de seres durante su ECM, respecto al resto de grupos de profesionales. Otros autores, como Ring, tampoco encontraron diferencias importantes respecto al estatus socioeconómico al comparar muestras de unas 50 personas en cada uno de los grupos.

Si seguimos revisando la literatura, hay quizá un par de autores que sí han tomado en consideración esta variable. Sin embargo, ninguno de ellos ha descubierto ningún indicio que demuestre que el estatus socioeconómico influye de alguna manera a la hora de favorecer o, por el contrario, dificultar una ECM. Es decir, no parece existir ninguna relación específica entre el estatus socioeconómico y la presentación de las ECM, o sobre sus contenidos. En cualquier caso, Greyson advierte que este es un campo en el que todavía queda mucho recorrido por investigar.

Otra de las variables, como es la educación que ha recibido la persona, tampoco parece ser de importancia. Lo mismo puede decirse del estado civil. Ser soltero, casado, divorciado, viudo, etc., no parece tener consecuencia alguna. Sin embargo, el hecho de sufrir una ECM sí parece afectar a los casados, ya que, según Atwater, tres cuartas partes de estos acaban divorciados durante los siete años posteriores a la ECM. Por el contrario, según esta misma autora, los que sufrieron una ECM en su edad infantil presentaban matrimonios de larga duración sin mayores incidencias. No es menos cierto en el primer grupo, los que acaban divorciándose, que una serie de variables, muy probablemente reacciones de ajuste tras una enfermedad crónica o un accidente que ha puesto a la persona a las puertas de la muerte, provoque una mayor tendencia a romper una relación estable. Por ejemplo, las personas que han recibido descargas eléctricas de alto voltaje también suelen presentar este tipo de cambios de conducta, por lo que quizás no se deba a una modificación neurológica, sino a alguna transformación en las diversas actitudes vitales después de una ECM.

A este respecto, uno de los mejores estudios es el realizado por Sandra Rozan Christian, en 2005. En su trabajo compara a 26 personas que han sufrido una ECM mientras estaban casadas, con otros 26 casos de personas también casadas pero que no sufrieron ECM. La autora observó un elevado número de personas, 65 por ciento, que se divorciaron tras sufrir una ECM, comparado con un 19 por ciento en el otro grupo. No sería justo en mis apreciaciones si obviase que alguna que otra pareja salió reforzada después de que alguno de los dos miembros experimentará una ECM. La autora concluye que si la ECM produce una divergencia en los valores de los esposos, la tendencia será a romper el matrimonio. Por el contrario, si se produce una convergencia, el matrimonio tenderá a ser más satisfactorio y estable.

¿CON QUÉ FRECUENCIA SE PRESENTAN LAS ECM?

Uno de los principales problemas para estudiar la incidencia de presentación de las ECM es la ausencia de instrumentos de medición que permitan a los investigadores ponerse de acuerdo acerca de la definición de este tipo de fenómenos. Greyson creó, en 1980, la primera escala para poder medir y definir este tipo de cuestiones. Sin embargo, han sido numerosos los autores que no la han empleado o bien que han desarrollado una propia. En cualquier caso, si utilizamos el cuestionario creado por Greyson pondríamos el límite de corte, dentro de sus puntuaciones, en un 7 para considerar como ECM a cualquiera que obtuviera igual o mayor puntaje.

El no haber homogenizado los datos referidos a este tipo de sucesos tiene como resultado que algunos estudios pueden llegar a presentar datos un tanto disparatados. Por ejemplo, algunas publicaciones incluyen como característica de su experiencia lo que realmente son opiniones un tanto vagas en contenido. Otros autores hacen descripciones tremendamente superficiales, confundiendo conceptos como experiencias extracorpóreas en relación a las ECM.

Asimismo, para confundir aún más el panorama, no son pocos los autores que confunden conceptos como «incidencia» con «prevalencia» y los usan sin distinción alguna, pese a que en medicina y en epidemiología son conceptos bien diferentes. La prevalencia se refiere a la estimación de la presentación de las ECM durante la vida de un individuo. Es decir, responde a la pregunta de cuánta gente puede llegar a presentar una ECM a lo largo de su vida. Por el contrario, la incidencia responde a la pregunta de cuántas personas, bajo ciertas condiciones médicas, pueden llegar a presentar una ECM.

ECM: INCIDENCIA ESTIMADA		
	Suicidio	Paro cardiaco
Greyson (1986)	26	-
Greyson (2003)	23	-
Greyson (2006)	-	-
Orne (1995)	23	-
Parnia (2001)	6	-
Ring (1981)	47	-
Van Lommel (2001)	-	18

Fuente: Greyson (2009), modificado y ampliado por el autor.

Resulta llamativo un comentario, por otra parte lógico, que hace Greyson al afirmar que dependiendo de la empatía, o de todo lo contrario, la persona que ha sufrido una ECM llegará a contárselo al investigador o quizás no. Este último extremo me atrevería a confirmarlo, ya que son innumerables los pacientes que ocultan, como si de una tara se tratase, el haber vivido este tipo de experiencias. Lo normal es que la relaten solo cuando se ha desarrollado cierto nivel de confianza entre el médico y el paciente. De esta manera nos encontramos con casos tan paradójicos como que los profesionales nos convertimos en depositarios de esta vivencia mientras la pareja o la familia del paciente desconocen por completo la situación. ¿El motivo? Pueden ser variopintos, pero quizás uno de los más importantes es el de no querer ser tomado por un desequilibrado mental.

En una revisión bibliográfica realizada por Bruce Greyson en 2009, se concluye que la incidencia media de aparición de las ECM observadas en los estudios retrospectivos es de, aproximadamente, un 35 por ciento de los casos, dependiendo, obviamente, del factor desencadenante. Asimismo, si revisamos la literatura de diversos autores también veremos que la incidencia de presentación oscila entre un 9 por ciento, en el peor de los casos, y más de un 50 por ciento en los estudios de los autores más optimistas.

DISCAPACITADOS FÍSICOS

Uno de los aspectos más fascinantes de los estudios sobre ECM, y que despierta mayor interés tanto entre los investigadores como entre el público en general, es el fenómeno que muestran las personas invidentes, ya sea de nacimiento o bien por alguna enfermedad o traumatismo adquirido y que, sin embargo, son supuestamente capaces de ver durante la ECM. Resulta obvio que las personas que han nacido invidentes constituyen el grupo de mayor interés, ya que su traducción neurológica de la visión debe ser meramente abstracta.

Uno de los mejores estudios al respecto es el de Ring, que publicó en 1999 un libro completo en referencia a las experiencias extracorpóreas y a la supuesta capacidad de ver de los invidentes mientras, aparentemente, se encontraban fuera del cuerpo. Este estudio incluyó a 31 personas invidentes o que sufrían problemas muy graves de visión y que, a su vez, habían sufrido una ECM o bien una experiencia extracorpórea. Llama la atención que de los 31 participantes, 10 no habían sufrido ninguna situación perjudicial para su vida en el momento de tener la experiencia. Lo realmente llamativo del caso es que nada menos que 25 personas de las 31 que participaron en el estudio dijeron haber tenido algún tipo de impresión visual durante la experiencia. De los 14 individuos que eran ciegos de nacimiento, 9 también percibieron algún tipo de visualización. Pero más llamativo aún es que las escenas que llegaron a ver se encontraban tachonadas de un gran detalle.

Respecto a otro tipo de discapacidad, como son los problemas neurológicos tipo paraplejia o tetraplejia e incluso parálisis cerebral, William J. Serdahely describe un caso en el que el niño, de diez años de edad, tuvo que comunicarse con los investigadores mediante sencillas preguntas que debían responderse con un «sí» o un «no», dada su incapacidad para hablar. Sin embargo, los resultados respecto a su ECM eran iguales que en las personas no discapacitadas.

Como autor de este libro podría mencionar el interesante caso de un varón mexicano al que entrevisté. Había sufrido un accidente de automóvil y, a consecuencia del mismo, quedó tetrapléjico. También debido a este accidente se encontró al borde la muerte durante varios meses, que requirieron una larga rehabilitación. Durante estos meses el joven, a quien llamaremos Jaime, tuvo no una, sino varias ECM, durante las cuales atravesó túneles, se encontró con seres de luz y familiares ya fallecidos e incluso, algo que me llamó mucho la atención y que pudo haber sido fruto de la medicación recibida, llegó a ver con mucha insistencia diversas figuras de ángeles que permanecían en la habitación, incluso en los momentos en que otros familiares le acompañaban y mantenían conversaciones con él.

ECM COMPARTIDAS

La primera vez que escuché hablar de este fenómeno fue en una conferencia del doctor Moody. Ciertamente pensé que era una experiencia tan extraña que yo nunca llegaría a ver un solo caso de la misma. Sin embargo, la práctica diaria me ha enseñado lo contrario.

Este tipo de experiencias suele incluir a personas que no se encuentran en peligro de muerte, pero sí muy cercanos a personas, queridas por ellos, que están a punto de morir. La persona cercana no suele experimentar una ECM completa, pero sí, en ocasiones, porciones de la misma. Incluso en ciertos momentos puntuales más de una sola persona puede llegar a sufrir los síntomas.

El requisito fundamental suele ser algún tipo de vínculo emocional intenso con la persona que se encuentra en transición entre la vida y la muerte. En ocasiones de mayor intensidad emocional la experiencia puede darse incluso habiendo una distancia física entre los dos (o más) individuos. En este último caso suele darse con mayor frecuencia en casos de muerte súbita, inesperada.

En otras situaciones varios individuos pueden llegar a compartir elementos de la misma ECM, sobre todo cuando han sufrido juntos un accidente. A veces alguna de las personas involucradas conoce parte de la experiencia del otro por haber sido vivida en el mismo contexto. A este respecto puedo mencionar la historia de Natalia, que se ajusta bastante a esta definición: «Hace veinte escasos días mi papá ha fallecido. Digo "papá" y no "padre" porque desde que ha ocurrido, y a pesar de tener yo ya cuarenta años, me siento igual que una niña indefensa medio huérfana. A pesar de que tengo un inmenso dolor necesito contar mi experiencia. Mi padre entró en coma por una hemorragia cerebral y estuvo ocho días entre la vida y la muerte. Esos ocho días y noches los pasé pegada a él. En ocasiones me recostaba a su lado, ya que estaba en el hospital en una habitación normal. Dada su edad, ochenta y cuatro años, y con un cuadro clínico difícil de superar, decidieron que era mejor que estuviera a nuestro lado y no en la UCI. Le besaba la carita, le hablaba al oído, incluso le ponía su música preferida, y no le solté la mano ni un segundo.

»Una noche tuve una experiencia muy extraña. Las noches las compartía con mi mejor amiga, casi una hermana para mí y una sobrina para mi padre. Como yo estaba destrozada de cansancio, insistió en que durmiese un rato. A pesar de la angustia, pues no sabía si le quedaban días, minutos o segundos de vida, caí rendida. Entonces, no sé por qué, pero de pronto me desperté, aunque sin abrir los ojos, y empecé a ver algo rarísimo. Al mismo tiempo sentía que eso mismo era lo que estaba viendo mi papá. Estaba como en una especie de lugar gris, casi como humo. Era un lugar que parecía vivo, como si estuviese dentro de algo vivo. Parecía como si tuviera un latido... Es complicadísimo explicarlo. Era como una especie de mandala que iba cambiando de formas geométricas, pero sin colores, solo gris. En un momento determinado tan solo vi unas luces de colores azul y rojo muy pequeñas a lo lejos.

»Mi amiga me habló para decirme algo, yo abrí los ojos y le contesté, pero no le quise decir nada porque quería seguir viendo qué era eso. Volví a cerrarlos y seguí con la experiencia hasta que desapareció. Lo más importante era la certeza de que mi padre estaba viendo exactamente lo mismo».

XIX

EL COMIENZO DE LA EXPERIENCIA

Poseemos aspectos tanto corpóreos como no corpóreos.
Somos espíritus en un cuerpo o un cuerpo con espíritu.
Conclusiones del Consejo de Bioética Americano, 2003

Desde la década de 1990 fueron numerosos los autores que plantearon que las ECM poco tienen que ver con la cercanía inminente y objetiva de la muerte. Es decir, parece que una ECM podría desencadenarse por la pura creencia de que uno está muriendo. Más aún, algunos investigadores, como Ian Stevenson, han denominado al fenómeno «experiencia de miedo a la muerte» (EMM, en inglés *Fear-Death Experience*, FDE). Es decir, la sola percepción de encontrarnos en una situación cercana a la muerte podría servir de detonante a una ECM.

Las ECM suponen un desafío a la comunidad científica desde hace ya varias décadas. En 1989, Stevenson se propuso averiguar si realmente las personas que habían sufrido una ECM se encontraron verdaderamente al borde de la muerte. Los resultados fueron sorprendentes, ya que tan solo un 45 por ciento de las personas encuestadas habían estado, objetivamente, cerca de la muerte. Estos datos hicieron pensar a muchos investigadores, por primera vez, que para sufrir una ECM, o lo que al menos se había entendido hasta ese momento como tal, no hacía falta encontrarse cerca del más allá.

Otros investigadores, como Glen Owens Gabbard, siguieron investigando en la misma línea, concluyendo que el factor determinante de las ECM es la percepción de encontrarse cerca de la muerte, independientemente de la realidad actual de la situación. Llegó a estudiar 339 casos de personas que habían tenido una experiencia extracorpórea, y concluyó que prácticamente ninguna de las características de las ECM era exclusiva de las mismas, si bien ocurrían de manera mucho más frecuente si el sujeto creía que la muerte era inminente. Su conclusión, quizás demasiado precipitada como veremos posteriormente, fue que las ECM eran un simple factor de protección a nivel psicológico. Sin embargo, esta hipótesis no explicaría cómo los niños, que no tienen prácticamente ninguna percepción ni concepción de la muerte, desarrollan la misma experiencia.

Keith Floyd describe un caso de precognición relacionado con el miedo a la muerte. El paciente iba a recibir terapia electroconvulsiva debido a una depresión crónica. Antes de someterse al tratamiento comenzó a pensar negativamente, creyendo que iba morir como consecuencia de la terapia. No falleció, por supuesto, pero tuvo una precognición que se cumplió dos años más tarde. Es decir, presentó un fenómeno propio de las ECM sin haber estado, ni por asomo, al borde de la muerte. Este tipo de postulado, según Audain, generaría diversos resultados dependiendo, por ejemplo, de si el desencadenante es un accidente o un traumatismo violento. Por el contrario, los individuos que sufriesen una enfermedad crónica prolongada y desconociesen el momento de su muerte podrían experimentar menos temor y, por ello, presentar una menor frecuencia de ECM. De la misma manera, también podría parecer lógico que las personas de sexo masculino, más proclives a tener accidentes o involucrarse en actividades bélicas, sufriesen proporcionalmente mayor número de ECM.

En un caso descrito por Henry Abramovitch en 1988, acerca de una persona que sufrió un ataque al corazón, leemos: «Recuerdo que me hundía. Me hundía y daba vueltas en la oscuridad, y a medida que caía la oscuridad se hacía más espesa. Todo comenzó a darme miedo. Incluso alargué mi mano con la intención de agarrarme a algo que pudiera detener mi caída, pero a mi alrededor solo estaba el vacío. La caída fue cada vez más rápida y me rendí a mi destino. En cualquier momento sabía que iba a impactar contra el fondo […]. Finalmente tuve un suave aterrizaje e intenté ver qué me rodeaba […]. No veía nada, incluso extendí mis brazos, pero no hacían contacto con nada […]. Incluso grité para pedir auxilio […]. Me encontraba en medio de la nada».

Luis, un bilbaíno que sufrió de manera totalmente imprevista un infarto de miocardio, relata su experiencia que, desde mi punto de vista, posee gran interés debido a lo brusco e imprevisible de la misma y a que contiene numerosos elementos propios de una ECM. El motivo de incluirla en este capítulo es el desarrollo de los primeros momentos y el interesante entrelazado entre lo que él cree que sucede en derredor y lo que sucede a la vez en su mundo interior: «Recuerdo un domingo a la hora de comer, sentado en la mesa, en familia, y delante de un plato de paella muy apetitoso. Cogí un poco con el tenedor, bien colmada la carga, y al abrir la boca, salivando a tope de las ganas que tenía de comérmela, no pude introducirla en la boca. "Vaya... ¿Qué pasa? Qué raro". Disimulo para que los demás no se den cuenta y lo intento unos minutos más tarde. Otro intento y tampoco puedo. Comienzo a pensar que me estaba pasando algo extraño. Me levanto y voy hacia el salón para cerrar la puerta y en ese momento, si no me agarre a la librería, me habría desplomado como un fardo. Mientras me agarro me doy cuenta de que me está sucediendo algo grave. Abro las piernas y, soportando el peso de mi cuerpo desde las rodillas hacia arriba, tengo la sensación de que se balancea hacia adelante y hacia atrás sin control. Respiro con dificultad y noto chasquidos o calambrazos con hormigueos que se repiten una, dos y hasta tres veces. Entonces intento calmarme, respirando más despacio, para salir del salón e intentar llegar al servicio y vomitar. Mi primera impresión era que aquello podía ser una indigestión. Consigo llegar a duras penas, levanto la tapa, me pongo de rodillas y allí empieza el dolor de pecho y luego la quemazón en la misma zona. Me aprieto con las dos manos y, quejándome del dolor, pierdo el conocimiento, cayendo de lado sin sentir nada.

»A partir de ese momento se genera un revuelo familiar, con gritos. El mayor de los chicos, que era voluntario de ambulancias de la Cruz Roja, me traslada con la ayuda de sus hermanos y me tumba en la cama del cuarto de la pequeña. Yo estoy en semiinconsciencia, viendo imágenes que van y vienen. Comienzo a ver un punto de luz en la oscuridad que viene hacia mí desde muy lejos, como una estrella de la noche, hasta que me alcanza e inunda todo de luz a mi alrededor. Simultaneo imágenes del suceso, de todo lo que ocurre a mi alrededor: bajarme en la silla de ruedas, la mirada de mi mujer, que parecía un adiós, subirme a la ambulancia y tumbarme en la camilla, los desfibriladores e inyecciones directas al corazón con distintos medicamentos. Había una mujer rubia que parecía la líder del grupo. Llevaba el pelo a media melena, algo rizado, y parecía mujer de carácter. Ella ordenaba y conseguía hacer actuar a sus colaboradores, pero yo, de lo que estaban haciendo sobre mi cuerpo, no sentía nada... ni siquiera interés. Me interesaba más lo que una voz potente y sublime me decía, porque además ya la había oído en otras ocasiones muy especiales de mi vida, dándome prioridad sobre qué cosas debía atender. En la zona iluminada se estaba muy bien, con una sensación de paz y quietud. La voz me anticipaba algo, como un acontecimiento: "Te vas a encontrar con alguien a quien llevas mucho tiempo esperando ver". Miré hacia abajo, a la zona oscura, y vi a unos veinte metros por debajo de mí la sala de la UCI, y yo en la cama o más bien en el quirófano. En el pasillo pude ver a algún familiar corriendo hacia la sala de espera para comunicar algo. Pensé, contestando en voz alta: "Sí, pero ¿y mis hijos?". A continuación, con la misma velocidad con la que había llegado, la luz se fue. Abrí los ojos en medio de las intervenciones de enfermeras, médicos, etc., y alguien comentó: "¡Ya vuelve!"».

Según Andrew Dell'Olio existe un gran componente subjetivo o interpretativo en las fases iniciales de las ECM. Esto parece ser bastante común y se habla de ello prácticamente en todas las religiones. La fase inicial de la experiencia de la muerte depende mucho de nuestro estado mental. Es una etapa muy colorida de pensamientos, memorias y deseos de la persona que está muriendo. Los budistas tibetanos la llaman *bardo*; los místicos islámicos (sufíes) se refieren a ella como *barzakh* y los hinduistas como *kamaloka*. Ya que esta fase inicial de la muerte es tan subjetiva, las tradiciones sugieren que ocurre mientras estamos vivos debido a una purificación de nuestra mente y de nuestro corazón, de manera que nuestro ego no impida que nuestra alma vaya avanzando en su último viaje.

Uno de los factores que más me ha llamado la atención en los procesos inmediatos a la presentación de una ECM es lo que podríamos llamar «rendirse a la muerte». Es decir, dejarse llevar durante el proceso de la propia muerte. Greyson preguntó, en 1993, a 187 personas que habían sufrido una ECM y a 59 que no la habían sufrido si se habían rendido al proceso de morir en el momento en que se encontraron con una situación vitalmente comprometida. Resulta llamativo que el 82 por ciento de los que contestaron afirmativamente se encontraban dentro del grupo que experimentaron una ECM, mientras que tan solo un 60 por ciento de los que contestaron negativamente experimentaron, a su vez, una ECM, por lo que el autor concluyó que rendirse al proceso de la muerte parece estar fuertemente asociado con experimentar una ECM, con sus correspondientes componentes afectivos y trascendentes. Este abandono de control del ego parece ser un paso importante no solo para permitir el desarrollo de la experiencia subjetiva, sino para que también aparezcan, posteriormente, los efectos terapéuticos de la propia ECM.

XX

CATEGORÍAS DE ECM

Una de mis preguntas a la luz fue: «¿Qué es el cielo?». Me hicieron todo un tour por todos los cielos creados. Pude darme cuenta de que tan solo son creaciones distintas de la misma cosa en nuestra mente.

TESTIMONIO DE UNA PERSONA QUE SUFRIÓ UNA ECM

Debido a mi vida profesional he conocido a multitud de personas que me han relatado sus experiencias cercanas a la muerte en algún momento de sus vidas. Por ejemplo, en la década de 1980 eran numerosos los pacientes consumidores de heroína que habían sufrido, en alguna ocasión, un episodio de sobredosis con la consiguiente parada cardiorrespiratoria y muerte clínica. Días más tarde de tales acontecimientos —la recuperación de una sobredosis suele ser muy rápida, en ocasiones en pocos minutos—, el paciente se presentaba en la consulta comentando el resultado de tomar droga adulterada o en excesiva dosis y muchas veces, al final de la entrevista, relataba experiencias que en aquel entonces resultaban turbadoras tanto para el paciente como para mí como profesional de la medicina. La persona admitía su problema de drogas, pero advertía: «Loco no estoy, ¿eh?».

Algunas personas podrían argüir, con cierta razón, que posiblemente la propia droga, heroína en este caso, podría ser la causante de la ECM. Sin embargo, muchos otros que sufrían la parada cardiorrespiratoria no era por la droga —en ocasiones casi inexistente en la dosis debido al fraude realizado por el vendedor—, sino a un *shock* anafiláctico[12] producido por la sustancia utilizada como excipiente o corte.

En otros casos, dada la cronicidad del consumo de drogas, las ECM habían ocurrido en más de una ocasión. Recuerdo un paciente de una población cercana a Madrid que las había vivido ¡tres veces! Paradójicamente, al igual que en muchos otros casos, había perdido el miedo a la muerte, lo que le hacía menos proclive a dejar las drogas.

En general, he conocido tres categorías distintas de personas que han sufrido las ECM:

1. Los que han sufrido maniobras de resucitación después de una parada cardiorrespiratoria.
2. Los que han vivido ECM debido a enfermedades muy graves o accidentes que les han llevado al borde de la muerte.
3. Personas, familiares en la mayoría de los casos, que habían sido confidentes y en ocasiones testigos pasivos de otros que habían vivido ECM y que posteriormente las han relatado. No pudimos entrevistar a los protagonistas de las ECM porque más tarde habían fallecido.

El doctor Raymond Moody construye una clasificación muy similar a la mía y no distingue grandes diferencias respecto a la sintomatología entre los grupos 1 y 2, ya que desde mi punto de vista ambas situaciones se encuentran entrelazadas. Respecto a su categorización, depende mucho del autor que lo haga. Por ejemplo, Sabom encontró que un 33 por ciento de los sujetos estudiados tenía experiencias autoscópicas, es decir, llegaba a ver su propio cuerpo. Un 48 por ciento eran de tipo trascendental, por lo que relataban experiencias en otro reino o dimensión. Un 19 por ciento presentaban elementos tanto autoscópicos como trascendentales.

---

[12] El *shock* anafiláctico es una reacción inmunitaria generalizada del organismo, una de las más graves complicaciones potencialmente mortales que pueden darse.

En un estudio australiano de 1988 realizado sobre doce personas, Basterfield describe tan solo una experiencia autoscópica y, por el contrario, ocho de tipo trascendental. Dos de ellas eran de ambos tipos y una no pudo ser categorizada. Bruce Greyson, en una prueba de 1985, llegó a encontrar en su muestra un 43 por ciento de experiencias trascendentales, un 42 por ciento de tipo activo y un 16 por ciento de tipo cognitivo.

En líneas generales, podríamos decir que existen cuatro formas de categorizar las ECM:

1. La primera de ellas fue realizada por Raymond Moody en 1975 y estableció los diversos elementos de los que ya hemos hablado y con los que casi todo el mundo se encuentra familiarizado: los ruidos, el túnel oscuro, la luz, etc. El propio Moody afirmaba que no siempre se encuentran todos los elementos (hasta un total de quince) en una ECM.
2. Una segunda definición fue la realizada por Kenneth Ring en 1980. Después de entrevistar a numerosas personas que habían sufrido una ECM reorganizó los elementos que Moody había descrito en tan solo cinco estadios como, por ejemplo, la euforia y las experiencias extracorpóreas.
3. La tercera categoría surgió poco después, descrita por Michael Grosso en 1981. Este autor las simplificó aún más, distinguiendo por un lado las visiones del lecho mortal, que ocurren en el momento de la muerte cuando alguien está enfermo, y las que ocurren cuando una persona se encuentra en una situación comprometida con la vida. Es decir, en la primera no se da un trauma, a diferencia de la segunda.
4. Más tarde, en 1985, Bruce Greyson propuso la existencia de tres clases de ECM: las trascendentales (visión de seres místicos), las afectivas (experiencia de paz) y las cognitivas (revisión de la vida).

Uno de los hallazgos de este último autor consistió en encontrar una relación entre ciertos factores precondicionantes y el tipo de

ECM. Por ejemplo observó que los individuos que anticipaban su muerte, como los suicidas, solían tener experiencias más trascendentales y afectivas que cognitivas. Greyson también ha sido pionero en desarrollar escalas como la WCEI (*Weighted Core Experience Index*) que cuantifican la profundidad de cualquier ECM. Asimismo desarrolló la escala NDE, que identifica la presencia y tipología de las ECM.

XXI

LA EXPERIENCIA DE LAS ECM

En un sentido estricto, la persona que ha sufrido una experiencia cercana a la muerte, muere y renace.

BRUCE GREYSON

El conocido autor Raymond A. Moody se refiere a las ECM como «la experiencia de la muerte». Nosotros, si queremos ser fieles a lo que sabemos, debemos mencionar tan solo aquellos casos en los que las personas pudieron volver o, al menos, revertir el proceso de muerte, y, a nuestro pesar, dejar de lado, por razones obvias, los casos en los que el proceso de muerte fue irreversible y, por ende, quien falleció incapaz de relatar lo que sucedió en esos últimos momentos.

Una de las cosas que más nos llama la atención es lo recurrente de los testimonios: parece que casi todos se hayan puesto de acuerdo para contar la misma versión. Los menos crédulos opinan que esto es lógico dada la similitud de los procesos fisiológicos en los humanos. Me explico: si nos damos un golpe en el ojo casi todos los humanos vemos las estrellas, aunque no nos hayamos puesto de acuerdo al respecto. En este caso no somos protagonistas de un viaje sideral, sino que la brusca estimulación de la retina por el golpe genera una serie de percepciones similares a luces, los llamados fosfenos, que bailan dentro de nuestros ojos. De hecho, algunas sectas sugestionaban a sus cautivos miembros presionándoles los ojos y haciéndoles creer que las luces no eran otra cosa que una señal de la divinidad adscrita a dicha secta. Este era el caso de una secta en Argentina y Chile, que no tenía nada de sobrenatural ni de extraño.

En lo que nos ocupa, si bien casi todas las experiencias se parecen, ninguna es exactamente igual a otra o, al menos, no son relatadas de igual manera. Hay factores que debemos tomar en consideración: uno de ellos es el tiempo transcurrido desde que la persona ha sufrido la ECM. Como todos sabemos, el tiempo tiende a distorsionar cualquier experiencia humana. En algunos casos la memoria adorna y exagera alguna vivencia en particular, al igual que sucede en los falsos recuerdos (por ejemplo, algunos supuestos casos de abusos sexuales en la infancia); en otros la propia idiosincrasia de la persona que sufrió la ECM queda más impactada por un trayecto de su experiencia que por otro. Por ejemplo, a los que son creyentes puede que les llame más la atención un personaje vestido de blanco que les espera al final del túnel.

Podríamos construir una experiencia tipo en primera persona enriqueciéndola con los elementos más repetidos en las personas a las que hemos entrevistado: «Tuve un infarto (lo supe después) y perdí el conocimiento, pero es curioso, porque a pesar de tener los ojos cerrados lo veía todo y, lo que es más sorprendente, llegué a escuchar cómo el médico en la ambulancia le decía a otra persona (conductor o enfermero) que yo estaba muerto. En ese momento los sonidos ambientales comenzaron a apagarse, como cuando nos tapamos los oídos con las manos y un zumbido se apodera de la audición. Al mismo tiempo una fuerte luz blanca apareció en el centro de mi campo visual. La luz fue creciendo... ¿o era yo el que me acercaba a ella a través de un túnel? En el mismo espacio temporal podía verme fuera de mi cuerpo. Yo seguía siendo yo mismo, pero mi cuerpo estaba "allí abajo", podía ver a los médicos sobre mí intentando resucitarme, incluso oía sus comentarios. La sensación era extraña pero llena de sosiego. Súbitamente, casi al final del túnel, veo a una persona. Al acercarme observo que la conozco (puede ser un abuelo, un familiar, una amistad íntima) y se dirige a mí haciéndome ver toda mi vida como en una película (en otros casos la persona se acerca a un personaje que irradia una fuerte luz blanca). Me piden que haga una valoración de mi vida. El personaje me indica que todavía no estoy preparado para dejar mi vida terrenal y que es importante que vuelva, otra vez, a mi cuerpo. La sensación de regreso fue desagradable, ya que me encontraba sumido en una intensa felicidad y en un gran bienestar. Involuntariamente acabé "despertando" dentro de mi cuerpo. El bienestar desapareció súbitamente y fuertes dolores (en este caso, los del infarto) saturaron mis sentidos. Estuve durante mucho tiempo sin contar todo a nadie para que no me tomaran por loco. Incluso los más allegados desconocían lo que había vivido». Hay que considerar que los elementos de este relato están idealizados. Por ejemplo, algunas personas no llegan a ver a ningún personaje porque, al parecer, el viaje a través del túnel se interrumpe y se regresa al cuerpo. Otros, por el contrario, tan solo ven personajes conocidos y no llegan a encontrarse con ese ser especial que, al parecer, decide si la persona debe seguir adelante o, por el contrario, volver sobre sus pasos.

En uno de los casos más interesantes que he entrevistado, un niño de cuatro años, que hacía pocos meses había sufrido una parada cardiorrespiratoria, me contó que el ser que le había indicado que volviese se parecía a un personaje de unos famosos dibujos animados: «Estaba yo en un túnel lleno de luz y esta persona pequeñita me dijo que volviese otra vez a donde había venido». Este hecho podría interpretarse de diversas formas: la influencia cultural (aprendizaje) modela la ECM y el personaje es extraído de la memoria como componente de una vulgar fantasía. En el lado opuesto, podría situarse la opinión de que su identificación con un personaje de los dibujos animados es una manera de explicar a los adultos a quién se asemejaba el ser que pudo ver al final del túnel. En cualquier caso es llamativo que un niño de tan corta edad, y probablemente con poco o ningún conocimiento sobre las ECM, describa una situación similar a la de los adultos.

No podemos olvidar que las historias relacionadas con las ECM se encuentran encuadradas dentro del terreno de la narrativa, escritas en la memoria y vueltas a contar como eventos significativos. Como tales relatos son devueltos al presente modelados de una manera muchas veces ambigua. Cuando se vuelve a contar una historia los recuerdos del pasado son selectivos, relatados desde el punto de vista ventajoso del presente. Por este motivo lo que ha sucedido entre el pasado y el presente colorea y da forma a las interpretaciones del pasado. De forma inversa, las imágenes del pasado también proyectan sombra en las del presente. Si como seres sociales que somos nos basamos en nuestros conocimientos adquiridos para comprender nuestra experiencia, no es sorprendente que las personas relaten visiones trascendentes en relación a objetos familiares e idealizados. Emile Durkheim ya puntualizó, hace casi un siglo, que los humanos extrapolamos la estructura de nuestra sociedad a la que consideramos propia del cielo.

Uno de los mejores grupos de investigadores, entre los que se encuentran Debbie James y Bruce Greyson, ha observado una serie de características que se dan en las personas que sufren una ECM y que se distribuyen según su frecuencia:

1. Experiencias extracorpóreas (75 por ciento).
2. Entrada en un reino fuera de este mundo (72 por ciento).
3. Pasar por un túnel o estructura similar (31 por ciento).
4. Encuentros con seres (49 por ciento).
5. Alcanzar un punto de no retorno (57 por ciento).
6. Sufrir sensaciones somáticas, como calor o analgesia (71 por ciento).
7. Fenómenos auditivos, como música o sonidos (57 por ciento).
8. Distorsión del sentido del tiempo (79 por ciento).
9. Percepciones extrasensoriales (39 por ciento).
10. Memoria panorámica (27 por ciento).

Kenneth Ring presentó, en la década de 1980, un estudio pionero acompañado de una escala estructurada, donde recogía las características más importantes de las ECM construyendo un índice de experiencia fundamental (WCEI, *Weighted Core Experience*

Index) para medir las variantes fenomenológicas y la profundidad de las ECM. Ring comenzó a introducir el concepto de diversas fases consecutivas en las ECM: «En general, las características que se encuentran en las fases iniciales de las ECM suelen ser las más comunes, mientras que las que se presentan en los estados posteriores son de una frecuencia decreciente». Para Ring, las características fundamentales de una ECM son: sensación de paz, separación del cuerpo, entrada en la oscuridad o en el túnel y entrar dentro de la luz. Por supuesto, la experiencia tiene más etapas, y Ring también documentó su existencia. Entre ellas: revisión de la vida (24 por ciento), encuentro con presencias (41 por ciento), encontrarse con las personas amadas ya fallecidas (16 por ciento) y decidir volver (57 por ciento). En la tabla adjunta pueden verse sus resultados con mayor detalle.

Estudio	Número de casos	Paz (%)	EEC (%)	Túnel oscuridad (%)	Luz (%)	Entrar en la luz (%)
Ring (1980)	49	60	37	23	16	10
Lindley (1981)	55	75	71	38	56	-
Green (1983)	50	70	66	32	62	18
Van Lommel (2001)	62	-	24	31	23	-

Fuente: Greyson (2009).

Bruce Greyson desarrolló también una escala que sirve de referencia mundial hoy en día a todos los investigadores de las ECM (NDE Scale, por sus siglas en inglés), que consiste en un cuestionario autoadministrado. Abarca dieciséis preguntas y trata de aglomerar cuatro aspectos generales de las ECM: cognitivos, afectivos, paranormales y trascendentales.

PROFUNDIDAD DE LA EXPERIENCIA				
Estudio	Superficial (%)	Moderada (%)	Profunda (%)	Muy profunda (%)
Ring (1980)	-	45	55	-
Greyson (1986)	-	62,5	37,5	-
Van Lommel (2001)	34	29	27,4	9,7

Fuente: Greyson (2009).

El propio Moody hace referencia a ciertos aspectos importantes de las ECM que vamos a pormenorizar y comparar con nuestros propios hallazgos, ya que creemos de importancia puntualizar al lector ciertos aspectos:

1. Los relatos suelen parecerse pero ninguno es exacto al anterior. Las circunstancias que originan las ECM (enfermedad o accidente) así como la estructura de personalidad de quien las vive parecen condicionar dicha experiencia.
2. La mayoría de las personas entrevistadas cumplen hasta siete u ocho de los quince criterios. Ello no quiere decir, necesariamente, que no se hayan producido todos, pero en ocasiones los recuerdos no son especialmente claros.
3. Algunos elementos, como la visión de luz al final de un túnel, se podría decir que tienen un carácter casi universal. Por el contrario, la salida fuera del cuerpo es relatada solo en la mitad de los casos.
4. El orden de acontecimientos relatado en la historia tipo no es necesariamente lineal. En ocasiones, la persona pasa directamente al túnel lleno de luz sin apenas vivir ningún estadio anterior y, súbitamente, vuelve a su cuerpo sin llegar a ver ninguna entidad superior.

5. Coincidimos con Moody en que las personas que han estado clínicamente muertas, o, al menos, en parada cardiorrespiratoria prolongada, presentan experiencias más ricas y prolongadas que las otras, que si bien estuvieron cerca de la muerte por enfermedad o accidente no llegaron a profundizar ni en su estado ni en el tiempo por la menor gravedad médica del caso.

6. Al entrevistar a multitud de personas buscando a las que habían vivido ECM no es menos cierto que también conocimos a algunas que no recuerdan haber vivido nada durante su aparente muerte. En principio, no podemos distinguir si no las recuerdan o es que simplemente no las han vivido.

7. Experiencias desagradables. No todas las experiencias ECM son positivas. Un reducido número de personas expresan emociones negativas con posterioridad a una proximidad a la muerte. El fallecido doctor Enrique Vila anotaba un porcentaje en torno a un 2 por ciento de ECM negativas entre todas las experiencias registradas. En nuestro caso, el porcentaje es similar y nos hizo meditar acerca de si estas vivencias desagradables con visiones apocalípticas no habrán servido de base cultural para denominar lo que tradicionalmente hemos entendido como infierno. Imagino perfectamente a una persona en la antigüedad padecer una ECM y luego relatar a los impresionados interlocutores sus experiencias infernales en un entorno de magia, religión o superchería.

CARACTERÍSTICAS GENERALES DE LAS ECM

Si hubiese que describir un grupo de sensaciones determinadas que caracterizasen a las ECM, podríamos decir que son tremendamente vívidas o tan reales como la propia vida. La mayor parte de las experiencias y sensaciones suelen ser visuales, aunque existen algunas a nivel de audición y otras incluso táctiles. Pocas son de tipo olfativo. También suele ser muy corriente una sensación de distorsión del tiempo, que se vuelve más lento, o incluso llega a detenerse. En algunos casos, por el contrario, parece acelerarse, como señaló Keith Basterfield en 1988. Veamos las características más comunes.

Inefabilidad. Una de las características más importantes a la hora de relatar las ECM es la inmensa dificultad para narrar lo sucedido: la persona entorna los ojos o mira hacia el techo como intentando rescatar de su memoria las palabras que pudieran explicar su experiencia. Es lógico, nunca le ha sucedido algo similar ni suele haber conocido a personas que hayan vivido una ECM, por lo que no ha intercambiado conocimientos ni enriquecido su lenguaje. El encontrarse fuera del cuerpo, por ejemplo, es una experiencia muy compleja para ser descrita. La propia persona, a medida que intenta relatar lo que le ha sucedido, resulta sorprendida por sus propias palabras. En ocasiones hemos notado cierta incomodidad en el transcurso de la entrevista e incluso expresiones azoradas por lo aparentemente incongruente del caso. Así lo resumía P. H. M. Atwater en 1988, contando una terapia de grupo con personas que habían vivido una ECM: «¡Pero no deberías encontrarte así de mal! Tú has estado en la luz. ¡Dinos qué hacer! Los que habían experimentado una ECM volvieron a estar en silencio». Hay autores del grupo de los escépticos, como Susan Blackmore, que a pesar de su incredulidad e incluso franca oposición a los seguidores de las teorías paranormales respecto a las ECM siguen mostrando cierta admiración por el lenguaje, ya que proveen a las personas que las han sufrido de herramientas para poder expresarse: viaje astral, introspección mística, consciencia cósmica, etc. Son expresiones que a algunos les podrán parecer ridículas, pero que constituyen serios intentos para describir lo sucedido.

Audición. Escuchar aparentemente lo que está sucediendo en derredor mientras, por ejemplo, se aplican maniobras de resucitación, es otra de las constantes que relatan las personas enfrentadas a una ECM. Un niño de cuatro años, que había sufrido una caída accidental a una piscina que le puso al borde la muerte, refirió posteriormente a su madre: «Mamá, mientras me soplabas en la boca [le hacía la respiración boca a boca], ¿por qué llorabas?». Podemos en este caso construir la hipótesis de que el estado de inconsciencia no era especialmente profundo, al contrario de lo que imaginaban los padres. Sin embargo, no es menos llamativo el relato de Carmen, que estuvo más de una semana en coma inducido por un edema cerebral secundario a causa de un accidente de tráfico: «En ocasiones oía cómo médicos y enfermeras se acercaban a mi cama y discutían sobre mi tratamiento y el de otros pacientes de la UCI». Si sometemos esta última apreciación a cierto sentido crítico, podemos argüir que la falta de referencias temporales podría inducir a confusión en un paciente que, además de traumatizado, se encuentra muy medicado, hasta el punto de perder la consciencia. No es menos cierto que en algún momento, debido a una disminución de los niveles plasmáticos de medicación, podría recobrar cierto nivel de consciencia y posteriormente confundirlo como ocurrido durante la sedación profunda. Extremo este último improbable, pero no imposible. No es menos cierto que, a diferencia de, por ejemplo, el sentido de la visión, la audición es menos sensible a la falta de irrigación sanguínea, siendo de hecho uno de los últimos sentidos en perderse cuando nos abandona la consciencia.

Sonidos, zumbidos y música suelen formar parte de los primeros momentos de las ECM, justamente antes de empezar la sensación de penetrar en el túnel de luz. María me lo expresó así en una entrevista: «Acababa de tomar una salsa que contenía marisco, al cual soy extremadamente alérgica, cuando de repente comencé a notar que no podía respirar. Caí al suelo mientras mi marido gritaba pidiendo ayuda. En pocos segundos noté cómo iba perdiendo la consciencia por la falta de oxígeno mientras un intenso zumbido ocultaba todo sonido ambiental. Recuerdo cómo entreabrí los ojos antes de desvanecerme y tan solo pude ver la cara de varias personas que hablaban y gesticulaban, pero yo no podía escuchar ni un solo ruido excepto ese zumbido que lo invadía todo, un sonido similar al de un potente transformador eléctrico».

Sensación de tranquilidad. Es probable que una de las sensaciones más llamativas de aquellas personas que han tenido que afrontar una ECM sea la tremenda sensación de tranquilidad que suele acompañar a dicha experiencia. Es llamativo el caso de Carlos. Mientras prestaba su servicio militar otro compañero le apuntó con su arma creyéndola descargada. Mirándole desafiante y yendo en contra de todas las reglas que hay que aplicar cuando se lleva un arma, le dijo: «¡A que te disparo!». Carlos no llegó a contestar, ya que un impresionante ruido atronó el dormitorio del cuartel y nuestro protagonista cayó hacia atrás: «Me encontraba como flotando, no había salido del cuerpo, pero una sensación de tranquilidad y paz me invadió. No sentía el más mínimo dolor. Todo parecía transcurrir a cámara lenta. Miraba al techo y me encontraba fenomenal». Sin embargo, no parece que esta sensación pudiese ser mantenida en el tiempo. Carlos no sabe precisar si fueron segundos o minutos, pero, de manera repentina, todo se acabó. «Un fuerte dolor se apoderó del pecho y comencé a retorcerme del dolor». En una de mis publicaciones («Endorfinas, las hormonas del placer») dejaba claro el mecanismo de acción de estas sustancias, las endorfinas, a la hora de calmar dolores, sobre todo en traumatismos bruscos como, por ejemplo, una amputación. Al principio no se nota el dolor, pero momentos después aparece en todo su esplendor. Entre los numerosos efectos de las endorfinas, que son, en definitiva, opiáceos similares a la morfina segregados por nuestro propio organismo, se encuentra precisamente una intensa sensación de bienestar, somnolencia y pérdida del contacto con la realidad. Si unimos este conocimiento al hecho de que numerosas ECM son detonadas por acontecimientos fisiológicos que comúnmente originan dolor (infarto cardiaco, accidente de circulación, situaciones clínicas extremas, etc.), podría resultar comprensible que la secreción masiva de endorfinas explicase la sensación de quietud y paz que numerosas personas refieren haber notado en las ECM.

El túnel. Si bien lo definimos con esta palabra con la que muchas personas se encuentran familiarizadas, no es menos cierto que en numerosas ocasiones lo que muchos dicen ver es luz, más o menos intensa, que parece invadirlo todo. Algunos neurofisiólogos sugieren que la falta de riego sanguíneo, sea por una hemorragia o por una disminución de la tensión arterial, produce una carencia de sangre que va desplazándose de manera paulatina desde el exterior de la retina hacia el centro, mientras las neuronas, antes de dejar de funcionar, generan múltiples descargas eléctricas que son interpretadas por el cerebro como un verdadero fogonazo de luz que, al realizarse concéntricamente en la retina, podría dar la sensación de avanzar por un túnel o, por lo menos, de ver luz al final del túnel. Algunas personas a las que he entrevistado ven más bien una luz brillante que puede ser de tamaño grande o pequeño, de bordes regulares o todo lo contrario. Este matiz pudiera orientarnos a que el túnel no sea tal, sino una percepción neurofisiológica que, por ejemplo, al aumentar el tamaño del punto luminoso parezca que nos adentramos en él. Muchas personas tienen la sensación de atravesarlo flotando. Otras refieren una sensación de caída, lo que produce en ocasiones, al volver a la consciencia, un recuerdo desagradable. El tiempo que dura es variable: para algunos todo parece ir muy lento y otros lo describen como un fogonazo. El doctor Enrique Vila en su libro *Yo vi la luz* sugiere un ingenioso método para conocer la anchura de dicho túnel preguntando a la persona que lo ha atravesado: «¿Cuántas personas habrían podido caminar a su lado?». No todas las ECM llegan al final del túnel. A menudo, al acercarse a la potente luz, el proceso se interrumpe y la persona siente que vuelve a su cuerpo. La sensación de luz no es solo visual, sino que se acompaña de sensación de gozo y paz. Algunos entrevistados relataron que la luz es tan intensa que les impide apreciar, por el deslumbramiento, cualquier figura que pudiera estar esperándoles al otro lado. El final se ve como una mancha muy luminosa pero no se aprecia, prácticamente, ningún otro detalle.

La experiencia extracorpórea (EEC). Suele coexistir con el túnel: la persona avanza por el túnel de luz mientras nota que sale de su cuerpo. Algunas personas refieren observaciones en su derredor o por fuera de la habitación donde agonizan, o incluso técnicamente han fallecido. La persona puede verse a sí misma como si fuese un mero espectador de lo que sucede. En ocasiones puede observar cómo se ejecutan sobre su cuerpo todo tipo de procedimientos médicos para resucitarlo. La persona que se observa a sí misma desde cierta altura sufre, como es lógico, cierta confusión. Algunos autores, como Vila, sugieren que la persona intenta volver a dicho cuerpo una y otra vez y, al igual que hemos visto en las películas de fantasmas, lo atraviesa de lado a lado. Algunos autores comparan esta experiencia a los viajes astrales. Es muy posible que exista una base neurofisiológica que justifique este tipo de experiencias. Ciertas drogas como la ketamina facilitan la experiencia extracorpórea. Asimismo, ciertos estados cercanos al trance o hipnóticos favorecen esta sensación.

Encuentros con personas ya fallecidas. Resulta llamativo que la apariencia de las personas con las que se encuentran los sujetos durante las ECM no tiene que corresponderse con la que tenían en el momento de su muerte, ni siquiera en los años anteriores. Por ejemplo, si nos encontramos con un abuelo fallecido, no suele presentar el aspecto correspondiente, quizás, a los últimos años o meses de su vida, sino que su apariencia suele ser buena y saludable, podríamos decir que idealizada. Vila habla incluso de la posibilidad de que algunas personas se encuentren con hermanos fallecidos con anterioridad a su propio nacimiento. En estas experiencias los fallecidos, que nunca conocieron al hermano que está sufriendo la ECM, llegan a dar explicaciones, por ejemplo, del motivo de su propia muerte. Este autor también menciona la posibilidad de encontrarse con parientes que aún están vivos, sin poder hallar una explicación plausible a dicho fenómeno. Más aún, relata algunos testimonios en los que aparecían personas desconocidas que, años después, resultaron ser sus propios hijos que todavía no habían nacido. Por ejemplo, en un caso apareció una niña vestida de blanco que exigió a la persona que sufría la ECM, por entonces un niño, volver a su vida terrenal. Cuando le preguntaba quién era aquella niña, dijo que no la conocía y que no la había visto nunca. Ateniéndonos a la imaginería popular podríamos catalogarla de ángel. Es un ser presente, de una manera u otra, en diversas religiones y cuya labor es la de exorcizar el miedo de la persona en esa situación tan límite, papel que cumplen a la perfección con su mágica y oportuna presencia. En el caso que acabamos de ver, la entidad vestida de blanco tranquilizó al niño y le indicó que lo único que tenía que hacer era volver a su cuerpo. Además, no solo nos encontramos con seres humanos, sino también con animales. En nuestra experiencia tan solo hay un caso, el de Marta, gran amante de los animales. Al sufrir una ECM llegó a encontrarse con una de sus mascotas, fallecida hacía más de una década, que la saludaba con efusividad, ladridos y abundantes demostraciones de cariño canino. No es menos cierto que este tipo de manifestaciones pueden causar al lector, igual que a muchos autores, cierta sensación de estupor, pero tampoco podemos ni debemos obviar su manifestación, ya que es un fenómeno descrito por varios investigadores.

Hiperrealidad. Quizás una de las sensaciones que más sorprende en una persona que ha sufrido una ECM es la convicción de que todo ha sido no ya real, sino mucho más real que la realidad cotidiana. Aceptar esta impresión no debe suponer lo mismo que aceptar que los eventos relatados en las ECM fueron necesariamente reales. Por ejemplo, algunos autores, como Emily Cook, insisten en que el relato de estas personas, por muy vívido que sea, no implica, ni por asomo, que tales cosas hayan ocurrido de verdad. Isabel, que vivió una ECM, lo resumía así: «Yo creo en el poder de la mente, pero también en la realidad, y aquello fue tan real como haberme pegado un pellizco en ese momento». Esta hiperrealidad, según los conocimientos científicos actuales, debería depender de los procesos lógicos del pensamiento. Lo paradójico del caso es que se produce bajo unas situaciones fisiológicas en muchas ocasiones extremas, como por ejemplo parada cardiorrespiratoria, anoxia y otras alteraciones. Greyson, en su elevada casuística que incluye más de 520 ejemplos, encontró que un 80 por ciento de los que habían sufrido una ECM indicaban que su pensamiento era más claro de lo normal o, al menos, igual de claro que lo normal. Justine Owens asegura que esta claridad mental se daba incluso con mayor frecuencia cuando la persona se encontraba más cerca de la muerte que cuando no lo estaba.

Respecto a la certeza de la experiencia, los seres humanos tendemos a seguir la siguiente fórmula: cuando se combinan dos o más evidencias llegamos a construir una creencia que constituye un verdadero estatus de prueba blindada para la persona que la ha experimentado. Por ejemplo, una persona sufre una ECM, completa o parcial, y posteriormente lee relatos similares a su propia vivencia, con lo que suele concluir en una idea de certeza, de que todo ha sido real. A pesar que la experiencia pueda ser única y basada en la propia biografía, no es menos cierto que existen multitud de elementos que son universales y, querámoslo o no, la cantidad de relatos es tan grande que siempre habrá alguno con el que podamos simpatizar.

XXII

TÉCNICAS PARA ACERCARSE A UNA ECM

Deberás alcanzar los límites de la virtud antes de atravesar las fronteras de la muerte.

REFRÁN ESPARTANO

INDUCCIÓN HIPNÓTICA

El psicólogo Raymond Babb tuvo, en 1989, la idea de intentar reproducir las ECM mediante procesos hipnóticos. Para ello, durante un curso al que denominó «La psicología del crecimiento personal», propuso a los alumnos sufrir una ECM mediante inducción hipnótica. El principal temor que observó en los alumnos fue, curiosamente, el de morir de verdad durante el intento. Sin embargo, el experimentador, después de aclarar los límites de la hipnosis e incluso de las muertes por vudú, decidió intentar acercarse hasta la luz, a ser posible sin ninguna consecuencia negativa.

El día señalado fue un acontecimiento importante en la universidad. Muchos de los estudiantes inmersos en el estudio mostraban sin reparo alguno su ansiedad, a pesar de que el profesor Babb les había invitado a traer algún familiar o amistad cercana para que se sintieran más seguros. Los invitados podían tomar de la mano a las personas que iban a sufrir la experiencia con objeto de reforzar su percepción de estar protegidos. En cierto modo, el participante tenía una persona que se quedaba atrás mientras él seguía por el camino marcado.

Algunos estudiantes, en las horas previas, llegaron a bromear con la posibilidad de redactar su testamento. Este tipo de chistes no solamente les ayudó a enfrentarse a esa hipotética muerte, sino también a controlar la ansiedad. Todo el proceso era voluntario y cualquier estudiante podía abandonarlo en cualquier momento. Incluso en algunos momentos ciertos estudiantes fueron invitados a abandonar el proceso hipnótico para observar a sus compañeros que seguían hacia adelante.

Parte del problema principal al que se enfrentaba el profesor Babb consistía en cómo llevar a los estudiantes hasta un punto a partir del cual pudieran seguir por sí mismos. Al mismo tiempo tenía que aprender a inducir este estado mental con la menor dosis de temor posible. El objetivo era llevarlos hasta el límite, hasta la barrera de la oscuridad, y, en ese momento, cada individuo debía aceptar sumergirse en la ausencia y seguir el viaje por propia voluntad, lo que incluía la posibilidad de encontrarse con otros al otro lado. La esperanza del hipnotizador era que se encontrasen con guías o espíritus que les llevasen hasta la luz.

La duración de la sesión hipnótica no fue especialmente prolongada, más o menos unos cuatro minutos. Una de las razones de tan corta experiencia fue el temor del experimentador de provocar la aparición de sensaciones negativas que pudieran traer problemas a los participantes. Asimismo, el profesor Babb también tomó en consideración que el factor tiempo es muy distinto cuando uno se encuentra bajo inducción hipnótica, ya que la sensación subjetiva de transcurso del tiempo se ve alterada.

Al día siguiente se invitó a los alumnos a escribir las sensaciones y emociones que sufrieron durante la inducción hipnótica. Los testimonios fueron realmente espectaculares: «Lo que sucedió es difícil de explicar con palabras […]. Me deslicé por un túnel […]. La oscuridad se tornó en una niebla gris [...]. La sensación era de amor total […]. Escuché la voz de un hombre como si fuese telepatía […]. Me encontré con un ser que me invitó a ir hacia la luz [...]. Me dijo que no siguiese adelante y que volviese hacia el lugar de donde provenía [...]. Me dijo que todavía no era mi hora [...]. Fui capaz de aceptar mi propia muerte, ahora ya sé cómo va a ocurrir». Como se puede apreciar, las expresiones de las personas que participaron en el experimento son sumamente similares a las de otros que han sufrido ECM. Ahora bien, ¿qué parte del testimonio fue inducida y qué parte fue espontánea? O si no, ¿cuáles son las consecuencias prácticas de este tipo de experimentos?

Quizás podríamos utilizar este tipo de inducción hipnótica para, por ejemplo, ayudar a las personas que sufren un miedo patológico a enfrentarse con la muerte.

RESPIRACIÓN HOLOTRÓPICA

Otra manera de alcanzar estados alterados de consciencia similares a las ECM es el desarrollado por el psicoterapeuta Stanislav Grof por medio de técnicas de respiración holotrópica. Este tipo de terapia combina una respiración rápida con ciertas combinaciones musicales que permiten acceder, por ejemplo, al momento psicológico cercano al parto, a represiones infantiles o a experiencias transpersonales.

La disminución de las defensas psicológicas mediante las técnicas de respiración holotrópica suelen generarse de manera gradual. Por eso este tipo de terapia siempre es aconsejable practicarla bajo la supervisión de expertos, de modo que ciertos materiales que pudiesen encontrarse reprimidos no salgan a flote de manera inesperada y brusca. Tengamos en cuenta que durante la ejecución de este tipo de técnicas pueden llegar a aparecer episodios de evolución transpersonal, como, por ejemplo, experiencias extracorpóreas y, según algunas personas, supuestas vidas anteriores.

Según escribió Anton Boisen en 1936, este tipo de experiencias tan llamativas suele ser relativamente común en personas ya experimentadas en las técnicas de respiración holotrópica y, de manera muy ocasional, entre aquellos que están iniciándose en las mismas.

Ciertos efectos de la respiración holotrópica son similares a los que se obtienen mediante la ingestión de drogas de tipo psicodélico, como la reducción masiva de defensas a nivel psicológico que dejan aflorar nuestras pulsiones más interiores.

ENFERMOS TERMINALES

Nancy Evans, colaboradora de Greyson, apunta que la mayor parte de los enfermos terminales no disponen de tiempo para prepararse a afrontar la muerte ni tampoco las ECM, por lo que propone una serie de pasos. En primer lugar, aprender a escucharles y contarles algunas cosas acerca de las ECM. Por ejemplo, que les han sucedido a muchas personas y que no hace falta ser santos para que ocurran. Para tranquilizarles es fundamental subrayar el hecho que no van a ser juzgados por su bondad ni por su maldad. Se les debe reafirmar también en la idea de que algunas personas que se encuentran en estado terminal durante un largo periodo de tiempo pueden llegar a experimentar una gran sensación de paz, de luz y de amor intemporal.

Hay que explicar a los pacientes, con el objeto de prepararles para una posible ECM estresante, que si notan una sensación de extrañeza es posiblemente por un proceso de purificación. Si ven criaturas que les son desconocidas, deben tomarlas como guías y no como demonios. Este proceso se complementa contándoles relatos de ECM con resultados positivos y recomendándoles que, una vez que comience el proceso y se encuentren conscientes para enfrentarlo, vayan en busca de la luz y de la sensación de amor incondicional.

Miles de años de evolución nos apoyan para enfrentarnos a este tipo de experiencias que nos intrigan y a menudo aterrorizan.

XXIII

ECM TRAUMÁTICAS

*Dios no manda a nadie al infierno, más bien lo hace
la propia persona.*

ERIK SWEDENBORG

La atención de los medios de comunicación, e incluso de los profesionales que se dedican al estudio de las ECM, se centra en las radiantes, luminosas y positivas. Sin embargo, las personas que necesitan mayor atención, las que han vivido una experiencia llena de temor, son olvidadas por indeseables. Su experiencia no interesa, es incómoda de comprender.

No son muchos los autores que desean sumergirse en este tipo de vivencias. Algunos investigadores, como Maurice Rawlings, tienden a presentar opiniones sesgadas desde el punto de vista religioso. Otros, como Atwater, a la que entrevisté personalmente, carecen en ocasiones de un método científico que respalde sus afirmaciones. Una de las mejores investigadoras en relación a este tipo de experiencias es, sin lugar a dudas, Nancy Evans, a quien también entrevisté en persona. Evans, además de ser una veterana investigadora, sufrió ella misma una ECM aterradora cuando tenía cerca de veinte años de edad. Evans afirma que nuestros valores culturales generan la siguiente ecuación:

> Placer = paraíso = recompensa = salud psicológica = positividad = ser buena persona

Por el contrario:

> Dolor = infierno = castigo = enfermedad psicológica = ser mala persona

Con este tipo de igualdades, ¿quién es el valiente que admite en público que ha sufrido una ECM negativa? ¿Y qué les podemos contestar para tranquilizarles?

Sin embargo, Ring ofrece unos resultados sorprendentes en relación a estos valores culturales. Por ejemplo, relata el caso de un proxeneta condenado por malos tratos que, sin embargo, tuvo una ECM muy agradable. Llama la atención, eso sí, que después de la experiencia reorientara sus valores morales en el mejor sentido de la expresión. Otro caso similar, citado por Dannion Brinkley en 1994, es el de una persona, asesino profesional en el ejército (*sic*), que también experimentó una agradable ECM. Por el contrario, Richard J. Bonenfant cita, en 2001, el caso de un aparentemente inocente niño de cinco años, sin ningún tipo de antecedentes psicopatológicos o psicopáticos, que, sin embargo, padeció una experiencia terrorífica, encontrándose con el mismo demonio.

Algunos autores las llaman delicadamente «experiencias menos que positivas», como es el caso de la doctora Barbara Rommer o Kenneth Ring, quien las llega a denominar «inversas».

Quizás lo primero que deberíamos declarar es que la mayor parte de las personas se sienten aterrorizadas con tan solo pensar en sufrir una ECM. Se pueden describir como fantásticas, sobrenaturales, encuentros con las divinidades, etc., pero no es menos cierto que la propia experiencia produce terror en algunas personas, un miedo a niveles muy profundos de la psique humana.

No existen evidencias concretas acerca de la frecuencia de las ECM terroríficas. Los estudios presentan cifras muy variables. Por ejemplo, Christopher M. Bache maneja cifras que oscilan entre el 1 y el 22 por ciento.

TIPOS DE ECM TRAUMÁTICAS

El estudio de Greyson-Bush de 1992 distingue tres tipos de experiencias terroríficas:

1. Inversas. Son aquellas en las que el sujeto ha vivido contenidos paralelos a los de las experiencias radiantes (luz intensa, revelaciones, presencias, paisajes maravillosos, etc.), pero que son percibidas por el individuo como atemorizadoras. La persona se encuentra en una realidad extraña, fuera de control y que le alarma en extremo.
2. Vacío total. Generan sensaciones de soledad brutal y de inexistencia.
3. Infernales. Comprenden encuentros con entidades amenazantes, visiones que se corresponden con el arquetipo del infierno e incluso percepciones de ser juzgados y de recibir tormentos.

Rommer ha descrito una cuarta variedad en la que las personas se sienten profundamente perturbadas e incluso aterrorizadas por su revisión vital, ya que hacen especial énfasis en el juicio que se les realiza en el más allá.

Es importante hacer notar que estas experiencias no siempre son estáticas. En ocasiones ceden en su parte negativa y se convierten en radiantes, si bien esto no ocurre siempre. En otras ocasiones, la persona suplica ayuda a un ente divino (Dios) o a algún familiar por el que siente especial aprecio, con lo que logra acabar de esta manera la experiencia desagradable.

En cualquier caso es obvio que una ECM desagradable puede provocar un intenso trauma emocional. El miedo puede atenazar a la persona. Miedo a ser condenada en la próxima vida, pero también miedo a contar la experiencia a personas cercanas y a ser cuestionado por el hecho de haberla experimentado negativamente. El resultado puede ser devastador: depresión, ansiedad, malestar generalizado.

Atwater afirma, respecto al contexto emocional de los que han sufrido una ECM desagradable, lo siguiente: «Muchos muestran un intenso miedo, una confusa indiferencia o estados de pánico. Si muestran emociones, suele ser a través del llanto. Muchos se sienten traicionados por la religión. Otros se muestran resentidos cuando ven en la televisión personas que hablan de su excelente experiencia, de la luz y de la eterna calidez y amor que exudan aquellos que parecen haber estado en el paraíso». Este podría ser el caso de María Teresa, quién me relata: «Ahora tengo treinta y siete años, pero hace veinticinco, cuando solo tenía doce, sufrí un terrible accidente, me quemé el 95 por ciento del cuerpo y mi estado era de extrema gravedad. Mientras estaba en coma tuve una ECM. Mi experiencia fue desagradable, en contra de la mayoría: descendía rápidamente por un túnel, con una luz cegadora, y aparecí en un campo abierto, hermoso, con mucha hierba y un sol resplandeciente, pero era un cementerio y era mi entierro. Estaba en todo lo alto, suspendida, sin cuerpo, solo cabeza, ojos, labios y oídos. Yo gritaba que esa persona que estaban enterrando no era yo, que yo estaba allí arriba, pero nadie me oía. Estaban mi madre, mi padre y médicos y enfermeras con sus batas blancas, y cuando me iban a enterrar, todo se acabó. Jamás hasta entonces había oído hablar de estas experiencias y lo que también me llamó la atención es que no me enterraron dos metros bajo el suelo, sino en estos nichos tipo archivador [encastrados en la pared]. Se lo conté a mi madre, la única persona que lo sabía hasta ahora».

Me resulta llamativo como investigador de este tipo de fenómenos que María Teresa es prácticamente la única persona a la que conozco que ha sufrido una ECM desagradable y que, al mismo tiempo, comenzó a desarrollar a partir de la misma una sintomatología psiquiátrica de tipo depresivo: «Sufro depresión desde hace muchos años y ningún antidepresivo me va bien. No salgo de este círculo vicioso. He intentado suicidarme dos veces y en la situación en que estoy, de desesperación, otra vez pienso en el suicidio. No sé qué hacer».

Bache explica cómo los supervivientes de este tipo de ECM sufren una doble alienación en nuestra cultura. Por un lado deben convencer a las personas de su entorno de que han vivido esa experiencia. En segundo lugar y más importante, mientras que el resto de las personas que han sufrido una ECM dicen haber estado poco menos que en las puertas del paraíso, este otro grupo de personas tienen que enfrentarse a duras reflexiones sobre su propia vida. En otras palabras, se preguntan qué han hecho para que les ocurriese eso. Este tipo de reflexiones está refrendado por la mayor parte de las religiones lo que, evidentemente, empeora la situación. Ring indicó que a partir de 1978, después de la publicación del libro de Raymond Moody *Vida después de la vida*, una oscura nube de testimonios impresionantes comenzaron a invadir el panorama celestial que se había creado hasta ese momento respecto a las historias que muchas personas habían relatado sobre sus ECM.

Una de las ECM más traumáticas que me ha llamado la atención es la descrita por Bonenfant en 2001. Se trata de un chico de seis años de edad llamado Scott. El 10 de junio de 1995, el niño se encontraba junto a su madre y su otro hermano, de nueve años de edad, cuando todos decidieron comprar un cono de helado. Después de comprar el helado Scott cruzó la calle justo cuando un coche corría por la calzada sin apercibirse de su presencia. El impacto fue brutal y el niño voló como un proyectil de catapulta más de diez metros por el aire. Su madre, enfermera de profesión, corrió a su lado y descubrió que el niño presentaba tantas fracturas que, a pesar de que no le veía respirar, no se atrevió a iniciar las maniobras de resucitación cardiopulmonar. Las lesiones eran devastadoras: fractura de cráneo, fractura de pelvis, perforación de tímpano y múltiples laceraciones por todo el cuerpo.

Mientras tanto, para Scott la experiencia de ECM transcurrió de una forma clásica: entró en un túnel que a él le parecía como un tornado. Sin embargo, una vez en el túnel Scott se dio de bruces con lo que él describe como el propio diablo. Esta entidad habló a Scott con una voz profunda y desagradable, diciéndole: «Eres malo». También hizo un intento de atraparle. En ese momento el niño se encontraba totalmente aterrorizado. La sensación era la de ser apartado de la presencia de Dios. Scott notaba una fuerza poderosa y negativa que emanaba de la presencia siniestra. La descripción que hizo el niño de ese ser era espantosa: compuesto de carne pútrida y cubierto de heridas y secreciones viscosas.

El niño no recuerda cómo fue rescatado de las garras del diablo. Lo que sí rememora es que durante esos críticos momentos intentaba desesperadamente conservar su fe en Dios. A Scott le parecía una experiencia similar a la Casa del Terror de cualquier feria del pueblo.

Poco después de su alta hospitalaria el niño hizo un dibujo de esa presencia diabólica. Los pies parecían tener ganchos, las manos pinzas con aspecto esquelético, y una mucosidad verde le cubría el resto del cuerpo. La cabeza parecía deformada y con aspecto enfermizo. Cuando el chico hizo el dibujo, los padres advirtieron que empleaba tanta fuerza con el lápiz que rasgó el papel en varios lugares.

En definitiva, la cronología que siguió a la ECM fue:

1. Bilocación de la consciencia en la escena del accidente.
2. Observar el accidente desde un árbol cercano.
3. Experiencia extracorpórea en la que era incapaz de abrazar a su madre o de hacerse ver u oír.
4. Encontrarse en un lugar oscuro, de cara a un túnel.
5. Ver una figura diabólica una vez en el túnel.
6. Desplazarse a lo largo del túnel.
7. Encontrarse con un tío suyo ya fallecido.
8. Encontrarse con la luz (Dios).
9. Percepción de la presencia de un ángel.
10. Ser escoltado por un ángel hasta un refugio oscuro.
11. Recuperar la consciencia en el hospital.

Quizás las ECM ponen en jaque una serie de conceptos que manejamos sobre la infancia. Pensamos que a estas edades todos los pensamientos deben ser inocentes y nos resulta difícil aceptar la posibilidad de que un niño experimente una ECM traumática.

Bush relató, en 1983, una ECM que padeció un niño cuando cayó a una piscina en la que casi se ahogó. La madre aseguraba que el niño no había recibido educación religiosa alguna. Sin embargo, al despertar comenzó a contar a su madre: «Dios me dijo que no era mi momento y que tenía que volver. Yo le alargué mi mano, pero él la retiró. No quería que me quedase. Al volver hacia la Tierra vi al diablo. Me dijo que si yo hacía lo que él quería, yo podría tener cualquier cosa. Pero no quise que estuviese molestándome a mi alrededor».

El coste psicológico de este tipo de experiencias puede ser importante. Por ejemplo, en este caso el niño se sintió rechazado por Dios y, a la vez, carnaza para una entidad que él consideraba negativa: el diablo. Es decir, es una experiencia que típicamente debería ser asesorada y tratada a posteriori por algún profesional de la psicología.

En las primeras publicaciones sobre ECM, y particularmente en las de Raymond Moody, que fue uno de los primeros autores en popularizar este tipo de conceptos, no se llegaron a describir situaciones traumáticas o infernales, sino más bien situaciones del todo paradisíacas, regidas por el placer y la bondad. El propio Moody afirma que «en todo el material que he recogido nunca nadie me ha descrito algo similar a lo que podríamos llamar un infierno». Sin embargo, algunas personas que, si bien no experimentan algo ni paradisíaco ni tampoco infernal, sí que viven una experiencia que se encuentra reflejada en los textos sagrados de muchas religiones y que coloquialmente podríamos denominar purgatorio. Es el caso de Joaquín cuando narra la experiencia vivida por su hermano con posterioridad a una parada cardiaca que, supuestamente, iba a tener repercusiones neurológicas: «Quedó en coma profundo y los médicos dijeron que ni volvería a andar ni hablaría ni nada. Prácticamente esperaban que se convirtiera en un vegetal, pero al despertar comenzó a hablar y mandó llamar a sus familiares y les contó su experiencia. Una de las cosas más curiosas es que estuvo en un lugar que él denominó como el "purgatorio". Un lugar donde deambulaban muchas personas perdidas. Es más, permaneció allí muchos días en ese estado sin encontrar a nadie con quien hablar. Las personas deambulaban sin más en un espacio en penumbras. Finalmente pudo ver una luz a lo lejos y se encaminó hacia ella. Durante ese tiempo pudo reflexionar sobre su vida pasada. Curiosamente, al llegar a la luz despertó en el hospital con gran alegría».

Una vez más, después de superar la experiencia, el hermano de Joaquín, al igual que muchos otros miles de personas que han pasado por este tipo de experiencias, sufrió una conversión religiosa desde el más profundo ateísmo.

El primer investigador que llamó la atención a la comunidad investigadora sobre ECM aterradoras fue el cardiólogo Maurice Rawlings, en 1979, quien afirmó que prácticamente la mitad de las ECM que él había recogido presentaban contenidos cargados de miedo por parte de los que las habían experimentado. Sin embargo, otros investigadores intentaron recoger los mismos resultados sin el mismo éxito. Cuando fracasaron en su misión, Rawlings dijo que probablemente muchas de las experiencias negativas acababan volviéndose positivas y que, asimismo, podrían ser numerosas las personas que solo recordaran los aspectos positivos de su propia ECM.

> ¿Qué tipo de seres somos que podemos sentir de manera tan profunda que el sentimiento por sí solo nos recrea el paraíso o el infierno?
>
> Jambor, 1997

Bruce Greyson es particularmente duro en su crítica al cardiólogo Rawlings, debido en parte a la chapucera recogida y presentación de los casos. El proceso estadístico se encontraba ausente en dicho estudio y sus descripciones eran demasiado superficiales. Incluso su perspectiva carecía de objetividad y estaba llena de una profunda moral cristiana que oscurecía la perspectiva científica. A pesar de todo, Greyson reconoce que algunas personas no presentaron la típica ECM, con sus etapas clásicamente distribuidas, sino que en ocasiones la ECM presenta determinados patrones que quien los vive parece haber acabado en el infierno.

El psicólogo Charles A. Garfield se dedicó a estudiar las ECM de 47 pacientes que padecían cáncer. Las vivencias alternaban entre paradisíacas e infernales. Entre estas últimas abundaban las de flotar en el vacío, sentirse atrapados en un túnel o ambas cosas al mismo tiempo. Pero no fue solo este investigador quien afirmó la existencia de ECM de desarrollo terrorífico. Gallup y Proctor encuestaron, en 1982, a un gran número de estadounidenses descubriendo que al menos un 1 por ciento de los interrogados había sufrido ECM desagradables. En algunos casos se habían visionado caras terroríficas o entes que producían alteraciones emocionales, sentimientos de confusión acerca de la experiencia, sensación de destrucción o bien temor acerca de la finalidad de la muerte. Sin embargo, estos mismos autores piensan que quizás ese 1 por ciento de personas que dicen haber tenido una ECM negativa no hacía otra cosa que evitar la interpretación positiva de su ECM.

En el año 2001, un profesor suizo de estudios religiosos, Hubert Knoblauch, acompañado de dos estudiantes que colaboraron con él, publicó varios datos sobre personas que habían sufrido ECM en Alemania, observando que su frecuencia era del 4 por ciento. Este equipo también prestó atención a importantes diferencias entre los sujetos según hubieran vivido en la Alemania oriental u occidental. En esta última, la occidental, un 60 por ciento había tenido experiencias positivas frente a un 29 por ciento de negativas. Mientras tanto, de los pacientes de la antigua Alemania oriental tan solo un 40 por ciento reportó experiencias positivas frente a un 60 por ciento de negativas. Los autores concluyeron que no cuenta solo la interpretación de lo que la persona ha vivido durante su ECM, sino que también el contenido de la misma se encuentra culturalmente construido.

| EXPERIENCIAS PARADISÍACAS VERSUS TERRORÍFICAS ||
Paradisíacas	Terroríficas
Seres amables	Apariciones amenazantes
Entornos bellos y entrañables	Entornos horrorosos
Conversaciones y diálogos	Amenazas, gritos, silencios

Sensación de amor universal	Peligro, violencia, tortura
Sensación de calidez, paraíso	Frío o calor extremos
Túnel que conduce a la luz	Túnel no acaba nunca y se estrecha
Sensación de generosidad	Sensación de culpa
Mejor integración a la vuelta	Ansiedad y malestar

Fuente: Greyson (2009), modificado y ampliado por el autor.

La psicóloga inglesa Margot Grey dedica un capítulo completo en uno de sus libros a las experiencias negativas de las ECM: «Usualmente caracterizadas por una sensación de miedo extremo o pánico [...]. Una intensa sensación de soledad que se acompaña de un gran sentimiento de desolación». Esta misma autora distingue un tipo de experiencias a las que denomina como infernales y que poseen las siguientes características: «Una sensación de ser arrastrado por fuerzas diabólicas que, en ocasiones, son identificadas como fuerzas de la oscuridad. A este nivel son frecuentes las visiones de criaturas demoníacas que amenazan a la persona, mientras que otros relatan ataques por seres invisibles o figuras que carecen de cara o bien van cubiertos con capuchas. La atmósfera puede ser intensamente fría o insoportablemente cálida. También suele resultar frecuente escuchar sonidos como de almas en pena o bajo tormento. También se pueden escuchar sonidos similares a bestias salvajes. Ocasionalmente, algunas personas reportan situaciones que se asemejan mucho a un infierno arquetípico, con encuentros con una figura diabólica».

Basándose en este tipo de encuentros, Greyson ha descrito ciertas secuencias de eventos que incluyen miedo y sensación de pánico, experiencias extracorpóreas, entrar en una especie de vacío oscuro, la sensación de encontrarse con fuerzas demoníacas y, por último, entrar en un entorno infernal. Atwater, por su parte, sugiere que las ECM terroríficas pueden ser estructuradas a partir del inconsciente del sujeto que las vive, y que las variaciones de detalle entre los distintos relatos reflejan más bien el resultado de su traducción psíquica que de leyes físicas. Se ha encontrado en los entrevistados una serie de sensaciones muy diversas: apariciones de seres carentes de vida, paisajes desolados, sensación de ser amenazado, gritos o silencio, posibilidad de estar en peligro, ser blanco de violencia o tortura, sensación de frío, alteraciones lumínicas, sensación de ser atacado, miedo, ansiedad, sensación de tener que defender la propia vida para seguir vivo, *flashbacks* ocasionales de escenas terroríficas, etc.

Atwater asegura que las ECM desagradables suelen ser experimentadas por personas con profundos sentimientos de culpa, miedo o ira, o por los que esperan algún tipo de castigo o juicio después de la muerte. En sus estudios esta autora encontró 105 casos de personas que habían tenido ECM desagradables entre un total de 700 sujetos, lo que constituye una proporción importante.

Otros investigadores como Bruce Greyson y Nancy Evans analizaron 50 ECM terroríficas, llegando a distinguir tres tipos distintos:

1. ECM prototípica interpretada como terrorífica debido a pérdidas de control del ego.
2. Experiencias de no existencia o vacío en las que la persona se siente condenada para la eternidad.
3. Experiencias acompañadas de imaginería diabólica con descripciones de entornos infernales, demonios amenazantes o sensación de ser arrastrados a oscuros pozos.

Kenneth Ring no encontró casos de ECM terroríficos en sus primeros estudios, pero más tarde, a partir de 1984, admitió que quizás un 1 por ciento podría sufrirlas. Años más tarde, en 1994, concluyó: «Las ECM terroríficas son ilusiones fantasmagóricas generadas por el ego en respuesta a la amenaza de su propia e inminente aniquilación». Aseguraba que los investigadores deberían considerar este tipo de experiencias como de incalculable valor tanto para el individuo como para la sociedad. Ring llega a una sorprendente conclusión: si prácticamente el único factor que se presenta en las ECM es una luz a la que las personas se rinden hasta el punto de volverse permeables a la misma, entonces las experiencias que no se presentan con esta luz tan favorable y que muestran aspectos terroríficos no serían, por definición, verdaderas ECM. Para Ring, las ECM terroríficas reflejarían el hecho de que el infierno no es otra cosa que «una experiencia en la que se separa de manera ilusoria el ego mientras sufre una batalla fantasmal».

En una conversación personal con Atwater, en el año 2011, esta investigadora me aseguró que hasta un 15 por ciento de los adultos y un 3 por ciento de los niños podrían haber padecido ECM traumáticas.

REACCIONES PSICOLÓGICAS A LAS ECM TERRORÍFICAS

En nuestra experiencia personal encontramos un mayor número de personas que se encuentran dispuestas a relatar su ECM positiva respecto a los que la han vivido de forma negativa. En ocasiones, estos últimos comienzan a contar su vivencia, pero, a medida que avanzan en el relato, a menudo comienzan a tartamudear o su lenguaje corporal les delata por sus posturas incómodas. Finalmente, la mayor parte opta por interrumpir la entrevista e intenta posponerla para otro día. Son numerosos los autores e investigadores de estos temas que han advertido el mismo comportamiento en las personas que han sufrido una ECM negativa. Por ejemplo, Charles P. Flynn observaba, en 1986, que muchas personas que habían sufrido una ECM negativa sencillamente decían: «Disculpe, me tengo que ir!», y no volvía a saber de ellos.

Una vez que se padece una ECM devastadora se puede optar por reprimir su recuerdo o, por el contrario, intentar buscar un significado a largo plazo. A corto plazo la sensación es de «¿qué ha sido eso?». Nancy Evans distingue tres tipos de respuesta:

1. *El cambio*: «Yo necesitaba eso». La respuesta clásica a las experiencias espirituales profundas es la conversión. No necesariamente se refiere a cambiar de religión, sino de vida. Las personas con una vida interior rica y reflexiva consideran este tipo de experiencias como

una advertencia acerca de su estilo de vida. Este perfil de personas es capaz de identificar conductas de su vida que no han sido satisfactorias y que, a partir de ese momento, deben experimentar un cambio positivo.

> Después de morir mis prioridades cambiaron. Ahora sé, definitivamente, que el infierno existe. Tampoco quiero que nadie sepa que estuve en el infierno.
>
> Raquel

Este tipo de reflexiones no se dan necesariamente en personas con sentimientos religiosos. En realidad, muchos presentan comportamientos antisociales como, por ejemplo, uso de drogas, alcoholismo, problemas con la ley, etc. Curiosamente, mientras que las personas que han sufrido una ECM satisfactoria sufren transformaciones sobre todo de índole espiritual, aquellas cuyas ECM han sido malas suelen abrazar, según Evans, algún tipo de religión y tornarse militantes en la misma. El sentimiento general es que la vida les ha dado una segunda oportunidad.

2. *Reduccionismo*: «Esto es solo una alucinación». La mayor parte de los reduccionistas creen en la evidencia pura y dura, en los hechos que se puedan replicar. El trabajo de los profesionales en este campo es loable y, en términos clínicos, es lo más adecuado para alcanzar una finalidad determinada. Sin embargo, el reduccionismo aplicado a las ECM puede ser contraproducente. Algunos científicos, cuando observan que una experiencia no puede ser claramente definida dentro de una categoría, prefieren desecharla o incluso hacer como si no hubiese ocurrido. Asimismo, algunas personas que han experimentado una ECM se sienten más cómodas buscando explicaciones al fenómeno en publicaciones de tipo científico, sin realizar ningún tipo de reflexión acerca de lo que les ha sucedido.

Evans menciona el caso de una persona que había sufrido una ECM muy agradable y que, pocos años después, sufrió otra, esta vez con componentes muy negativos. Llegó a consultar con un abogado para acusar al médico y al hospital de mala praxis, ya que intuía que todo había sido producto de algún ineficaz tratamiento. Incluso después de averiguar que pueden producirse reacciones similares por la aplicación de drogas durante la anestesia, interpretó que todo había sido una reacción debida a la medicación, obviando que, en tal caso, también la primera ECM, la agradable, pudo haber sido producto de otra droga. Kenneth Ring apunta a que algunas experiencias muy desagradables, pero no por ello menos reales, parecen ser reacciones inadecuadas a la anestesia. Para un individuo que vive una ECM terrorífica la respuesta de que es solo una reacción a la anestesia puede tranquilizar de manera transitoria y enmascarar la ansiedad, pero no resolverá su problema y permanecerá lleno de temores si no explicamos el proceso completo de la ECM.

3. *Largo recorrido*: «¿Qué es lo que hice para merecer esto?». Mientras que los que pasan por una conversión encuentran cierto significado y una relación entre sus creencias y la ECM, y los reduccionistas encuentran al menos cierta satisfacción mínima, hay un tercer grupo que no encuentra respuestas o significados a su experiencia, particularmente aquellos que han vivido la sensación del gran vacío.

La impresión que les queda a estas personas es que la ECM les persigue en su dimensión más existencial mientras intentan buscar una explicación desde los terrenos intelectual y emocional. Desde el punto de vista intelectual, les resulta imposible aceptar lo que les ha sucedido. «Después de mi única ECM traumática y durante veintiséis años me ha perseguido el miedo a la muerte. Tan solo dejó horror en mi mente, ataques de ansiedad, depresión y sentimientos de despersonalización», cuenta un paciente de Evans, en 2002. Este mismo investigador recoge otro testimonio estremecedor: «Nadie estaba ahí, ni siquiera Dios».

De los tres grupos este es, quizás, el de más difícil abordaje terapéutico. Los profesionales que intentan tratar desde el punto de vista psicológico a estas personas encuentran muchas dificultades para tratar el tema o bien dejan al paciente con sentimientos de culpa. Otros, por el contrario, son invadidos por sentimientos románticos acerca de la experiencia, pero son incapaces de tratar su lado más oscuro. A partir de ese momento las personas traumatizadas comienzan a sentirse saturadas de preguntas: ¿qué hice para merecer esto? ¿Cuál es la verdad de la existencia? ¿Qué he hecho mal? ¿Cuáles son las reglas? Muchos tienen la sensación de que han seguido las reglas y aun así les ha ido mal.

¿POR QUÉ OCURREN LAS ECM TERRORÍFICAS?

La propia Nancy Evans admite que nadie lo sabe. Abundan las teorías, pero realmente nadie conoce por qué en ocasiones las experiencias son maravillosas, tanto que cambia la vida positivamente, y en otras la experiencia es angustiosa y terrorífica.

Una de las razones por las que este tipo de experiencias tiene tanta repercusión social es por su similitud con las descripciones tradicionales acerca del paraíso y del infierno. Si reflexionamos acerca de esta idea, podríamos llegar a pensar que quizás es al contrario. Es decir, personas que en su día, hace miles de años, tuvieron una ECM y sobrevivieron sirvieron de punto de partida para reflejar en los textos sagrados de prácticamente todas las religiones sus vivencias.

No podemos abstraernos a una influencia cultural de miles de años. A día de hoy, en pleno siglo XXI, una gran parte de la humanidad sigue creyendo que al final tendremos lo que nos merecemos. Es decir, el concepto de paraíso o infierno se encuentra a la vuelta de la esquina en nuestro subconsciente. Una vez que la persona ha tenido una experiencia terrorífica cree, evidentemente, que ha sido juzgada.

Evans apunta un hecho curioso acerca de la forma en que juzgamos a los que han tenido una ECM. Mientras que a las personas que han vivido una experiencia radiante y llena de luz las felicitamos y empatizamos con ellas, por el contrario a los que han pasado por una experiencia traumática los sometemos a un cruel escrutinio de su vida, de su conducta íntima y personal e incluso de sus creencias, así como de su salud mental. Huelga decir que la mayor parte de los casos se contempla desde un punto de vista negativo, ya que siempre se encuentran zonas oscuras en la vida de toda persona. Evans afirma con rotundidad que, a pesar de lo que muchas personas creen, incluidos científicos y estudiosos del tema, no existe ninguna correlación entre creer, por ejemplo, en un Dios vengativo y sufrir una ECM negativa, como tampoco ocurre lo contrario.

Atwater afirma que este tipo de experiencias las suelen sufrir personas que tienen culpas reprimidas o temas pendientes en su vida. Rommer, por su parte, dice que hay tres razones que pueden causar este tipo de experiencias traumáticas. La primera de ellas sería que la persona se ve así obligada a reevaluar su vida y cambiar de dirección. La segunda serían temores, justificados o no, previos a la experiencia. La tercera causa es que si la persona piensa continuamente que merece el infierno, al final es lo que se encuentra. No obstante, este autor no respalda sus afirmaciones con un trabajo estadístico de campo.

El genial psicoterapeuta Stanislav Grof condensa varias ideas existencialistas afirmando lo siguiente: «Se comprende hoy en día que [las ECM] son estados de experiencia que se repiten de manera regular cuando nos enfrentamos a la muerte biológica. En vez de ser [nosotros] unas extrañas e inútiles piezas de conocimiento, la idea de infiernos y paraísos nos provee de una rica cartografía de mundos llenos de experiencia a los que cada uno deberá llegar en algún momento del futuro. Evitarlos o evitar rendirse son los dos mayores peligros a los que se enfrenta una persona moribunda». De hecho, afirma este autor, la literatura universal está plagada de libros que preparan al ser humano a enfrentarse a lo inevitable. Por ejemplo el *Libro egipcio de los muertos*, el *Libro tibetano de los muertos* y el europeo medieval *Ars Moriendi*, que ya hemos citado. Su función era clara: advertir a los humanos para que no utilicen mecanismos de negación y mueran sin estar preparados. Más aún, como el mismo Grof dice: «Sirven para proporcionar a los moribundos una oportunidad para liberar aquellos estados espirituales que desarrollaron durante la vida». En una sociedad como la nuestra, donde la negación de la muerte es el denominador común, resulta fácil entender que la mayor parte de las personas vayan sin preparar hacia una experiencia que les puede resultar terrorífica. Por ello, como bien dice Grof, la existencia de «cartas náuticas» puede ser de inestimable valor si sirven como referencia para ese momento final.

Para poder contestar sólidamente a la pregunta del porqué y cómo ocurren las ECM terroríficas, la filósofa polaca Mishka Jambor cree que es fundamental responder a siete preguntas en las investigaciones futuras:

1. Cuando son tantas las personas que tienen miedo la muerte y a la disolución del ego, ¿por qué son tan pocas las que sufren una ECM terrorífica?
2. ¿Por qué los contenidos temáticos acerca de las ECM terroríficas son tan escasos?
3. ¿Es la muerte del ego suficiente para trascender al horror y al dolor? O, por el contrario, ¿la muerte del ego explicaría el encuentro con otras realidades tanto placenteras como displacenteras?
4. Si la evaluación trascendental (nuestra) es la tarea sublime más allá de la inmersión en la felicidad, ¿cómo se podría lograr esta o ser vivida?
5. ¿Cuál es la esencia de la rendición espiritual? ¿Tiene algo que ver con enfrentarse al abismo?
6. ¿Son la visión cristiana o la budista, respecto al dolor, válidas para purificarse? ¿Qué es lo que se purifica? ¿Es la purificación otro nombre para desprenderse de los conceptos sensoriales y conceptuales (creencias y visión del mundo) de la vida terrenal?
7. ¿En qué momento nos llenamos de ese verdadero amor y compasión? ¿Podrían las investigaciones relacionadas con las ECM contribuir a aclarar los debates milenarios sobre la naturaleza de lo bueno y de lo malo?

LA OSCURIDAD

Tradicionalmente, en términos religiosos, han existido la oscuridad y el miedo como intermediarios de un contacto con Dios. Teresa de

Jesús refiere que, estando un día arrebatada en espíritu, Dios se dignó asegurarle su eterna salvación si continuaba sirviéndole y amándole como lo hacía. Y para aumentar en su fiel sierva el temor del pecado y de los terribles castigos que trae quiso dejarle entrever el lugar que habría ocupado en el infierno si hubiese continuado con sus inclinaciones al mundo, a la vanidad y al placer: «Estando un día en oración me hallé en un punto toda, sin saber cómo, que me parecía estar metida en el infierno. Entendí que quería el Señor que viese el lugar que los demonios allá me tenían aparejado, y yo merecido por mis pecados. Ello fue en brevísimo espacio; mas aunque yo viviese muchos años, me parece imposible poder olvidárseme. Parecíame la entrada a manera de un callejón muy largo y estrecho, a manera de horno muy bajo y oscuro y angosto. El suelo me parecía de una agua como lodo muy sucio y de pestilencial olor, y muchas sabandijas malas en él. Al cabo estaba una concavidad metida en una pared, a manera de una alacena, a donde me vi meter en mucho estrecho. Todo esto era delicioso a la vista en comparación de lo que allí sentí: esto que he dicho va mal encarecido». Teresa de Ávila estaba, evidentemente, acostumbrada al lenguaje y el entorno religiosos, por lo que pudo fácilmente integrar sus encuentros con lo desconocido, algo muy distinto a lo que ocurre hoy en día con la mayor parte de las personas embebidas del mundo materialista.

Si tomamos en consideración a los clásicos no podemos evitar mencionar a Carol Zalesky, que enseña religión en el Smith College y se ha dedicado a buscar y encontrar descripciones de ECM en la historia de diversas religiones universales, e incluso a partir de narraciones medievales. Desde una perspectiva religiosa, de teorías científicas y culturales e incluso tomando en consideración el papel y la formación del propio investigador, llegó a identificar cuatro tipos de ECM:

1. Las comunes propias de los diálogos de Gregorio el Grande, historias llenas de milagros que traducen señales del cielo y que nos traen mensajes e información del más allá. Se podría decir que las ECM clásicas y que son del dominio público pertenecerían a esta categoría.

2. Historias más propias del siglo XVIII que siguen un patrón de muerte, resurrección y conversión. Son propias de San Pablo, pero a muchas personas hoy en día les sucede algo similar.
3. Viajes propios del Apocalipsis. Se encuentran llenas de revelaciones, de maravillas y de escenarios del futuro.
4. Peregrinas. La persona viaja y se encuentra con muchas escenas y paisajes.

Zalesky apunta, con cierta extrañeza, la falta de escenarios negativos en las personas que refieren haber tenido una ECM ya que, por ejemplo, en la Edad Media o incluso en la mitología universal existen numerosas historias repletas de elementos propios de la salvación, pero también del purgatorio, mientras que las modernas, según Zalesky, parecen moverse todas en la misma dirección: de la oscuridad a la luz, del infierno al paraíso. Según concluye, de manera muy inteligente, es muy posible que ciertos autores, a través de sus preguntas, ayuden a construir las respuestas y de esta manera den forma involuntariamente al testimonio de la persona. Además, los investigadores, a base de contar y recontar la historia pueden acabar modelándola a su antojo para uso didáctico o literario lo que, evidentemente, produciría una degradación notable de la historia original.

¿QUÉ HACER? APROXIMACIONES TERAPÉUTICAS A PERSONAS CON ECM TERRORÍFICAS

Lo primero que hay que hacer es esperar a que pasen las primeras reacciones de pánico, de manera que podamos abordar el problema desde un punto de vista cognitivo. En segundo lugar debemos, según Evans, asegurar a la persona una serie de cuestiones:

1. No existe ninguna evidencia de que la gente buena tenga siempre experiencias positivas, mientras que la gente mala viva siempre experiencias negativas.

2. Existen ciertas evidencias, basadas en trabajos terapéuticos, de que una experiencia inicial terrorífica puede finalmente convertirse en positiva mediante la ayuda profesional adecuada.

3. Las principales figuras sagradas de todas las religiones sufrieron experiencias espirituales similares y supieron superarlas.

4. La sensación de vacío es considerada tradicionalmente como la experiencia última dentro de las prácticas espirituales. Muchas personas luchan durante años para poder alcanzarla.

5. Reconocer que los occidentales, con nuestros conceptos del yo y de la realidad, sufrimos la experiencia con mucha mayor intensidad respecto a los orientales, para los que el concepto de ambas cosas resulta meramente ilusorio.

6. Neutralizar la intensidad emocional echándola literalmente hacia fuera. Alex Lukeman recomienda escribir la historia y, posteriormente, leerla en voz muy alta al menos tres veces.

Una vez superados los traumas iniciales y asumiendo que no existe patología alguna, podría comenzarse algún tratamiento psicoterapéutico, sobre todo cuando existe fragilidad emocional. A medida que transcurra el tiempo y si la experiencia no ha sido reprimida demasiado profundamente, la persona puede explorar otras interpretaciones distintas a las iniciales. Como es lógico, si dichas explicaciones derivan por caminos religiosos, entonces se tendrán que aceptar explicaciones más allá de lo simplemente literal.

> Buscar la espiritualidad es peligroso. Buscar la verdad supone experimentar dolor y oscuridad y, al mismo tiempo, encontrar la luz blanca y clara.
>
> Eichmann, 1991

Muchas preguntas serán dirigidas de forma directa al terapeuta. Posiblemente, algunas de ellas estarán cargadas de rabia hacia un dios y su correspondiente religión. Debemos tener claro que una ECM aparentemente disfuncional no es otra cosa que una experiencia espiritual distinta a las demás. Entonces la pregunta cambia desde ¿por qué me sucedió esto justamente a mí? a ¿qué significado le puedo encontrar yo a mi experiencia?».

Desde el nivel profesional conviene comenzar a identificar de manera individual aquellos factores que, aparentemente, desataron esa desagradable experiencia: ¿qué estuvo fuera de control?; ¿qué amenazas fueron las percibidas? Así se podrá trabajar sobre ellas desde el punto de vista psicoterapéutico. Formarse profesionalmente sobre el mundo de los sueños también puede ayudar a descifrar el mundo simbólico encontrado durante esa ECM.

Lukeman recomienda siete claves para lograr una mejoría en el caso de las pesadillas. Evans asume que podrían ser útiles a la hora de enfrentarse a ECM traumáticas:

1. Darse cuenta de que la experiencia no ocurrió simplemente para que usted tuviese miedo. Tiene un significado y un propósito.
2. Todos tenemos una habilidad innata para comprender y asimilar una experiencia de este tipo.
3. No tenga miedo de mirar a imágenes horribles ni piense que estas imágenes poseen un significado especialmente dañino para usted.
4. Juegue a ver su experiencia con cierta objetividad, si es posible sin emociones.
5. Si usted llega a conocer su significado obtendrá dos buenos resultados: no volverá a tener el mismo sueño otra vez y su interpretación tendrá resultados prácticos en su vida real.
6. Recuerde que las pesadillas pueden abrir puertas hacia la sanación tanto en la esfera psíquica como en la física. Verdaderamente son un regalo de su subconsciente.
7. Relájese mentalmente, genere asociaciones libres, sentimientos y memorias.

Dentro del terreno de la propia simbología, el terapeuta debe escoger los significados que sean más favorables para el paciente. Por ejemplo, si bien el fuego es considerado generalmente como una de las peores suertes de castigo, puede ser, por el contrario, reinterpretado como un símbolo de purificación y limpieza, así como de renacimiento. Asimismo, la oscuridad tampoco debe ser interpretada como propia de un estado infernal sino, como bien apunta el teólogo Hans Kung, puede ser una metáfora acerca de la amenazante posibilidad de que la persona haya perdido el significado de su vida. Es decir, que al igual que los sueños, una experiencia de este calibre puede significar no el final de la vida física sino, quizás, el fin de una fase y el comienzo de otra totalmente nueva. El vacío podría traducirse como el abandono total. Por el contrario, la visión de figuras satánicas posee significados ancestrales con un abanico simbólico tal que se presta a multitud de interpretaciones.

Para Evans, la recomendación final es la de educarse al respecto: leer, estudiar y formarse. Leer psicología transpersonal, historia de la ciencia, filosofía, la *Biblia*, el *Corán* o el *Baghavad Gita*, física y metafísica, teología contemporánea, etc. Es decir, si usted es una persona espiritual, aprenda ciencia. Si usted adora la ciencia, lea sobre mística. No lea solo sobre ECM ni sobre New Age ni tampoco lecturas exclusivamente religiosas. Desconfíe de los que insisten en tener la verdad absoluta sobre este tema. No siga a ningún gurú que afirme haber desarrollado una serie de respuestas a tantas preguntas inconclusas. Tampoco se adhiera a ningún grupo que, posteriormente, le dificulte salir del mismo. El crecimiento espiritual no se compra con dinero.

Sin lugar a dudas debemos generar un nivel superior de comprensión y replantearnos si el dolor equivale a un castigo, si el sufrimiento es intrínsecamente malévolo o la oscuridad posee connotaciones negativas. La identificación y el crecimiento personal, particularmente en el mundo simbólico de cada uno, ayudarán de forma positiva a las personas que han vivido ECM a comprender el gran misterio que hemos compartido desde el principio de la humanidad.

Michael Grosso piensa que es posible que el hombre moderno haya perdido el contacto con los símbolos curativos y las energías de lo más profundo de su psique que nos ayudan a manejar la muerte y el propio proceso de morir. Quizás necesitemos más información para reestablecer ese vínculo mágico, para poder identificar esas ideas y conductas que nos pueden ayudar a enfrentarnos a la muerte.

PERSPECTIVA NEUROFISIOLÓGICA

Desde este punto de vista hay autores, como Todd Murphy, que apuestan que el lóbulo temporal y el sistema límbico, tradicionalmente relacionados con los estados emocionales, podrían estar involucrados en las ECM. Respecto a las ECM traumáticas, este autor postula que podrían darse una serie de «lateralizaciones afectivas» del lóbulo temporal, dado que el córtex temporal derecho se encuentra especializado en emociones positivas y el izquierdo en emociones negativas como, por ejemplo, el miedo, la pena y el terror. Esta lateralización podría explicar que, en ocasiones, dependiendo de la influencia del córtex derecho o izquierdo, se generasen sensaciones positivas o negativas.

Sin embargo, Greyson no cree que la separación de las emociones positivas y negativas se encuentre tan claramente diferenciada respecto al supuesto lóbulo o córtex que las origine, y que todavía se necesita mucha investigación de corte científico para llegar a tan rotundas conclusiones.

XXIV

¿ALUCINACIONES O ECM?

Nada está en el intelecto que no haya estado primero en los sentidos.

JOHN LOCKE

Algunos autores, como Dell'Olio en 2009, afirman que las ECM son indudablemente verificables ya que, en primer lugar, la persona que vive la experiencia lo hace de forma tan vívida como la propia realidad. En segundo, la experiencia parece repetible, de manera que otros, en su misma situación, experimentarían los mismos síntomas. Y por último, entre los que las han vivido existe un sentido de certeza fenomenológica en relación con la propia experiencia.

Entonces, ¿por qué no se acepta este tipo de experiencias como verídicas? Quizás la razón principal es que si las ECM son verdaderas entonces se producirían importantes conflictos con la naturaleza dominante de la realidad, que es el materialismo.

Hemos revisado, en capítulos anteriores, las posibles razones que los científicos materialistas apuntan para explicar la generación de las ECM. Sin embargo, existen argumentos contrarios para cada una de estas explicaciones. En primer lugar, las ECM se presentan de forma más ordenada y vívida que los sueños o que las alucinaciones en general. Por otra parte, muchos de los protagonistas no se encontraban, al contrario de lo que muchos afirman, bajo el efecto de ninguna medicación o anestesia, y otros presentan niveles de oxígeno plasmático dentro de los límites normales. Asimismo, si las ECM fuesen producto de las endorfinas, el sujeto no presentaría estados de alertada tan marcados. Además, la persona que experimenta una ECM no suele presentar ansiedad, confusión o un sentido distorsionado de la realidad como los que suelen acompañar a las alteraciones del lóbulo temporal o a los que experimentan una privación sensorial. Pero quizá lo más importante y lo más llamativo es la claridad y la lucidez, exactamente lo contrario a lo que podríamos esperar de alguien a quien se le escapa la vida, con un cerebro moribundo.

Otra característica importante que apunta a que las ECM no conciernen al reino de las alucinaciones es que son numerosos los sujetos que no pertenecen a ninguna religión y que, sin embargo, viven experiencias con contenidos muy similares a los de los que sí lo son. Incluso personas que pertenecen a una determinada religión presentan visiones que no tienen relación alguna con sus propias creencias, lo que les provoca importantes conflictos de conciencia.

Si vemos las ECM desde la perspectiva que ofrece William James en 1958, en su libro *Las variedades de experiencias religiosas*, en relación a las experiencias místicas, podríamos decir que solo los que las han vivido tienen la autoridad suficiente como para poder referirse a las mismas. Tampoco sería irracional que terceros creyesen en las experiencias de los que las han sufrido. Por supuesto que todos deseamos corroborarlas de una manera objetiva en vez de ser un simple acto de fe, pero ¿quién mejor para hablar de las ECM que los que las han vivido?

Un punto de vista materialista para explicar las ECM es que cada uno de los síntomas puede ser perfectamente localizado en áreas muy concretas del cerebro. Si bien esto no es así, aunque lo fuese no dejaría de ser menos interesante, ya que aunque podamos localizar el lugar exacto del cerebro donde se vive la experiencia fenomenológica, ello no implicaría una negación de la misma. Por ejemplo, el hecho de que usted esté leyendo estas líneas y que su contenido esté siendo procesado en un lugar del cerebro que podemos localizar perfectamente no quiere decir que podamos negar la experiencia de que usted está leyendo. Es decir, que aunque descubramos qué proceso mental se asocia a una localización cerebral concreta, esto no tiene nada que ver con que la experiencia no sea verídica. En otras palabras, si bien podemos oler a rosas o escuchar una melodía cuando se estimula eléctricamente una zona determinada del cerebro, eso no significa que también podamos oler a rosas cuando paseamos por un jardín o encendemos un aparato de música. Esto quiere decir que aunque podamos reproducir ciertos aspectos de las ECM manipulando el cerebro de una forma determinada, esto no implica que las personas que se encuentran en situación de muerte clínica no experimenten la vida después de la muerte.

Debido a los puntos anteriormente mencionados podríamos afirmar que las ECM podrían ser la mejor explicación posible respecto a la vida después de la muerte. Mejor que muchas de las explicaciones alternativas que ofrece la ciencia más ortodoxa.

Incluidas en el entorno de estas situaciones, que son a día de hoy de imposible explicación por parte de la ciencia, se encuentra, por ejemplo, el haberse reunido con personas ya fallecidas cuyo óbito era desconocido para el paciente. Otro ejemplo de difícil explicación son las experiencias extracorpóreas en las que la persona ha podido ver o escuchar acontecimientos en sitios geográficamente lejanos. A este respecto resulta llamativo que, por ejemplo, Moody relate, en 1988, varias de estas experiencias difíciles de explicar desde la ciencia ortodoxa. Así, en uno de los casos la persona no solo describió los procedimientos de resucitación que se le aplicaron, sino también la sala de emergencias con sumo detalle e incluso sabía el nombre de una de las enfermeras que la atendió, ya que durante la resucitación se había visto caminando junto a ella y pudo leer el nombre sobreimpreso en la bata de la mujer. En otra experiencia, también relatada por Moody, una mujer ciega durante más de cincuenta años fue capaz de describir tanto los procesos de resucitación como los equipos y otros detalles de la sala del hospital, cosas que no podía conocer debido a su prolongada ceguera.

En este mismo contexto de personas invidentes, Kenneth Ring relata, en 1999, cómo la mayor parte de personas ciegas que han sufrido una ECM han tenido percepciones visuales durante su experiencia. Debido a que su percepción evidentemente no estaba asociada con ninguna función propia del sistema visual fisiológico, se ha denominado a esta capacidad «consciencia trascendental».

Dell'Olio se pregunta: «Si la has ECM son verídicas, ¿eso quiere decir que nos proveen de una base racional para creer en la vida después de la muerte?». El autor razona partiendo de los siguientes puntos:

1. Las personas que han sufrido una ECM parecen haber experimentado algo similar a la vida después de la muerte.
2. Si existen personas que han experimentado algo similar a la vida después de la muerte entonces, en ausencia de argumentos de peso para creer otra cosa (si se demostrase que la experiencia no es verídica), esas personas tienen una base racional para creer en la vida después de la muerte.
3. No existen pruebas de que las ECM no sean verídicas.
4. Por lo tanto, las ECM ofrecen una base racional para creer en la vida después de la muerte.

Este autor concluye que las ECM nos proveen de un soporte más que racional para creer que existe vida después de la muerte, ya que eso es lo que parece presentarse en las experiencias y, hasta ahora, ninguna otra explicación parece mejor que las de las propias personas que las han vivido.

Morse, en 1994, asegura que la evidencia científica sugiere claramente que las ECM ocurren cuando subjetivamente percibimos que podemos morir. Como tales deben representar la mejor evidencia objetiva de lo que es morir, independientemente de cualquier mediación por parte de los neurotransmisores u otras estructuras anatómicas.

EL EXTRAORDINARIO CASO DE PAM REYNOLDS

Algunas ECM descritas son realmente espectaculares como, por ejemplo, la que relató Pam Reynolds al cardiólogo Michael Sabom y que este recoge en un trabajo de 1998. Pam Reynolds fue una cantante y compositora que en 1991 sufrió una operación en el cerebro. Debido a un aneurisma de gran tamaño hubo que emplear técnicas quirúrgicas no convencionales. Para ello se provocó un paro cardiaco por hipotermia, reduciendo la temperatura corporal hasta los 16 °C. A continuación se drenó la sangre de su cerebro para así poder actuar quirúrgicamente sobre el aneurisma. Una vez reparado este, se recuperó la temperatura corporal y se reinició el latido cardiaco, reestableciendo la circulación sanguínea normal.

Cuando la cantante volvió a hablar y habían desaparecido los efectos de la anestesia, confesó que había vivido una ECM. Esta parece haber comenzado cuando el neurocirujano comenzó a trepanar su cráneo. Al mismo tiempo sintió que abandonaba su cuerpo y pudo ver incluso al cardiólogo que la preparaba para provocar el paro cardiaco.

Contempló la típica escena del túnel oscuro, desde donde su abuela la llamaba. Prosiguió por el túnel hasta que la luz lo inundó por completo. Dentro de esa luz llegó a distinguir a varios parientes fallecidos. Finalmente se encontró con un tío suyo, también fallecido, que la condujo de vuelta al túnel, desde donde volvió a su cuerpo enfriado para, posteriormente, recuperar el latido cardiaco.

Este caso, recogido en el libro del cardiólogo Michael Sabom titulado *Vida y muerte*, es considerado como una de las pruebas científicas más sólidas de supervivencia de la consciencia humana. El propio cardiólogo concluye: «Quizás la ciencia ha pasado por alto un enlace fundamental entre la consciencia y el cerebro o quizás algunas experiencias dependen solo de la mente, la cual puede no estar inextricablemente unida con el cerebro».

La ECM de Pam Reynolds atravesó varias fases. Durante la operación, poco antes del paro cardiaco, escuchó un ruido parecido a la letra «d». Este sonido provocó que saliera del cuerpo. Según ella, su estado mental era de total alerta y su visión más clara que en condiciones normales, hasta el punto de que llega a comentar que se daba cuenta de cómo el médico utilizaba un taladro para abrir su cráneo. Incluso expresa sorpresa por el parecido de esta herramienta con un cepillo de dientes y no con una sierra, como ella esperaba. Más tarde se confirmó que el taladro se parecía, en efecto, a un cepillo de dientes eléctrico. También llegó a escuchar una voz femenina que decía: «Tenemos un problema: sus arterias son muy pequeñas». Más tarde se confirmó que los médicos intentaron, en primer lugar, conectarla a una máquina de pulmón-corazón a través de una arteria en la pierna derecha, pero la arteria resultó tan delgada que tuvieron que cambiar a la pierna izquierda. Este hecho, dice la propia Pam, le sorprendió, ya que desconocía que iban a intervenirla en la región inguinal.

En resumen, las etapas de su operación, tal y como las describe Sabom en su libro, fueron las siguientes:

7.15. Reynolds es llevada a la sala de operaciones en estado consciente. Se le administra por vía intravenosa pentotal, lo que le hace perder, según cuenta ella, la sensación del tiempo. Se le tapan los ojos y comienza la anestesia general. Queda monitorizada, incluido el electroencefalograma. Asimismo, se le aplica por medio de unos pequeños audífonos una señal de noventa y cinco decibelios con objeto de estimular el cerebro y observar, mediante el electroencefalógrafo, si persiste dicha actividad cerebral una vez comenzada la operación.

8.40. El cirujano, el doctor Spetzler, comienza la incisión, dejando al descubierto el cráneo. Activa la sierra eléctrica para cortar el hueso y acceder al cerebro. Corta la membrana que rodea el cerebro e inserta un pequeño microscopio quirúrgico dentro de su cerebro, haciéndolo llegar hasta el sitio del aneurisma. Una vez encontrado decide, por el gran tamaño que tiene, que va a ser necesaria una parada cardiaca hipotérmica con objeto de que cese la circulación sanguínea en el cerebro para poder operar. En ese momento una cirujana prepara, a la altura de la ingle derecha, un acceso a la arteria y vena femorales para hacer un bypass. Sin embargo, encuentra que su diámetro no es el apropiado y cambia al lado izquierdo.

10.50. El equipo comienza el proceso de enfriamiento cardiopulmonar a través del bypass.

11.00. El cuerpo de Pam Reynolds llega a los 22,7 °C.

11.05. Se induce el paro cardiaco. La medición de la actividad cerebral cortical mediante el electroencefalógrafo es nula o plana. Asimismo, se produce estimulación de las estructuras cerebrales más profundas mediante «clics» a través de los auriculares. La respuesta electroencefalográfica es cada vez más débil.

11.25. La temperatura corporal ya ha bajado hasta los 15,5 ºC. Los «clics» a través de los auriculares ya no producen respuesta alguna. El cerebro, técnicamente, se encuentra sin actividad. En ese momento se hace bascular la mesa de operaciones, elevando la parte correspondiente a la cabeza de manera que la sangre salga del cuerpo de la paciente «como el aceite sale de un coche», según cuenta Sabom. Es decir, que cualquier posibilidad metabólica que pudiera servir de soporte al cerebro de la paciente es eliminada. A continuación, el doctor Spetzler repara el aneurisma. Una vez reparado se revierte todo el proceso descrito, por lo que Pam Reynolds recupera tanto la temperatura corporal, como sus funciones cerebrales.

12.00. El electrocardiógrafo comienza a mostrar una actividad desorganizada del corazón. Pam presentó un episodio de fibrilación ventricular. Se le aplican dos electrochoques con el desfibrilador, con lo que su ritmo cardiaco recupera el ritmo normal.

12.32. La temperatura corporal llega a los 32 ºC. Comienzan a retirarse parte de los equipos de monitorización. Asimismo, los ayudantes del cirujano jefe inician el cierre del abordaje quirúrgico.

14.10. Pam Reynolds es trasladada a la sala de recuperación.

Si atendemos a los comentarios realizados por la propia Pam Reynolds, ricos en detalles, podríamos decir que la paciente fue capaz de ver y oír durante la operación. Asimismo, podríamos distinguir dos aspectos de su experiencia: por un lado el ser testigo del procedimiento quirúrgico, por ejemplo, cómo el cirujano intercambiaba las hojas de la sierra eléctrica o cómo su cabeza fue rapada. No es menos sorprendente que supiera que uno de los médicos intentó canalizar una vía en su zona vascular derecha y que no pudo, por lo que pasó a la pierna izquierda. O que, por ejemplo, dijera que la canción que sonaba en el quirófano durante un momento de su intervención era «Hotel California».

Otro aspecto importante es el transmaterial: la paciente se encuentra con personas amadas ya fallecidas y ve su cuerpo desde una perspectiva distinta. También contempla la salida de su cuerpo y su posterior reentrada. Durante esta etapa se apercibió de una presencia. Momentos después fue empujada hacia una luz que iba ascendiendo en intensidad. Al final de ese túnel comenzó a distinguir a ciertos personajes, incluyendo una abuela, un tío y otros parientes ya fallecidos, algunos desconocidos para ella.

Cuando comenzó a disfrutar del ambiente en que se encontraba, algo le recordó que tenía que volver. Su propio tío la devolvió a su cuerpo en contra de su voluntad. Ella se negaba, mientras el tío insistía. Súbitamente vio a su cuerpo contraerse bruscamente (en el momento de la aplicación del desfibrilador). En ese instante, su tío la empujó bruscamente de vuelta a su cuerpo. La sensación, según Pam Reynolds, fue la de «saltar al agua helada».

La percepción de la persona que está siendo operada y sufre una ECM es muy intensa respecto a la propia operación. Es el caso de Pam y también el de Abelardo, de quien hemos hablado y que refiere lo siguiente mientras era intervenido de un grave ictus cerebral que le mantuvo al borde de la muerte: «Durante la intervención, sabía qué médico era más temeroso, cuál más atrevido y también podía ver la torpeza de algunos con el catéter».

¿QUÉ ES UNA ALUCINACIÓN?

Es una percepción que no corresponde a ningún estímulo físico externo, si bien la persona la siente como real mientras se encuentra en estado de vigilia (despierta) y con un nivel de consciencia normal. Se distingue de las ilusiones, ya que estas últimas son percepciones distorsionadas de un estímulo externo que efectivamente existe. Por ejemplo, cuando caminamos de noche podemos confundir la sombra de un objeto con la figura de una persona que nos acecha.

Las alucinaciones pueden existir en cualquier modalidad que ocupe uno de los cinco sentidos. Es decir, pueden ser visuales, auditivas, olfativas, gustativas o táctiles. Además, una alucinación puede afectar a varios sentidos al mismo tiempo. Se sabe que hasta el 10 por ciento de las personas puede sufrir algún tipo de alucinación, leve o moderada, a lo largo de su vida sin que para ello intervenga aparentemente patología alguna ni consumo de drogas.

Bajo ciertos estados patológicos, como la esquizofrenia y la epilepsia, pueden presentarse alucinaciones como resultado de un proceso bioquímico cerebral. Asimismo, en estados místicos, ya sea autoinducidos o a partir de la inducción de terceras personas, se puede producir falseamiento de la realidad en forma alucinatoria. Huelga decir que bajo el efecto de cierto tipo de drogas alucinógenas también se producen dichas experiencias. A este respecto, los que hemos tenido alguna vivencia experimental con drogas como el LSD debo decir, honradamente, que la experiencia para el que la pasa parece totalmente real. Por ejemplo, en una ocasión pude «ver» cómo los dedos de mis manos se alargaban como si fuesen elásticos y, súbitamente, se acortaban mientras yo, fascinado, los observaba. La dosis no era excesiva, ya que a partir de ciertas concentraciones, particularmente con el LSD, que es una de las drogas más potentes que existen, se pierde el apego a la realidad sin ningún tipo de crítica hacia el proceso alucinatorio. Es decir, con dosis bajas o moderadas podemos tener una alucinación como la que acabo de referir y conocer que, a pesar de estar «viéndolo», no es cierto lo que ocurre. Se piensa: «Lo veo, pero sé que es falso, es solo una alucinación». Esto se acerca más al concepto de alucinosis (se podría decir que es un grado menor de alucinación).

En relación a las alucinaciones y las ECM, esto es lo que nos cuenta Aída: «Sí, distingo perfectamente las alucinaciones de las experiencias vividas. Las experiencias vividas cerca de mi madre y mi tía son reales y los recuerdos claros, de colores vivos, como si fuera una situación del día de ayer o de hace un momento. Las alucinaciones son confusas, borrosas... Mi recuerdo de las alucinaciones son como de imágenes sobrepuestas, como cuando una foto de las de cámara antigua de rollo se empalma sobre otra».

En este sentido conviene aclarar que prácticamente el 95 por ciento de las personas que han sufrido una ECM no poseían antecedentes psiquiátricos de ningún tipo. Ni siquiera habían acudido al psicólogo con objeto de recibir algún tipo de terapia. No solo eso, sino que, según el psiquiatra William Richards y su compañero Stanislav Grof, la ingesta de LSD conducida adecuadamente dentro de un contexto psicoterapéutico ayuda a reconducir los temores ante la muerte y, en enfermos terminales, a manejar el problema y su adecuada aceptación.

¿ES FÁCIL ALUCINAR?

¿Acaso existen ciertas causas de índole biológica que pudieran causar alucinaciones y que estas tuvieran alguna relación con las ECM? Sin lugar a dudas podríamos referirnos a la dopamina, un neurotransmisor de suma importancia en nuestro metabolismo cerebral. Se le ha relacionado con la aparición de alucinaciones principalmente localizadas en las conexiones sinápticas del tallo encefálico y en los lóbulos occipital-temporales. Sin embargo, hay autores que prefieren explicar este tipo de alucinaciones indicando que provienen del propio sistema perceptivo, es decir, una construcción del cerebro a partir de un estímulo físico de entrada. Algunas personas incluso pueden llegar a tener dichas alucinaciones sin prácticamente estímulo alguno. Por ejemplo, algunas personas con problemas en ciertas áreas de la retina (escotoma) pueden llegar a «ver» imágenes localizadas en esas áreas.

En estos casos, el cerebro se encuentra ante el dilema de qué hacer con la parte del cuerpo que ya no recibe estímulos nerviosos. Uno de los mejores ejemplos es el de los denominados «miembros fantasma»: una persona que ha sufrido una amputación sigue sintiendo ese miembro como si todavía formase parte de su cuerpo.

Sin embargo, padecer ocasionalmente trastornos de la sensopercepción es bastante común. Por ejemplo, es corriente notar que algo se arrastra sobre la piel o bien escuchar voces cuando nadie ha hablado o, si tenemos cierto temor, llegar a ver en una sombra algún personaje amenazante. Asimismo, no es extraño llegar a oír, por ejemplo, la voz de un difunto reciente en nuestro derredor.

Este es el caso que nos cuenta Ricardo: «¿Alucinación o sueño hiperreal? A mí me pasó algo parecido cuando murió mi abuelo. Una noche tuve uno de esos sueños hiperreales: entraba en casa de mi madre. Todo estaba muy luminoso y allí, en el sofá, estaba él, tranquilamente, sentado. Al verlo me abalanzo sobre él para abrazarlo y le digo: «¿Qué haces aquí?». Me contesta: «Es que yo nunca me he ido, siempre estoy aquí». Ahí termina el sueño. Ya no he vuelto a soñar con él».

Las alucinaciones asociadas al olfato o el gusto suelen ser menos comunes. Por el contrario, las alucinaciones auditivas son muy frecuentes en la psicosis y la esquizofrenia y, en otras ocasiones, algunas drogas como la cocaína o las anfetaminas pueden desencadenarlas.

En ocasiones he visto cómo ciertos pacientes adictos a la cocaína llegaban a presentar tan intensas alucinaciones sobre tener insectos debajo de la piel (locura dermatozoica) que llegaban a rasgarse de forma muy cruenta la misma con ayuda de cuchillos u hojas de afeitar, para sacarse con la mayor premura esos insectos imaginarios. Huelga decir que esa acción no paliaba para nada la sensación de incomodidad y desazón en los afectados.

Otras situaciones orgánicas complejas y que desestabilizan el equilibrio fisico-químico del organismo, como la insuficiencia hepática o renal, o ciertos procesos con fiebre alta, también pueden cursar con alucinaciones. Algunas alteraciones psicológicas muy extremas, como el trastorno por estrés postraumático, también pueden actuar de desencadenante ocasional de fenómenos alucinatorios en cualquier esfera de los sentidos.

Es también de todos conocido que algunas situaciones, como la falta de oxígeno en el cerebro, pueden desencadenar algunos síntomas similares a las ECM. Susan Blackmore afirma que la falta de oxígeno en el cerebro desempeña algún tipo de papel en las ECM, ya que ciertas áreas del mismo, particularmente las asociadas a la organización de la memoria, como el hipocampo, el sistema límbico y el lóbulo temporal, son especialmente sensibles a la anoxia. Esta última estructura es conocida por sus respuestas a la estimulación relacionadas con los *flashbacks* de memoria y con las experiencias extracorpóreas. Sin embargo, es llamativo cómo la misma autora reconoce que muchas personas que han sufrido una ECM no padecían anoxia cerebral en el momento de su experiencia. Así, Gliksman y Kellehear relatan, en 1990, el caso de un paciente cuyo nivel de oxígeno en sangre era normal y sufrió una ECM. La propia Susan Blackmore rebate este caso afirmando que si se proporciona oxígeno al paciente, cosa normal durante un paro cardiaco, los niveles arteriales de este gas se elevarán. Por contraste, la sangre en las venas no dispondrá de mucho oxígeno. Ya que el cerebro es un órgano muy consumidor de oxígeno, los niveles cerebrales de este gas en sangre venosa caerán y el cerebro comenzará a sufrir anoxia.

Esta autora describe cómo se presenta el cuadro en niños que padecen crisis cerebrales anóxicas reflejas (espasmo del llanto). Este tipo de patología se vincula a un paro cardiaco como respuesta a una hipersensibilidad del sistema nervioso. Este paro cardiaco provoca, lógicamente, falta de irrigación sanguínea en el cerebro y la consecuente isquemia cerebral. Las crisis son generadas por la activación rápida del llamado reflejo sincopal. El niño pierde la consciencia en menos de un minuto. Se acompaña de intensa palidez facial, hipotermia, sudor frío y pérdida de tono muscular. En ocasiones pueden presentarse convulsiones. Para esta autora no es que la anóxia sea la causa fundamental de la detonación de ECM, sino que es tan solo una causa entre tantas que produce una desinhibición de la corteza cerebral que tiene como resultado final una excitación excesiva y aleatoria de muchas neuronas. Esta desinhibición cortical ya había sido postulada por otros autores como Siegel, en 1980, para explicar la aparición de diversos tipos de alucinaciones. En estas crisis cerebrales anóxicas reflejas apenas se producen situaciones de verdadero peligro para el niño, ya que la recuperación es muy rápida y, en la mayoría de las ocasiones, sin necesidad de tratamiento médico. Por el contrario, para los padres la visión de uno de estos episodios adquiere tintes terroríficos, ya que el aspecto del niño parece falsamente cercano a la muerte, hasta el punto de que algunos niños llegan a decir: «Me he muerto otra vez».

El estudio de Blackmore de 1998 se basa en 112 cuestionarios que fueron completados, excepto tres, por los padres de los niños que sufrían las susodichas crisis cerebrales anóxicas. El resultado es que un 24 por ciento reportaron entre una y once experiencias comunes con las ECM. Muchos niños reportaron visiones de luces (8 por ciento), así como sonidos extraños y ecos (8 por ciento). Tan solo cinco niños dijeron haber padecido una experiencia extracorpórea (4,5 por ciento). Asimismo, cuatro de ellos (3,6 por ciento) dijo haberse encontrado en un túnel y nueve (8 por ciento) llegaron a encontrarse con personas reales o imaginarias. Sin embargo, la propia Blackmore reconoce que ninguno de los niños llegó a ver seres de luz, ángeles, amigos o mascotas ya fallecidas ni cualquiera de las imágenes y escenas tan bellamente descritas por otros autores como Atwater.

Asimismo, tampoco sería cualquier tipo de anoxia, según Blackmore, la que podría producir una ECM, ya que las que se instalan lentamente como, por ejemplo, las generadas a elevadas altitudes o las debidas a envenenamiento progresivo por gases tóxicos o por alcohol no producen la sintomatología propia de las ECM. Por el contrario, las anoxias rápidas como, por ejemplo, las generadas por alguna etiología cardiaca, sí que producen la desinhibición cortical necesaria como para generar una ECM.

Algunos investigadores, saltándose quizás la ética y el sentido común médicos, han producido síncopes artificiales en voluntarios con objeto de observar sus resultados. Eso es justamente lo que hicieron Thomas Lempert, Martin Bauer y Dieter Schmidt en 1994. Tomaron a una serie de adultos sanos y les indujeron una caída brusca de tensión arterial utilizando hiperventilación y maniobra de Valsalva[13] combinadas.

El resultado fue un desmayo casi instantáneo. Muchos de ellos presentaron alucinaciones similares a las ECM. No podemos olvidar tampoco que muchos pilotos de combate llegan a perder la conscien-

---

[13] Intento de expulsar aire con la glotis, boca o nariz cerradas, lo que produce un aumento de la presión dentro del tórax que engloba pulmones y corazón. El efecto inmediato es una brusca reducción sanguínea a nivel general por afectación de la circulación.

cia cuando se encuentran bajo fuertes aceleraciones o bien cuando se entrenan en máquinas de centrifugación.

Para entender toda esta riqueza de síntomas habría que subrayar tres características fundamentales del cerebro, según Cook:

1. Es capaz de realizar inmensas cantidades de actividad en muy cortos periodos de tiempo.
2. La muerte es una situación única que altera profundamente los sentidos, por lo que el cerebro puede aprovechar ese apagón para recrearse en imágenes almacenadas en la memoria o en experimentar emociones.
3. Tiene un inmenso poder de recuperación después de sufrir algún daño neurológico.

La propia Blackmore, en el caso de los niños que padecían crisis cerebrales anóxicas, describe cómo algunos de los sujetos, como resultado de la anoxia cerebral, padecían distorsiones visuales de su propia imagen y de las personas a su alrededor. A nivel auditivo las voces de las personas del entorno parecían mucho más fuertes. Incluso escuchaban silbidos y veían patrones alucinatorios en forma de piel de serpiente, así como personas del pasado, hasta el punto de afirmar: «Están al otro lado de la pared». Varios de estos niños también experimentaron experiencias extracorpóreas.

¿PODRÍAN ALGUNAS PERSONAS, APARENTEMENTE MUERTAS, ESCUCHAR EN SU ENTORNO?

Blackmore, en el caso de los niños que padecían crisis cerebrales anóxicas, relata el caso de una niña de nueve años de edad que cada vez que tenía una crisis comentaba posteriormente: «Mi mamá y mi papá me hablan cuando estoy muerta y yo puedo escucharles». La pregunta que queda en el aire es si este tipo de casos podría ser extrapolable a las personas que, aunque aparentemente están inconscientes, siguen teniendo contacto consciente con su entorno y que, posteriormente, son capaces de relatar lo que sucedía en derredor: quirófanos, actividad de médicos y enfermeras, etc., bajo la posible errónea creencia de estar muertos.

Para Cook, la única manera de conocerlo sería estudiando las evidencias de un cerebro ya muerto, pero claro, es un estudio que se descalificaría a sí mismo, ya que su existencia dependería del funcionamiento del cerebro, por lo que estaríamos hablando de un cerebro que no estuviese irreversiblemente dañado. Es decir, la pescadilla que se muerde la cola.

ESTADOS ALTERADOS DE CONSCIENCIA

Para entender claramente qué es un estado alterado de consciencia debemos comprender también que lo que habitualmente llamamos realidad y que se va generando, fundamentalmente, durante nuestras horas de vigilia, no es otra cosa que un constructo de procesos mentales. De manera inconsciente y continuada tenemos un modelo del mundo que nos rodea y a eso lo denominamos realidad. Usted, mientras lee estas líneas, seguramente estará concentrado en su significado y a la vez estará ignorando la presión del sillón sobre su cuerpo o los ruidos circundantes. Es decir, está obviando ciertos elementos de la realidad y, por el contrario, está fabricando otra realidad que le favorece para concentrarse en la lectura. De alguna manera, aunque se encuentre en el mundo real, está seleccionando deliberadamente material para construir la sensación de un entorno propio. Está construyendo su realidad a partir de los sentidos, pero todo se fragua en su corteza cerebral.

A diario la mente consciente establece un modelo rutinario de realidad. Es decir, una combinación de entradas sensoriales que son procesadas junto a constructos derivados de los hábitos y de la memoria, que nos enseña el camino correcto para su interpretación. Sin embargo, en ciertos momentos, como por ejemplo durante el sueño, bajo el efecto de drogas, meditación, hipnotismo o experiencias extracorpóreas, este modelo puede resultar profundamente alterado. En estos estados alterados de consciencia todo lo que en apariencia es imaginario y que obviamente sucede en la mente parece real. No solo real, sino incluso más real que el mundo cotidiano.

A este respecto me parece interesante transcribir una experiencia que Tomás, un donante de sangre, me relató en una ocasión y que revela el poder de la mente para construir poderosas realidades si se producen las circunstancias adecuadas: «La experiencia me sucedió hace apenas un año, en una sala del hospital donde fui a donar sangre. Firmo los papeles que te dan antes de que te vea el médico y una vez dentro de la consulta me hace las preguntas habituales: "¿Te ha ocurrido alguna vez algo? ¿Te has desmayado?", etc. "No, todo bien", le contesto. Salgo de la habitación y me tumbo en una camilla. Siento el pinchazo en la vena y comienzo a abrir y cerrar la mano para que la sangre fluya más rápida. Hasta aquí todo normal, como otras muchas veces que he ido a donar, ya que llevo muchos años haciéndolo.

»Después de un rato con el brazo levantado, una vez terminada la extracción, me incorporo y después de unos minutos más sentado sobre la camilla, me siento y miro entre los bocadillos que traen para que los donantes comamos algo. Aparto los de queso para coger uno de jamón. ¡Qué soso estaba! Me cojo un bote de refresco y tomo asiento para comerme el bocadillo tranquilamente. Cuando termino, me quedo mirando al techo y, de pronto, noto un hormigueo que empieza por los pies. Ese hormigueo me genera la sensación progresiva de estar flotando. Cierro los ojos y dejo de estar en la sala del hospital.

»Ahora estoy en otro lugar, con mucha gente, pero no gente alborotada como el primer día de rebajas. No, era gente que paseaba por un lugar donde no había nada. No iban vestidos, aunque solamente les veía la parte de la cabeza y un poco del busto. La gente pasaba por mi lado, por delante, pero no veía sus rostros, ni tampoco intenté hacerlo. A lo lejos venía una chica pelirroja, con una gran sonrisa, una sonrisa que no mostraba dentadura, era la expresión de su rostro la que en aquel momento me transmitía mucha paz. Tenía el pelo ondulado y le tapaba los hombros. No la había visto en mi vida, ni siquiera me sonaba su cara. Me miraba fijamente mientras se acercaba hacia a mí, al mismo tiempo que otra gente pasaba por delante de mí. Eso sí, yo no perdí de vista a esa chica pelirroja en ningún momento. Cuando llegó a mi altura me hizo como una mueca para que la siguiera y ¡en ese maldito momento la enfermera me despertó!

»—¿Qué pasa? —le pregunté.

»—¡Que te has desmayado!

»"¡Qué desmayado ni qué niño muerto!", pensé.

»—Estaba soñando —le dije algo molesto por haberme despertado.

»Escuché risas de la gente que había a mi alrededor al decir esto.

»—No: te has desmayado. Acuéstate en una camilla.

»Después de un cuarto de hora más allí y tras otra toma de tensión, salí a la puerta con un enfermero. Tomé un poco el aire y le dije que me iba, que tenía ganas de llegar a mi casa. Eso hice. Me tendí sobre la cama quitándome solamente los zapatos. Tenía prisa por quedarme dormido de nuevo, pero no fue posible. A las ocho menos algo sonó un mensaje de móvil: era una amiga que me preguntaba si pasaba por ella para ir a la clase de teatro. Le contesté que no me encontraba bien, pero no porque estuviera mareado ni porque me doliera algo, simplemente quería volver a dormir y aparecer en ese lugar y, sobre todo, saber qué me quería mostrar aquella chica».

Resulta importante resaltar de la experiencia de Tomás la inmediatez de la experiencia onírica así como su estructuración, la sensación de paz —que comparte con las ECM—, así como el encuentro con una persona que si bien era desconocida para él, asumía un papel en la estructura de la historia. El propio protagonista de esta experiencia reconoce abiertamente que no se trata de nada sobrenatural ni relacionado con algún tipo de experiencia límite en cuanto a su salud. Quizás fue el producto de una simple disminución de su tensión arterial por la extracción sanguínea o de una reacción vagal.[14] Fuese una cosa u otra, he incluido esta experiencia, ya que me parecía

---

[14] Efectos nerviosos provocados por ciertos estímulos (compresión ocular, zona carotídea, dolor, etc.), consistentes en reducción de la frecuencia cardiaca, caída de la tensión arterial, mareo, sudor frío...

importante a la hora de explicar la complejidad de la consciencia en el momento de fabricar historias.

Respecto a los mecanismos anteriormente descritos (tensión arterial o elementos vagales) también llama la atención el relato de Ana María: «Después de una donación, hace muchos años, en el hospital de mi ciudad, durante los meses de verano en plena Andalucía, se me ocurrió subir a pie hasta el castillo que se encuentra coronando una colina cercana. Cuando llegué iba un poco rara, pero pensaba que era por el calor. Me dijeron que estaba blanca, muy blanca y que me tumbara en el suelo. Recuerdo un hormigueo y notar como si toda mi energía fuera arrastrada hacia el interior de la tierra. Veía mucha agua todo el tiempo, cristalina cuando se movía y en algunas zonas estaba estancada y oscura. En un instante me encontraba en la catedral, cuando realmente estaba tumbada en el suelo. Me encontraba dentro, muy sorprendida, mirándolo todo y, de repente, otra vez hacia atrás pero muy rápido. En pocos segundos estaba otra vez sobre el piso y mis amigos me gritaban para que despertase». Una vez más observamos una aparente disminución de la presión arterial, con pérdida de consciencia, sensaciones físicas relacionadas (hormigueo) y la generación de una historia con elementos prestados de la realidad. Al parecer no hubo experiencia extracorpórea, pero el desplazamiento de la consciencia era prácticamente instantáneo.

Bajo simples estados oníricos y en episodios de duelo se pueden presentar, como era de preveer, sueños cuyo contenido se encuentra relacionado con el estado emocional correspondiente. Por ejemplo, Julieta me relata: «Un profesor mío muy querido falleció en febrero, y semana y media después soñé con él. Se despedía mientras yo le deseaba un buen viaje. Desperté llorando, fue muy triste verle partir. La verdad es que creo que se tomó el tiempo de despedirse de mí, pero no sé si eso solo está en mi cabeza».

Si tomamos en consideración trabajos de Susan Blackmore publicados en 1988, deberíamos afirmar que en los momentos en que falta entrada de información sensorial por parte de los sentidos, el modelo de consciencia se altera de manera dramática. En ese momento la mente busca poner algo en su lugar y el modelo basado tan solo en la memoria y la experiencia propia del sujeto se convierte en dominante a medida que disminuyen las entradas sensoriales. No olvidemos, por ejemplo, que las personas mayores al ir perdiendo audición, comienzan a tener mayor número de alucinaciones auditivas, ya que su cerebro tiene la necesidad de rellenar los huecos de información. Durante el sueño este dominio puede ser transitorio, de manera que no solo olvidamos lo que hemos soñado, sino incluso que lo hemos hecho. Más aún, muchos experimentamos durante los momentos previos al dormir o durante esa frontera casi invisible que sucede al despertar, unas situaciones de realidad que son mitad sueño mitad invitación a despertar, hasta el punto de que podemos jugar con nuestros sueños casi desde la vigilia.

La muerte obliga a nuestra mente a llegar a una situación extrema de privación sensorial: los órganos de los sentidos van perdiendo sus funciones y se le niega al cerebro entrada de información. Sin embargo, se produce cierta compensación: suele acompañarse de bajos niveles de oxígeno, por lo que el cerebro no ejerce sus funciones motoras o de contracción muscular, centrándose meramente en la sensorial y, quizás, favoreciendo las alucinaciones. Es decir, que de manera progresiva vamos generando un entorno que favorece la aparición de un estado alterado de conciencia. En otras palabras, si nuestra consciencia ya no dispone de entradas sensoriales para construir la realidad, tan solo puede alimentarse de memorias, imágenes, experiencias y sentimientos que generarán una nueva realidad. Más aún, en dicho estado límite nuestra consciencia ya no necesita monitorizar, filtrar o suprimir percepciones externas: nuestra mente es libre para experimentar alegrías, penas, amores, odios, placeres y cualquier otra cosa que alimente este estado alterado de conciencia. Así, si nos basamos en lo anteriormente descrito podríamos entender por qué la ECM es única para cada individuo: se alimenta de su propia biografía.

Para algunos, por puro desconocimiento de cómo funciona nuestro cerebro, puede resultar extraño explicar cómo se generan las ECM. Sin embargo, no podemos olvidar que la muerte nos enfrenta a un conjunto de circunstancias sobre las cuales no tenemos experiencia alguna. Este hecho nos obliga a buscar un nuevo orden de prioridades y a adoptar estrategias radicalmente distintas. Resulta paradójico que en el momento de la muerte la supervivencia ya no sea importante, tal cual confirman muchas personas que han sufrido una ECM. Por eso en ese momento el cerebro no está obligado a detonar mecanismos de supervivencia. Cualquier movimiento muscular o respiratorio es considerado superfluo. Toda la entrada de datos del exterior es limitada, y por ello el cerebro se concentra exclusivamente en su actividad interior. Esto podría explicar por qué la persona se vuelca hacia su interior en pos de las personas ya fallecidas en vez de querer sobrevivir y retornar con los que siguen vivos. Esta postura también explicaría el viaje inverso, cuando la consciencia, alentada por el retorno de los sentidos (resucitación) decide volver con los vivos, abortando el proceso de muerte.

Para las personas que no han sufrido una ECM es difícil entender todo lo que un cerebro es capaz de producir de manera tan única y excepcional. A la mayor parte de nosotros, cuando intentamos imaginar la calidad de nuestras capacidades cerebrales, no se nos ocurre otra cosa que mencionar la memoria, como por ejemplo ser capaces de recordar unas vacaciones infantiles o el olor de una colonia determinada. Es decir, desde esa perspectiva resulta muy difícil, por no decir imposible, llegar a entender que un proceso tan rico en emociones, vivencias y visiones pueda ser recreado desde un cerebro aislado de los sentidos. Como resultado de todo esto el potencial de la mente humana, en el momento de la muerte, ha sido tradicionalmente infravalorado.

Susan Blackmore afirma: «La imaginación es un mundo tan vasto y excitante que no puede denigrarse con la palabra es "solo" [imaginación]. Si es imaginación [refiriéndose a las EEC], sería una de las cosas más fantásticas que tenemos». Para Cook el potencial de la imaginación es mucho mayor que lo que se utiliza en pos de la diversión y los sueños, en el pensamiento creativo o en las actividades necesarias para supervivencia del organismo. Para este autor la imaginación es un instrumento vital para la supervivencia y se convierte en el núcleo dominante y principal de la persona durante su proceso de muerte. La experiencia es, en definitiva, tan intensa y abrumadora que no podemos llegar a comprenderla desde la vulgar perspectiva de la vida diaria. «Nada abandona el cuerpo en el momento de la muerte, si bien experimentamos un paraíso personal», dice este investigador en un trabajo de 1989.

Ciertamente, si comenzamos a buscar ECM que hayan sufrido diversos sujetos podremos observar una enorme diversidad, hasta el punto de que en algunas ocasiones no es fácil distinguir entre la interpretación de dicha ECM y la experiencia real que pudo haber sufrido en esos momentos. Algunos autores comparan la interpretación de la ECM con cada una de las religiones y sus respectivas experiencias religiosas, entre ellos Paul Davies en un trabajo de 1989.

PSICOPATOLOGÍA ASOCIADA

Una hipótesis muy tentadora para explicar algunos de los fenómenos que se producen en las ECM se basa en que los que las experimentan presentan algún tipo de patología psicológica que podría justificar todo el proceso. Sin embargo, autores tan reconocidos como Greyson o Sabom afirman que los perfiles psicopatológicos de los que han vivido una ECM no son distinguibles de los que no la han experimentado desde el punto de vista de la salud mental. No es menos cierto que otros investigadores, como Glen Gabbard y el propio Greyson, han encontrado que las personas con alteraciones mentales presentan cierta tendencia a sufrir ECM poco elaboradas o, al menos, así es su relato respecto a dicha experiencia.

Russell Noyes sugiere que las ECM podrían ser un caso especial de despersonalización, definiendo este término como «un fenómeno mental subjetivo que tiene como característica central un estado alterado del yo». Este estado produciría sensaciones de desapego del propio cuerpo, extrañeza y falta de contacto con la realidad. Es decir, lo que sugieren estos autores es que la ECM no hace otra cosa que proteger a la persona que la está sufriendo del temor a la muerte, induciendo la sensación de abandonar el cuerpo y la falta de contacto con la realidad.

Greyson concluye, en un estudio de 2001, que las ECM podrían ser la respuesta a un estrés severo con disociación adaptativa de tipo no patológico. Ring sugirió, en 1992, que las personas que sufren ECM podrían mostrar cierta tendencia a focalizar la atención sobre experiencias imaginarias o sensoriales que acarreasen la exclusión de otros eventos del ambiente circundante. En otras palabras, personas con mucha tendencia a la fantasía, ricas en habilidades alucinatorias y poseedoras de intensas experiencias sensoriales. Sin embargo, Greyson afirma que estas tendencias pueden, en efecto, existir en este grupo de personas fantasiosas por definición, pero ello explicaría más bien la habilidad para percibir y recordar las ECM, sin implicar que esta característica personal fuera el propio detonante de la ECM.

CONSCIENCIA, MEMORIA, SUEÑOS Y ECM

Para muchos investigadores las fronteras entre consciencia, memoria y ECM son bastante difusas. Para otros, las ECM no son otra cosa que una interrelación entre todos estos aspectos que tiene como resultado un cruce de sensaciones y vivencias que conforman la ECM.

Una de las más modernas definiciones de ECM es la del cardiólogo holandés Pim van Lommel, que las considera «una descripción de la memoria de todas las impresiones durante un estado especial de consciencia, incluyendo elementos específicos tales como experiencias fuera del cuerpo, sentimientos placenteros, la visión de un túnel, una luz, parientes fallecidos o una revisión de la vida».

Cuando los investigadores se refieren a «estado especial de consciencia» muchas personas tienden a confundirlo con tener un sueño, como ser poseídos por un estado onírico especial. Más aún, algunas personas que han sufrido una ECM se preguntan, una vez superada dicha experiencia, si acaso no ha sido un sueño, complejo pero en definitiva un sueño. Sin embargo, la mayoría de las personas que han sufrido una ECM tienden a calificarla como mucho más real que un simple sueño.

Para entender cómo se construyen los estados alterados de consciencia debemos comprender, en primer lugar, cómo procesamos la memoria y su posterior recuperación.

MEMORIA Y ESTADOS ALTERADOS DE CONSCIENCIA

Los humanos almacenamos nuestras vivencias en bloques asociados a emociones. Cuando recuperamos esas memorias nuestro cerebro llena los espacios vacíos con contenidos fabricados por el propio cerebro. Sigmund Freud comentaba en una de sus obras que las memorias se almacenan asociando emociones a los recuerdos, hecho que, evidentemente, distorsiona enormemente su posterior reconstrucción. En otras palabras, las emociones organizan la forma de guardar y recuperar nuestros recuerdos.

En el momento de recuperar nuestros recuerdos se comienza por los que están asociados a una mayor intensidad emocional. Es decir, si el suceso nos produjo una intensa emoción, este será recuperado en primer lugar. Paradójicamente, el resto de la historia se irá construyendo aprovechando retazos de memoria que guardan relación con el recuerdo original, pero que no tienen que ser totalmente fieles al mismo. El lector puede suponer que esta forma de recuperar nuestros recuerdos produce una construcción de la realidad tremendamente subjetiva.

Otros autores, como Simon Berkovich, sugieren teorías que escandalizarían a cualquier científico ortodoxo. Este autor propone que el cerebro no puede almacenar toda la información requerida para funcionar y menos aún todas las vivencias en forma de memoria. ¿Dónde se almacenarían dichas experiencias? Aunque suene descabellado, este autor postula que la memoria se almacena en otro lugar, y que el cerebro actúa más bien como una unidad de acceso a ese otro lugar. Esta peculiar forma de almacenar la información explicaría, según Berkovich, que los sujetos que sufren una ECM recuperen una supuesta totalidad de la memoria en cada evento que rememoran durante este estado alterado de consciencia, en contraste con la recuperación parcial de los recuerdos durante el estado normal de vigilia. En otras palabras, las memorias totales, siempre según este autor, estarían almacenadas en alguna parte de nosotros que sobrevive al cuerpo.

Durante la vigilia, la memoria se alimenta, obviamente, de las señales que generan nuestros sentidos físicos (visión, audición, tacto, etc.) que, a su vez, se almacenan asociándose a las emociones. Todos estos parámetros otorgan al proceso de memoria una multidimensionalidad tanto de fijación como de recuperación que, en este segundo proceso (recuperación), nos hace revivir acontecimientos que, en ocasiones, parecen tornarse reales dentro de nuestra mente.

Sin embargo, si damos por supuesto que durante las ECM no existe entrada de información por parte de los sentidos, dada nuestra inconsciencia, ni el almacenamiento se produce según los patrones clásicos de memoria, esto explicaría que muchas personas que sufren ECM mencionen que los colores son mucho más brillantes de lo normal, así como escuchar sonidos desconocidos, además de la espectacular visión en trescientos sesenta grados que, lógicamente, no se corresponde con la visión fisiológica que todos experimentamos en nuestros estados de vigilia.

Para algunos autores, como Jeffrey y Jodi Long, las emociones se mantienen constantes en los estados alterados de consciencia, creando verdaderos flashes de memoria saturados de sensaciones fisiológicas.

¿Y SI TODO FUESE UN SIMPLE SUEÑO?

En primer lugar es interesante definir qué es un sueño. Para los académicos de la RAE un sueño es «el acto de representarse en la fantasía de alguien, mientras duerme, sucesos o imágenes». Para los científicos los sueños no son otra cosa que la actividad del cerebro inconsciente en el procesamiento de nuestra realidad de la vigilia. David Kahn y Allan Hobson, en un trabajo de 1993, distinguen las «unidades oníricas», definidas como unidades de experiencia consciente autogeneradas en los dominios de la percepción, cognición o emoción. Estas imágenes oníricas que surgen de estos dominios estarían relacionadas con nuestras interpretaciones subjetivas y construirían los sueños mediante una mezcla de percepciones originadas con elementos aportados por nuestros sentidos, unido a la lectura propia de los mismos.

Los sueños nos asaltan durante ciertos periodos de la noche, particularmente durante la fase REM (*Rapid Eye Movement* o movimiento ocular rápido). En esos momentos de descanso profundo el cerebro anula cualquier función del cuerpo que no sea importante para la supervivencia. La corteza cerebral disminuye su actividad, pero el tallo cerebral (límbico primitivo) asume mayor protagonismo debido a la disminución de actividad de las otras partes.

Durante el sueño ocurren ciertos fenómenos que podrían explicar parte de las experiencias ECM: el cerebro sigue activo, pero ha desaparecido gran parte del marco sensorial para enmarcar y comprender la experiencia que se está soñando. El tallo cerebral o límbico, que es el responsable de la intuición y de las emociones básicas, se apodera de la realidad de esos momentos, es decir, de los sueños, dejando de lado los procesos más racionales y, por ende, con mayor capacidad de crítica que se generan en la corteza cerebral. Esto podría facilitar el que asumamos que las vivencias que tenemos en esos momentos parezcan reales y no solo un simple sueño.

En otras palabras, el sueño es el intento del cerebro para dar sentido a las imágenes creadas en zonas más primitivas de nuestra mente, hecho que podría constituir una razonable explicación a la interpretación de imágenes por parte de las personas que han sufrido una ECM. Tampoco debemos olvidar que los sueños también son útiles para mantener las neuronas trabajando en unos niveles mínimos durante el descanso, de manera que, al día siguiente, no le resulte difícil reanudar su actividad.

Cuando relatamos una ECM podría ocurrir que, de manera inconsciente, realizásemos una comparación respecto al estado de vigilia de lo que experimentamos cuando nos encontrábamos en un estado alterado de consciencia como es el sueño. Una vez realizada la comparación nuestro cerebro, ya en vigilia, intenta darle sentido ordenando la experiencia de manera que la podamos entender nosotros mismos y, a la vez, poderla relatar a terceras personas.

UNA EXPERIENCIA PERSONAL

En los albores de mi especialización en psiquiatría tuve una experiencia que quizás puede aclarar algunos aspectos entre sentidos, cerebro y construcción de la realidad.

Un día cualquiera de aquellos años recibí una llamada de teléfono. El acento era extranjero, de algún país del norte de Europa. Un grupo de psicólogos había construido unas cámaras de aislamiento sensorial y me invitaban a probarlas. Estas cámaras consisten en una bañera llena de agua y saturada de sales, todo ello a 37 °C de temperatura, de manera que, al igual que ocurre en el mar Muerto, se flota sin tener que hacer el más mínimo esfuerzo. No solo eso, sino que la bañera está aislada acústicamente y también de la luz. El lector adivinará que la intención de introducirse en dicho lugar no es otra que provocar una disminución e incluso anulación de las entradas sensoriales que recibe el cerebro.

Pocos días más tarde y después de ilustrarme todo lo que pude al respecto en una época en la que no existía internet, me encontré yendo hacia un piso en una céntrica calle madrileña. Mi único equipaje consistía en un bañador y una toalla. Al llegar al piso un equipo de psicólogos me dio información sobre el procedimiento: no más de media hora en suspensión. Inicialmente me pareció poco tiempo, pero poco después pude comprobar que estaba equivocado. Me dejaron a solas para cambiarme de ropa y, una vez que lo hice, me mostraron el tanque que, de remate, tenía ciertas reminiscencias de contenedor de zinc similar a los que usan en las facultades de Medicina para conservar los cuerpos sumergidos en formol. Quizás este era un poco más grande. Me advirtieron de que la tapa con la que casi sellaban ese símil de ataúd poseía un sistema de intercomunicación electrónico para casos de emergencia, además de un sistema activo de ventilación. Es decir, estaba a prueba de víctimas de la claustrofobia.

Así pues, introduje una pierna y luego la otra en esa solución altamente salina que, al principio, me pareció un poco fresca a pesar de su temperatura similar a la corporal. En menos de un minuto me encontré inmerso en una oscuridad absoluta y bajo un manto de silencio donde lo único que resaltaba era el sonido amplificado de mi propia respiración. El nivel del agua quedaba justo a la altura de mis orejas, por lo que podía respirar con naturalidad sin hacer el menor gesto para aumentar mi flotabilidad.

En pocos minutos, una extraña sensación empezó a apoderarse de mí: comencé a perder el sentido de posicionamiento espacial. Es decir, no lograba saber si estaba arriba o abajo, ya que la sensación de ingravidez iba aumentando de manera progresiva..La sensación táctil de la planta de los pies y del resto del cuerpo también desapareció.

Progresivamente comencé a entender el significado literal de lo que significaba aislamiento. A partir de ese momento algo insólito comenzó a suceder: ligeras visiones de fogonazos de luz a pesar de la, repito, oscuridad absoluta del lugar. Las luces evolucionaron poco a poco para conformar lejanas figuras geométricas que se alejaban y acercaban, dando la impresión subjetiva de movimiento de mi cuerpo respecto a ellas… ¿Semejantes, quizás, a un efecto túnel? (lo cierto es que llegué a ver dicha figura).

Momentos más tarde me di cuenta de que había perdido la sensación de temporalidad. Mi intelecto me decía que debía llevar menos de media hora, ya que ese era el tiempo pactado, pero esta idea no se acompañaba de la sensación correspondiente.

Sin darme casi cuenta me descubrí flotando en el espacio. Mi cuerpo ya no parecía estar horizontal (como en realidad estaba), sino que pivotaba sobre ejes desconocidos para mí. Afortunadamente esperaba casi todos estos efectos, pero podría entender que una persona que no hubiese sido apercibida de los mismos llegara a desarrollar un ataque de pánico con suma facilidad.

Así me encontraba, viajando por el espacio, cuando una voz electrónica me preguntó cómo me encontraba, lo que me devolvió a la realidad. Un tanto confuso comencé a articular algunas sílabas para tartamudear: «Bien». El tiempo se había acabado. El encargado de la cámara abrió la tapa. Habían tenido la delicadeza de amortiguar la intensidad lumínica para no deslumbrarme. Ahí me encontraba, lleno de gozo por haber vivido una experiencia propia de un estado alterado de consciencia y sin haber tomado ni un solo miligramo de ninguna sustancia.

Reflexionando acerca de lo que había vivido fui consciente del poder del cerebro cuando este se desconecta de los estímulos sensoriales y sigue ávido de entradas sensoriales. Parece evidente que él mismo llega a fabricarlas para mantener algún constructo de realidad en la que nuestra consciencia sigue navegando.

ANESTESIA

Según Cook parece posible que bajo estados de anestesia quirúrgica nuestra mente responda a sensaciones físicas originadas, por ejemplo, por la propia cirugía, desplazándolas hacia otras dimensiones mentales, a veces visualizando una imagen del cirujano operando nuestro cuerpo. En otras palabras, nuestra personalidad adopta estrategias de supervivencia combinando las entradas sensoriales, amortiguadas por los anestésicos, con las memorias y nuestros conocimientos previos de lo que es una operación quirúrgica. Esta idea tendría especial relevancia cuando hablamos de experiencias extracorpóreas o autoscópicas. Sin embargo, el propio Cook no es capaz de explicar 6 casos de pacientes que sufrieron una parada cardiaca reportados por Sabom en 1982, ya que estos sujetos relataron detalles minuciosos de los instrumentos médicos e incluso conversaciones de los familiares que se encontraban en salas contiguas y que tan solo podrían haber sido percibidas por un algo extracorpóreo.

Si bien es de todos sabido que algunos anestésicos como la ketamina parecen reproducir, al igual que el LSD, algunos síntomas propios de las ECM, llama la atención la idea que uno de los mayores estudiosos de las ECM, Bruce Greyson, menciona al respecto en un trabajo de 2009: «Estas experiencias, las ECM, no son probablemente producidas por las drogas, sino que más bien estas drogas facilitan los cambios que favorecen a la experiencia». Una frase llena de inteligencia y sabiduría y que concilia a los científicos escépticos con los creyentes más espirituales.

Asimismo, Bush afirma que si la teoría farmacológica es inadecuada para explicar las ECM positivas, resulta de difícil comprensión que utilizásemos estos mismos elementos para explicar las ECM negativas o incluso terroríficas.

PERSONAL SANITARIO

¿Qué piensan médicos, enfermeras y auxiliares acerca de las ECM? Curiosamente, la mayor parte de los estudios se han realizado sobre enfermeras. Me pregunto si la falta de estudios sobre este tipo de temas en referencia a los médicos es por algo que el autor de este libro se ha encontrado durante sus investigaciones: un intenso sentimiento de vergüenza por parte de los médicos, que apenas poseen conocimientos sobre este tema y, a la vez, no quieren demostrar públicamente que se encuentran interesados por las ECM, debido al temor a ser tomados por locos.

Sin embargo, resulta de sumo interés cómo en las reuniones de pocos integrantes —mejor de uno en uno— la mayor parte de los profesionales muestran una tremenda curiosidad por este tema, siempre que no haya testigos.

En 1981, Annalee Oakes se dedicó a estudiar las reacciones de treinta enfermeras que trabajaban en una UCI. Su estudio demostró que la mayor parte de estas profesionales encontraban el tema fascinante y que aproximadamente la mitad consideraba que poseer conocimientos sobre el asunto podría ayudar a determinados pacientes a enfrentarse a la muerte.

En 1986, Roberta Orne realizó un nuevo estudio sobre las creencias de 912 enfermeras respecto a las ECM. Más de un 58 por ciento admitió tener un conocimiento muy limitado del tema, agregando además que gran parte había sido adquirido a través de los medios de comunicación generales. Sin embargo, la mayor parte de ellas (86 por ciento) mostraban una actitud positiva hacia las personas que habían sufrido una ECM, ayudándoles a comprender y discutiendo sobre su nueva situación. Un 25 por ciento afirmó que no creía en este tipo de experiencia.

Llama la atención que las enfermeras que trabajan en Urgencias reportaron un mayor nivel de conocimientos que, por ejemplo, las que trabajaban en Maternidad. Curiosamente, las enfermeras que trabajaban en el pabellón psiquiátrico mostraban un mayor interés en aumentar sus conocimientos sobre las ECM. Más llamativo aún es que un 28 por ciento reconociera haber experimentado por sí mismas una ECM.

Menos sorprendente es que otro estudio de 1988, realizado por Nina Thornburg, también sobre enfermeras, mostrara que si bien un 95 por ciento poseía algún conocimiento sobre las ECM, ninguna de ellas las había experimentado. En un estudio de 2001, de la italiana Laura Cunico, enfermera jefe del Departamento de Psiquiatría de la Universidad de Verona, se observa que un llamativo 34 por ciento de las enfermeras afirma haber conocido a algún paciente que había experimentado una ECM. De este estudio también llama la atención que las enfermeras que trabajaban en áreas no críticas del hospital, es decir, fuera de Urgencias y otros lugares en los que la vida del paciente pueda encontrarse en máximo riesgo, eran, paradójicamente, las que habían conocido a mayor número de pacientes relacionados con las ECM. En total, un 63 por ciento de enfermeras podían englobarse en esta categoría. Una explicación plausible de este resultado podría ser que los pacientes que superan un momento grave de salud y que han vivido una ECM no la cuentan, precisamente, hasta que están fuera de esas zonas críticas del hospital y les llevan a otra zona a recuperarse en espera del alta.

¿ILUSIÓN O REALIDAD?

Quizás sea esta una de las cuestiones que crean más debate y a la vez mayor interés no solo entre las personas que han sufrido una ECM, sino también por parte de los que se dedican de manera científica a estudiar este tipo de fenómenos. Cuando hablamos de percepciones verídicas de ECM nos referimos a cualquier tipo de percepción, sea visual, auditiva, olfativa o cualquier otra que la persona haya experimentado durante su ECM y que luego haya sido corroborada por terceras personas en el contexto de la realidad.

Por ejemplo, tenemos el caso de una paciente que vio, mientras sufría una intervención quirúrgica, que su madre no podía encontrar el quirófano y que preguntó por su localización a una persona vestida de manera particular. Esto, que vio la hija durante su experiencia extracorpórea, fue corroborado por la madre y el resto de la familia. Otro ejemplo, ya citado, es el de la persona que se encontró durante la ECM con un familiar que acababa de fallecer. El protagonista de la ECM desconocía este hecho.

Un concepto interesante que introduce la investigadora Janice Miner Holden es el de «percepciones ECM verídicas aparentemente no físicas» (AVP, *apparently non-physical veridical NDE perception*). En este tipo de cuestiones, las personas que han sufrido una ECM reportan percepciones aparentemente verídicas que, considerando la posición y la condición de su cuerpo físico durante el episodio, se llega a la conclusión de que no pueden ser resultado de un proceso sensorial normal, ni siquiera el resultado de una inferencia de un proceso lógico. Es decir, aunque suene muy arriesgado, la autora propone que no ha existido mediación por parte del cerebro a la hora de procesar la información. En otras palabras, las AVP sugerirían la habilidad de la consciencia para funcionar de manera independiente al cuerpo físico. Además, esta autora plantea cuatro cuestiones que, de ser ciertas las AVP, revolucionarían el mundo de la ciencia, la neurofisiología y muchas otras cuestiones desde el punto de vista social y teológico:

1. Las personas que sufrieron una ECM tendrían la experiencia confirmada no solo desde el punto de vista subjetivo, sino también desde la realidad objetiva.

2. La conciencia, la percepción, los pensamientos, la memoria, etc., se podrían considerar capaces de funcionar más allá de la muerte reversible e incluso fuera del cuerpo físico.
3. La consciencia presentaría un potencial capaz de continuar más allá de la muerte irreversible.
4. Habría que dar mayor credibilidad a los aspectos no materiales de los mensajes que transmiten las personas que han sufrido una ECM, incluyendo el significado y propósito de la existencia humana.

Respecto al primer punto, resulta evidente que muchas personas ponen en duda la experiencia vivida por otros, lo que produce una amargura añadida para el que vuelve a la vida. En relación a la segunda cuestión, que consciencia, percepción y otras características de la mente pudieran funcionar durante la muerte reversible, entra en colisión directa con uno de los principios fundamentales de las ciencias occidentales: que el cerebro produce la experiencia consciente y que esta depende de manera absoluta del funcionamiento de aquel. Esta contradicción produciría una verdadera revolución en multitud de aspectos desde todos los puntos de vista, particularmente sobre la visión existencial del ser humano. Pero claro, si esta consciencia fuese capaz de vivir en una persona moribunda, sin sus capacidades neurológicas funcionando a pleno rendimiento, sería factible, extrapolando, que también lo pudiera hacer después de la muerte. No es menos cierto, siendo realistas, que las AVP no han podido ser corroboradas en este último caso, ya que la muerte ha sido irreversible.

No podemos olvidar que este tipo de cuestión ya fue introducido por Raymond Moody en 1975, en sus primeras publicaciones, cuando alguno de sus pacientes llegaba a relatar todo lo que había sucedido durante, por ejemplo, una parada cardiorrespiratoria. Otros, por el contrario, son capaces de relatar con lujo de detalles tanto vestimentas como aparatos utilizados durante su proceso de resucitación. Una de estas experiencias, tipo AVP, fue la sufrida por el médico A. S. Wiltse a finales del siglo xix. Después de unas fiebres tifoideas y de una parada cardiorrespiratoria fue capaz de describir todo lo que ocurrió a su alrededor mientras, supuestamente, estaba muerto.

Janice M. Holden realizó una interesantísima revisión bibliográfica respecto a las publicaciones relacionadas con las ECM. Abarcaba los últimos treinta años de estudio, excluyendo los libros autobiográficos así como los estudios que no realizaran una aproximación sistemática en la recogida de datos o en su posterior análisis, es decir, los que no cumplían unos protocolos científicos mínimamente serios. En sus resultados observó un total de 107 casos que provenían de 39 publicaciones distintas de 37 autores. Una vez que categorizó sus hallazgos encontró 89 casos de AVP materiales, 14 transmateriales y 4 que mostraban percepciones de ambas categoría. Para ser incluidos en la categoría de material tenía que haber comentarios acerca de su rescate, resucitación, facilitar la recuperación de objetos perdidos, etc. Mientras que para pertenecer a la categoría de transmaterial, los relatos tenían que incluir contenido anecdótico propio de encuentros con personas ya fallecidas, pero cuya circunstancia fuera desconocida para la persona que sufría la ECM. También valía adquirir información como, por ejemplo, saber dónde se encontraba algún documento oculto o cosas similares.

Llama la atención que un 8 por ciento de las AVP materiales y un 11 por ciento de las transmateriales parecían incluir algún tipo de error en el estudio de los autores. Por el contrario, llama mucho la atención que un 38 por ciento de las materiales y un 33 por ciento de las transmateriales mostraran una exactitud de percepción que los autores de los estudios habían corroborado de manera objetiva.

Respecto al enorme volumen de AVP registradas en los últimos siglos, comentan Ring y Valarino que «aunque no existe ningún caso que sea absolutamente concluyente por sí mismo, el peso acumulativo de estas narraciones parece ser suficiente para comenzar a convencer a la mayor parte de los escépticos de que este tipo de situaciones son algo más que simples alucinaciones por parte de un paciente».

Por el contrario, no es menos cierto que la mayor parte de los escépticos, como Susan Blackmore, afirman que todas estas experiencias no son otra cosa que producto de la construcción lógica de un cerebro que todavía se encuentra vivo. Construcción que puede ocurrir antes, durante y después de la propia experiencia de la muerte. Por ejemplo, en el caso de Pam Reynolds los escépticos alegan una serie de factores que pueden hacer parecer que dicha experiencia fue algo médico, entre ellos la anestesia consciente, que no es otra cosa que una situación que se produce en uno o dos de cada mil pacientes anestesiados. De alguna manera, ya sea por la aplicación de la anestesia o por la poca receptividad del paciente, la sedación es más superficial de lo deseado, por lo que resulta un estado demasiado consciente en el que se llega a percibir multitud de cosas que suceden alrededor.

Así pues, desde el punto de vista de los escépticos también es posible encontrar ciertas explicaciones a este tipo de fenómenos. Por ejemplo, la paciente podría no haber estado suficientemente dormida cuando experimentó la sierra eléctrica sobre su propio cráneo, o bien la percepción de ciertas maniobras médicas puede suceder como conclusión lógica de los conocimientos adquiridos antes de la operación. Además, la paciente fue entrevistada por Sabom tres años después de la operación, por lo que sus memorias pudieron haberse consolidado y enriquecido con material extraño al suceso, aunque fuese inconscientemente, durante ese largo periodo de tiempo.

Janice Holden, por el contrario, afirma que hay cosas en este caso que escapan a cualquier lógica como, por ejemplo, las conversaciones que la paciente afirma haber escuchado cuando el electroencefalograma estaba plano a la vez que era incapaz de escuchar los fuertes «clics» que se emitían a través de los auriculares y sobre los que no hace la más mínima referencia, un hecho que contradice el mecanismo explicativo de los escépticos. Más aún, el mismo médico que la operó, el doctor Spetzler, afirmaba: «Bajo esta situación operatoria nadie puede conservar su oído. Me parece inconcebible que los sentidos normales, como la audición, dejando de lado que tenía auriculares en ambas orejas que le ocluían los conductos auditivos, fuesen capaces de escuchar nada. No tengo ninguna explicación para esto. Desconozco cómo es posible que ocurriese, considerando el estado fisiológico en que se encontraba. Al mismo tiempo he visto tantas cosas que no podría explicar que no quiero ser tan arrogante de decir que es imposible que ocurriese» (Broome, 2002).

Sabom observa que en 26 casos de entre 32 las personas que habían sufrido una ECM no parecían capaces de describir los aspectos materiales de su experiencia. Esto le parece suficiente detalle como para poderlos comparar con su historia clínica. También es cierto que si bien no fueron capaces de proporcionar detalles, tampoco cometieron errores de bulto a la hora de describir los procedimientos que les fueron aplicados. Los otros seis (todos habían sufrido paradas cardiorrespiratorias) fueron capaces de describir, con increíble precisión, todo lo que les había sucedido durante la parada a pesar de, aparentemente, no haberlo visto.

Podríamos pensar que muchas personas son capaces de describir con cierto detalle los procedimientos propios de una resucitación cardiopulmonar, más cuando muchos de ellos ya poseen cierta experiencia médica por sus anteriores ingresos hospitalarios. Por ello, Sabom buscó a 25 pacientes que no habían sufrido una ECM pero con una historia clínica semejante a los anteriores y les pidió que describiesen, con el mayor detalle posible, un procedimiento de resucitación. Para su sorpresa encontró que un 80 por ciento de las descripciones incluían errores muy groseros de procedimiento, por lo que la diferencia entre ambos grupos no se podía explicar tan solo por una acumulación de conocimientos en el primero de los grupos, sino porque, de alguna manera, el primer grupo de pacientes seguía con su consciencia funcionando a pesar de encontrarse en un proceso de muerte reversible.

Los investigadores más escépticos alegan que el punto débil de este experimento consistió en utilizar como grupo control a estos veinticinco pacientes que no habían sufrido una ECM, aunque con historia clínica semejante, pero que no habían pasado por un procedimiento de resucitación cardiopulmonar como el primer grupo, cosa que es cierta si queremos ser correctos a la hora de diseñar un experimento. Es decir, existía la posibilidad de que los del primer grupo hubiesen asimilado conocimientos de dichas técnicas mientras que en el segundo, el que utilizó Sabom, no habría ocurrido esto, como detalla Blackmore en un estudio de 1985.

Otra investigadora que ha intentado descubrir pruebas fehacientes de las AVP es la otrora enfermera Penny Sartori, que trabajó muchos años en un hospital de Gales. Tuve la fortuna de entrevistarla y obtener datos de primera mano. El propósito fundamental de sus estudios es comparar a pacientes que habían sobrevivido al ingreso en una UCI. Posteriormente dedicó cuatro años a entrevistar solo a pacientes que habían sobrevivido a una parada cardiorrespiratoria. Sus conclusiones fueron que las ECM no se pueden considerar alucinaciones, al menos como se entienden en Medicina, debido a su realidad y, en ocasiones, hiperrealidad. Sin embargo, autores como Holden critican la falta de consistencia en la recogida y manejo de datos, lo que podría dar lugar a resultados sesgados y erróneos.

Otro tipo de investigaciones han comenzado a surgir en los últimos años, si bien Raymond Moody ya había sugerido esta línea en la década de 1970. El planteamiento es claro: si supuestamente muchas personas que viven una ECM dicen salir del cuerpo (experiencia extracorpórea) y ver cosas en derredor, lo lógico sería, desde un punto de vista experimental o por lo menos para un trabajo de campo científico, emplazar una serie de objetos que pudiesen ser percibidos por la persona que está sufriendo el proceso y, posteriormente, describirlos. Asimismo, lo lógico es que dichos objetos o señales se encuentren fuera del campo de visión del resto de personas que participan en el experimento, en las maniobras de resucitación, etc. A este respecto no puedo evitar comentar una preciosa anécdota que el propio Bruce Greyson me confió durante un almuerzo en Durham.

Este tipo de experimentos no es otra cosa que el resultado obligado de las cuestiones que se plantean muchos científicos, por lo que Greyson no tuvo otra idea que, a espaldas del equipo de experimentación (para no contaminar con información a terceras personas que pudieran influir sobre el sujeto observado), pero autorizado por los médicos de Urgencias, colocar un ordenador portátil sobre la lámpara de la habitación donde se realizaban las maniobras de resucitación cardiopulmonar en su hospital de Virginia. Dicho ordenador se encontraba programado para seleccionar una entre sesenta animaciones, dependiendo del momento. Asimismo, el ordenador tardaba unos veinte segundos en iniciarse, por lo que el experimentador tenía tiempo para descender la escalerilla y no llegar a ver ni siquiera la primera imagen. El ordenador se apagaba automáticamente a los noventa minutos de haber sido encendido y registraba en su memoria la secuencia de imágenes y el momento en que las mostraba.

Para contestar a la eterna pregunta referente a si las ECM se producen realmente durante la muerte, el monitor mostraba en cada ciclo de veinte segundos de imágenes un momento de tres segundos en el que se veía la hora real, de manera que si el paciente podía verlo durante ese hipotético momento de muerte, podría, en teoría, recordar la hora y de esta manera comparar su testimonio con los observadores que se encontraban en la sala de resucitación. Desconozco con cuántos paciente se hizo dicho experimento, pero lo cierto es que seguramente fueron pocos, ya que al preguntar a los primeros pacientes que habían tenido una ECM con su correspondiente experiencia extracorpórea si habían visto algo que les llamase la atención por su aspecto inusual o fuera de lugar (refiriéndose, como es lógico, al portátil encaramado en una lámpara), los pacientes solían responder así: «¿Usted se cree, doctor Greyson, que en ese tipo de situación, en la que yo me encontraba fantásticamente saliendo fuera de mi cuerpo, atravesando las paredes o encontrándome con familiares ya fallecidos, me iba a fijar en un portátil escondido encima de la lámpara?». Lo cierto es que no puede evitar sonreírme, al igual que el doctor Greyson, debido a la aplastante y divertida respuesta de los pacientes. Parecía evidente que existían cuestiones más interesantes que hacer en momentos vitalmente tan trascendentes.

Otros investigadores han intentado realizar experimentos u observaciones más completas con estímulos visuales o sonoros, estos últimos más difíciles de aislar. Por ejemplo, Janice Holden observó, en 1989, que gran parte de las personas que sufrían una experiencia extracorpórea durante su ECM reportaban que su consciencia se encontraba por encima de su cuerpo físico. La mayor parte de las veces, pegados al techo. Ahora bien, ¿qué tipo de estímulo poner? ¿Colores?

¿Acaso sabemos si los colores pueden ser percibidos de la misma manera durante una EEC?

Curiosamente, esta misma investigadora, sí fue consciente, en 1988, de la importancia de esta cuestión, la percepción visual, en las personas que sufrieron una ECM. En su estudio observó que el 75 por ciento afirmaba ver claramente y sin distorsiones que los colores percibidos durante su experiencia se correspondían con los colores reales cuando, posteriormente, los veían al recuperarse de su parada cardiorrespiratoria. Más aún, un 60 por ciento indicó que su visión y la memoria de lo que habían visto era tan precisa que serían capaces incluso de leer y recordar algún texto durante su ECM. Sin embargo, no era menos cierto que muchas personas pertenecientes a este mismo grupo también afirmaban mostrar cierto desinterés por cualquier otra actividad que no estuviese relacionada con sus cuerpos físicos. Otros tantos aseguraban que bajo este tipo de situación sería difícil centrarse sobre cierto tipo de detalles o que les pudiese atraer cualquier cosa que el experimentador emplazase dentro de la habitación.

Por eso algunos experimentadores, como Sam Parnia, en 2001, diseñaron estudios en los que monitores electrónicos localizados en el techo de la sala de resucitación, mostraban dibujos o señales que, posteriormente, las personas que sufrían una ECM deberían describir. Huelga decir que dichos dibujos electrónicos se encontraban fuera del campo visual de las personas que participaban en los procedimientos de resucitación cardiopulmonar.

Hasta el día de hoy, si somos sinceros, los resultados de este tipo de estudios han sido extremadamente decepcionantes, ya que no han podido registrar ni un solo caso de AVP. Una de las explicaciones posibles es que este tipo de experiencias es totalmente inexistente. Otra explicación podría ser que su rareza la hace de difícil estudio bajo situaciones científicamente controladas. Incluso se podría especular de manera semejante a los pacientes de Greyson: que la percepción durante una ECM es una cuestión de sensaciones y de sentido personal, distinta al mundo físico, por lo que los protocolos de estudio deberían cambiar tanto en su estructura como en su diseño.

Holden y Greyson afirman, no sin cierto tono jocoso, que parece que hubiese un personaje que se dedicase a burlar a los investigadores que intentan desentrañar los misterios de las ECM. Incluso le otorgan el nombre de un personaje del folclore de la cultura anglosajona llamado *Trickster*, es decir, «el que engaña», como si de alguna manera la naturaleza se dedicase a esconder evidencias de las percepciones no físicas.

Lo que es cierto, sin lugar a dudas, es que este tipo de situaciones se produce de forma más o menos excepcional. Por ello parece muy difícil controlarlas científicamente debido al conflicto de su monitorización. Este tipo de dificultades, unido a que la mayor parte de los relatos son de tipo anecdótico, generan una serie de discusiones sin fin en las que no se puede llegar a conclusiones rotundas que satisfagan tanto a escépticos como a creyentes.

XXV

EFECTOS DE LAS ECM SOBRE LA PROPIA VIDA Y LAS AJENAS

Dos vocablos pero un solo universo. La psique es el medio esencial para vivir una experiencia religiosa.

LIONEL CORBETT

Como ya hemos visto, la persona que ha sufrido una ECM no suele relatar su experiencia ni intenta convencer de la misma a las personas de su entorno. Por el contrario, permanece silente mientras un gran cambio interior va avanzando en el campo de sus emociones y, particularmente, respecto a su escala de valores.

Se ha dicho multitud de veces que las personas que han vivido una ECM pierden el miedo a morir, ganan el don de amar incondicionalmente y se convierten en seres más espirituales y menos materialistas, con un gran deseo de servir a los demás. De alguna manera este tipo de ser humano, aparentemente más evolucionado, sería percibido como el germen de una nueva raza de alto nivel espiritual denominada *Homo noeticus* (Ring, 1992). Muchos investigadores incluyen en esto la aparición de poderes paranormales. Como resultado de todos estos estudios, tanto antiguos como modernos, ha surgido una tendencia popular a glorificar a los que han sufrido una ECM, «los que han estado en la luz». Las personas de su entorno creen que se han transformado de tal manera que se convierten en gurús sobrehumanos que pueden, incluso, predicar. A menudo se les pide: «Decidnos lo que tenemos que hacer». Rocío dice: «A raíz de esta experiencia he tenido cambios muy significativos en mi vida: me he vuelto más perceptiva, intuitiva, ahora siento muchas más cosas».

Si hubiese que resumirlo en pocas palabras podríamos decir que las cuestiones materiales pasan de manera instantánea a un segundo plano y que las espirituales ocupan su lugar, ya que el mundo conocido se llega a colapsar y el sistema de creencias antiguo se derrumba.

El equipo liderado por Debbie James y Bruce Greyson desarrolló en 2009 el Cuestionario de Cambios Vitales para las ECM (*Life Change Questionnaire*), mediante el cual han observado, por ejemplo, que tan solo un 15 por ciento de las personas que sufren una ECM la catalogan como «positiva», un 40 por ciento la califica de «regularmente positiva», un 45 por ciento la han vivido como «neutral» o «regularmente negativa» y, afortunadamente, nadie en esta estadística la ha vivido como «totalmente negativa».

Realmente, las personas que han vivido una ECM se encuentran con un caudal inmenso de experiencias acerca de las realidades que han experimentado, un mundo perfecto y una realidad mejor que la actual. A partir de ese momento intentan vivir de acuerdo con lo que aprendieron. Creo que, a este respecto, una de las personas que nos trasladó su experiencia, Ana, resume en pocas palabras todo el proceso que le sucedió después de su ECM: «Desde mi experiencia he sufrido, a lo largo de los años, varias transformaciones, por así decirlo. Es totalmente cierto lo del reloj, yo hasta dormía con él. Desde entonces y hasta ahora no me había planteado el porqué. Dejé de usarlo totalmente. Luego cambió el sentimiento hacia los demás, acentuado por la empatía. Todo lo extrasensorial se acentuó, la concepción materialista de las cosas cesa casi por completo y queda en lo exclusivamente necesario. Lo espiritual se hace necesario y poderoso (no exclusivamente en lo religioso), de tal modo que encontré problemas en mi interior, ya que sentía que había algo en mi vida que me faltaba, algo que he pasado años buscando sin saber muy bien qué era, hasta que hace unos meses accedí a hacerme una terapia de reiki. Y doy fe de que por fin he encontrado lo que me faltaba en esta vida terrenal, esa paz y felicidad que encontré en la ECM. Poder sentir por momentos esa sensación es tan gratificante que no pienso dejar la terapia. La meditación también me ayudó a llegar a ese estado. El potencial que he descubierto en mí es importante y me ha hecho ver que puedo ser yo quien dé terapia a otras personas en el futuro. Más sorprendida no puedo estar del rumbo que está tomando mi vida desde aquel día».

Por el contrario, otras personas que han sufrido una ECM se sienten aisladas, relegadas al ostracismo, incluso algunas familias las viven como un motivo de vergüenza.

Existen dos estudios sobre pacientes que han sufrido paros cardiacos que me parecen especialmente relevantes. En ambos se entrevistó a los pacientes justo después de sufrir la ECM, y luego se hizo un seguimiento utilizando el Cuestionario de Cambios Vitales desarrollado por Greyson. Asimismo, se comparó a este grupo con otro que también había sufrido paro cardiaco pero no había experimentado ninguna ECM.

El primero de estos estudios, dirigido en 2001 por Pim van Lommel, un cardiólogo de los Países Bajos, se centró en un grupo de 74 pacientes de este país que habían sufrido un paro cardiaco. De ellos 35 había presentado una ECM y 39 no. Los resultados, tras aplicar el cuestionario, podemos verlos en la tabla que se muestra en la siguiente página. Sin embargo, es importante mencionar que los pacientes que habían sufrido una ECM catalogada como profunda mostraron puntuaciones más elevadas. También es preciso reseñar que ocho años más tarde todos los pacientes, incluidos los que no sufrieron la ECM, reportaron cambios positivos en su vida, incluyendo la pérdida del miedo a la muerte. Ambos grupos presentaron una evolución positiva con el paso del tiempo, mejor incluso a los ocho años del suceso que a los dos.

El segundo estudio, realizado por Janet Schwaninger, siguió unas directrices metodológicas similares, si bien con menor muestra: 18 pacientes, 8 de los cuales experimentaron la ECM. Los resultados fueron similares al estudio de Pim van Lommel, con resultados positivos en el grupo de los que habían vivido una ECM. Cabe resaltar que el cambio más llamativo es el ocurrido sobre las creencias religiosas, entre ellas el sentido sagrado de la vida, la presencia interior de Dios y el propósito de la vida. Todo ello parece relacionarse con diversos estudios que observan que las mayores transformaciones en la personalidad del individuo acontecen cuanto mayor y más profunda es la ECM.

CAMBIOS POSITIVOS DESPUÉS DE UNA ECM				
	2 años		8 años	
	ECM (%)	NO ECM (%)	ECM (%)	NO ECM (%)
Actitudes sociales				
Amor hacia los demás	42	16	78	58
Compasión por los demás	42	16	78	41
Aumento vida familiar	47	33	78	58
Actitudes religiosas				
Comprensión de la vida	52	33	57	66
Vida interior	52	25	57	25
Importancia espiritualidad	15	-8	42	-41
Actitud hacia la muerte				
Miedo a la muerte	-47	-16	-63	-41
Convicción vida después de la muerte	36	16	42	16
Otros				
Búsqueda sentido personal	52	33	89	66
Aprecio de cuestiones ordinarias	78	41	84	50

Fuente: Pim van Lommel (2001).

La propia autora, a quien entrevisté personalmente y que había sufrido en la década de 1970 tres ECM, confesaba que «el volver a la vida puede llegar a ser tan traumático como irse de ella». Muchas personas, después de sufrir una ECM, pueden mostrarse desorientadas. Según esta investigadora la experiencia es similar a un parto: quizás no se disfrute a lo largo del mismo, pero al final la felicidad siempre está presente aunque cueste ganársela. Esta misma autora cree en las teorías de la Nueva Parusia,[15] un nuevo mundo que sobrevendrá gracias al número creciente de personas que han sufrido una ECM y que servirán para generar un amor universal. Todas estas personas llegarían a constituir una masa crítica con este fin, hipótesis que concuerda con la idea del centésimo mono,[16] según la cual la supuesta energía de un número de individuos que han sufrido estas transformaciones podría salvar al planeta.

Sin embargo, esta autora reconoce que comenzar a experimentar este amor universal produce un sentimiento agridulce, una inestabilidad para personalizar emociones. La confusión es inevitable: suelen aparecer depresión y ruptura de los patrones vitales. Para muchos, el precio del amor incondicional supone la destrucción de las relaciones, tanto con la pareja como con otros miembros de la familia. Otros efectos que Atwater describe incluyen: falta de habilidad para reconocer límites, pérdida de la temporalidad, aumento de la percepción espacial, aumento de la percepción intuitiva, potenciación de la visión de la realidad física, cambio en la percepción física del yo y, finalmente, dificultades para relacionarse con los demás.

Esta misma autora, en una publicación de 1992, observa después de estudiar a 277 niños que han sufrido una ECM cómo exhiben importantes mejoras a nivel cerebral, en todos los niveles de inteligencia, lo que Atwater califica como «salto cerebral-espiritual», lo que significa, según ella, nada menos que un cambio químico y funcional

---

[15] Parusia, para la mayoría de los cristianos, es el acontecimiento, esperado al final de la historia, de la segunda venida de Cristo a la tierra, cuando se manifieste gloriosamente.

[16] *El centésimo mono,* de Ken Keyes Jr. El relato original apareció en la obra del biólogo Lyan Watson *Lifetide,* publicada en 1979. En ella, unos monos en una isla japonesa aprendieron a lavar patatas antes de comerlas. Cuando alcanzaron una masa crítica (cercana al centenar), resultó que otros monos, en otras islas alejadas, se contagiaron de este comportamiento a pesar de no haber tenido contacto directo con sus congéneres, al parecer a través de un mecanismo inconsciente.

del cerebro que podría arrojar luz sobre los mecanismos de la evolución humana. Estas mejoras cerebrales, según la autora, podrían representar expansiones de la consciencia y la adquisición de facultades propias de otros planos espirituales relacionados con el crecimiento y el aprendizaje.

Desde el punto de vista religioso, esta autora observa que los niños que han vivido una ECM aumentaron sus oraciones o su capacidad de meditación. Sin embargo, los niños que ya pertenecían a algún dogma religioso previo a su ECM presentan problemas a la hora de asimilar su experiencia. A diferencia de los adultos, los niños tienden a abandonar su propia religión en pos de una vida más espiritual. Es parecido a lo que indica Abelardo: «En mi vida hay un antes y un después, ahora tengo la mente más abierta». Muchos de ellos, según Atwater, se encuentran impregnados de la sensación de ser la punta de lanza de algún tipo de misión y se obsesionan con la idea de cambiar cosas a su alrededor. Sin embargo, pocos son los niños que emprenden estas acciones antes de la edad adulta, incluso aunque sean conocedores del tipo de misión a realizar.

Este tipo de misiones son encomendadas también a adultos para que, a su regreso al reino terrenal, se encarguen de determinadas actividades, ya sea en relación a sí mismos, a sus familias o amistades o respecto a la sociedad en general. Un retorno de este tipo es el que le ocurrió a Rocío, quien después de una ECM desencadenada por una grave complicación en un embarazo ectópico vivió una experiencia completa, de la que comenta: «Creo que soy muy afortunada por todas las experiencias que me han tocado vivir. Los ángeles, de manera humana, me hablaron de mi misión, refiriéndose al ser supremo como "el que me envía", y me dijeron que esa misión es... [prefiere no decirla]. Ahora puedo decir que soy canal para trasmitir mensajes de seres de luz». Esto es lo que relata Vicenta al respecto: «Yo me siento bien y segura, tan solo que no me obsesiono con las experiencias que tuve en su momento. Eso no quiere decir que las haya olvidado, eso no me ha sucedido y no creo que lo olvide nunca. Lo que pasa es que vi cuál es mi propósito en la vida, y de vez en cuando me rebelo, sobre todo cuando me agobian demasiado. Pero aun así, todo está bien. Lo único que no dejo de lado es la visión de que no hay que dañar a nadie: eso es muy importante para la armonía interior».

Asimismo, los niños presentan hasta seis veces más probabilidades de olvidar o negar la experiencia, aunque tarde o temprano las consecuencias de la ECM acabarán presentándose. En algunos casos es posible que un niño que haya sufrido una ECM presente consecuencias psicológicas sin que recuerde el origen de las mismas, hasta el punto de que muchas ECM podrían ser reconocidas más bien por ciertos patrones de efectos posteriores que por el relato de la misma. Es decir, que cuando un niño presenta importantes cambios en su comportamiento posteriores a una enfermedad o accidente, así como un incremento en su inteligencia o la adquisición de habilidades psíquicas, o bien la presencia de conductas dirigidas a cumplir una misión, podríamos pensar que dicho niño puede haber sufrido una ECM que nos haya pasado desapercibida.

Greyson asegura que algunos niños que han sufrido una ECM se sienten tan distintos del grupo, ya que no presentan los mismos intereses, que acaban teniendo problemas de integración. En general, presentan una tendencia a ser indiferentes o bien a abandonar las cosas materiales y los éxitos a través de la competición. Como bien dice una madre que menciona en una de sus publicaciones, «se fue un niño de seis años y volvió uno de treinta y seis».

Sutherland menciona, en 1995, el caso de una niña que «pedía estar al menos un día en el cuerpo de otra niña para conocer el significado de ser normal». Un largo proceso de terapia psicológica por parte de expertos y con ayuda de la propia madre permitió a esta niña que aceptara su ECM de manera que la confusión fuese reemplazada por la aceptación.

Debemos tomar en consideración que este tipo de experiencia puede provocar, particularmente en niños, cierta sensación de inestabilidad mental o bien la idea de «me estoy volviendo loco». Por el contrario, la aceptación por parte de las personas del entorno generará estabilidad mental y, por supuesto, la sensación de no encontrarse solo.

En primer lugar habría que definir qué es el *self,* que no es otra cosa que el concepto que tenemos de nosotros mismos, tomando en consideración las cosas que nos afectan. Dicho esto, observamos que la mayor parte de las personas que han sufrido una ECM presenta como característica fundamental el haber perdido el miedo a la muerte. Esta pérdida del miedo parece ser atribuida a la creencia de que hay algo que sobrevive al cuerpo, ya que, como es sabido, son numerosas las personas que notan que el alma queda liberada del cuerpo durante la ECM. No solo ocurre esto, sino que algunos han creído ver, directamente, al Creador.

De esta manera, creer en la supervivencia se ha basado en una experiencia de primera mano en la que creencias como acercarse al paraíso, e incluso la propia reencarnación, se han hecho fuertes en el individuo. No es menos cierto que algunos retienen su miedo a la muerte, pero es posible que sea por tener que enfrentarse al dolor y el sufrimiento.

También llama la atención que algunas personas, después de una ECM, sufran importantes alteraciones respecto a la percepción de su cuerpo, como si ya no les perteneciese o como si se encontrasen prisioneros del mismo (Atwater, 1988).

ESPIRITUALIDAD

Cuando me he entrevistado con personas que han sufrido una ECM, resulta obvio que han pasado por una intensa transformación psíquica, pero ¿en qué aspectos? El primero de ellos podríamos decir que es de tipo material: la persona vive un desprendimiento moral de las cosas materiales, que pierden su importancia. La segunda idea es que casi siempre vemos fluir de dicha experiencia que la persona se vuelve una verdadera fuente de amor hacia los demás. Hay que dejar claro que no nos referimos al amor romántico entre dos personas que se encuentran vinculadas, sino a una idea relacionada con la entrega hacia los demás. Algo muy cercano, en concepto, a lo preconizado por la mayoría de las religiones.

En Australia, en 1988, Basterfield observó que de 12 pacientes que habían sufrido una ECM, la mayor parte de ellos había experimentado una importante reducción del miedo a la muerte, un aumento del amor a la vida y un incremento de su religiosidad, así como una mejora de su autoestima. A este respecto, por ejemplo, llama la atención el testimonio de Abelardo, conductor de ambulancia, persona que no era creyente ni muy religiosa, pero que tras su ECM experimenta una serie de cambios radicales en su percepción. Cambios rayanos en el misticismo después de un severo accidente cerebrovascular, con tan solo treinta ocho años de edad del que, sorprendentemente, se recuperó en su totalidad después de padecer una hemiplejía. Durante la intervención tuvo una experiencia extracorpórea y un encuentro con un ser al que, como ya vimos anteriormente, identificó con Jesucristo. Tras esto no solo se convirtió en creyente, sino que también experimentó lo siguiente: «Mi mente, sin obligarla, me hace creer en Jesucristo, esto morirá conmigo. Mi familia más cercana se sorprendió aún más que yo, pues ahora acudo a misa alguna vez que otra, hablo con Dios, llevo una cruz y la imagen del Señor en la cartera, etc. Ellos todavía no se hacen a la idea. ¡Incluso acudo a misas de la cofradía de mis cuñados! ¡Quién me ha visto y quién me ve! Una cosa la tengo muy clara: entré a la UCI medio ateo y he salido creyente. Para mí existe Jesucristo, lo tengo claro, pero además acepto todo tipo de creencias».

Es también el caso de Antonio, una persona de formación técnica y científica, de quien ya hemos hablado y que experimentó una conversión religiosa tan fuerte como súbita. Asimismo, es notorio que no solamente se ha vuelto fervoroso cristiano y católico, sino que, además, y esto resulta importante, es muy tolerante con cualquier otro tipo de creencias distintas a las suyas. Veamos también el testimonio de Luis: «Es curioso que por esa razón los demás te vean rarillo, y más los más cercanos, aunque al final prefieran al personaje actual. El anterior a la ECM era estresado, materialista y más egoísta, mientras que el actual es tranquilo, despegado y caritativo, así que estoy mejor yo y los que me soportaban».

Parece de importancia resaltar que los encuentros con una presencia divina o ser de luz constituyan uno de los aspectos más importantes y profundamente significativos de las ECM. Este encuentro, según algunos autores (Morse y Perry, 1992, por ejemplo), parece constituir el eje o base de un profundo cambio espiritual.

Cherry Sutherland, el investigador australiano, observó en 1990 que dos terceras partes de las personas que habían experimentado su ECM como algo fundamentalmente espiritual presentaban un importante incremento de esta cualidad, la espiritualidad. Si bien algunos de ellos ya eran practicantes religiosos, la propia experiencia al borde de la muerte les había transformado. Muchos de ellos se autodenominaban «hombres de Dios», y su principal propósito consistía en encontrarle un sentido profundo a la vida.

Ring afirma que las personas que sufren ECM emprenden un crecimiento espiritual basado en tres pilares:

1. Aumento de actitudes positivas y disminución de las negativas hacia uno mismo, hacia los otros y hacia la vida en general.
2. Aumento de las creencias sobre verdades universales y espirituales más que sobre estrechas doctrinas religiosas.
3. Aumento de las capacidades psíquicas paranormales.

El mismo autor considera que las ECM, con su énfasis en el amor universal y las fuerzas que motivan hacia la vida, proveen a quienes las han sufrido de un poderoso ímpetu espiritual. Nines, mujer de treinta y cinco años que sufrió una parada cardiorrespiratoria debida a una reacción adversa a la anestesia, me relató: «Vuelves con lecciones aprendidas, cada uno la suya, pero predomina la de ver a los demás con más misericordia».

Asimismo, es probable que algunas experiencias emocionales que se viven durante la ECM tengan repercusiones en la misma esfera cuando la persona recupera la consciencia. Por ejemplo, Val relata: «Recordar la paz y todo el amor que se siente al otro lado... es indescriptible». O de nuevo Abelardo: «Lo que me ocurrió cambió mi forma de ver la vida. Creo en algo más allá, algo que está por descubrir y que la ciencia a día de hoy no ha descubierto».

Todo esto también altera la forma en que las personas que han sufrido una ECM se relacionan con los demás: «En la actualidad veo a la gente igual, como personas, pero me siento más sensible ante todo, y las personas más vanidosas y materialistas me parecen desorientadas, equivocadas».

El doctor David Rosen relata, en su estudio de 1975 sobre supervivientes de intentos de suicidio en los puentes de la bahía de San Francisco, cómo las personas sufrían experiencias de gran paz y calma. La mayor parte de ellas mostraron intensas experiencias espirituales similares a las expresadas en ámbitos religiosos o transpersonales. No solo eso, sino que dichas personas, durante y después de sus saltos al vacío, pasaron por estados místicos de consciencia caracterizados por pérdida de la temporalidad, del espacio y del propio yo. Asimismo, percibieron una sensación transformadora, de unidad con los demás y con todo el universo, lo que evidentemente deja huella tanto en la percepción del mundo como en el comportamiento de la persona con su propio entorno.

El prestigioso psiquiatra Stanislav Grof postulaba, en 1972, que una experiencia límite ante la muerte y la supervivencia posterior producen dos efectos: una aniquilación del yo y un renacimiento, acompañados de la sensación de amor y salvación de las personas del entorno.

Ahora bien, no es menos cierto que algunas personas, a pesar de lo positivo de la experiencia, tampoco se muestran presurosas de repetirla, como es el caso de Isabel: «Amo la vida. No tengo miedo a volver allí, pero no quiero renunciar a la vida. No recuerdo mucho, tan solo cosas sueltas. Lo que me contó… Quisiera acordarme, pero es como cuando bajas la voz de la radio: lo oía y asentía con la cabeza, pero no recuerdo los detalles. Yo estaba feliz, muy feliz, ya que me llenó de fe y esperanzas. No me dijo exactamente qué iba a pasar, supongo que para que no contara nada. No soy católica, pero siempre he creído en Dios, en que hay algo ahí arriba, ¿me entiendes? Ahora más, claro».

A la mayor parte de las personas que sufrieron las ECM las conocí después de haberlas padecido, por lo que no puedo observar qué cambios acontecieron entre el antes y el después. Sin embargo, siempre me ha resultado llamativo que exhalen espiritualidad, como si pertenecieran a una secta cuyos estamentos no están escritos en ningún libro. Más aún, a pesar de su tremenda empatía hacia los demás, cuando efectúan sus reuniones me resulta inevitable sentirme un foráneo entre ellos. Imagino que debe ser similar a las reuniones de astronautas, ya que los asistentes se dividen en dos grupos: los que estuvieron en el espacio y son poseedores de llamativas e interesantes experiencias, y los otros, los que vamos a escuchar atentamente sus historias y que, desgraciadamente, permanecemos como simples observadores al margen de la cuestión. En el caso de las ECM, los espectadores intentamos llegar a comprender el fenómeno en su máxima profundidad. En los foros de discusión la simpatía entre personas que han sufrido una ECM es evidente, ya que hablan el mismo lenguaje: «Me parece muy interesante lo que acabas de relatar, es un testimonio que para mí no es nada extraño».

Natividad nos relata: «Creo que cada persona saca sus propias conclusiones. No te vuelves un alma bendita ni nada por el estilo, pero sí eres consciente de lo corta que es la vida, de que lo que dejas atrás ya no volverá o, al menos, no como lo conoces hasta ahora, así que al volver saboreas cada minuto. No te haces bueno, pero no sé por qué valoras lo importante de la vida, que es el amor. Agradeces más las muestras de amor y las das más. Huyes de las personas malas, no pierdes el tiempo con ellas ni para defenderte. Realmente te dan igual».

En un caso descrito por Henry Abramovitch en 1988, relativo a una persona que sufrió un ataque al corazón, leemos: «A medida que mi recuperación avanzaba, cada vez estaba más convencido de que cuando contaba mi experiencia a las personas que me rodeaban, parecía que estábamos hablando dos lenguajes distintos, en diferentes niveles en relación a experiencias distintas». El mismo paciente dice más tarde: «Yo sabía y comprendía lo que había visto y experimentado. Sentí que había alcanzado la revelación de una nueva verdad. Una realidad diferente me había sido descubierta. Pero no revelé estos secretos de mi corazón a nadie. Tenía miedo de que me tomaran por un trastornado».

Ring realizó, en 1984, una escala para medir la espiritualidad de aquellos que habían sufrido una ECM. Entrevistó a 172 personas, de las cuales 76 habían padecido una ECM. Otros 30 se habían encontrado cercanos a la muerte, pero no habían sufrido una ECM. El doctor Ring tomó como grupo de control a 66 personas que nunca se habían encontrado en ninguna de ambas situaciones. Observó una tendencia, en los tres grupos, de aumento de la espiritualidad. El grupo que demostró un aumento notorio de la espiritualidad, sin lugar a dudas, fue el de las personas que habían vivido la ECM. En segunda posición estaban los que se habían encontrado cerca de la muerte pero no habían sufrido una ECM propiamente dicha. En tercer lugar quedó el grupo de control, que también mostró un aumento de la espiritualidad debido a que el cuestionario abarcaba los últimos diez años de existencia. Llama la atención que un 49 por ciento de los pertenecientes al grupo que había sufrido la ECM presentaba puntuaciones notoriamente altas en relación al desarrollo de una espiritualidad universal extrema.

Atwater asegura que el lenguaje de las personas que han sufrido una ECM se asemeja a una lengua secreta. Los que no han experimentado este tipo de vivencias se encuentran en franca desventaja por la subjetividad inherente a los efectos fenomenológicos. Las ideas deben ser comprendidas de una manera sencilla e intuitiva a falta de experiencia propia. Por el contrario, las personas que han experimentado las ECM tienden a hablar el mismo lenguaje y a identificarse entre ellas. Los que quieren aprender lo que sucede bajo estas situaciones deben poseer una extraordinaria sensibilidad, aprendiendo a distinguir de manera lógica lo que es, lo que no es y lo que podría ser. Resulta obvio que a muchas personas les sorprende manejar términos como ángeles, seres de luz o ideas similares. La propia Atwater afirma que las diferencias reales entre una experiencia religiosa o una experiencia espiritual residen en el vocabulario más que en su propia esencia, y alerta sobre el peligro de confundir el despertar espiritual con un mérito personal, una actitud en la que el potencial de sabiduría choca frontalmente con el ego.

> Antes de adquirir la sabiduría, corta madera y acarrea agua. Después de adquirirla, corta madera y acarrea agua.
>
> Proverbio budista

Volver a la vida significa enfrentarnos a nuestro sistema de creencias y a todo aquello que conocíamos acerca de nosotros mismos y del mundo que nos rodea. También implica enfrentarse a todas las creencias o no creencias acerca de Dios y de todo lo que, hasta ahora, habíamos considerado sagrado o maldito.

Son muchas las personas que han sufrido una ECM y, posteriormente, experimentan la vida de la manera más literal posible. Los conceptos de vitalidad, de estar vivo o estar muerto parecen existir de manera ajena al sistema biológico del organismo. Muchas de las personas que han sufrido una ECM tienen la sensación de estar mucho más vivos que el resto de la población. Algunos, incluso, describen una peligrosa sensación de invulnerabilidad y de que el destino les ha deparado algo muy especial en sus vidas, como un favor divino con el que establecerán una relación para el resto de su existencia. Para los que eran cristianos es como si el cielo se les hubiera presentado antes de morir.

Ring encuestó, en 1984, a los familiares y amistades de las personas que habían sufrido una ECM con un cuestionario especialmente diseñado (*Behavior Rating Inventory*, Cuestionario de medición del comportamiento). Este autor concluyó que los cambios que percibieron las personas que habían sufrido una ECM también eran percibidos y corroborados por las personas de su entorno.

Muchas personas que han sufrido un proceso relacionado con las ECM parecen encontrar un nuevo sentido a su vida, como si desarrollaran un propósito para la misma. Algunos mencionan que han sido devueltos a esta vida o que ellos mismos han escogido volver con objeto de terminar un trabajo ya empezado. De alguna manera piensan que su ECM ha formado parte de un plan divino. Este nuevo propósito vital llena de sentido la vida de la persona y aumenta, indudablemente, la autoestima.

¿SE PIERDE EL MIEDO A LA MUERTE?

Quizás sea esta una de las cuestiones que despiertan mayor interés entre las personas que se acercan por primera vez a alguien que ha vivido una ECM. La pregunta resulta inevitable: «¿Usted ya no tiene miedo a la muerte?». De manera casi instantánea obtenemos una respuesta usualmente enmarcada en una gran sonrisa: «En absoluto, perdí el miedo a la muerte nada más recuperarme de la ECM». Sin embargo, y creo que esta es una de las claves para comprender el cambio intrapsíquico de estas personas, es que además de haber perdido el miedo a la muerte… ¡han perdido el miedo a la vida! Me explico: la mayor parte de nosotros vive impregnado de multitud de temores que, seguramente, se han adquirido en la niñez o bien son producto de nuestra inseguridad. Muchos de ellos, relacionados con los bienes materiales, son bastante irracionales y no responden a una realidad objetiva, ya que en definitiva no podemos llevar más de dos zapatos a la vez o dormir en más de una sola cama. Es decir, con pocos bienes materiales somos capaces de subsistir perfectamente. Todo esto es compatible, además, con un incremento de la espiritualidad.

Marta nos explica: «Me siento muy afortunada de que haya sido así. Gracias a esto puedo decir que no temo para nada la muerte y que desde ese momento creo en que hay una vida después de esta vida, y que lo que hay allí es lo más hermoso. Creo que solo estamos de paso en la Tierra para nutrirnos espiritualmente».

En un interesante caso, descrito por Richard Bonenfant en el año 2000, la persona protagonista había perdido la fe en Dios debido a un fiero ataque que había sufrido su hija por parte de un perro y que había puesto en peligro su vida a causa de las terribles heridas. La aparición de un ser luminoso, que quince años antes ya se había presentado durante una ECM, calmó su ira y aquello que le parecía una terrible injusticia cometida hacia la niña adquirió otra connotación. La mujer pensó que su dilema de fe había precipitado la aparición de este ángel de la guarda. La visita le hizo creer que Dios se encontraba al tanto de sus angustias y fue una manera directa de reafirmar su fe para prepararla frente a lo que la sobrevendría unos años después.

Tras una ECM muchas personas aumentan su espiritualidad para encontrarse más cerca de Dios e intentan mantener esta cercanía mediante la oración o la meditación. Otros lo complementan con lecturas de textos religiosos o de tipo espiritual. Este aumento de la espiritualidad, o las tendencias religiosas, no tiene que traducirse en involucrarse con alguna Iglesia determinada ni con alguna actividad religiosa organizada. De hecho, algunos autores como Ring apuntan que existe una disminución de prácticas religiosas concretas adscritas a alguna Iglesia en particular.

> Ni un solo día desde entonces he olvidado aquello que me pasó, y creo que jamás lo haré.
>
> Natividad

En relación a este crecimiento espiritual, Sutherland describe cómo algunas personas parecen adquirir dotes relacionadas con la sanación espiritual. Es decir, se ven a sí mismos ricamente transformados e intentan comprender cuál es el significado de esta transformación en sus propias vidas.

Bonenfant relata el caso de un niño que sobrevivió a un terrible accidente de automóvil. Los cambios en su comportamiento pertenecieron fundamentalmente a su escala de valores, pero también se volvió mucho más cuidadoso en las relaciones con su familia y amistades. Asimismo, la familia reportó que el niño, habitualmente muy impulsivo, había logrado un mayor nivel de autocontrol. La disminución del comportamiento impulsivo puede ser debida a la percepción de la propia vulnerabilidad frente a fuerzas más allá de su control y a darse cuenta de las precauciones que se requieren cuando nos enfrentamos a lo desconocido. Todo ello se tradujo en un largo periodo de inseguridad, pesadillas nocturnas, inquietud y ansiedad prolongada que fueron disminuyendo con el tiempo. Es notable mencionar que tanto el apoyo de la familia como el tratamiento por parte de profesionales desempeñaron un papel fundamental a la hora de aliviar su ansiedad.

Otro de los resultados consiste en atravesar un cambio de actitud ante la vida física, ya que adquiere otra dimensión nueva: lo que otrora era importante se vuelve secundario. Dentro de este contexto me ha llamado mucho la atención que algo tan aparentemente etéreo como el amor se convierta en denominador común de las personas. No me refiero, una vez más, al amor dentro de una relación de pareja, ni siquiera al amor paterno-filial, sino al amor en el sentido más bello y amplio.

El amor no es otra cosa que la renuncia al yo, al ego, y la entrega desinteresada hacia los demás. De hecho, cuando he conocido a personas que parecen estar impregnadas de tanta espiritualidad me he preguntado, en ocasiones, si han sufrido una ECM como causa primaria de su espiritualidad, o más bien ha sido el resultado. Después de atender centenares de casos y, por supuesto, a sus familiares, me inclino más bien por la segunda opción, ya que la palabra «transformación» es la más utilizada tanto por los protagonistas de la historia como por sus familias. Es decir, ha existido un cambio muy importante, un antes y un después.

La pareja de Julio, un hombre de mediana edad que sufrió un atropello cuando tenía veinticinco años y que en aquel entonces era su novia, nos refiere: «Él cambió desde el primer día que pude verle. Al principio el cambio no fue muy claro para mí: estaba confuso y pasamos una mala época. Sin embargo, resultó para mejor. A medida que pasaba el tiempo comenzó a desprenderse de muchas cosas materiales y a centrarse más en su familia y amistades. Resultaba evidente que sus valores habían cambiado drásticamente».

Respecto a este cambio de valores, algunos autores como David Raft recomiendan que no solo hay que ayudarles a incorporar lo que hayan descubierto, sino también a olvidar, a atravesar el periodo de duelo respecto a esos valores que las personas ya no desean integrar en su yo después de una ECM. Resulta evidente, tras este tipo de cambios, que una aproximación psicoterapéutica parece lo más recomendable.

Una de las autoras más reconocidas en el campo de las ECM, Kimberley Clark, una trabajadora social con amplia experiencia en diversos países del mundo, entre ellos Camboya, y que sufrió a su vez una ECM, llega a hablar de *shock* cultural para referirse a las personas que han vivido este tipo de experiencia y que tienen que reintegrarse en el mundo como si nada hubiese sucedido, pero sufriendo a la vez profundos procesos de ajuste similares a las personas que se trasladan de una cultura a otra.

En tales casos la persona llega a desarrollar dos repertorios de comportamiento totalmente distintos. El primero responde a las expectativas habituales de la sociedad en la que se encuentra imbuido: el trabajo, la familia, las costumbres, etc. Por el contrario, el segundo abanico de comportamientos se desprende de la experiencia sufrida: amor incondicional hacia los demás, elevación espiritual, poderes paranormales, etc.

Desgraciadamente, en los campos clínicos de la psicología y de la psiquiatría pocos han hablado sobre estos temas, hasta el punto de que los grupos de personas que han sufrido ECM constituyen un entorno terapéutico para intercambiar impresiones y permanecer dentro de los límites saludables desde un punto de vista mental. En definitiva, las personas que han sufrido una ECM llegan a constituir una especie de minoría social, una subcultura con una reglas determinadas. Resulta reveladora al respecto una frase de Clark: «En ocasiones me siento como una extranjera, excepto por una razón muy importante: no provengo de una cultura distinta, sino de una dimensión distinta». No hay diferencias, como ocurre con los inmigrantes, de vestimenta, religión o costumbres. Los inmigrantes, después de todo, pueden volver a su país, repetir la experiencia, son dueños de su realidad, cosa que no ocurre con aquellos que sufren una ECM. Son protagonistas de una experiencia, pero se encuentran aislados, sin posibilidad de comunicar su estado.

Una de las entrevistadas me refirió: «Recuerdo que cada vez que intentaba que mi padre me prestase atención, él se limitaba a darme dinero para que me fuese a comprar algo... No me había dado cuenta de ello hasta que tuve la ECM... Por fin comprendí por qué siempre he tenido esa sensación de soledad».

CONSECUENCIAS PSICOLÓGICAS Y CAMBIOS VITALES

A muchas personas las ECM les resultan altamente satisfactorias. Sin embargo, el guardar dentro de sí y no saber interpretar y ordenar la experiencia desde un punto de vista emocional les conduce a numerosas alteraciones de tipo psicológico. Abramovitch relata, en 1988, el caso de un paciente que había sufrido un ataque cardiaco, tras el cual vivió una ECM muy gratificante. Sin embargo, al volver a la realidad se encontró confuso y no quiso transmitir la experiencia por temor a ser tomado por un desequilibrado mental. Necesitó soporte emocional por parte de un psiquiatra, incluso consejo de un rabino, porque «mi alma se encontraba atormentada... Aprendí a vivir con ello y debo admitir que, al final, me transformé». La principal frustración es la de haber perdido la luz; la segunda tiene que ver con la familia y los amigos que no supieron comprenderles, y además sienten confusión sobre las vidas a las que bruscamente retornaron.

Atwater describe cómo en la década de 1980 prácticamente nadie hablaba sobre las ECM que había vivido. Sin embargo, una vez que los primeros comenzaron a hacerlo, el resto también lo hizo con la fuerza de un torrente imparable. Este aumento de población de personas que han sufrido ECM llevó a esta autora a concluir, en un trabajo de 1992, que existe una influencia directa cultural sobre la sociedad, lo que produce un cambio general de consciencia que se traduce en que cada año los niños que nacen poseen un mayor nivel de inteligencia. Más aún, una nueva vanguardia de niños poseedores de fantásticas facultades está haciéndose lugar en este planeta. Para esta autora, una nueva raza está emergiendo y refinando a la especie humana. Esta nueva sociedad de actitudes holísticas y culturalmente creativa integra tanto el modernismo como nuestras tradiciones.

Nancy Evans afirma que algunas personas que han sufrido una ECM deben pagar un alto precio: depresiones a largo plazo, relaciones personales rotas, sensación de enfermedad mental, imposibilidad de desarrollo normal, sensación de encontrarse en una realidad alterada, etc. La autora apunta que hasta un 75 por ciento acaba rompiendo su matrimonio. Afortunadamente, las personas que sufren una ECM con consecuencias extremadamente negativas de otra índole suele ser una minoría.

Otros pacientes también expresaron sentimientos de depresión, ansiedad o algún tipo de alteración psicológica. Unos pocos, según Greyson, que mostraban tendencias suicidas las desecharon una vez que vivieron la ECM. Otros que presentaban conflictos religiosos o de creencias supieron vencerlos una vez superada su ECM. Por el contrario, algunas personas mostraron síntomas de estrés postraumático que incluían pesadillas, sueños inquietantes o conductas de evitación.

En lo que a esto se refiere, sabe mucho la autora Cassandra Musgrave, ya que ella misma sufrió una ECM. Musgrave realizó un estudio cuantitativo sobre los cambios vitales que habían experimentado 51 personas después de sus correspondientes ECM. Si bien es cierto que la mayor parte habían sufrido cambios positivos, como un aumento de la compasión o tener un nuevo propósito en sus vidas, no es menos cierto que un 8 por ciento dijo encontrarse más deprimido, y otro 2 por ciento más temeroso desde su ECM.

Bush, un investigador que también ha sufrido en sus propias carnes una ECM, hace ya más de cuarenta años, identifica tres maneras a través de las cuales se puede llegar a manejar e integrar la experiencia en la propia vida:

1. La respuesta de conversión. Es la más común. La persona interpreta su ECM como una advertencia de comportamientos anteriores que pudiesen calificarse, por ella misma, de erróneos o equivocados. Dicha experiencia le sirve como

punto de referencia para modificar su vida y su conducta hacia una manera de vivir más satisfactoria.

2. La respuesta reduccionista. Es aquella que muchas personas definen a partir de la idea de que todo fue un sueño. Es propia de personas que buscan explicaciones racionales simplistas, basándose en hechos parciales, como las endorfinas o las alteraciones de la actividad cortical. Suelen acabar su discurso con: «La ciencia lo explica todo», pero desgraciadamente no es así.

3. En la tercera categoría podemos incluir a las personas que años después de sufrir una ECM todavía batallan con las implicaciones existenciales, sobre todo si la experiencia fue terrorífica. Sus comentarios oscilan entre: «¿Qué hice yo para merecer eso?», o bien: «¿Cuál es la verdad acerca de la existencia?». Suelen mantener un miedo a la muerte sin resolver durante muchísimo tiempo.

Estos tres tipos de personas son las más proclives a acabar recostadas en el diván de un psiquiatra o bien a ser medicadas. Algunos optaron por sentirse culpables o por recrear la escena hasta el más nauseabundo romanticismo para no tener que enfrentarse a sus aspectos más incomprensibles y oscuros.

Este tipo de alteraciones pueden disminuir con el tiempo, incluso desaparecer, pero mientras perduren pueden crear problemas, algunos de mínima índole, pero otros de naturaleza más seria. Estos problemas, según Greyson, no deben ser considerados como una enfermedad mental, a pesar de la alteración que algunas personas puedan sufrir. Según este autor, «deberían encuadrarse dentro de lo que podríamos denominar crisis vital» que, como toda crisis, posee un potencial de crecimiento personal.

La clasificación de enfermedades mentales DSM IV incluye una denominación no patológica denominada «problemas espirituales o religiosos», que bien podría encuadrar este tipo de alteraciones transitorias.

Bruce Greyson, director de la Unidad de Estudios Perceptuales de la Universidad de Virginia y autor de docenas de estudios sobre las ECM, obtiene una conclusión rotunda: la mayor parte de las personas que han sufrido una ECM pierden interés por los aspectos materiales, por el reconocimiento de terceros o por el estatus social. Asimismo, la competitividad, que para muchos era el eje de sus vidas, da lugar después de la ECM a una actitud contraria. Además, la mayor parte de las personas experimentan un aumento de la compasión hacia el prójimo, un deseo de servirles, amén de un incremento de las habilidades para expresar los sentimientos. Podría pensarse que la mayor sensibilidad hacia los demás se derivaría de una nueva sensación de unidad con la humanidad. Asimismo, las personas suelen tornarse más comprensivas y tolerantes hacia sus parejas y hacia la familia en general.

No es menos cierto que todo este tipo de cambios personales también producen importantes transformaciones en la forma de apreciar la vida, que se torna preciosa. Pequeños detalles, momentos con la familia o las amistades, aprender a apreciar la belleza de las cosas que nos rodean... Muchos hablan de vivir el momento con intensidad, disfrutando de la vida. Para algunos autores, como John Wren-Lewis, la pérdida del temor a la muerte se explica a través de este mecanismo vital que parece obligarles a vivir el momento sin ningún tipo de distracción. Este autor incluso habla de «un cambio de la consciencia que produce que cada momento se viva tan intensamente que la ansiedad acerca de la supervivencia del futuro pase a ser un hecho irrelevante».

CAMBIOS DE LA PERCEPCIÓN Y LA CONSCIENCIA

Si bien son numerosos los cambios sobre la consciencia que hemos mencionado a lo largo de este capítulo, algunos de ellos merecen unas líneas en particular. Por ejemplo, Greyson describe lo que él llama «voces interiores» o «alucinaciones no patológicas», que ocurren, según él, en prácticamente el 80 por ciento de las personas que han sufrido una ECM. Sorprendentemente, según su propio estudio, un 40 por ciento dicen haberlas escuchado con anterioridad a su ECM.

A diferencia de lo que ocurre con los esquizofrénicos, que también suelen escuchar voces, la actitud de los que han vivido una ECM es muy positiva en este particular. Muchos participantes las valoran por su inspiración y por los conocimientos que dicen aportarles.

También es llamativo, según Greyson, que algunos cambios que sufren las personas protagonistas de una ECM se asemejen al fenómeno del *kundalini*: asumen extrañas posiciones, cambios en la respiración, sensaciones orgásmicas espontáneas, sensación de ascender, inexplicable frío o calor, sonidos internos, emociones positivas muy intensas, sensación de verse a uno mismo desde la distancia y cambios en la velocidad del pensamiento.

Greyson, en 2009, en una publicación posterior, afirma que cuando ocurren cambios de personalidad después de una ECM habría que investigar los elementos patológicos relacionados y que pudieran haber influido en dicho cambio. Por ejemplo, paro cardiaco, *shock* hemorrágico o incluso algún tipo de daño cerebral que pudiera influir sobre diversas funciones relacionadas con el control de los impulsos, la memoria o la capacidad de juicio.

Para los que estuvieron cerca de la muerte pero no perdieron la consciencia, este autor recomienda realizar algún estudio sobre los genes, ya que ciertos trabajos sugieren que los perfiles genéticos después de una experiencia traumática tienden a cambiar, por lo que sería de sumo interés conocer si se dan también cuando las experiencias son positivas.

Uno de los pocos estudios en los que se han empleado métodos objetivos de medición fisiológica como, por ejemplo, un electroencefalograma, fue realizado, en 2004, por Willoughby Britton, de la Universidad de Arizona, quien encontró que las personas que habían vivido una ECM presentaban una actividad epileptiforme mayor que los sujetos del grupo de control, que no habían pasado por una de tales experiencias. La mayor parte de la actividad se situaba en el hemisferio izquierdo del cerebro. Asimismo, otras variables respecto al sueño, particularmente en relación a la fase REM, eran distintas en unos y en otros.

XXVI

NIÑOS Y ECM

Busca el conocimiento desde la cuna hasta la tumba.

HADITH MUSULMANA

Uno de mis conocidos me contó, hace ya algún tiempo, un caso que a él le parecía excepcional. Un niño de unos cuatro años había caído, durante un descuido de su madre, a una piscina en un cámping durante unas vacaciones de verano. En su entorno familiar más cercano, había cundido el rumor de una experiencia muy llamativa durante los momentos en que el niño se encontraba inconsciente y practicaban sobre él las diversas maniobras de resucitación. Después de varias semanas de indagaciones pude dar con ellos y proponerles una cita con la excusa de la supuesta experiencia, utilizando a nuestro amigo común como referencia. Al principio, a través del teléfono, los padres se mostraron desconfiados y cautelosos ante lo que yo representaba para ellos: un perfecto desconocido. Sin embargo, aceptaron quedar conmigo en un pueblo de los alrededores de Barcelona hasta donde yo me desplacé desde Madrid.

No se puede decir que yo sea especialmente confiado y que me crea cualquier información que me hagan llegar, ya que en ocasiones no por mala fe, sino por exceso de credulidad, nos podemos ver envueltos en situaciones disparatadas junto a personas que nada tienen que ver con lo que estamos buscando.

El encuentro fue cordial. Parecía una pareja normal con un niño pequeño, inquieto, como suelen ser a esas edades, que no paraba de moverse en derredor nuestro. El padre comenzó a relatar lo sucedido justamente el verano anterior a nuestra entrevista. Al finalizar la tarde de aquel nefasto día, tanto la madre como el hijo volvían hacia casa cuando el encuentro casual de ella con un antiguo compañero de trabajo sirvió para distraerla durante, según la madre, un par de minutos. Los suficientes para que el niño se despistase de la vigilancia materna y se dirigiese de vuelta a la piscina para bañarse solo. Los siguientes momentos casi los podemos imaginar: el niño en el fondo de la piscina, gritos de las pocas personas que se encontraban por allí, una madre destrozada que zarandeaba el cuerpo inerte de su hijo y que otro bañista había extraído del agua...

Uno de los presentes inicia las maniobras de reanimación y, para felicidad de todos, el niño va recobrando el color normal, alejándose del azulado. El niño tose y expulsa gran parte del agua clorada que había tragado. Su corazón vuelve a recobrar el ritmo normal y, finalmente, gracias a la rápida recuperación propia de esa edad, el niño está bien, asustado pero en correctas condiciones.

Esa misma tarde, después de llevarle al hospital para un examen general, el chaval comienza a hilvanar un relato inquietante: al ahogarse había visto un túnel de luz brillante por donde se deslizó hasta llegar a un sitio que no pudo precisar en detalle. Allí una niña, aproximadamente de su edad y vestida de blanco, le indica que tiene que volver, otra vez, por donde había venido. No solo eso, sino que describe pormenorizadamente todo lo que ocurrió mientras se encontraba en muerte aparente, o, al menos, inconsciente. Cuenta detalles sobre las personas que le hicieron la respiración artificial y el masaje cardiaco y también sobre lo que hacía su madre en esos momentos tan críticos.

Durante la entrevista intento que el niño me cuente, en su propio lenguaje, su experiencia. Me deja claro lo del túnel y la niña vestida de blanco, pero al cabo de un rato el niño ya está cansado, así que decido partir hacia Barcelona desde donde tomaré un avión de vuelta a Madrid. Los padres se despiden mucho más amistosamente que al inicio. Están preocupados, no obstante, de que el caso transcienda a los medios de comunicación, desvelando la identidad del chico, y que ello interfiera en su vida personal. No quieren publicidad ni recompensa económica alguna. Tan solo transmitirme una experiencia que parece no tener explicación alguna. Les garantizo la confidencialidad, como así ha sido hasta el día de hoy. Sentado en el tren que conduce al aeropuerto miro por la ventanilla y me hago múltiples preguntas acerca del caso, particularmente sobre la influencia de los padres en el relato del niño. No puedo descartarlo. Pero, al mismo tiempo, me congratulo de haber conocido a una persona tan joven y tener su testimonio de primera mano, lo que me permite descartar cualquier influencia cultural demasiado intensa sobre su relato. No paro de hacerme preguntas... hasta el día de hoy. Afortunadamente, solo fue el primer caso de ECM en niños, dentro de una larga serie que he tenido ocasión de estudiar.

Atwater observa que la mayor parte de las ECM en niños ocurren, por orden de frecuencia, en ahogamientos, cirugía mayor, cirugía menor (amigdalectomía), abusos infantiles, traumas diversos e impacto de rayos. La autora asegura que las ECM en niños son mucho más comunes de lo que se podría imaginar: «La gran mayoría de los niños que tienen que enfrentarse a la muerte las experimentan. Estos niños llegar a sufrir las mismas consecuencias, tanto físicas como psicológicas, de los adultos, pero con distinta expresión».

Veamos el testimonio de Nora: «A mi hermano mayor le operaron del corazón con tan solo cuatro años de edad. En la operación tuvo una parada cardiaca que duró varios minutos. Durante ese tiempo cuenta que salió fuera de su cuerpo y pudo ver a nuestros padres llorar en el pasillo contiguo al quirófano. El *shock* al verlos llorar fue tan impactante que se asustó hasta el punto de flotar hasta el final del pasillo, que estaba repleto de colores y olores parecidos a los de las plantas. También se encontró con niños y, aunque no habló con ellos, sí que se quedó escuchándolos. Al cabo de un rato, algo le hizo volver a su cuerpo. Cuando abrió los ojos hasta el médico se echó a llorar, ya que le daban por perdido. No era su momento».

Greyson también describe multitud de situaciones bajo las cuales los niños pueden llegar a tener una ECM: meningitis, diversas enfermedades, cirugía, accidentes y ahogamientos, traumas relacionados con la guerra y cualquier tipo de abuso físico. Este tipo de experiencias, según Atwater, proporciona a los niños importantes mejoras en sus procesos de aprendizaje, emocionales, de pensamiento y procesamiento de ideas de tipo paralelo. Resulta todo ello en una expansión de la consciencia y un refinamiento del intelecto que provee al individuo del manejo de múltiples dimensiones de la realidad. Esta misma autora llama la atención sobre la peculiar forma de los niños de vivir la temporalidad. Según ella, los niños no poseen un sentido natural del tiempo y del espacio, de forma que el futuro no aparece como futuro, sino como otra forma del ahora. Basándose en este hecho, Atwater crea una arriesgada teoría: «la de las memorias del futuro». Un fenómeno que, supuestamente, viven numerosos niños, y también algunos adultos, y que consiste en visiones de acontecimientos que van a ocurrir en los tiempos venideros.

Si revisamos los estudios de las personalidades más relevantes en relación a las ECM ocurridas en niños, por ejemplo los de Atwater, Morse, Holden, etc., se puede apreciar que la mayor parte de los elementos que se dan en los adultos también se observan en los niños, quizás con algunas diferencias en estos:

- ❑ Aparición de menos elementos.
- ❑ Contenidos más concretos pero menos complejos.
- ❑ Aparición de mascotas ya fallecidas u otros animales.
- ❑ Aparición de familiares del niño que no reconoce durante la ECM pero que luego, al revisar álbumes de fotos familiares, es capaz de señalar.
- ❑ Visión de personas que todavía se encuentran vivas en el momento de la ECM.

Al parecer, las ECM en niños mejoran de manera importante sus esferas creativas e inventivas, aumentando su capacidad intelectual. Prácticamente la mitad de los niños estudiados por Atwater en 1992 poseían la categoría de superdotados, casi todos ellos con un rendimiento excepcional en matemáticas, ciencias e historia, amén de aprender idiomas a una velocidad de vértigo. La mayor parte de ellos consideraban que la escuela era fácil, aunque también experimentaron una mayor dificultad a la hora de someterse a la disciplina escolar.

A medida que van creciendo estos niños que han sufrido una ECM parecen perder sensibilidad a las sensaciones físicas, al tiempo que aumentan sus capacidades de comunicación no verbal en paralelo a una reducción parcial de sus habilidades de comunicación verbal. Respecto a sus relaciones afectivas, parecen ser más estables que el resto de la población. Asimismo, encuentran mayores niveles de satisfacción en sus respectivos trabajos.

Curiosamente, en esta muestra estadística se observa que gran parte de esos niños, ya convertidos en adultos, son propietarios de sus casas en una proporción significativa respecto a otros sujetos también adultos. La autora lo interpreta como resultado de un vínculo que el adulto necesita por el hecho de haber «perdido su hogar» cuando era niño.

En definitiva, Atwater afirma que el niño que vuelve de una ECM ha sido remodelado, recircuitado, reconfigurado, hasta el punto de ser una versión refinada del original. Según esta autora, si bien las capacidades de aprendizaje han mejorado, la dinámica de pensamiento también cambia: en vez de desarrollar conceptos abstractos a partir de detalles concretos, estos niños suelen invertir el proceso, yendo desde lo abstracto a lo concreto.

DIFERENCIAS ENTRE LAS EXPERIENCIAS DE NIÑOS Y ADULTOS

Para abordar las diferentes experiencias de años y adultos, y a pesar de la supuesta menor complejidad psicológica del niño, una de las cosas más llamativas que debemos considerar es que dicha experiencia respeta prácticamente todos los patrones de aparición y de fases, como ocurre en los adultos.

Bonenfant asegura que las historias que cuentan los niños son más bien de tipo informativo, ya que describen exactamente lo que han visto sin preocuparse en las interpretaciones racionales de sus propias observaciones.

Por otra parte, y a diferencia de los adultos que han sufrido una ECM la cual les ha servido para mejorar sus vidas, no son pocos los niños que se sienten confundidos, desorientados o traumatizados por su vivencia. Más aún, algunos niños sufren cambios de personalidad en el aspecto más negativo. ¿Por qué ocurre esto? La respuesta es compleja. Muchos niños se sienten abandonados, no por sus padres, sino por los seres de luz. Tienen la sensación de que después de haber encontrado su hogar tienen que abandonarlo. Por este motivo, a diferencia de los adultos, muchos niños que han sufrido este tipo de experiencias muestran mayor tendencia a volverse alcohólicos o a intentar suicidarse en su edad adulta. Otros sufren intensas depresiones. Es decir, exactamente lo contrario del cuadro que presentan los adultos con ECM. El desarrollo de este tipo de problemas suele ser menor si el niño es de muy corta edad. Por el contrario, la peor época para sufrirlas suele ser la etapa escolar. Es muy importante subrayar que la interacción con los padres y la interpretación de la ECM que transmiten al niño van a definir la respuesta emocional de este.

Según Atwater, los niños presentan otros elementos en sus ECM que las hacen ligeramente distintas a las de los adultos:

1. Experiencia inicial. Presenta elementos como el amor a la «nada» o a la «oscuridad viviente», escuchan voces amistosas o viven breves experiencias extracorpóreas. Esto suele ocurrir en los que menos necesidad tienen de un cambio vital.
2. Experiencias de tipo infernal, que se dan sobre todo en los niños que tienen sentimientos de culpabilidad y esperan algún tipo de castigo después de la muerte.
3. Experiencia placentera. Se presentan escenarios de tipo paradisíaco, reuniones familiares con los ya fallecidos, aparición de figuras religiosas o seres de luz. También se producen diálogos llenos de fuerza moral. Este tipo de experiencias suelen darse en niños que necesitan ser reforzados en su sensación

de ser queridos y que precisan confirmar que sus esfuerzos serán recompensados en una vida futura.

4. Experiencia trascendental. El niño se encuentra expuesto a otras dimensiones y escenas más allá de las referencias individuales de la realidad. En ocasiones se incluyen revelaciones de escaso contenido personal pero sí general.

La autora encontró que tres cuartas partes de los niños llegan a la experiencia inicial, mientras que el porcentaje de adultos es de tan solo un 20 por ciento.

Una característica muy llamativa de las ECM ocurridas en niños es la de «la oscuridad cálida y amistosa» o «la oscuridad sabia», una especie de cuna protectora que rodea y protege al niño. La segunda experiencia más repetida es la de tipo paradisíaco. Afortunadamente, las de tipo infernal son las menos comunes en el mundo infantil. Siguiendo este orden, podríamos considerar que los niños que presentan experiencias solo de tipo inicial las viven con una finalidad estimulante. Es decir, como si fuera un aprendizaje del niño para desarrollar otras maneras de percibir la realidad. Por el contrario, las experiencias de tipo infernal son confrontaciones sanadoras hacia las propias actitudes y creencias personales. Asimismo, las experiencias placenteras constituyen una verdadera validación de lo importante que es la vida, mientras que las trascendentales son la puerta para iluminar espiritualmente al niño, «un encuentro con el todo». Es decir, que estos cuatro tipos de encuentros con las ECM serían más bien cuatro formas de despertar la conciencia.

Parece desprenderse de los escritos de Atwater que las experiencias relatadas por niños son precisas y propias de una madurez llamativa. Esta autora apuesta a que la vida no es otra cosa que un viaje de eternas proporciones, y que ni siquiera el nacimiento o la muerte suponen límites para la misma. El plan del alma o la consciencia parece abarcar múltiples dimensiones de existencias, así como distintas vidas solapadas unas con otras.

Llama la atención que una investigadora escéptica como Blackmore quede impresionada por la percepción tan intensa que los niños pueden tener acerca de la muerte: «Muchos niños poseen pensamientos más profundos e introspectivos acerca de la muerte de lo que los adultos podemos imaginar».

Según Bonenfant, los relatos de los niños suelen ser fragmentarios y, en muchas ocasiones, no siguen la secuencia lógica de eventos. Las transiciones entre cada escena y entre cada momento suelen ser abruptas. El relato parece más bien una proyección de diapositivas de sus recuerdos que una película de acontecimientos.

Quizás una de las mayores autoridades acerca de este tema sea Melvin Morse, quien en su libro *Más cerca de la luz* aborda el espinoso tema de las ECM en niños y la disociación producida en relación a sus cuerpos. Respecto a estas disociaciones algunos autores, como Ring, postulan que antecedentes de abusos en la edad infantil o algún trauma sufrido a estas edades podrían facilitar un estilo de «defensa disociativo», y que en situaciones de peligro, o bien cercanas a la muerte, este tipo de personas, ya adultas, podrían mostrar una mayor tendencia a vivir cierto tipo de sensaciones como, por ejemplo, las experiencias extracorpóreas. Diríamos que son personas psicológicamente sensibles. El doctor Melvin Morse publicó en la prestigiosa revista médica *American Journal of Diseases of Children*, en 1985, un interesante artículo denominado «Experiencias cercanas a la muerte en una población pediátrica». En este escrito el doctor Morse describe cómo cuatro de siete niños hospitalizados por causas diversas (paro cardiaco, coma asociado con trauma, ahogamiento u otras alteraciones fisiológicas) habían sufrido ECM. Al mismo tiempo, otro grupo de seis niños también hospitalizados en la UCI por otras causas (epiglotitis,[17] cirugía cardiovascular o síndrome de Guillain-Barré),[18] y que se encontraban sedados con anestésicos u otros fárma-

---

[17] La epiglotitis es una inflamación del tejido que cubre la tráquea. Es una enfermedad potencialmente mortal también llamada *crup*.

[18] Este síndrome es un trastorno poco común que hace que el sistema inmunológico ataque al sistema nervioso periférico (SNP). Los nervios del SNP conectan el cerebro y la médula espinal con el resto del cuerpo. La lesión de estos nervios dificulta la transmisión de las señales. Como resultado los músculos tienen proble-

cos narcotizantes no vivieron, por el contrario, ninguna ECM, a pesar de los supuestos efectos disociativos de los anestésicos.

Muchas de estas disociaciones no se encuentran necesariamente relacionadas con las ECM, sino con estados más bien emparentados con alucinaciones hipnagógicas que, si bien se presentan con frecuencia en adultos, no es menos cierto que su incidencia es mayor en los niños. Por ejemplo, Paula nos refiere: «Cuando era niña y me iba a dormir sentía que volaba hasta un rincón en el techo de mi dormitorio. Desde allí veía mi cuerpo en la cama. Nunca lo comenté con nadie, y cada noche esperaba impaciente aquel momento de ingravidez que me regalaba la sensación de bienestar y paz que durante el día no encontraba. Siempre he sido sensible, reservada para mis propios sentimientos, y aunque soy una persona fuerte reservo un rincón en mi espíritu y corazón que no comparto con nadie».

El mismo Melvin Morse ha documentado casos como el de Katie, una niña de nueve años que llegó a ponerle nombre a su ángel: «Elizabeth», debido a la estrecha relación que desarrolló con ella a lo largo del túnel de luz, en cuyo final se encontró con parientes y amigos ya fallecidos. Más tarde, Elizabeth presentó a la misma Katie al Padre celestial y a Jesucristo. Inicialmente, la niña no deseaba contar su historia, pero en la primera entrevista le dijo al doctor Morse: «¿Se refiere usted a cuando visité a nuestro Padre?». La niña, al parecer, sentía vergüenza y prefirió callar durante un par de semanas hasta que finalmente decidió contar su historia. Katie se describió a sí misma viajando por un túnel oscuro en el que cada vez iba ganando más luminosidad cuando, de repente, «una mujer alta y de cabellos amarillos» apareció. Era evidente que su guía espiritual se encontraba presente acompañando a Katie hasta lo que ella misma denominaba paraíso. Más tarde se encontró con familiares ya fallecidos e incluso con dos almas que estaban a la espera de nacer. Momentos después se encontró con el Padre celestial y con el mismo Jesucristo. Estas

---

mas para responder a las señales del cerebro. Nadie conoce la causa de este síndrome, aunque algunas veces es desencadenado por una infección, una cirugía o una vacuna. (Fuente: Medline).

figuras le preguntaron si quería volver a ver a su madre. Contestó que sí y pocos momentos después reapareció en su propio cuerpo.

Otra autora, Mary Kennard, describe cómo una niña que padecía cáncer terminal participó en una serie de encuentros con los supuestos ángeles: «Ella sabía que se estaba muriendo y tenía mucho miedo. Una mañana le contó a su madre que tres ángeles le habían visitado durante la noche. Los ángeles tenían alas blancas y eran maravillosamente bellos. Se la llevaron de viaje al cielo. La niña no se encontraba enferma en presencia de los ángeles y relató que incluso había bailado con ellos». Nueve días antes de su muerte, la niña grabó en vídeo su experiencia para que fuese reproducida a otros niños con enfermedades terminales. Describía los ángeles y el cielo de tal manera que los niños no deberían temer la muerte

Bonenfant describe, en 2001, un caso de un niño que sufrió un accidente de automóvil al que sobrevivió. Una vez que despertó en la UCI, ocho horas más tarde, recordaba el impacto contra el coche y una bilocación de la consciencia durante la ECM; pudo ver el accidente desde un árbol situado a unos diez metros del impacto y, al mismo tiempo, ver su propio cuerpo dando volteretas por el aire hasta aterrizar violentamente contra el suelo. Dijo no sentir dolor, pero se extrañó cuando no se pudo hacer ver o escuchar por parte de su familia. Incluso, como no sentía dolor, le propuso a su hermano ponerse a jugar sin obtener, lógicamente, respuesta. Lo curioso es que el hermano mayor dijo más tarde que había escuchado cómo el accidentado le invitaba a jugar dentro de su cabeza. El niño accidentado recordaba cómo su padre le decía te quiero, pero no podía darle una respuesta audible. Asimismo, intentó abrazar a su padre, pero los brazos simplemente atravesaban el cuerpo de su progenitor. Momentos después se encontró en un túnel totalmente a oscuras.

Leyendo esta historia que relata Bonenfant, recordé otra que Rebeca me había transmitido hacía algún tiempo, también relacionada con un accidente de tráfico. En este relato, al igual que en el caso anterior, la niña parecía encontrarse en dos lugares a la vez: «Mi ECM ocurrió cuando tenía ocho años de edad. Fui atropellada por un camión al bajar del autobús del colegio. Recuerdo una sensación de estar flotando y sentí cómo mi cuerpo se desplazaba hasta verme inmersa en medio de una luz cegadora. El amor que sentí entonces no se puede explicar con palabras, lo único que sé es que deseaba quedarme allí para siempre. No vi mi cuerpo, pero recuerdo que, a pesar de que todo ocurrió en segundos, el tiempo parecía estancado. Luego lo primero que vi fue el camión por debajo, como cuando cambian de escena en una película. También recuerdo todos los detalles: la ropa, los colores, lo que decía la gente. Como percibía el suceso también desde otro lugar, llegué a preguntar si el camión me había desplazado, ya que estaba convencida de haber salido volando, pero me dijeron que no».

NIÑOS MUY PEQUEÑOS

Cuando hablamos de niños no llegamos ni siquiera a plantearnos que personas de incluso pocos días de edad puedan llegar a vivir una ECM. Sin embargo, Sutherland habla de una niña que entrevistó a los diez años y que refería una ECM con tan solo un día de edad. La niña, llamada Marcela, decía recordar una intensa luz y varios seres que se encontraban a su alrededor. Finalmente uno de los seres la invitó a seguirla, diciéndole que al final de la luz iba a tener una sorpresa. Al ir acercándose a la susodicha luz pudo sentir cómo algo o alguien tirada de ella hacia atrás y, finalmente, volvió a su cuerpo.

A pesar de los conocimientos de muchos neurofisiólogos respecto a que el cerebro de los niños, al ser poco maduro, no puede memorizar este tipo de experiencias, hay autores de igual peso científico, como Ring y Valarino, que creen exactamente lo contrario. Es decir, que el cerebro de dichos infantes puede recopilar la información en su memoria para años después volcarla en forma de relato. Estos autores hablan de un niño llamado Mark, que sufrió una enfermedad aguda pulmonar a los nueve meses de edad. Los médicos estuvieron luchando contra la muerte durante más de cuarenta minutos, tras lo cual permaneció tres meses en coma. Un día determinado, cuatro años más tarde, sin ningún tipo de advertencia previa, sorprendió a sus padres hablando acerca del día en que había muerto y les describió lo que ocurrió durante su experiencia: «Abandonó su cuerpo y siguió por un túnel oscuro donde, al final, había una luz dorada. Allí fue recibido por una serie de figuras etéreas parecidas a nubes». Una vez allí siguió por un camino dorado hasta encontrarse con alguien que parecía Dios. Habló con él telepáticamente y luego fue devuelto a su vida terrenal. Resulta interesante apuntar que durante su experiencia extracorpórea el niño pudo ver cosas que fueron posteriormente comprobadas como, por ejemplo, ciertas actividades que los médicos y las enfermeras realizaron con él, así como los paseos que daba su abuela por los corredores del hospital buscando a su madre.

En otro caso relatado por Walker y sus colaboradores, en 1991, se describe cómo un niño de algo más de un año de edad se tragó una canica que le obstruyó la tráquea. Una vez que los médicos pudieron recuperar las constantes vitales, el niño contó cómo salió de su cuerpo y se aproximó a una luz brillante donde un ser le dijo que tenía que volver. Varias cuestiones llaman la atención en este relato: la primera de ellas es, sin lugar a dudas, la poca influencia cultural que podría haber recibido este niño debido a su corta edad. Estos autores dicen que la comunicación fue «instantánea y comprensible, ajena a la aparente barrera de la edad, del razonamiento y de la propia falta de habilidades formales del lenguaje».

A mí, personalmente, como investigador de este tipo de cuestiones, también me llama la atención que si bien algunos autores indican que este tipo de experiencias se producen con tan solo notar la sensación de que la muerte se encuentra cerca, no es menos cierto que un niño de poco más de un año apenas tiene percepción de lo que es encontrarse cerca de la muerte. Es decir, la pregunta sería: ¿un niño de tan corta edad es capaz de presentir la muerte solo por el hecho de no poder respirar? O, por el contrario, ¿este tipo de sensaciones relacionadas con las ECM se encuentran inscritas como un verdadero automatismo en nuestro cerebro? ¿Es una forma de respuesta que se encuentra reflejada en nuestros genes? Siguiendo este mismo tipo de razonamiento que planteó el conocido autor Peter Fenwick, las ECM no parecen depender de la maduración ni del desarrollo del cerebro y que muy posiblemente reflejen algún condicionante que tiene el cerebro moribundo de cualquier edad.

CONTENIDOS DE LAS ECM EN NIÑOS

Las experiencias infantiles suelen presentar un contenido muy parecido al de los adultos. Por ejemplo, no es extraño que muchos niños tengan una experiencia extracorpórea. También es muy frecuente que se encuentren sumamente tranquilos durante, por ejemplo, un proceso de ahogamiento en una piscina, sintiéndose en paz durante el mismo.

Habitualmente, cuando el niño comienza a sufrir una ECM es cuando se da cuenta de que algo no va bien. Este proceso suele llamarle de manera tan intensa la atención que es uno de los momentos a rememorar cuando recupera la consciencia. No es menos cierto que muchos niños suelen tener miedo a contar la experiencia y en otros casos no se le da la importancia necesaria, por lo que en ocasiones, meses o años después, es algún acontecimiento externo lo que le recuerda la experiencia y se decide, por fin, a relatarla, por lo general a los padres.

Elisabeth Kübler-Ross afirmaba, en 1983, que la mayoría de los niños que padecían un coma se encontraban fuera del cuerpo físico la mayor parte del tiempo, y durante este periodo podían escuchar todas las comunicaciones y conversaciones que las personas mantenían a su alrededor. En uno de los casos descritos por Greyson en 2009, un niño que había estado en coma durante varios meses fue capaz de encontrar la unidad donde estuvo hospitalizado al volver a una revisión rutinaria después del alta. Pudo hacer este hallazgo distinguiendo entre varias unidades similares e incluso señalar con certeza cuál era la cama donde se había encontrado postrado durante varios meses, a pesar de no tener consciencia de esta situación durante su internamiento.

En definitiva, las ECM en los niños constituyen una poderosa experiencia, particularmente a nivel emocional. Es probable que la mejor manera de ayudarlos consista simplemente en informarles y mostrarse lo bastante interesados y sensibles como para proporcionarles ayuda. Lo primero, sin lugar a dudas, es reconocer que el niño ha tenido la experiencia, con objeto de que la puedan integrar en su vida personal.

En el caso de los niños con enfermedades crónicas y que, posiblemente, tengan que enfrentarse a la muerte en un futuro próximo, este tipo de consejo adquiere aún más relevancia, ya que si manejamos adecuadamente su ECM el niño, llegado el momento, se enfrentará al término de su vida de una manera pacífica y libre de temores.

XXVII

LA PERSONA QUE MUERE
NOS VISITA PARA DESPEDIRSE

*Durante mi ECM veía a todo el mundo como energía
y dependiendo de esa energía era el mundo que creábamos
en su entorno.*

TESTIMONIO DE UNA PERSONA QUE SUFRIÓ UNA ECM

Por increíble que parezca se han reportado innumerables casos de personas que, aparentemente, acuden a visitarnos en el momento de su fallecimiento a guisa de despedida póstuma. Para encontrar alguna explicación podríamos remontarnos a los orígenes de la Sociedad Británica de Investigaciones Psíquicas, fundada a finales del siglo xix. Uno de sus fundadores fue Edmund Gurney, autor del contundente libro (más de 1.200 páginas) *Phantoms of the Living*, publicado en 1886. Allí relata cómo *lord* Brougham, un conocido político inglés, discutía durante la niñez y la adolescencia con su mejor amigo acerca de la posibilidad de la existencia de una vida diferente después de la muerte y sobre la inmortalidad del alma humana. Finalmente llegaron al siguiente acuerdo, escrito con sus propias sangres: aquel que falleciese primero debería aparecérsele al otro como prueba irrevocable de la trascendencia después de la vida.

Una vez acabada la época escolar, ambos perdieron el contacto, sobre todo cuando el amigo de *lord* Brougham se fue a vivir a la India. Sin embargo, en 1879, durante un viaje del político inglés a

Suecia, algo muy extraño sucedió: *lord* Brougham se encontraba disfrutando de un baño caliente que contrastaba con el intenso frío del exterior cuando, al ir a salir del agua para secarse y vestirse, observó, para su inmensa sorpresa, que su amigo se encontraba sentado plácidamente en la silla donde hacía un momento estaban sus ropajes. El susto fue de tal magnitud por lo inesperado de la visita que *lord* Brougham cayó al suelo. En ese momento su amigo desapareció como por arte de magia. Al retornar a Edimburgo le informaron de que su camarada había fallecido el 19 de diciembre, justamente el mismo día de la aparición de su imagen en Suecia.

Durante mi visita al prestigioso Instituto Rhine en Carolina del Norte, otrora dependiente de la Universidad de Duke, pude contemplar algunos estudios que la parapsicóloga Louisa Rhine había realizado a este respecto concluyendo, sorprendentemente, que escuchar voces de los fallecidos llamándonos en el momento de su muerte es un fenómeno que puede afectar hasta al 10 por ciento de la población.

A este respecto me ha parecido sugerente que numerosas personas, ya sea en estado de vigilia o de ensoñación, parezcan recibir la visita de los que acaban de fallecer. Podría considerarse una reacción natural que, de hecho, suele suceder en las primeras fases del duelo y que, como en este caso, puede ocurrir en varios familiares a la vez, del mismo modo que estas visitas suelen suspenderse también de forma aparentemente sincronizada. Por ejemplo, Carmen me refiere: «Casi al mes de su fallecimiento tuve un sueño. De pronto mi madre y yo estábamos en una cama que me parecía de hospital. Muy emocionada, le digo: "Mamá, ¿has estado conmigo todo este tiempo? ¿Me has estado cuidando?". Ella, mirándome a los ojos, pero con una expresión muy fuerte, sus ojos claros más radiantes que nunca, me dijo (más que hablando diría que telepáticamente): "Sí, pero ya estoy cerca de la luz". Me giré hacia adelante y vi como una esfera radiante a lo lejos y detrás un jardín. Resulta difícil explicar, ya que a la habitación le faltaba una pared. Yo le vuelvo a mirar y le pregunto preocupada: "Y cuando entres en la luz, ¿vas a poder seguir estando conmigo?". En ese momento mi madre me mira preocupada por no saber responder y me despierto. Quiero recalcar que yo aún no creía en nada del más allá y lógicamente me lo tomé como un sueño. Lo llamativo del caso es que el contenido de este tipo de sueños era exactamente el mismo que otros que tuvieron por entonces su hermana y dos primas mías muy cercanas a mi madre. Pero de pronto, de una semana a otra, todas dejamos de soñar al mismo tiempo».

Asimismo, resulta llamativo que la misma persona que ha estado dialogando, oníricamente hablando, asuma el fallecimiento del ser querido de manera que su despedida sea eficaz y pueda descansar en paz, logrando que las personas de la realidad terrenal puedan recobrar su vida normal. Carmen, tiempo después de las visiones anteriores, concluye: «En el último sueño que tuve, después de una crisis, mi madre me dijo que no la teníamos que estar llamando tanto porque ella tenía cosas que hacer. Yo la miré a los ojos y me puse a llorar diciéndole que no podía evitarlo. Ahí desperté, muy triste, y decepcionada porque sentía que ella no esperaba eso de mí». Es interesante desde el punto de vista psicodinámico que Carmen afirme que su madre se encontraba molesta por tanta demanda de su familia. Versión coincidente con la de muchas religiones que recomiendan encarecidamente orar por los muertos, pero no invocar su presencia.

La sensación de presencias protectoras que provocan intensos estados emocionales positivos es también denominador común de este tipo de situaciones. Por ejemplo, Miguel, un industrial de Zaragoza que perdió a su madre en la adolescencia, refiere: «Ella estaba esperando a mi lado a que yo me despertase. Con un amor total, envolvente, que no he sentido en mi vida, me dijo: "Yo estoy contigo siempre, te estoy protegiendo y no voy a dejar que nadie te haga daño nunca". Inmediatamente se levantó y se fue por la puerta del cuarto. Tal cual. Yo me quedé sin palabras, llorando de la emoción. Tengo la certeza de que era ella. Creo que ya estaba en la luz y por eso vino a decírmelo, porque la vez pasada no me pudo responder. Después de eso ya no volví a soñar con ella».

Fascinante resulta la sensación de amor envolvente que desencadena un estado emocional intensísimo. Posteriormente, viene la sensación de protección por parte de los antepasados, que aparece en prácticamente todas las culturas. Asimismo, me llama la atención la asociación entre la localización de la fallecida (en la luz) y la comprensión por parte del hijo.

Elena, una madre que ha perdido a su hijo de corta edad, nos comenta cómo llega a sentir que su hijo ya desaparecido le comunica telepáticamente: «Mamá, no me he ido. Estoy aquí y pronto nos veremos». Lo llamativo es cómo, en ocasiones, esta supuesta comunicación entre vivos y muertos puede llegar a ser beneficiosa para el deudo y para acabar de elaborar el duelo, al contrario de lo que muchos psicólogos puedan opinar. Por ejemplo, en el caso de la misma Elena, que nos relata: «Tenía una depresión, pero sucedió algo que me sacó de ella. Un sábado de noviembre me encontraba muy mal. Me ahogaba y sentía una voz por dentro que me decía que tenía que ir al cementerio. Dejé todo lo que estaba haciendo y le dije a mi marido que tenía que ir sola. Lo más curioso es que llevé conmigo un reproductor de música y me fui llorando por la calle.

»Cuando entré en el cementerio comencé a tranquilizarme. Llegué a la tumba de mi hijo y recé por él. Me fumé un cigarrillo y saqué el grabador. Lo puse encima de la lápida. Al cabo de un rato me fui como una autómata hasta la sepultura de mi padre. Recuerdo que hacía mucho viento. Era noviembre y hacía frío. Volví a sacar el aparato y lo dejé conectado encima de la tierra. En ese momento me fumé otro cigarrillo y arreglé las flores, que seguían intactas desde la anterior ocasión. Se me hizo de noche y retorné a casa, pero mucho más tranquila. Mi sorpresa al llegar a casa fue que en la cinta del reproductor se oían dos voces: una como un lamento profundo que salía de alguna parte y la otra de una mujer. A partir de ese momento comencé a salir de la depresión. Al poco tiempo pedí el alta y me fui a trabajar». De alguna manera parece que Elena interpreta que esas voces constituyen una prueba fidedigna de comunicación desde el más allá. ¿Eso le consuela? ¿Le hace sentir mejor, incrementando su sensación de que hay algo que existe más allá de la vida y, por ende, concretando la posibilidad de que tanto su hijo, recientemente fallecido, como su padre, sigan existiendo en otra dimensión de realidad?

Un caso similar es el descrito por Ana, que también perdió a su hijo, pero que, sin embargo, parecía percibir su presencia durante un tiempo: «Cuando mi hijo partió estuve un tiempo que cuando me acostaba, estando aún despierta, oía la puerta del armario como que se abría y cerraba. En casa no me creían y pensaban que eran manías mías motivadas por las circunstancias, Sin embargo, un día que mi esposo se acostó oyó lo mismo que yo. Se levantó y pudo ver que las puertas estaban perfectamente cerradas. Se lo comenté a una amiga y me dijo que le hiciera un pequeño altar. Así lo hice. Le puse velas blancas, una foto de él y algunos objetos pequeños suyos. A los pocos días, una noche al acostarme, mientras estaba despierta, vi a mi hijo que se acercaba hacia mí y me daba un beso, el beso más dulce y cálido que jamás he recibido. A partir de ese momento se acabó el ruido de la puerta. Creo que lo sucedido es una muestra de que no tuvo tiempo de despedirse y lo que hacía era darme señales. Sin embargo, creo que ya está bien y que es feliz. Tiene la felicidad que en la Tierra se le negó».

Una experiencia aún más llamativa es la vivida por Sonia: «En el año 2000, estando mi madre bastante enferma, me encontré un día, a mediodía, muy cansada y decidí irme a la cama a descansar un rato con mi bebé. Me quedé dormida y de pronto, como si tuviese delante de mí una inmensa pantalla de cine, vi a mi madre, muy guapa, como lo era antes de que su enfermedad se reflejase en su rostro, con un vestido blanco de flores, todo con unos colores muy vivos. Ella reflejaba una gran paz: ¡estaba sonriendo! y aun así noté un pequeñísimo halo de tristeza. Se acercó a mí. Noté su olor y calor. Me besó en la mejilla, lo sentí perfectamente y me dijo (no habló conmigo, pero yo lo pude saber) que había muerto. Me desperté al segundo, sobresaltada pero sin miedo. Sonó el teléfono, corrí a cogerlo y antes de que nadie hablase yo contesté: "¡Ya lo sé! Mamá ha muerto". Efectivamente me llamaban para darme la noticia. Esta vivencia que tuve me hizo aceptar su muerte con "alegría". Claro que estuve muy triste, pero tuve la certeza de que había algo bello después de nuestra vida aquí y sirvió para poder darles mucha energía y fe al resto de mi familia. Tres meses más tarde volví a casa por Navidad, llegué con mi bebé, muy cansada, con una inflamación de un nervio en una muela, que me producía un dolor horrible. Quería morirme. Mi bebé estaba con cólicos, llorando, y la gente en casa triste por las fechas que eran y mi madre que había muerto recientemente. Dejé las maletas, me tumbé en la cama con mi hijo, los dos sintiéndonos fatal, y pensé: "¡Madre, no puedo más!". Al segundo volví a verla, al cerrar los ojos. Mi hijo dejó de llorar y sentí cómo la presión de mi muela salía hacia fuera y desaparecía el dolor. Rápidamente me incorporé, fui al cuarto de estar y conté a todos lo que me había sucedido. Este suceso sirvió para pasar esas fechas con más fe y aceptación sobre la muerte».

Asimismo, Marisa relata: «Mi madre se nos fue en cuatro días a causa de una terrible pancreatitis que la acabó destrozando por dentro. Nunca me ha dado ningún mensaje, cosa que deseo con fervor, pero de momento no se ha producido. Mi suegro murió hace nueve meses y de él sí que me llegó una señal. Lo soñé a las pocas semanas de haber fallecido y me dijo textualmente: "Diles a todos que estoy bien, que donde me encuentro estoy muy bien". Aquel sueño nos llenó de alegría tanto a mí como a mi familia, pero con mi madre de momento no he recibido ninguna señal. Me gustaría tanto».

XXVIII

VISITAS DE FAMILIARES MUERTOS ANTES DE LA PROPIA MUERTE

Imagínate que te encuentras en un gran almacén a oscuras y que tan solo tienes en tu mano una pequeña linterna. Cuando quieres encontrar una cosa tan solo puedes ver lo que ilumina tu escasa luz. Puedes encontrarlo o no, pero eso no significa que lo que buscas no existe sino que tan solo no lo has iluminado. Un día alguien enciende todas las luces y puedes verlo todo en su conjunto. Lo comprendes todo.

TESTIMONIO DE UNA PERSONA QUE SUFRIÓ UNA ECM

En el *Libro del esplendor* o *Zohar* se menciona una tradición consistente en ver a los familiares ya fallecidos como señal de la muerte que nos sobreviene. Un cierto rabino, Isaac, temeroso de morir acude al rabino Shimeon y le pregunta: «¿Has visto hoy la cara de tu padre? Porque sabemos que cuando llega la hora de que un hombre deje este mundo, él se encontrará rodeado de su padre y su familia. Los verá y los reconocerá, y además mirará a todos aquellos que fueron sus compañeros en este mundo, siendo escoltada su alma a su nueva morada». Y prosigue la historia: Poco tiempo después el rabino Isaac vio a su padre en un sueño, por lo que fue informado de que el tiempo de morir se acercaba. Más aún, se le dijo al rabino que cuando el alma de un hombre le abandona se encuentra con todos su familiares y amigos del otro mundo que le guiarán al reino del placer y al lugar de la tortura.

Es decir, que el hombre justo y el pecador son paseados por sus destinos finales.

> Se dice que el alma de una persona que esté muriendo realiza viajes nocturnos durante los treinta días anteriores a su muerte para inspeccionar el mundo venidero.
>
> Scholem, 1977

Durante los siete días posteriores a la muerte el alma viene y va desde la tumba a casa, penando por su cuerpo. Algunos otros relatos en este mismo texto aseguran que el alma parte trozo a trozo del propio cuerpo. Sin embargo, el punto común de todos estos relatos es el premio o castigo en la vida del más allá.

Según Simcha Paul Raphael, la mayor parte de las religiones tienen mucho en común con las ECM. Por otra parte, las visiones que muchas personas presentan en el momento de morir hace que nadie se sienta solo en tan particular circunstancia. Si uno vive acompañado del amor divino y concienciado en nuestra vida diaria, la muerte será una compañera familiar, más que una extraña que nos llena de temor. De esta manera no resulta sorprendente que uno de los cambios consistentes de mayor calado después de una ECM sea justamente la pérdida del miedo la muerte. La aceptación de la muerte provocaría un cambio profundo y curativo de los enfermos terminales.

Llama la atención que en culturas muy distantes de la judía, por ejemplo la de Melanesia, también se crea que la muerte es el producto de un proceso que comienza mucho antes de que se manifiesten las primeras señales y que, hasta cierto punto, es reversible.

Hasta ahora la ciencia apenas se ha preocupado de este tipo de fenómenos que, seguramente, algunos achacarán a la fantasía de la persona moribunda. Por ejemplo, Anna me cuenta: «Mi madre tuvo un ictus cerebral y cuando ya estaba más recuperada la mandaron a otro hospital para hacer rehabilitación. Me contó que algunas noches se sentaba a los pies de su cama una señora muy mayor con una toquilla que decía ser su bisabuela, fallecida muchísimos años atrás». El caso de Joaquín no es menos llamativo: «Hace dos meses mi abuelo empezó a estar malito y casi todos los días preguntaba por todos los muertos de su familia. No a todas horas, pero a lo mejor estábamos viendo la televisión y me decía: "Joaquín, ¿y mi madre?". O bien preguntaba por su padre o algún amigo ya fallecido. En una ocasión mi hermano estaba tumbado en el sofá y le dijo: "¡Siéntate bien y deja que se acomode mi hermano Diego, que está ahí de pie el pobre!». Se refería a su hermano ya fallecido hacía unos cuantos años». Y Concha relata: «La abuela, días antes de morir, daba la sensación de que hablaba con su madre, muerta hacía mucho tiempo, como si estuviese viéndola. Fue algo muy extraño».

No son pocos los médicos que atribuyen este tipo de visiones a un deterioro progresivo metabólico de la persona que las sufre, pero no es menos cierto, y es testigo de ello el autor de este libro, que en numerosos casos el estado general de la persona es excelente en cuanto a sus capacidades cognitivas. El mismo Joaquín nos cuenta otro caso ocurrido también en el entorno de su propia familia. La protagonista fue su abuela, que se encontraba, aparentemente, en buen estado general: «Los médicos dirán que la enfermedad o la fiebre producen delirio. Sin embargo, mi abuela murió de un infarto de manera súbita. Nadie lo esperaba, ya que nunca había estado malita ni había padecido nada grave. Fue un acontecimiento muy impactante en mi familia. Pocos días antes nos contó, a mí y a los demás miembros de la familia, que llevaba unos cuantos días soñando con los muertos: sus padres, hermanos, etc. La pobre nos lo contó porque le daba miedo».

El caso que me relató Katherine, ya descrito con anterioridad en un capítulo previo, posee varias características notables: no solamente se encontró con familiares durante su ECM, sino que también fue capaz de predecir su propia muerte. Otro fenómeno poco estudiado es el de las personas que se encuentran en coma pero recuperan la consciencia momentos antes de fallecer: «Mi tía abuela padeció un cáncer. Tras operarla, le aparecieron metástasis por varias zonas de su cuerpo, hasta el punto de que los médicos la desahuciaron. Ella era una persona muy buena y religiosa, y cuando supo que iba a morir, decidió hacerlo en su casa, en compañía de su familia. La agonía y el coma duraron tres días, pero nada se podía hacer, por lo que solo esperábamos el momento de su muerte. Súbitamente se despertó y recuerdo que hizo llamar a todos sus familiares, porque ella ya se iba a donde creemos todos: al cielo. Sin embargo, lo más curioso es que siempre decía que veía a sus padres y a un hermano que ya estaban muertos y que le estaban esperando en una luz. Por eso no temía irse. Al despedirse nos dio sus mejores consejos. Y algo que también nos llamó mucho la atención es que repetía dos números: el 3 y el 9. No lo entendimos hasta el final: murió el día 9 a las tres de la mañana».

Rosen, en su estudio de 1975 sobre supervivientes de intentos de suicidio arrojándose desde los puentes de la bahía de San Francisco, relata cómo una mujer, deprimida después de perder la custodia de sus hijos, vio y escuchó a su padre antes de tirarse por encima de la barandilla del puente. Otro vio, en un empleado de mantenimiento de uno de los puentes que se acercaba gritando y gesticulando para evitar el suicidio, el rostro de su padre.

Terminemos con el testimonio de Isabel: «Mi prima, uno o dos días antes de morir, nos dijo que había venido su madre, ya fallecida, a buscarla. Ella la vio y dice que también la tapó cuando estaba enferma en el hospital».

XXIX

ADQUISICIÓN DE PODERES PARANORMALES O EXTRAPSÍQUICOS

El pensamiento racional impone limitaciones al concepto de relacionarse una persona con el cosmos.

JOHN NASH, MATEMÁTICO Y PREMIO NOBEL

Son numerosos los autores, aunque debemos destacar a Atwater, que describen efectos posteriores a las ECM consistentes en la adquisición de poderes paranormales o sobrenaturales. Algunos de ellos podrían parecer curiosos, como por ejemplo el cambio de ritmo de los relojes que pertenecen a las personas que han tenido una de estas vivencias, pero también se producen cambios en la sensibilidad ocular a la luz solar o a la fluorescente, alteraciones e incluso mal funcionamiento de las luces artificiales o bombillas en su presencia y, en general, cualquier otro tipo de manifestaciones de tipo paranormal. Así, en ocasiones las personas comienzan a tener experiencias paranormales como, por ejemplo, ser capaces de ver espíritus en derredor.

La existencia de estas habilidades psíquicas puede, evidentemente, predisponer a los individuos dueños de este tipo de talentos a sufrir experiencias excepcionales a lo largo de su vida, incluyendo nuevas ECM y experiencias místicas o religiosas. Más aún, los primeros investigadores de las ECM siempre consideraron este fenómeno como una forma más de experiencia espiritual.

El equipo liderado por Debbie James y Bruce Greyson observó en 2009 que un 39 por ciento de las personas que sufren una ECM presenta fenómenos de percepción extrasensorial.

ELEMENTOS PARANORMALES			
	Greyson (1983)	Greyson (2003)	Schwaninger (2002)
Número de personas	74	27	11
Experiencia Extracorpórea (%)	53	70	90
Sentidos más vívidos (%)	38	15	54
Percepción extrasensorial (%)	23	11	0
Visiones del futuro (%)	16	7	9

Fuente: Greyson (2009).

Greyson ha observado que después de la ECM los protagonistas dicen experimentar un mayor número de fenómenos paranormales emergentes. Este investigador, después de estudiar a 1.595 pacientes que fueron admitidos en un servicio de cardiología externo, observó que un 11 por ciento más de los que reportaron una ECM también decían estar involucrados en algún tipo de experiencia paranormal con respecto a los que no habían sufrido la ECM. Esta diferencia, según el propio Greyson, también podría sugerir que las personas que querían tener experiencias paranormales en el pasado son las mismas que parecen reportar ECM o, por el contrario, podría interpretarse que los que han sufrido una ECM presentan una mayor tendencia de tipo retroactivo a interpretar experiencias pasadas como paranormales. Sutherland aporta datos en la misma dirección: muchas personas relacionadas con ECM presentan fenómenos de clarividencia, precognición, intuición, telepatía, habilidades de sanación en la distancia y, por supuesto, experiencias extracorpóreas. Al parecer, también suelen relatar un mayor aumento en la percepción e interpretación de los sueños, visión de auras y un mayor contacto con los espíritus. Es decir, parecen desarrollarse una mayor sensibilidad frente a este tipo de fenómenos psíquicos. Tanto es así, que algunos investigadores lo han denominado «despertar psíquico» y han sugerido que esta transformación no es otra cosa que un contacto o relación con algún tipo de realidad alternativa.

Sutherland advierte sobre cómo algunas personas que han sufrido una ECM prefieren ignorar sus nuevas capacidades de precognición o clarividencia, pero, obviamente, no pueden evitar encontrarse afectados, por ejemplo, por las experiencias extracorpóreas. Algunos otros luchan desesperadamente contra algunas habilidades que dicen tener, ya que las mismas les dificultan enormemente el desempeño normal de la vida diaria como, por ejemplo, leer el pensamiento de terceras personas. En cualquier caso, todo esto lleva a pensar que de alguna manera estas personas se encuentran en contacto directo con una fuente interior de la sabiduría, y también con una extraña sensación de ser guiados por una fuerza superior.

Según Greyson existen cuatro grandes áreas relacionadas con las experiencias paranormales que se ven afectadas después de una ECM:

1. Experiencias psíquicas como, por ejemplo, percepción extrasensorial, sueños relacionados con la percepción extrasensorial, psicoquinesis.
2. Experiencias tipo «psi», como experiencias extracorpóreas, encuentros con apariciones, percepción de auras, comunicación con los muertos, memorias de vidas previas, sensación de *déjà vu*.
3. Estados alterados de conciencia: experiencias místicas, sueños lúcidos, recordatorios oníricos semanales, sueños vívidos semanales.
4. Actividades relacionadas con «psi»: análisis de sueños, meditación, visitas a médiums, uso de drogas psicodélicas.

Prácticamente todas estas personas sufren un importante incremento de alguna de estas habilidades después de una ECM. Por ejemplo, las percepciones extrasensoriales aumentan desde un 10,1 hasta un 29 por ciento. Los fenómenos de telequinesis también aumentan desde un 11,6 hasta un 18,8 por ciento. Y, por supuesto, los encuentros con personas ya fallecidas crecen desde un 11,6 hasta un 27,5 por ciento. Resulta llamativo también que, por ejemplo, las visitas a médium se disparen desde un 7,2 hasta un 25 por ciento, lo que nos puede dar una idea del profundo cambio a nivel psicológico que se produce en las personas que han pasado por una ECM (Greyson, 2009)

Ring observó, en 1984, que hasta un 58 por ciento de las personas que habían sufrido ECM tenía la sensación de haber aumentado sus capacidades psíquicas. Los dos fenómenos psíquicos que parecían haberse elevado con mayor frecuencia fueron la sabiduría interior (96 por ciento) y la intuición (80 por ciento). Otro tipo de poderes paranormales también parecieron incrementarse. El aumento en el número de personas que han sufrido una ECM y que creen, después de dicha experiencia, en diversos temas paranormales cambia desde un 60 por ciento inicial a un 96 por ciento, si bien hay temas que parecen despertar menos interés, en particular la posesión demoníaca y la astrología.

Llama la atención que hasta un 30 por ciento de las personas que no han sufrido una ECM digan tener, ocasionalmente, experiencias místicas superficiales, o que un llamativo 10 por ciento diga tenerlas de forma profunda, por lo que podemos decir que son características inherentes a los seres humanos y que, en el caso de las ECM, tan solo implican una acentuación.

Una de las autoras más conocidas, Barbara Harris, describe numerosos casos de personas que han sufrido ECM y que luego han desarrollado habilidades paranormales. Escribe: «Mi campo de bioenergía, como resultado de una ECM, afecta a los equipos electrónicos. La energía afecta a cualquier cosa que utilice microchips, incluyendo ordenadores y máquinas fotocopiadoras. Las baterías de los coches se descargan cuando me encuentro cerca de ellos... El aspecto positivo es que, en ocasiones, las bombillas fundidas vuelven a funcionar cuando me acercó a ellas. Lo negativo es que las farolas de la calle explotan, en ocasiones, cuando voy paseando».

Nancy Evans, a quien entrevisté durante un congreso sobre ECM, relata en un artículo del *Journal of Near Death Studies* como Atwater quiso publicar en una revista (*Vital Signs*) la forma en que ella misma había adquirido poderes paranormales después de sufrir tres ECM. El editor se opuso de forma vehemente a que publicase sus habilidades paranormales por miedo a que su revista y la sociedad que hacía de garante de la misma (IANDS) perdiesen la reputación adquirida los últimos años si se asociaba ciencia con ocultismo. Sin embargo, la libertad de publicación prevaleció. Nancy Evans, directora ejecutiva de la revista por aquel entonces, vio cómo muchos lectores que compartían la misma visión que el editor llegaron a cancelar su suscripción.

Esta misma autora, en otra publicación posterior, de 1991, en la que recopila los avances de IANDS en estos últimos diez años, comenta cómo las primera reuniones de personas que habían sufrido ECM estaban llenas de temor por las numerosas especulaciones que se hacían al respecto: ¿cómo iban a reaccionar, entre sí, un grupo de personas cargadas de esa energía tan intensa que habían adquirido después de una ECM? Aunque a día de hoy pueda parecer ridículo, la propia Nancy Evans admite que consideraron alquilar generadores de energía eléctrica, ya que temían quedarse sin luz debido a la alta energía de sus participantes. Otros especularon con la posibilidad de que el edificio en el que se celebraba aquella primera reunión comenzase a vibrar hasta autodestruirse. Acontecimientos que, obviamente, nunca sucedieron. Hoy en día resulta evidente que todo eso, aparte de lo anecdótico, no tiene el menor sentido. Este mismo autor ha acudido a reuniones donde más de cien personas que han sufrido una ECM departen sobre sus impresiones en medio de la calma más absoluta y sin el más mínimo fallo eléctrico.

Algunos autores, como Melvin Morse y Paul Perry, han vinculado este tipo de sensaciones paranormales a alteraciones de la fisura de Silvio, que se encuentra en el lóbulo temporal derecho. Atwater observó, en 1999, en una muestra de 277 niños, cómo particularmente aquellos que se encuentran entre los tres y los cinco años de edad llegan a desarrollar poderes paranormales y otro tipo de excelencias psíquicas. Respecto a los niños, Sutherland afirma que gran parte de ellos se han encontrado con parientes ya fallecidos y otros hablan de tener un ángel guardián que les escolta de manera continua. Este mismo autor reporta que algunos niños, además de haber vivido una experiencia extracorpórea, llegan a leer el pensamiento de los demás, incluso de los desconocidos. Atwater y otros autores llegan al extremo de afirmar que los niños son más proclives, por ejemplo, a hacer explotar bombillas cuando parecen ataques de furia o bien a estropear sus relojes debido a su estado de ánimo.

Peter Fenwick ha observado que muchos niños, después que una ECM, comienzan a mostrar facultades de precognición. Por ejemplo, saben quién llama al teléfono antes de descolgarlo o bien tienen sueños o visiones que no siempre son agradables, hasta el punto de desear no haber vivido la ECM. Bonenfant también ha encontrado, entre los niños, muchos casos de sinestesias. Por ejemplo: sentir los colores, saborear las palabras u oler los sonidos. En su estadística se encuentra una incidencia realmente sorprendente, ya que casi dos tercios de una población que se encuentra en un rango de diez a setenta y seis años dice sufrir, en algún grado, sinestesias.

¿ERES OVEJA O CABRA?

Existe otro rango de fenómenos que debe ser considerado en relación a este tema y que puede ser explicado por diferencias individuales o por errores experimentales: es el «efecto oveja-cabra», dentro del cual se identifica como ovejas a los que creen y como cabras a los escépticos. Se afirma que las personas que creen en las habilidades psíquicas poseen una mayor tendencia a manifestarlas que los que pertenecen al grupo de los escépticos. Este efecto oveja-cabra pudo ser documentado por primera vez en experimentos de percepción extrasensorial (PES).

Se observó que algunos experimentos fallaban repetidamente a la hora de replicar resultados normalizados de PES, mientras que otros no mostraban ningún problema en alcanzar dichos resultados. Se obtuvo como conclusión que la actitud mental del experimentador afectaba las habilidades del sujeto. Se han hecho numerosos experimentos que confirman el efecto oveja-cabra, entre ellos pruebas de clarividencia o de experiencias extracorpóreas citadas por Schmeidler en 1963.

Otro campo en el que funciona este tipo de efectos es el de lo psicosomático, particularmente en los fenómenos relacionados con los placebos y también con los procesos curativos a través de la fe. Es de todos conocido que la mera expectativa de curación por medio de un determinado medicamento es de por sí terapéutica, incluso si dicho remedio no contiene principio activo alguno. En este caso lo fundamental es la convicción del paciente de que un tratamiento en particular le va a curar. El efecto oveja-cabra nos indica que no es la creencia lo importante, sino la firmeza con que esta es mantenida.

Hay ejemplos diversos en todas las culturas mundiales. Los asiáticos, en las artes marciales, disponen de una energía vital e invisible llamada *chi*. La persona que las practique y que dude de su propia fuerza vital no logrará progresar ni descubrir nuevas técnicas.

En áreas como la investigación psíquica, las curaciones psicosomáticas o las artes marciales la conexión entre las creencias y la realidad objetiva es más profunda que un mero pensamiento positivo. Todo ello sugiere que nuestro universo, incluyendo nuestros cuerpos, se encuentra intrínsecamente unido a nuestros estados mentales.

Si el efecto oveja-cabra fuese cierto —es decir, si la actitud mental del sujeto afecta de manera directa a sus habilidades psíquicas—, podría indicar que existen ciertas áreas del conocimiento humano a las que nunca podríamos acceder de manera objetiva, ya que cada vez que lo intentásemos nuestras propias mentes cambiarían el universo físico.

PRECOGNICIÓN

La verosimilitud de los fenómenos precognitivos observados durante las ECM es compleja de comprobar por varios motivos. En primer lugar, desde el punto de vista científico resulta imposible explicar cómo se pueden haber experimentado estos fenómenos mientras la persona estaba muerta o al menos sin signos vitales.

Este tipo de fenómenos precognitivos, según Atwater, se traducen en verdaderas sensaciones físicas con un principio y con un final. Asimismo, parecen presentar un patrón universal; un estado mental particular cuando ocurre, fundamentalmente de alerta, si bien algunas personas lo han experimentado durante estados oníricos y no en ECM.

Respecto a su contenido, suele referirse a actividades ciertamente mundanas, pero en otras ocasiones se pueden prever acontecimientos a nivel mundial que pudieran ser importantes. Por ejemplo, durante mi visita al Instituto Rhine en Carolina del Norte, centro dedicado al estudio científico de actividades paranormales y que otrora dependía de la prestigiosa Universidad de Duke, pude observar cómo las telefonistas tenían una lista de llamadas de personas que decían que tal o cual cosa iba a suceder en un futuro próximo.

Me llamó la atención el aumento de llamadas con contenido catastrófico que se efectuaron en las semanas previas a los atentados del 11 de septiembre de 2001 y también otro aumento de la frecuencia de llamadas con contenido similar en las semanas previas al último y desastroso terremoto de Japón. Para Atwater, este tipo de precogniciones sería similar a los patrones de comportamiento que todos presentamos durante la niñez, particularmente entre los tres y cinco años de edad, cuando nuestros lóbulos temporales comienzan su pleno desarrollo.

Los niños, a esa edad, poseen una psicología fundamentalmente orientada hacia el futuro, ya que juegan con las posibilidades de lo que ocurrirá una vez que crezcan. Estos juegos de futuro o ensayos vitales no son otra cosa que el nacimiento de la imaginación que permite a los jóvenes establecer un proceso de continuidad en sus vidas y validar sus acciones y reacciones. Estableciendo un paralelismo podría parecer que las personas, según esta autora, que presentan precogniciones sufren una especie de expansión del lóbulo temporal y una especie de renacimiento de la imaginación. Por ejemplo, Isabel, después de tener una ECM hacia los cinco años de edad en la que dijo encontrarse con su madre ya fallecida, nos explica: «Me dio un mensaje muy importante para que pudiera ayudar a la gente en relación a los cambios que se avecinan en el mundo».

El fenómeno de la precognición se produce cuando la persona que ha experimentado una ECM retorna de la misma con predicciones acerca del futuro y estos pronósticos acaban convirtiéndose en reales sin la intervención del propio sujeto. Quizá uno de los casos que más llama la atención es el de Dannion Brinkley, una de las personas estudiadas por Moody. Este sujeto predijo la caída de la Unión Soviética y la Guerra del Golfo catorce y quince años, respectivamente, antes de que ocurriesen.

Ring ha denominado a estas precogniciones saltos personales hacia el futuro (*personal flashforwards*), si pertenecen a la vida personal del sujeto o, por el contrario, visiones proféticas (*prophetic visions*), si son predicciones a escala planetaria. Craig Lundhal ha identificado un tercer tipo de precogniciones, «las revelaciones personales futuras del otro mundo», similares a los saltos personales hacia el futuro, con la diferencia de que su contenido se recibe mientras el sujeto se encuentra en el otro mundo y no durante la revisión vital de la ECM.

Los análisis acerca de la verosimilitud de los fenómenos precognitivos eluden las explicaciones científicas más o menos ortodoxas. Por ejemplo, Morse ha postulado que existe cierto tipo de memorias genéticamente codificadas en el lóbulo temporal que son activadas mediante mecanismos serotoninérgicos que, a su vez, son detonados por momentos de estrés. Sin embargo, no es menos cierta la posibilidad de que, por ejemplo, los padres pudieran pasar a través de los genes información específica sobre tecnología médica, en referencia a los detalles de los aparatos de resucitación, incluso años antes de su propia invención, cosa que, evidentemente, resulta difícil de creer.

Algunos investigadores, como Jean Pierre Jourdan, arguyen que los fenómenos relacionados con la memoria durante las ECM tendrían que ver con los receptores NDMA que se encuentran en el hipocampo del cerebro. Estos receptores parecen importantes a la hora de potenciar las neuronas de esta zona cerebral que construye las memorias. Jourdan teoriza que una ECM causaría «la liberación de sustancias neuroprotectoras» debido a la desconexión sensorial que la ECM produce.

Bajo esta situación, las memorias internas tomarían por asalto el lugar de las entradas sensoriales que no se están produciendo. Desafortunadamente, esta teoría no tiene en cuenta la temporalidad, pues ¿cómo va a conocer el sujeto asuntos del futuro que, lógicamente, nunca han llegado a ser codificados en el sistema neuronal?

Gómez-Jeria postula una interesante teoría: la recuperación de la memoria durante una ECM se encuentra sujeta a estímulos conscientes e inconscientes del entorno que rodea al sujeto en esos momentos. La persona que sufre la ECM se encontraría receptiva a estos estímulos ambientales durante el estado alterado de consciencia propio de la ECM. Esta información, combinada con los conocimientos previos del sujeto, sería capaz de producir una historia de suma credibilidad. Todo ello parece muy coherente, pero ¿cómo se explica que una paciente que estaba siendo resucitada en una sala del hospital pudiera ver una zapatilla roja en uno de los pisos altos mientras ella, supuestamente, sufría una experiencia extracorpórea?

Keith Floyd presentó, en 1996, un caso fascinante en el *Journal of Near-Death Studies*. En él describió una ECM que le había sucedido a una mujer que se encontraba recibiendo terapia electroconvulsiva. El miedo a morir durante dicha terapia fue tan intenso que se generaron síntomas idénticos a los de una ECM. En ese momento, la mujer se encontró inmersa en un escenario absolutamente real, propio de una fiesta o celebración, lleno de sonidos y con una solidez tridimensional abrumadora. La paciente explicó multitud de detalles, tantos que resultaba difícil distinguirlos de la vida real. Lo llamativo del caso es que ella no recordaba haber estado en una fiesta similar. Paradójicamente, un par de años más tarde acudió exactamente al mismo tipo de celebración, cumpliéndose cada uno de los detalles evocados aquel día en el hospital.

Atwater relata el caso de una chica de dieciocho años que fue atacada sexualmente por un individuo que le puso un cuchillo en el cuello. En ese momento, quizás como resultado de un proceso disociativo, comenzó a ver la escena desde un punto elevado. Al mismo tiempo se vio también como una mujer ya muy mayor contando historias a sus hijos agrupados en torno a ella mientras se mecía en una silla de madera lacada negra, de diseño oriental. Asimismo, las pinturas de la pared y cada detalle de la casa donde esto, supuestamente, iba a ocurrir en un futuro, los pudo ver con sumo detalle, incluido cada movimiento físico, cada olor, así como las conversaciones, emociones y cada minuto de esa vida diaria del porvenir. Una vez que la paciente se recuperó emocionalmente de la violación concluyó que todo este episodio acerca del futuro era tan solo una invención de su mente para protegerla. Cinco años más tarde se casó y se mudó a una casa propiedad del marido. Allí estaba la mecedora de madera lacada en negro y de diseño oriental, así como las pinturas y el papel de las paredes. Todo coincidía. Como bien explica Atwater: «Estas memorias del futuro le prepararon para su vida en pareja».

Para Atwater la definición de memorias futuras se correspondería con la siguiente idea: «La habilidad para vivir de forma completa un espectro o una secuencia de eventos bajo una realidad subjetiva antes de vivir el mismo episodio en una realidad objetiva. Asimismo suele ocurrir, pero no siempre, que el individuo lo olvide después de que haya ocurrido para ser tan solo recordado cuando alguna señal actúa como factor detonante en la memoria. En estas memorias del futuro los sentidos actúan de la misma manera que la vida real: sabores, olores, decisiones, etc. Todo ello es vivido y experimentado desde el punto de vista emocional y sensorial. La persona no actúa como mero espectador (clarividencia) ni tampoco hace predicciones (profecías) ni dice saber algo (precognición). Es decir, no hay manera de distinguir este fenómeno de la realidad diaria». La propia autora aclara que no hay que confundir este fenómeno con el *déjà vu*, que se orienta más bien hacia el pasado, sino que se trata de una habilidad consciente para acceder al futuro y poder vivirlo previamente a su manifestación física.

Ring también observó que las personas que habían sufrido una ECM experimentaban poderes de precognición y visiones de tipo planetario. Al estudiar algunos de los testimonios me llaman la atención ciertas aseveraciones que fueron realizadas en 1984 y que se referían a los primeros años del siglo XXI, como por ejemplo: «Habrá un aumento de la actividad volcánica, terremotos y cambios masivos geofísicos. Se producirán problemas con el clima y con los suministros de alimentos. El sistema económico mundial estará en peligro de colapsar y la posibilidad una guerra nuclear o de un accidente nuclear es sumamente elevada... Después de esta época, una nueva era de la historia humana comenzará, con amor universal y paz mundial. Si bien muchos morirán, la Tierra vivirá». Casualidad o no, algunas de estas premoniciones, incluidos terremotos y desastres nucleares (Fukushima, Japón) se han ido cumpliendo. No es menos cierto que tampoco se puede afirmar que en estos primeros años del siglo XXI se haya producido mayor actividad telúrica o que la catástrofe de Fukushima haya sido peor, por ejemplo, que la de Chernobyl, en 1986.

En todo caso, prácticamente un tercio de las personas que sufrieron una ECM en la década de 1980 hicieron referencia a escenarios futuros catastróficos.

XXX

MUERTE, REALIDAD, MEMORIA Y FÍSICA CUÁNTICA

La muerte es algo que no debemos temer porque, mientras somos, la muerte no es, y cuando la muerte es, nosotros no somos.

EPICURO

El primer autor que comenzó a plantearse que podrían existir variables distintas a las ya conocidas en el momento de almacenar la memoria o de sufrir visiones panorámicas fue Gordon Greene en 1981. En su búsqueda de factores supuestamente viables como causas de este tipo de fenómenos relacionados con la memoria, introdujo el concepto de hiperespacio, que define como «cualquier espacio con más de tres dimensiones». Supuestamente, cuando el tiempo se materializa en esta cuarta dimensión podríamos ser capaces de tener percepciones hiperespaciales y espontáneamente percibir la totalidad de nuestras vidas. Si bien el concepto de hiperespacio se relaciona con ideas modernas de los físicos, no es menos cierto que apenas hay evidencias circunstanciales de su existencia. Años más tarde, en 1999, otro científico, en este caso un médico, el doctor Linz Audain, intentó ligar conceptos neurobiológicos con la posibilidad de la existencia de un hiperespacio, si bien, como él mismo admite, este tipo de ideas actúan de detonante para comenzar un largo debate entre los que quieren descubrir vínculos entre lo neurológico y lo metafísico.

No es la primera vez, en cualquier caso, que un científico proveniente del campo de la física, se adentra en el terreno de la metafísica, como le ocurrió el físico Henry Stapp en 1994 al intentar establecer un modelo cuántico que explicase ciertas violaciones de las leyes físicas a costa de citar un artículo de la *Revista de Parapsicología Americana*. En aquel momento, Stapp fue denostado por el resto de la comunidad de físicos, hasta el punto de sufrir serios problemas para publicar sus trabajos, si bien hoy en día son ampliamente aceptados.

A la luz de los nuevos descubrimientos científicos, la experiencia de las visiones panorámicas dentro de las ECM puede adquirir un nuevo significado. Mediante la emergencia de la ciencia cuántica se ha generado una nueva comprensión de los mecanismos vitales. Dos conceptos relacionados son cruciales para lograr entender su aplicación sobre el organismo humano: la coherencia cuántica y la comunicación no local.

COHERENCIA CUÁNTICA

Es un fenómeno físico que incluye un elevado número de partículas de luz o de materia que coinciden de manera colectiva en un momento determinado. Por ejemplo, el haz de un láser ejemplifica lo que es la coherencia cuántica. Todas las partículas de luz emitidas (fotones) oscilan de manera conjunta en la misma frecuencia y fase, resultando en un haz de un solo color. Mediante estimulación externa, el láser alcanza un nivel crítico de energía y mediante una transición sucede un salto brusco a un nivel de energía superior. En la luz del láser todos los fotones carecen de identidad individual, por lo que se dice que se encuentran en el mismo estado cuántico. Por el contrario, las lámparas incandescentes o fluorescentes emiten luz incoherente en todas las direcciones y en un espectro muy amplio de frecuencias, resultando en luz blanca.

La coherencia cuántica entre partículas está relacionada con la comunicación no local, esto es, con una interacción que posee las siguientes características: es instantánea, independiente de la distancia e inmune al aislamiento. Es decir, que la *no localidad* se refiere a procesos en los que la señal se propaga a cualquier distancia de manera instantánea. Por contraste, las señales que se propagan durante un periodo finito de tiempo, son locales. Por ejemplo, el espectro visible electromagnético de la luz que percibe el ojo humano no posee ninguna de las tres características referidas anteriormente. Es decir, hay una distancia finita entre el transmisor y el receptor que se puede medir, las ondas disminuyen en intensidad a medida que viajan y, por supuesto, se pueden bloquear con un aislamiento apropiado.

Si extrapolamos estos conceptos a la escala de la percepción humana, podríamos decir que percibimos de las dos maneras: local y no local. Por ejemplo, cuando vemos a una persona que se encuentra cerca, los ojos responden a las ondas electromagnéticas de la luz. Pero la mente, según Mitchell, responde de manera instantánea de un modo no local a la visión remota de la misma persona, aunque se encuentre a millas de distancia. Así pues, tan solo los aspectos no locales son percibidos por el observador que se muestra a sí mismo una imagen poco clara y de aspecto onírico. Esto es consistente con estados alterados de la consciencia como la clarividencia, la precognición y la telepatía. De hecho, es ampliamente conocido que la CIA, la agencia de espionaje estadounidense, ha gastado millones de dólares en este tipo de investigaciones.

Thomas Beck insinúa que las ECM se encuentran dentro del terreno de la percepción no local, ya que son virtualmente instantáneas. Debido a este tipo de experiencias podríamos construir la teoría de que el cuerpo humano posee todos los biomecanismos necesarios para la comunicación no local. No es menos cierto que en el estado actual de la ciencia todavía queda mucho por descubrir.

A escala molecular y dentro del propio cuerpo humano la comunicación no local ha sido identificada. Se ha descubierto que en muchos organismos vivientes, incluido el ser humano, se encuentran estructuras cristalinas. Los cristales son estados de la materia que poseen un rango muy amplio de fluidez, desde cristales sólidos a semisólidos terminando por otros que poseen propiedades cercanas al gel. Así, mientras que los cristales de calcio en el hueso son sólidos, el colágeno que se encuentra en el mismo interior del hueso es semisólido y nos referimos a él como cristal líquido. Pero estas estructuras se encuentran en todo nuestro cuerpo, incluyendo huesos, tendones, ligamentos, cartílagos...

Para acabar de entender este tipo de evidencias hay que referirse al efecto cuántico de túnel, que ya ha sido demostrado en proteínas o, por ejemplo, en el ADN humano. Este efecto cuántico de túnel se refiere al transporte instantáneo de partículas como fotones, electrones, protones o incluso átomos de hidrógeno que saltan desde el punto A al punto B sin viajar entre ambas distancias.

El físico Guenter Nimtz ha demostrado el efecto cuántico de túnel en partículas fotónicas a través de una barrera sobre una distancia de unos diez centímetros. Es decir, que el tiempo que tarda la señal en llegar al otro lado es instantáneo, independientemente de la distancia.

MICROTÚBULOS

Otro ejemplo de sustancias líquidas cristalinas es el citoplasma intracelular, los fluidos dentro de la célula. Dentro de ellos, los microtúbulos son los principales constituyentes de la organización de dicho citoplasma. Existen evidencias de que dichos microtúbulos emiten fotones solitarios de luz y pueden ser observados como si fuesen microscópicos láseres pulsátiles dentro de la propia célula.

Estos microtúbulos se supone que pueden llegar a desempeñar un papel importante en las comunicaciones humanas, la memoria y el aprendizaje. Quizás en un futuro próximo se logre probar que son elementos fundamentales en la red de comunicación no local que provee de base a las revisiones vitales de las ECM.

Los microtúbulos forman una estructura o esqueleto que da soporte físico a toda la célula, aportando forma y resiliencia. Además de esto, más allá de su atributos meramente físicos, los microtúbulos proveen de un sistema complejo de comunicaciones entre cada célula, que es esencial para el funcionamiento total del organismo. De hecho, el sistema de microtúbulos es conocido como «el cerebro de la célula». Organizan gran parte de las funciones celulares, incluyendo la división de la misma. En algunas células neuronales los microtúbulos pueden llegar a alcanzar un metro de longitud acomodado en madejas de cientos de miles. Se podrían comparar a los cables de fibra óptica utilizados para la comunicación telefónica que consisten en muchas fibras juntas. Para que nos hagamos una idea de sus proporciones, un microtúbulo de un metro se podría comparar a una manguera de jardín de un centímetro y medio de diámetro pero de ochocientos kilómetros de longitud. Si lo observamos a nivel molecular, su complejidad es, al día de hoy, incomprensible. Sin embargo, a un nivel cuántico la comunicación que ocurre entre dichos microtúbulos es un proceso relativamente simple.

EFECTOS CUÁNTICOS EN LOS MICROTÚBULOS

La comunicación a nivel de los microtúbulos ha sido ampliamente descrita desde el punto de vista matemático por Peter Marcer y Walter Schempp. A medida que avanzan las investigaciones, cada vez hay más científicos que apoyan la teoría de que los microtúbulos poseen tres importantes propiedades relacionadas con la comunicación intercelular e intracelular:

a. Propagación de microimpulsos coherentes parecidos a los láseres.
b. Procesamiento de información no local cuántica.
c. Propiedades macroscópicas emergentes y acumulativas que se desprenden a partir de un nivel crítico de coherencia de sucesos cuánticos.

Veámoslo con más detalle:

Propagación de la luz. Los microtúbulos propagan microimpulsos de fotones únicos, similares al láser, coherentes, que son resultado de una condensación Bose-Einstein. La evidencia sugiere que estos microimpulsos individuales de luz, efectivamente, generan hologramas de un único fotón, de la misma manera que un láser que funciona con casi infinitos fotones individuales puede generar un holograma. Es decir, y he aquí la cuestión: «Si trillones de microtúbulos en el cuerpo humano se dedicaran a generar individualmente hologramas de un solo fotón, la cantidad de información codificada en los hologramas sería prácticamente ilimitada», como señaló Beck en 2003.

Para comprender este panorama debemos asimilar que una célula no es un simple saco minúsculo lleno de pequeños orgánulos flotando en su interior. Por el contrario, el citoplasma es un fluido viscoso y muy estructurado que permite las comunicaciones a través de sus propiedades cuánticas y electromagnéticas mediante los microtúbulos. El cuerpo humano, entonces, se ve influido por estos efectos en su sistema nervioso y, lógicamente, en el cerebro.

Comunicación no local. Una segunda propiedad inherente a los microtúbulos es el fenómeno cuántico de la comunicación no local, también llamada «acción a distancia». Peter Marcer y Walter Schempp describen cómo la señal se propaga de manera instantánea a través del cuerpo humano mediante los microtúbulos. Esta red instantánea de comunicaciones podría estar implicada en estados alterados de la consciencia, como las revisiones vitales que se producen durante las ECM. Dichas vivencias no parecen responder a los conceptos clásicos de tiempo y espacios lineales. Beck señaló, en 2003, que el sistema de microtúbulos podría proveernos de un mecanismo de comunicación que permitiría observar y reproducir toda una vida en cuestión de tan solo unos momentos, como si el proceso ocurriese a una velocidad inmensa.

Propiedades emergentes. Finalmente debemos considerar las propiedades macroscópicas, emergentes y acumulativas que pueden desprenderse de niveles críticos de coherencia durante los sucesos cuánticos. Las señales fotónicas de los microtúbulos generan débiles campos electromagnéticos que se cruzan con otros microtúbulos. Estos entorpecimientos entre, por ejemplo, dos microtúbulos situados de manera paralela generarán patrones de interferencia similares a bandas oscuras y claras. Codificadas por medio de estos mismos patrones de interferencia se podrían acumular ingentes cantidades de información holográfica.

Asimismo, es muy conocido que los anestésicos alteran el funcionamiento de los microtúbulos, provocando una pérdida de la conciencia. Esta evidencia significaría que los microtúbulos podrían constituir la estructura física tomando en consideración los millones de estructuras similares, lo que en conjunto produciría un efecto macroscópico colectivo y emergente responsable de lo que nosotros llamamos consciencia.

Algunos autores, como Rakovic Koruga, afirman rotundamente que la consciencia es el resultado de los efectos cuánticos colectivos que ocurren en el sistema de microtúbulos dentro del sistema nervioso central. Por ejemplo, en la enfermedad de Alzheimer, el citoesqueleto de la célula, los microtúbulos, se encuentran profundamente alterados, produciendo serias alteraciones cognitivas, en el aprendizaje y en la memoria.

Si llegamos a entender esta forma de comunicación instantánea, se nos abrirán nuevos horizontes, por ejemplo, a la hora de interpretar los sueños. O bien comprender cómo se generan las ideas intuitivas, que acumulan gran cantidad de información y que, sin embargo, se producen en tan solo un instante.

MEMORIA HOLOGRÁFICA

Cada vez más autores parecen proclamar que la memoria podría estar almacenada en campos holográficos fuera de los límites físicos del organismo humano. Las memorias, pues, serían accesibles por parte del cerebro conectando con esa especie de campo ambiental. Es decir, los datos no estarían almacenados dentro del propio cerebro, tal cual indica la ciencia ortodoxa. Esto tendría cierta lógica y podría explicar cómo es posible que ciertas personas con propiedades de clarividencia accediesen a esa memoria colectiva. Un ejemplo claro de esta propiedad explicaría la naturaleza empática de las revisiones vitales cuando nuestros pensamientos y acciones son revisados desde la perspectiva de terceras personas. Esta teoría también podría relacionarse con el concepto de Jung referente al inconsciente colectivo.

Entonces, ¿para qué sirve el cerebro? Su función sería la de servir de mediador coherente para acoplar numerosos subsistemas. Si hacemos un símil con la informática, el cerebro sería la unidad de proceso central relacionada con un vasto sistema operativo, si bien infinitamente más sofisticada que cualquier ordenador existente. Más aún, la memoria holográfica, aunque almacenada de forma global, podría ser accesible de forma local, de igual manera que un holograma puede ser reproducido en su totalidad con tan solo iluminar una pequeña parte de él con un haz de láser.

EL HOLOGRAMA CUÁNTICO

Edgar Mitchell, un autor que ha aplicado las teorías de la física cuántica a la construcción de la consciencia, afirma que «el descubrimiento del holograma cuántico no local [...] nos provee del primer mecanismo físico cuántico compatible con el mundo tridimensional macroescalar tal cual lo experimentamos en nuestra realidad cotidiana».

En líneas generales, la holografía cuántica podría describir todos los procesos en todas las escalas cosmológicas, desde las partículas subatómicas hasta las interestelares. Es un campo que nos debería hacer reconsiderar nuestras visiones clásicas del tiempo y el espacio. Una de las aplicaciones prácticas en medicina de la holografía cuántica son las imágenes por resonancia magnética, que los hospitales utilizan de manera rutinaria para obtener imágenes del interior del cuerpo humano.

Otra de las estructuras relevantes en relación a la comunicación cuántica holográfica de la memoria es el ADN. La capacidad de esta molécula para comprimir información de manera holográfica es virtualmente ilimitada y ya fue descrita por Marcer y Schempp en 1996: «El ADN define una firma única y espectral o bien un conjunto de frecuencias sobre el cual, potencialmente, se puede escribir la historia o experiencia total de un organismo viviente». De hecho, el ADN es considerado el medio universal de almacenamiento de información holográfica.

Los casi tres billones de pares de bases proteicas contenidas en cada célula humana se asemejan a un enorme almacén de discos duros de ordenador. Sin embargo, un sistema de memoria cuántico holográfico requiere de otro concepto: «energía del punto cero». La existencia de energías del punto cero se refiere al también llamado «vacío cuántico». Todo el espacio, incluyendo las áreas entre las partes sólidas de la materia, contiene un potencial de energía enorme. La materia y la energía se están continuamente creando y destruyendo, emergiendo espontáneamente y desapareciendo de vuelta al campo de energía del punto cero. Los científicos actuales consideran que en este vacío cuántico se encuentra la fuente de la materia y la energía en el universo.

Marcer y Schempp describen un modelo cuántico desde el punto de vista dinámico de dicho vacío en relación a un modelo holográfico. Ya que cada partícula emite y absorbe partículas de energía o información que se propagan a través del campo de energía del punto cero, la historia completa de cada partícula se almacena y queda accesible para su posterior recuperación. El campo de energía del punto cero ha sido propuesto como un medio de almacenamiento para la memoria en todas las interacciones de partículas, a una escala macroscópica como, por ejemplo, los acontecimientos de una vida humana.

En este modelo científico el proceso de la memoria, el cerebro y el sistema nervioso central no se ven como lugares de almacenamiento propiamente dichos, sino más bien como procesos orgánicos que interactúan directamente con el campo de energía del punto cero a nivel cuántico.

Nota bibliográfica

La extensa bibliografía utilizada para la elaboración de este libro puede consultarse en *www.neurosalus.com/biblio.html.*